IC电话卡图鉴
（通用版） 上册

黄红锦 陈杨凯 李壮 刘涵辉 编著
中国电信办公室文史中心 协编

北京邮电大学出版社
www.buptpress.com

图书在版编目（CIP）数据

IC 电话卡图鉴：通用版. 上册 / 黄红锦等编著.
北京 ：北京邮电大学出版社，2024. -- ISBN 978-7
-5635-7259-5

Ⅰ．G262.2-64

中国国家版本馆CIP数据核字第2024NK5210号

| 策划编辑：姚　顺 | 责任编辑：刘春棠 | 责任校对：张会良 | 封面设计：七星博纳 |

出版发行：北京邮电大学出版社
社　　址：北京市海淀区西土城路10号
邮政编码：100876
发 行 部：电话: 010-62282185　　传真: 010-62283578
E-mail：publish@bupt.edu.cn
经　　销：各地新华书店
印　　刷：保定市中画美凯印刷有限公司
开　　本：850 mm×1168 mm　1/16
印　　张：19
字　　数：395千字
版　　次：2024年7月第1版
印　　次：2024年7月第1次印刷

ISBN 978-7-5635-7259-5　　　　　　　　　　　　　　　　　　　定价：598.00元（全两册）

· 如有印装质量问题，请与北京邮电大学出版社发行部联系 ·

序一

收藏和研究电话卡，我们首先要了解电话和电话卡的发展历史。1875年6月，美国科学家贝尔和他的助手发明了电话装置，1876年3月，贝尔用他发明的电话装置完整地传输了一句话音："沃森先生，我需要你，请到这里来。"从此，贝尔发明的电话被载入史册。1889年8月13日，美国人格雷申请了世界上第一个投币式公用电话的专利。1977年，世界上最早的电话卡——光学电话卡在比利时开始使用；1977年，磁卡公话技术在意大利开始使用；同一时期，法国人罗兰德·莫勒诺发明了智能IC卡。这种接触式卡片采用电话费预付的办法，大大地方便了长途电话和国际电话用户，从此，卡式公话开始在世界上使用并流行。

相比于磁卡，IC卡以更科学、更智能、更安全的技术服务于全社会。IC卡取代磁卡是卡式公话技术发展的必然结果，也是科技发展的必然结果。所以，IC卡式公话的发明是电信历史进程中的里程碑。据了解，1995年年底，中国邮电电信总局推出了IC卡业务，之后IC卡发展了近20年。1994年中国联通成立，1999年中国邮电电信总局分解成中国电信、中国移动、中国卫通和国信寻呼，2000年中国移动在分离原中国电信的移动通信网络和业务的基础上进行了重组，2003年吉通并入中国网通，2008年中国铁通并入中国移动，同年中国电信收购中国联通的CDMA网络，中国卫通的电信业务并入中国电信，2009年中国联通与中国网通重组合并，形成新的中国联通。从有线网络到无线通信，从模拟信号到数字集群，从铜缆到光纤,从ADSL到千兆光网络,从"大哥大"到5G通信,无论是通信设备还是信息技术,都在不断地迭代演进。GPU超算、低轨卫星通信、虚拟现实与AI技术、大模型……已成为新时代科学技术发展的驱动力。

虽然IC电话卡现在淡出了人们的视线,但是它存在的近20年时间就是中国通信行业百花齐放、兼并整合、高速发展的20年。《IC电话卡图鉴(通用版)》的四位作者虽然年龄略有差异,工作岗位也不相同,但是他们却凭借着对IC电话卡的热爱,合作完成了该书。从知识的深度和内容的全面度来看,该书可以算作IC电话卡领域的一本工具书。

看着该书中这一枚枚电话卡,我不禁会想起那些年中国通信行业发生了什么,改变了什么,创造了什么,积累了什么。同时,我作为一名通信领域的专家学者,也希望该书能带给我们通信人一种希望,一种未来的通信技术能快速发展的希望,一种通信会改变未来社会的希望。

北京邮电大学教授 中国信息经济学会常务副理事长
工信部科技委委员 电信经济专家委委员 吕廷杰

序二

　　收藏活动是人类社会的一种独特现象，凡是广泛收集和整理某种物品或资料并妥善保存的举措，都可以称为收藏。收藏活动是一种保存民族遗产的行为，"历史产生了收藏，收藏保存着历史"这句话如实地反映了收藏与历史遗存的关系。自古以来，收藏的对象通常是实物，具有直观性和真实性，人们可以通过它重温消逝的时光，在精神上受惠受益，因此可以说收藏是物质和精神的双重寄托。此外，从某种意义上讲收藏是一个积累知识和财富的过程，也是一个使人精神愉悦和磨练人的意志品质的过程。

　　人类的收藏活动由来已久：距今约15 000年的山顶洞人就有收集鱼兽脊骨等物品的习惯，但这只是无意识的收藏行为；到了商代，人们郑重地将占卜用的龟甲和牛羊骨保存下来则是有意识的收藏行为的开始，这为后来考古学家考证历史留下了宝贵的资料；到了周朝，典籍等文物常被收藏在宗庙之中；到了汉代，相国萧何在未央宫修建了三座藏书阁为皇家收藏典册，从此大规模收藏开始了。在中国古代历史上，孔子穿过的布衣、汉高祖刘邦用过的宝剑等宝贵文物都曾被皇家精心保存，可惜到了3世纪西晋武帝司马炎（公元266年至290年在位）时期，宫廷里的一场大火将这些文物付之一炬，但它们从此再也无法展现在世人面前。

　　中国历史上曾经有过多次收藏热，其中有五次值得提及。第一次是北宋，当时国力虽然不强，但文化却十分受重视，代表人物是宋徽宗赵佶；第二次是晚明，这也是一个文化比较繁荣的时期；第三次是清代康乾时期，这个时期的人们不仅继承了中华文化传统，而且开始吸收外来文化；第四次是晚清至民国初年，中国的一些宝贵文物在鸦片战争及其以后被掠夺至海外或散落在民间，在国内外产生很大反响，流失海外的一部分文物虽经爱国人士购回并捐献给国家，但是至今仍有海量文物尚未回归；第五次也是最大的一次收藏热就是现在，人们在物质生活得到保障的同时也在追求丰富的精神生活。曾有报道称我国拥有约7000万名收藏爱好者，这个数字虽然可能有所夸大，但由于我国经济快速发展、人们的生活条件明显改善，涉足收藏的人越来越多也是不争的事实。现在的收藏门类非常多，除名人字画、善本书、陶瓷、玉器、家具等传统物件以外，随着时代的发展，古旧汽车、名酒、名表、照相机、连环画、模型、玩具、红色革命资源遗存等也纷纷进入收藏领域，而电话卡（从广义上讲，应该叫电信卡）也是其中之一。

20世纪80年代中期以来我国许多城市都先后安装了各种各样的卡式电话机，其便捷性、可靠性和安全性都大大优于以往任何一种公用电话，因此得到迅速推广。从电话卡诞生之日起电话卡收藏活动就开始了。电话卡具有实用性、文化性、大众性、国际性、技术多样性以及可以利用它进行再创作等特质，所以受到很多人青睐。

我国电话卡收藏活动起步比国外晚十几年，但发展十分迅速，并且我国在电话卡这种较显现代意味的收藏品的收藏道路上始终坚持走自己的路。几十年来，尽管集卡人经过了"若干代"新老交替，但是他们对于电话卡的追求、研究、探索从未停止过。中国集卡组织数量和层次之多、收藏队伍组成阶层之广泛、交流活动之频繁、相关的专著及报纸杂志品种之多和数量之巨大、研究成果之层出不穷、创作的传统与专题电话卡集题材之丰富，世界上任何一个国家都无法比肩，所有这些都充分展现了我们这个拥有5000年灿烂文明史的中华民族强烈的文化自信。

几十年来，国内关于电话卡收藏的专著林林总总不下几十种。现在，我们又欣喜地看到黄红锦、陈杨凯、李壮、刘涵辉四位电话卡收藏家隆重推出新作，就是呈现在我们面前的这套书。

黄红锦、陈杨凯、李壮、刘涵辉是我国电话卡收藏队伍中的重要成员，他们分别在全国性和地方性集卡组织中担任重要职务。黄红锦先生是我国著名电话卡收藏家，在IC电话卡的研究方面极有建树，不仅手中拥有多枚稀世珍卡，多次发表有关IC电话卡印制和发行情况、版别研究方面的重要论文，对集卡文化的深入发展做出了重要贡献，而且他在电话卡集的创作和编排技巧方面常常被集卡爱好者们称赞；陈杨凯、李壮、刘涵辉也是年轻电话卡收藏队伍中的佼佼者，在很多方面有很深的造诣。他们四人立志要把中国各大公司发行的IC电话卡全都收集起来，为全国集卡爱好者提供一套完整的资料，这无疑是一个非常浩大的文化工程，为此付出的艰辛绝非一般人所能承受，但是他们做到了。

《IC电话卡图鉴（通用版）》共上、下两册，其不是一部简单的图录、图鉴合集，而是倾注了作者们大量心血的研究成果。它有很多亮点：

资讯的全面性 —— 中国各大电信运营商在本书截稿以前发行的IC电话卡都已收录齐全，该书中展示的每一套卡不仅有正、反面图片，而且部分卡有明确的志号、发行单位、发行时间、发行数量以及不同的芯片封装图样等集卡爱好者需要了解的资讯。上册主要介绍中国电信发行的除NS系列以外的所有系列的卡，下册主要介绍中国网通、中国联通（2009年1月6日由中国网通和原中国联通合并重组而成）和中国铁通发行的卡，另有两个附录。可想而知，编纂该书需要付出何其巨大的努力。

写作的严谨性 —— 作者在编写该书时，不是简单地把每一套IC电话卡的图片贴出来就算了事，而是以每套卡为基础，深入发掘其有哪些不同的版本，并且指出每个版本的特征是什么，让读者对其有全面的了解。例如，该书向读者展示了黄河卡的3个版本以及一些IC电话卡的全国版与单省版、原版卡与再版卡、原版卡与加字卡、原版卡与个别省的改版卡、不同版本流水号位置的差异等。编写一本书能做到这个程度，必然是因为作者对IC电话卡进行了深入的了解和研究，同时这充分展现了作者深厚的集卡知识功底。

杰出的观赏性 —— 该书不仅展示了正式发行的很多图案精美的 IC 电话卡，而且还收录了作者收藏的许多珍贵卡品，如早期曾经在中国出现的试用 IC 电话卡、试用工程测试卡、试用纪念卡、试机卡、示范卡（或称演示卡）、测试卡、厂家测试赠卡、厂家试机赠卡、厂家内部试验卡、样卡等，这些卡印制的数量本来就不多，加上分散在不同地方以及拥有者不经意间遗失，以致它们的存世量十分稀少，这使它们弥足珍贵。其中一些卡现在已经是有价无市，不要说是拥有，根本就见不到，而现在我们可以在该书里一睹它们的庐山真面目了。

　　广博的知识性 —— 该书在向读者展示 IC 电话卡各种资讯的同时，十分重视知识的传播。芯片是 IC 电话卡的重要组成元素，该书在每一套 IC 电话卡的下面都列出了不同厂家的芯片封装式样，读者可以拿自己手中的卡按图索骥进行对照，追溯生产厂家。该书对每一套 IC 电话卡承载的内容进行描述也是它的一大特色，读者在了解每一套电话卡资讯的同时，还可以了解这套卡的发行背景，从而充分领略卡的文化内涵，充实自己的文化知识，真正做到开卷有益。

　　编写一本书是一个厚积薄发的过程，其中的艰辛作者体会最深。该书是迄今为止国内外汇集中国 IC 电话卡资料非常完整的著作。该书作者通过自己的努力让我们领悟到，收藏不是"买进—储存—品鉴—卖出"这样简单，而是应该有所钻研、有所发现。中国的集卡活动需要众多有志者不计名利潜心研究，同时也需要大家将自己的研究成果拿出来展示交流。黄红锦、陈杨凯、李壮、刘涵辉四位集卡人现在所做的事情对中国的集卡活动大有裨益，非常值得我们学习。希望今后有更多的集卡爱好者沿着这条路走下去，将我们的集卡活动不断向前推进。

叶振群

序三

为该书作序，实在勉为其难。本人既不是电话卡发行者、管理者，也不是电话卡收藏者、研究者，名不正言不顺。奈何该书作者之一李壮先生再三敦请，恭敬不如从命。

欣然为该书作序，也是被感动了。在邮币卡市场低迷、集卡人凤毛麟角的今天，竟有这样一群人——矢志不渝，笃行不怠，集数十年收藏、研究之大成，苦心研修编著电话卡图鉴工具书，"君问归期未有期，巴山夜雨涨秋池"，将电话卡收藏文化推向极致。

初读李壮先生送来的样稿，我惊喜、感慨、敬佩。该书以IC电话卡为专题，全面、系统、完整地收录了中国电信、中国网通、中国联通、中国铁通及地方通信公司正式发行的各类题材的IC电话卡1800余枚。不仅如此，该书还收录了各大电信公司及地方电信公司非正式发行的各种测试卡、样卡等IC电话卡。难能可贵的是，该书对同一套卡的不同版别、不同版次、不同芯片、不同厂商，甚至不同封装都作了细致的标注和图解。该书的内容不仅有宽度，还有深度，大有"极限收藏"的概念。

本书由中国电信办公室文史中心协编，这提高了该书的权威性、准确性和可信度。该书由北京邮电大学出版社正式出版发行，在编辑加工、装帧设计、印刷装订等各个出版环节具有较高的专业水准。

该书不仅是一本 IC 电话卡图鉴，还是一本容纳百川的百科全书。IC 电话卡卡面题材涵盖政治、经济、科学、文化、体育、历史、地理、文旅等各个领域，作者为每套电话卡都做了生动、细致的介绍，集知识性、趣味性于一体，可谓匠心独具。

1994 年我任人民邮电出版社美术编辑室主任时，曾设计"梅兰芳诞辰 100 周年纪念"全国通用电话磁卡。该选题原是邮电部批准的邮票设计项目，因邮票设计和印制周期较长，难以保证如期发行，遂改为全国通用电话磁卡选题。我在应邀参加的邮电部电信总局在天津电话磁卡厂召开的全国通用电话磁卡工作会议上得知此信息，非常兴奋，顿生设计欲望，在会议期间主动向主管领导请缨，并获得批准。会议结束后，我集中精力，潜心研读有关书籍，参观梅兰芳故居纪念馆，向知名京剧表演艺术家请教。经过一系列的学习，我对梅派京剧艺术的渊源、发展和成就有了理性的认识，深感梅派京剧艺术底蕴深厚，"梅兰芳诞辰 100 周年纪念"电话磁卡选题意义重大。基于上述认识，我在众多梅兰芳舞台艺术图片中选定了四个不同发展阶段中最有代表性的剧照和一张梅兰芳先生身着中式服装的肖像照片作为基础设计素材。在当年没有计算机辅助设计的条件下，我以独特的审美个性、表现技法和表现形式完成了美术设计。该设计因为缜密度、成熟度较高，所以在逐级审批中未作任何修改，顺利获批。该电话磁卡由邮电部天津电话磁卡厂精心制作，邮电部电信总局如期在全国发行。该电话磁卡和公众见面后，受到了梅兰芳亲属、梅兰芳故居纪念馆领导和许多京剧表演艺术家们的赞扬，曾作为邮电部及电信总局官方电信业务宣传礼品。与此同时，该电话磁卡受到社会各界电话磁卡用户和集卡爱好者的好评，曾一度成为收藏热点。此后，我还设计或安排本部门美术编辑设计了若干全国通用电话磁卡、IC电话卡和300电话卡。1995年和2000年，在邮电部电信总局和各省邮电管理局有关部门的支持下，我先后编撰了《中国电话磁卡目录》和《中国电话卡目录》，多年过去，又见花开，颇有几分感慨和感动。

电话卡具有法定面值和使用价值，卡面是受众广泛的文化载体。因此，电话卡具有与生俱来的文化和收藏属性，自然而然又有了交流和增值的属性。该书是适合IC电话卡收藏者、研究者和管理者使用的一套完整、翔实的版本工具书，它的砥砺出版势必能唤醒资深集卡人和号召集卡新秀积极参与电话卡的收藏和交流，引领和推动电话卡收藏文化进入一个新阶段。

谨此，向为该书的出版付出辛勤劳动的作者和同仁们致以敬意！祝贺《IC电话卡图鉴(通用版)》隆重出版！

人民邮电出版社原美术编辑室主任 美术编审

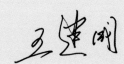

前　言

白驹过隙，岁月如梭。到今年（2024年）我收藏IC电话卡已整整29个年头了，29年的坚持，我始终没有放弃。

2020年春节前后，新冠肺炎疫情肆虐全球，整个春天我都窝在家里，整理邮币卡的各种资料，于是我萌生了编撰一本国内IC卡图鉴的想法，这一想法与福建资深卡友陈杨凯、北京资深卡友李壮不谋而合，后来又有天津资深卡友刘涵辉加入，于是我们组成工作组，分工协作，开始了这个"浩大"的工程。

著名集卡家陈华棣和杨晓东两位老师早在2003年就已经编著了《中国电话卡图谱：IC卡大全》，但当时国内的IC电话卡发行正如火如荼，各大电信公司在该书出版后又发行了很多IC卡，故两位老师编著的图谱从现在看资料已经不是很完整了，需要进一步补充。

IC电话卡的发行涉及好几个电信运营商，如中国电信、中国网通、中国联通、中国铁通等，IC电话卡发行期间更有中国电信和中国网通南北分家、中国联通并购中国网通等电信大事件发生，所以本书涉及多家运营公司发行的IC电话卡。

本书分上、下两册，其中上册为中国电信部分，内容包括中国电信IC纪念电话卡（CNT-IC）、中国电信IC普通电话卡（CNT-IC-P）、中国电信IC特种委制电话卡（CNT-IC-T）、中国电信IC广告电话卡（CNT-IC-G）、中国电信IC普通广告电话卡（CNT-IC-PG）、中国电信IC个性化电话卡（CNT-IC-PS）、中国电信楚天龙IC测试卡（CNT-IC-CTL）、中国电信北京意诚IC测试卡（CNT-IC-YC）、中国电信平安保险IC电话卡（CNT-IC-BX）、中国邮电电信总局IC测试电话卡、中国电信单省版IC测试电话卡，中国电信CNT-IC-NS系列电话卡由于某些原因未作收录，部分地方电信公司和账号接触两用的IC电话卡由于资料原因未收录。下册为中国网通、中国联通、中国铁通部分，内容包括中国网通IC省版电话卡（CNC-IC-20××-S）、中国网通IC本地版电话卡（CNC-IC-20××-B）、中国网通IC编号电话卡（CNC-IC-20××-××）、中国网通IC特种电话卡（CNC-IC-20××-T）、中国网通IC北方十省漫游电话卡（CNC-IC-20××-N）、中国网通IC奥运特种电话卡（CNC-AYT）、中国网通IC测试电话卡（CNC-IC-20××-C）、中国联通IC省版电话卡（CU-IC-20××-S）、中国联通IC本地版电话卡（CU-IC-20××-B）、中国联通IC特种电话卡（CU-IC-20××-T）、中国联通IC特种省版电话卡（CU-IC-20××-TS）、中国铁通IC纪念电话卡（CRC-IC-J）、中国铁通IC普通电话卡（CRC-IC-P）、中国铁通IC委制电话卡（CRC-IC-D）、中国铁通列车公话IC电话卡（CRC-IC-L）、中国铁通IC电话试用卡，另在下册中收录了两个附录，即地方通信公司早期（2000年前）IC电话卡和样卡（卡样）欣赏，附录一对地方早期(2000年前)IC电话卡进行了梳理，以反映中国IC卡发展的脉络，附录二以样卡（卡样）为例介绍了制卡工艺流程。

　　从2020年春到现在，已经四年时间了，其间我们工作组的人员通力配合，在资料的收集、整理和卡片的扫描、校对等方面花费了大量的精力，特别是中国电信CNT-IC-P系列后期的一些卡卡基供应多链条、芯片封装多元化、单套发行时间多样化、同一套卡的生产厂商众多等问题给我们的编撰带来了很多困难，好在我们得到了中国电信博物馆的协助以及众多热心卡友的关心和支持，使得我们的工作得以顺利进行，最终结集IC卡图片共3 700余幅。在此，对关心、帮助和支持我们工作的人表示衷心的感谢！

本书在编撰中难免有错误和纰漏，欢迎各位方家提供资料斧正，请大家在阅读的过程中提出宝贵意见！

集藏真正的意义是寻找快乐。在集卡的过程中结识朋友，与卡友交流卡识，享受生活，收获快乐。

集藏快乐，快乐集藏！

黄红锦

二〇二四年五月

特别鸣谢： 中国收藏家协会集卡专业委员会

鸣　　谢：（排名以姓氏拼音为序）

　　　　曹俊远（江苏）　　陈　光（湖北）　　陈　翔（福建）　　陈　治（陕西）

　　　　付昱霖（北京）　　黄锋昌（山东）　　林荣宗（上海）　　刘建林（广东）

　　　　刘文峰（福建）　　乔亲兴（江苏）　　秦建虎（江苏）　　屈宏斌（陕西）

　　　　单保民（山东）　　申　伟（四川）　　孙东焕（辽宁）　　孙国华（河北）

　　　　汤俊威（广东）　　万培育（福建）　　王　谌（北京）　　王明月（陕西）

　　　　卫　尉（江苏）　　吴秉炜（陕西）　　吴力新（北京）　　吴万新（陕西）

　　　　严　俊（安徽）　　杨见祥（江西）　　杨京明（北京）　　杨　鸣（福建）

　　　　杨晓东（黑龙江）　张芳芳（北京）　　张宏亮（广东）　　赵庆磊（上海）

特别说明

1. 因为本书中后期发行 IC 卡的发行方式与前期不同,特别是中国电信部分普通电话卡系列与纪念电话卡系列的单一性数据有天壤之别,所以相当大部分资料无法收集齐全。本书根据作者多年积累和卡友提供的资料尽可能列出已知的资料。对于后期发现的新资料和本书现存的以后能找到的纰漏,作者会在以后的改版中补充和改正。

2. 对 IC 卡特有的打码方式和打码位置不作研究。个别打码有特殊意义的作特殊说明。

3. 芯片是 IC 卡的灵魂,IC 卡的工作数据都储存在芯片中,芯片数据的读取需要特殊的仪器或设备。因此,对于芯片本书只做封装外形的研究,不研究其内部数据。

4. 对于卡的发行日期,本书列入现在已经明确知道的,包括不成套的某编号的一枚或几枚,但因数据来源时间的不确定性,这些资料请读者在阅读的过程中甄别取舍。同时也欢迎广大读者提供更多的此类资料。

5. 有别于传统的图鉴,本书增加了卡面图案的专题资料,但因版面有限,专题资料介绍只能泛泛而谈,读者可以根据需要自行作更深入的了解。

6. 对于地方通信公司的早期 IC 卡,附录一只列入 2000 年前的资料,中后期的全国版资料在下册中分别归入各自的通信公司目录下。

7. 附录二收录部分 IC 卡卡样和样卡的目的主要是介绍 IC 卡的生产工艺流程及其在收藏和研究上的意义。因卡样和样卡收藏的分散性，所以本书对卡样和样卡只收录了一小部分，读者不必对照收藏。

8. 对于账号式 IC 卡，因资料收集的难度大，暂不予收录。

9. 欢迎广大读者对本书提出宝贵意见。作者联系方式：

  联系人：黄红锦，hhj188166@126.com

  联系人：陈杨凯，1114117666@qq.com

  联系人：李　壮，goudaner_1982@163.com

  联系人：刘涵辉，659118137@qq.com

目　录

第一部分　中国电信 IC 电话卡 ··· 1

1. 中国电信 IC 纪念电话卡（CNT-IC）·· 3

2. 中国电信 IC 普通电话卡（CNT-IC-P）·· 87

3. 中国电信 IC 特种委制电话卡（CNT-IC-T）·· 201

4. 中国电信 IC 广告电话卡（CNT-IC-G）·· 229

5. 中国电信 IC 普通广告电话卡（CNT-IC-PG）······································ 239

6. 中国电信 IC 个性化电话卡（CNT-IC-PS）·· 245

7. 中国电信楚天龙 IC 测试卡（CNT-IC-CTL）·· 247

8. 中国电信北京意诚 IC 测试卡（CNT-IC-YC）······································ 249

9. 中国电信平安保险 IC 电话卡（CNT-IC-BX）······································ 251

10. 中国邮电电信总局 IC 测试电话卡·· 257

11. 中国电信单省版 IC 测试电话卡·· 264

中国电信 IC 电话卡目录索引·· 267

第一部分

中国电信 IC 电话卡

1. 中国电信 IC 纪念电话卡（CNT-IC）

　　1995 年 12 月，中国邮电电信总局发行了全国通用的第一套 IC 电话卡——黄河卡，截止到 2002 年 4 月，共发行 CNT-IC 编号的智能预付费电话卡 76 套 284 枚，另有加字卡 2 套 4 枚。本章除收录了 CNT-IC 编号的 IC 电话卡及加字卡外，还收录了该系列中用作开通纪念、芯片测试等的测试卡。

　　智能 IC 公话技术取代了原有磁卡公话的陈旧技术，智能 IC 电话卡以更先进、更优越、更安全的方式为社会提供着优质的通信服务。

　　本章 IC 卡图例凡 635 幅。

　　中国电信 IC 纪念电话卡芯片封装式样如下：

厂商	代码	芯片封装式样						
天津杰普智能卡有限公司、法国金浦斯公司	G	▢	▢					
湖南斯伦贝谢通信设备有限公司、法国斯伦贝谢公司	H/S	▢	▢	▢	▢	▢	▢	▢
上海索立克智能卡有限公司	A	▢	▢	▢	▢	▢	▢	▢
		▢						
江西捷德智能卡系统有限公司	J	▢	▢	▢	▢			

中国电信 IC 纪念电话卡 (CNT-IC)

中国电信黄河测试卡

　　1995年11月24日，法国金浦斯(GEMPLUS)公司对即将发行的黄河卡13种版别中的12种版别进行了测试，为黄河卡的顺利发行奠定了基础。

　　湖北省虽然是13个发行A版黄河卡的省份之一，但由于当时湖北省尚未安装智能公话系统，故法国金浦斯公司未对湖北省发行的黄河卡进行测试，因此黄河测试卡有12种版别，分别为电总(DZ)、北京(BJ)、黑龙江(HL)、辽宁(LN)、江苏(JS)、山东(SD)、福建(FJ)、浙江(ZJ)、上海(SH)、江西(JX)、湖南(HN)、广东(GD)。实际上，在集卡界未能全部发现这12种版别。

 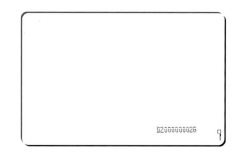

CNT001　　　　　　　　　(3-1)

 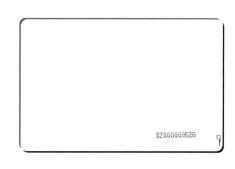

CNT002　　　　　　　　　(3-2)

CNT003　　　　　　　　　(3-3)

　　黄河卡一套虽然有4枚，但面值只有3种：30元、50元、100元。因此，法国金浦斯公司仅对30元、50元、100元3种不同面值的黄河卡进行了测试，黄河测试卡的套卡只有3枚。

　　从电总版的流水码来分析，黄河测试卡的发行量理论上为每种版别50套，实际的发行量有待考证。

本套卡芯片封装：
法国金浦斯公司(厂商代码G)。

　　　　　　　　　1995年11月24日发行，无有效期。

4

中国电信IC纪念电话卡（CNT-IC）

CNT-IC-1 中国IC卡预付费公用电话开通纪念—黄河卡（第1版）

中国电信的黄河卡卡面图案为双面印刷，两面图案相同，不同的是非芯片面为彩色印刷，芯片面为黑白印刷。一套四枚黄河卡的卡面图案分别为黄河峡谷、黄河柱石、黄河奔流、黄河瀑布。其文化内涵十分深刻，体现了中华民族勇往直前、强毅力行的民族精神。同时，其芯片中隐含着时代科技。因此，黄河卡是中华民族的传统文化和现代科技的完美结合。

CNT004　　　　　　　　（4-1）

CNT005　　　　　　　　（4-2）

CNT006　　　　　　　　（4-3）
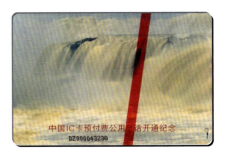

CNT007　　　　　　　　（4-4）
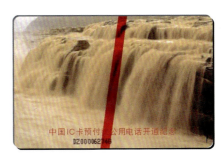

　　黄河卡（第1版）发行版别如下：电总(DZ)、北京(BJ)、黑龙江(HL)、辽宁(LN)、江苏(JS)、山东(SD)、福建(FJ)、浙江(ZJ)、上海(SH)、江西(JX)、湖南(HN)、湖北(HB)、广东(GD)，共13种版别。

本套卡芯片封装：
法国金浦斯公司（厂商代码G）。

1995年12月发行，无有效期。

中国电信 IC 纪念电话卡（CNT-IC）

CNT-IC-1　中国 IC 卡预付费公用电话开通纪念——黄河卡（第 1 版福建小圆心芯片）

CNT008　　　　　　　　（4-1）

CNT009　　　　　　　　（4-2）

 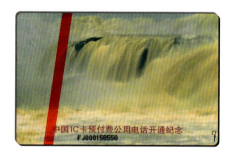

CNT010　　　　　　　　（4-3）

CNT011　　　　　　　　（4-4）

　　黄河卡有第 1 版、第 2 版和第 3 版之分，集卡界将其称为 A 版、B 版、C 版。第 1 版发行于 1995 年 12 月，第 2 版发行于 1996 年 7 月，第 3 版发行于 1996 年 12 月。从芯片和流水码的位置可以判断版别。
　　在首批 13 种版别中，只有福建版是特例，其使用的是杰普 2 号小圆心芯片，其他版别使用的都是杰普 1 号大圆心芯片。黄河卡第 1 版去掉封套后和第 2 版无异。

本套卡芯片封装：
法国金浦斯公司（厂商代码 G）。

　　　　　　　　1995 年 12 月发行，无有效期。

中国电信 IC 纪念电话卡（CNT-IC）

CNT-IC-1　中国 IC 卡预付费公用电话开通纪念——黄河卡（第 2 版）

CNT012　　　　　　　　　　(4-1)

CNT013　　　　　　　　　　(4-2)

CNT014　　　　　　　　　　(4-3)

CNT015　　　　　　　　　　(4-4)

第 2 版黄河卡发行版别如下：天津(TJ)、河北(HJ)、山西(SX)、广东(GD)、吉林(JL)、四川(SC)、云南(YN)、贵州(GZ)、西藏(XZ)、新疆(XJ)、甘肃(GS)、海南(HQ)、宁夏(NX)、青海(QH)、安徽(AH)、河南(HY)、广西(GX)、陕西(SN)、江苏(JS)、内蒙古(NM)，共 20 种完整版别。江西版第二枚有第 2 版。

本套卡芯片封装：
法国金浦斯公司(厂商代码G)。

CNT016　　江西版第 2 版示例

1996 年 7 月发行(卡面上标注的为第 1 版的发行时间，此为实际发行时间)，无有效期。

中国电信 IC 纪念电话卡（CNT-IC）

CNT-IC-1　中国 IC 卡预付费公用电话开通纪念——黄河卡（第 3 版）

CNT017　　　　　　　　（4-1）

CNT018　　　　　　　　（4-2）

CNT019　　　　　　　　（4-3）

CNT020　　　　　　　　（4-4）

　　第 3 版黄河卡发行版别如下：北京(BJ)、江西(JX)、广东(GD)共 3 种版别，其中广东版的第 3 版有带封套的特殊版别，所以共 3 版 4 种。

　　区别黄河卡 3 种不同版别的主要依据有：　　　　　　　　　　　　CNT-IC-1 的总发行量：
　1. A 版卡带塑料封套，芯片为大圆心，B 版卡和 C 版卡不带封套，芯片为小圆心。　（4-1）669 350 枚
　2. A 版卡和 B 版卡的流水码在底部中间偏左，C 版卡的流水码在底部左侧。　　　（4-2）669 350 枚
　　　　　　　　　　　　　　　　　　　　　　　　　　　　　　　　　　　　　（4-3）634 850 枚
本套卡芯片封装：　　　　　　　　　　　　　　　　　　　　　　　　　　　　（4-4）479 850 枚
法国金浦斯公司(厂商代码 G)。

　　　　　　1996 年 12 月发行（卡面上标注的为第 1 版的发行时间，此为实际发行时间），无有效期。

中国电信 IC 纪念电话卡（CNT-IC）

CNT-IC-1　中国 IC 卡预付费公用电话开通纪念——黄河卡（第 3 版，广东带封套版）

　　通常集卡界见到的 C 版黄河卡都是不带封套的，这也成了 C 版区别于 A 版的主要特征之一。本页展示的广东 C 版带封套黄河卡在集卡界鲜有发现。它的流水码和正常的广东 C 版黄河卡的流水码在同一个序号中，因此该卡的发行时间和正常的广东 C 版黄河卡在同一时间段内。

CNT021　　　　　　　　　　(4-1)

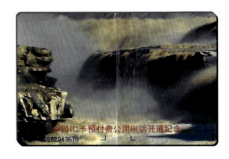

CNT022　　　　　　　　　　(4-2)

CNT023　　　　　　　　　　(4-3)

CNT024　　　　　　　　　　(4-4)

摄影　设计：任国恩

本套卡芯片封装：
法国金浦斯公司（厂商代码 G）。
　　　　　　　1996 年 12 月发行（卡面上标注的为第 1 版的发行时间，此为实际发行时间），无有效期。

中国电信 IC 纪念电话卡（CNT-IC）

CNT-IC-2　中国名花（S码版）

牡丹花雍容华贵，素有"国色天香""花中之王"的美称。

CNT025　　　　　　　　　　　　　　（4-1）

荷花在我国栽培历史悠久，有"出淤泥而不染，濯清涟而不妖"的美誉。

CNT026　　　　　　　　　　　　　　（4-2）

菊花是多年生草本植物，头状花序顶生或腋生，一朵或数朵簇生。

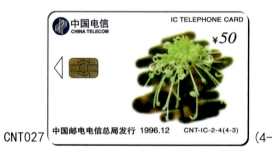
CNT027　　　　　　　　　　　　　　（4-3）

S码

梅花秀雅不凡、冰心玉质、古香自异，象征坚韧不拔、不屈不挠、自强不息的精神品质。

CNT028　　　　　　　　　　　　　　（4-4）

本套卡芯片封装：

法国斯伦贝谢公司（厂商代码S）。

1996年12月发行，无有效期。

中国电信 IC 纪念电话卡（CNT-IC）
CNT-IC-2　中国名花（H 码版）

CNT029　　　　　　　　　（4-1）

CNT030　　　　　　　　　（4-2）

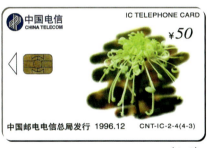

H 码

CNT031　　　　　　　　　（4-3）

CNT032　　　　　　　　　（4-4）

本套卡卡基材质有光版和哑光版之分。厂商代码有 H 码和 S 码之分。H 码版为湖南斯伦贝谢通信设备有限公司制卡，S 码版为斯伦贝谢法国原厂制卡。

CNT-IC-2 的总发行量：

摄影：凌金　王晓东　胡维标　王天宝　　（4-1）1 501 650 枚　（4-2）1 500 650 枚
设计：佳易广告公司　　　　　　　　　　（4-3）1 670 150 枚　（4-4）1 278 150 枚

本套卡芯片封装：
湖南斯伦贝谢通信设备有限公司（厂商代码 H）。

1996 年 12 月发行，无有效期。

中国电信 IC 纪念电话卡（CNT-IC）
CNT-IC-2　中国名花测试卡

据外籍集卡家记载，下面两枚 IC 卡为法国斯伦贝谢公司内部测试卡，未对外发行。目前发现两种打码方式，这两种打码方式都以中国名花第四枚为载体。

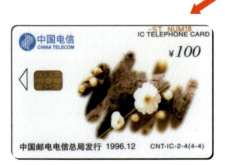

CNT033

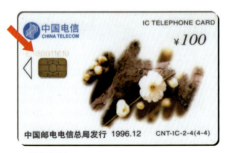

CNT034

本页卡芯片封装：
法国斯伦贝谢公司(厂商代码 S)。

1996 年 12 月发行。

中国电信IC纪念电话卡（CNT-IC）

CNT-IC-3 上海邮电全行业规范服务达标纪念

为提高上海邮电全行业服务水平，上海市邮电全行业实施规范服务，1997年2月，行业规范服务全面达标。为此，中国邮电电信总局发行纪念卡一套三枚。

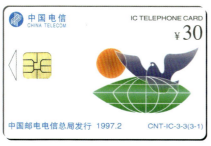

CNT035　　　　　　　　（3-1）

1 509 000 枚

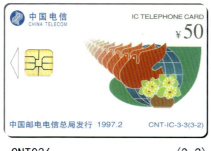

CNT036　　　　　　　　（3-2）

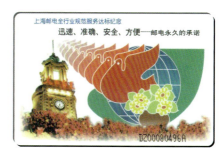

1 502 000 枚

CNT037　　　　　　　　（3-3）

1 147 000 枚

供稿 设计：上海市邮电管理局

本套卡芯片封装：
上海索立克智能卡有限公司(厂商代码A)。

1997年2月发行，无有效期。

中国电信 IC 纪念电话卡（CNT-IC）

CNT-IC-4　香港回归

1997年7月1日零点，经历了百年沧桑的香港回到祖国的怀抱，中国政府恢复对香港行使主权。

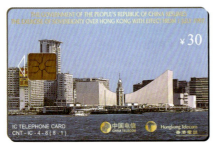

CNT038　　　　　　　　　　（8-1）

1 971 000 枚

CNT039　　　　　　　　　　（8-2）

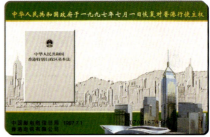

1 971 000 枚

CNT040　　　　　　　　　　（8-3）

1 971 000 枚

CNT041　　　　　　　　　　（8-4）

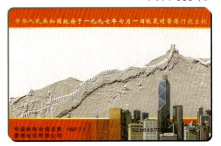

1 971 000 枚

本套卡（中国电信发行）芯片封装：

1. 法国金浦斯公司（厂商代码G）。
2. 湖南斯伦贝谢通信设备有限公司（厂商代码H）。
3. 法国斯伦贝谢公司（厂商代码S）。

1997年7月1日发行，无有效期。

中国电信 IC 纪念电话卡（CNT-IC）

CNT-IC-4　香港回归（续）

　　香港是亚洲繁华的大都市、国际金融中心之一，1842—1997 年是英国的殖民地。1997 年 7 月 1 日，香港回归祖国。

CNT042　　　　　　　　（8-5）

CNT043　　　　　　　　（8-6）

CNT044　　　　　　　　（8-7）

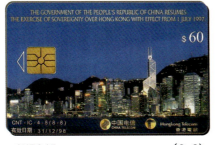

CNT045　　　　　　　　（8-8）

200 000 枚

200 000 枚

200 000 枚

200 000 枚

设计：王建国

本套卡（香港电讯发行）芯片封装：
1. 法国金浦斯公司（厂商代码 G）。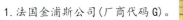
2. 上海索立克智能卡有限公司（厂商代码 A）。

1997 年 7 月 1 日发行，有效期到 1998 年 12 月 31 日止。

中国电信 IC 纪念电话卡（CNT-IC）

CNT-IC-5　中国四川成都 1997 国际熊猫节

　　大熊猫是中国特有的珍稀动物，主要分布在四川、陕西、甘肃三省。为进一步发展国际、国内经济文化合作和交流，1997 年 9 月 24—28 日，中国四川成都 1997 国际熊猫节在成都举办。国际熊猫节全部活动围绕"生命—环境—发展"这一主题开展，旨在唤起全社会关心爱护大熊猫和保护自然环境的意识。

CNT046　　　　　　　　　（4-1）

1 245 000 枚

CNT047　　　　　　　　　（4-2）

1 339 000 枚

CNT048　　（4-3）　　　　1 278 000 枚

 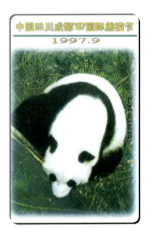

CNT049　　（4-4）　　　　1 148 000 枚

　　摄影：侯一民　　设计：成都市电信局

本套卡芯片封装：

1. 法国金浦斯公司（厂商代码 G）。
2. 上海索立克智能卡有限公司（厂商代码 A）。

1997 年 9 月发行，无有效期。

中国电信IC纪念电话卡（CNT-IC）

CNT-IC-6　徐州汉墓出土文物——玉器

旅游界有一种说法："秦唐文化看西安，明清文化看北京，两汉文化看徐州。"绚丽多姿、底蕴丰厚的徐州汉玉蕴藏着极高的历史价值。

CNT050　　　　　　　　　（4-1）

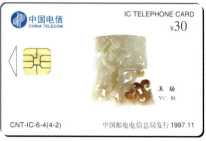
CNT051　　　　　　　　　（4-2）

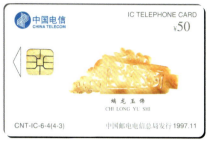
CNT052　　　　　　　　　（4-3）

2 001 300 枚

1 815 300 枚

1 174 300 枚

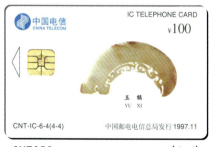
CNT053　　　　　　　　　（4-4）

804 800 枚

摄影：唐凤中　　设计：唐凤中

本套卡卡基材质有光版和哑光版之分，部分版别一面为光版，另一面为哑光版。

本套卡芯片封装：
上海索立克智能卡有限公司(厂商代码A)。

1997年11月发行，无有效期。

中国电信 IC 纪念电话卡（CNT-IC）

CNT-IC-7　龙泉宝剑

　　龙泉宝剑是中国古代名剑、诚信高洁之剑，传说是由欧冶子和干将两大铸剑师联手所铸的，得名"七星龙渊"。唐时因避高祖李渊讳，把"渊"字改成"泉"字，曰"七星龙泉"，简称"龙泉剑"。

CNT054　　　（4-1）

CNT055　　　（4-2）

CNT056　　　（4-3）

CNT057　　　（4-4）

1 094 500 枚　　　890 000 枚　　　886 000 枚　　　671 800 枚

绘画：兰二峰　　设计：北京理想设计艺术公司

本套卡芯片封装：

1. 湖南斯伦贝谢通信设备有限公司（厂商代码 H）。
2. 法国斯伦贝谢公司（厂商代码 S）。

1997 年 12 月发行，无有效期。

中国电信 IC 纪念电话卡（CNT-IC）

CNT-IC-8　中国古代四大发明

　　四大发明是指中国古代对世界具有很大影响的四项发明，即指南针、造纸、火药和活字印刷。这四项发明对中国古代政治、经济、文化的发展产生了巨大的推动作用，且这些发明经由各种途径传至西方，对世界文明的发展也产生了很大的影响。

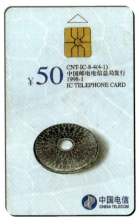   

CNT058　　（4-1）　　　CNT059　　（4-2）　　　CNT060　　（4-3）　　　CNT061　　（4-4）

   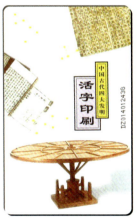

　1 764 600 枚　　　　　1 264 600 枚　　　　　　760 600 枚　　　　　　737 100 枚

设计：北京理想设计艺术公司

本套卡芯片封装：
法国金浦斯公司（厂商代码G）。

1998年1月发行，无有效期。

中国电信 IC 纪念电话卡 (CNT-IC)

CNT-IC-9 丽江风光

丽江古城位于丽江坝中心，四面青山环绕，一片碧野之间绿水萦回，形似一块碧玉大砚。丽江以"二山、一城、一湖、一江"闻名于世。

CNT062　　　　　　(4-1)

1 379 500 枚

CNT063　　　　　　(4-2)

869 000 枚

CNT064　　　　　　(4-3)

889 000 枚

CNT065　　　　　　(4-4)

889 000 枚

摄影：刘建民　陈浩　和集中　朱运宽　丽江风光图片社
供稿：云南省邮电管理局　设计：北京理想设计艺术公司

本套卡芯片封装：
江西捷德智能卡系统有限公司(厂商代码 J)。

1998 年 2 月发行，无有效期。

中国电信 IC 纪念电话卡（CNT-IC）

CNT-IC-10　张家界风光

张家界市位于湖南省西北部，澧水中上游，属武陵山区腹地，为中国重要的旅游城市之一。1992年，由张家界国家森林公园、索溪峪风景区、天子山风景区三大景区组成的武陵源自然风景区被联合国教科文组织列入《世界自然遗产名录》。

CNT066　　　　　　　　　（5-1）

1 233 500 枚

CNT067　　　　　　　　　（5-2）

CNT070　　　　　　　　　（5-5）

1 533 000 枚

CNT068　　　　　　　　　（5-3）

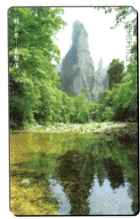
2 035 800 枚

1 233 000 枚

CNT069　　　　　　　　　（5-4）

1 335 800 枚

摄影：邵柏林　　供稿：湖南省邮电管理局　　设计：赵鹏

本套卡芯片封装：
上海索立克智能卡有限公司（厂商代码 A）。

1998 年 3 月发行，无有效期。

中国电信 IC 纪念电话卡（CNT-IC）
CNT-IC-11　潍坊风筝

　　潍坊制作风筝历史悠久，工艺精湛。潍坊风筝经过长期的历史演变和横向传播，逐渐形成了选材讲究、造型优美、扎制精巧、形象生动、绘画靓丽的传统风格与艺术特色，和南通哨口风筝都是全国著名的风筝流派。

CNT071　　　（4-1）

CNT072　　　（4-2）

CNT074　　　（4-4）

CNT073　　　（4-3）

1 441 400 枚

1 731 400 枚

1 084 800 枚

1 334 800 枚

　　摄影：潘锡玉　　供稿：山东省邮电管理局　　设计：潘锡玉　潘艳梅

本套卡芯片封装：
法国金浦斯公司（厂商代码 G）。

1998 年 4 月发行，无有效期。

中国电信IC纪念电话卡（CNT-IC）

CNT-IC-12　千山风光

"万壑松涛百丈澜，千峰翠影一湖莲。"千山由近千座状似莲花的奇峰组成，自然风光十分秀丽。她虽无五岳之雄峻，却有千峰之壮美，以独特的群体英姿，像一幅无穷无尽的天然画卷，展示在辽东大地上。

CNT075　　　（4-1）

1 321 200 枚

CNT076　　　（4-2）

1 568 200 枚

CNT077　　　（4-3）

1 297 800 枚

CNT078　　　（4-4）

1 797 800 枚

摄影：王毅　龚威健　张峰　冀焕发　吴建坤　供稿：辽宁省邮电管理局　设计：赵鹏

本套卡芯片封装：
1. 湖南斯伦贝谢通信设备有限公司(厂商代码H)。
2. 法国斯伦贝谢公司(厂商代码S)。

1998年5月发行，无有效期。本套卡的发行量为正卡和漏印卡的合计发行量。

中国电信IC纪念电话卡（CNT-IC）

CNT-IC-12　千山风光"TELEPHONE"漏印"H"（TELEPONE)卡

CNT079　　　　　（4-1）

CNT080　　　　　（4-2）

CNT081　　　　　（4-3）

CNT082　　　　　（4-4）

4枚卡的"TELEPHONE"全部漏印"H"，印为"TELEPONE"。

本套卡芯片封装：
1. 湖南斯伦贝谢通信设备有限公司(厂商代码H)。
2. 法国斯伦贝谢公司(厂商代码S)。

　　　　　　　　1998年5月发行，无有效期。漏印卡的确切发行量暂未掌握。

中国电信 IC 纪念电话卡 (CNT-IC)

CNT-IC-13 侗乡风雨桥

风雨桥流行于湖南、贵州、广西、湖北等地，多建于交通要道，方便行人过往歇脚，也是迎宾场所。其通常由桥、塔、亭组成，用木料筑成，靠凿榫衔接，风格独特，建筑技巧高超。

CNT083　　　　　　　　　　(4-1)

722 200 枚

CNT084　　　　　　　　　　(4-2)

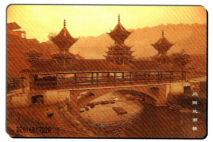

1 271 200 枚

CNT085　　　　　　　　　　(4-3)

978 200 枚

CNT086　　　　　　　　　　(4-4)

1 328 200 枚

摄影：吴东俊 张劲松   供稿：贵州省邮电管理局   设计：赵鹏

本套卡芯片封装：
上海索立克智能卡有限公司(厂商代码 A)。

1998 年 7 月发行，无有效期。

中国电信 IC 纪念电话卡（CNT-IC）

CNT-IC-14　敦煌壁画

　　敦煌壁画特指中国敦煌石窟内壁的绘画艺术作品，属于世界文化遗产。其规模巨大，技艺精湛，内容丰富，题材广泛。敦煌壁画具有与世俗绘画不同的审美特征和艺术风格，源于生活，高于生活；源于艺术，集成艺术；源于世界，分享世界。

CNT087　　　　　　　　（4-1）

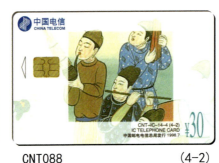

CNT088　　　　　　　　（4-2）

CNT089　　　　　　　　（4-3）

893 600 枚

1 294 600 枚

1 102 400 枚

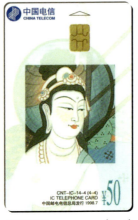

CNT090　　　（4-4）

1 102 400 枚

　　供稿：甘肃省邮电管理局　　设计：北京理想设计艺术公司

本套卡芯片封装：
江西捷德智能卡系统有限公司（厂商代码 J）。

1998 年 7 月发行，无有效期。

中国电信 IC 纪念电话卡 (CNT-IC)

CNT-IC-15 青海风光

　　青海省，简称"青"，是中华人民共和国省级行政区，省会是西宁市。青海省位于中国西部，雄踞世界屋脊青藏高原的东北部，因境内有国内最大的内陆咸水湖——青海湖而得名。青海省是长江、黄河、澜沧江的发源地，是联结西藏自治区、新疆维吾尔自治区与内地的纽带。

CNT091	(4-1)	877 600 枚
CNT092	(4-2)	1 278 600 枚
CNT093	(4-3)	1 090 300 枚
CNT094	(4-4)	1 090 300 枚

　　摄影：王启发　　供稿：青海省邮电管理局　　设计：希思图文　赵鹏

本套卡芯片封装：
法国金浦斯公司(厂商代码 G)。

1998 年 7 月发行，无有效期。

中国电信 IC 纪念电话卡（CNT-IC）

CNT-IC-16　亚欧陆地光缆开通纪念

　　亚欧陆地光缆东起中国上海，西至德国法兰克福，途经 20 个国家，是连接亚欧的重要通信基础设施。

CNT095　　　　　　　　　（2-1）

1 099 400 枚

CNT096　　　　　　　　　（2-2）

767 700 枚

设计：北京理想设计艺术公司

本套卡芯片封装：
江西捷德智能卡系统有限公司(厂商代码 J)。

1998 年 10 月发行，无有效期。

中国电信 IC 纪念电话卡（CNT-IC）

CNT-IC-17　体操

"体操"是所有体操项目的总称，可分为竞技体操、艺术体操、健美操、技巧和蹦床等5项运动。

CNT097　　　(4-1)

952 600 枚

CNT098　　　(4-2)

952 600 枚

CNT099　　　(4-3)

634 900 枚

CNT100　　　(4-4)

634 900 枚

设计：北京理想设计艺术公司

本套卡芯片封装：
湖南斯伦贝谢通信设备有限公司(厂商代码 H)。

1998 年 10 月发行，无有效期。

中国电信 IC 纪念电话卡 (CNT-IC)
CNT-IC-18 朱鹮

朱鹮是世界珍稀动物，历史上曾广泛分布于东亚地区。1981年5月，在陕西汉中市洋县发现了7只野生朱鹮，这宣告了在我国重新发现了朱鹮野生种群，此后我国学者在朱鹮的保护和研究方面开展了大量的工作，取得了显著的成果。

CNT101　　　　　(4-1)

CNT102　　　　　(4-2)

CNT103　　　　　(4-3)

1 673 700 枚

1 155 700 枚

476 900 枚

CNT104　　　　　(4-4)

976 900 枚

摄影：冯子才　　供稿：陕西省邮电管理局　　设计：阎冬

本套卡芯片封装：
法国金浦斯公司(厂商代码G)。

1998年9月发行，无有效期。

中国电信 IC 纪念电话卡（CNT-IC）

CNT-IC-19 唐代诗人

唐代是一个文化鼎盛的时代，出现了像李白、杜甫、白居易等世界闻名的诗人。唐诗题材广泛，形式和风格丰富多彩。

CNT105　　　　　　　　　(5-1)

CNT106　　　　　　　　　(5-2)

1 003 500 枚

983 500 枚

CNT107　　(5-3)

CNT108　　(5-4)

CNT109　　(5-5)

943 500 枚

401 800 枚

401 300 枚

绘画：刘永杰　　供稿：陕西省邮电管理局　　设计：马永明

本套卡芯片封装：
上海索立克智能卡有限公司（厂商代码 A）。

1998 年 8 月发行，无有效期。

中国电信 IC 纪念电话卡（CNT-IC）

CNT-IC-20　云南现代重彩画

云南现代重彩画以中国画的线条造型为基础，融入西方现代绘画中重色彩的绘画技法，给传统绘画注入了勃勃生机和绚丽色彩，给人一种赏心悦目之感。其内容大多反映云南优美的自然风光、少数民族风情和历史文化，具有浓郁的民族地方特色。画面上丰富艳丽的色彩和夸张与写实相结合的人物造型给人一种梦幻神奇的感觉，具有极强的美感和装饰性。

CNT110　　　　　　　　（4-1）

2 981 500 枚

CNT111　　　（4-2）

CNT112　　　（4-3）

CNT113　　　（4-4）

364 900 枚

364 900 枚

814 900 枚

美术作品：陈崇平　　供稿：云南省邮电管理局　　设计：冯楠

本套卡芯片封装：
法国金浦斯公司（厂商代码G）。

1998 年 12 月发行，无有效期。

中国电信 IC 纪念电话卡 (CNT-IC)

CNT-IC-21 中国电信（香港）有限公司发行股票并上市一周年纪念

1997 年 9 月 3 日中国电信（香港）有限公司成立，10 月 23 日中国电信（香港）有限公司分别于纽约证券交易所和香港联合交易所挂牌上市，2000 年 6 月 28 日中国电信（香港）有限公司更名为中国移动（香港）有限公司。

CNT114   (2-1)

2 955 800 枚

CNT115   (2-2)

607 800 枚

设计：北京理想设计艺术公司

本套卡芯片封装：
法国金浦斯公司(厂商代码 G)。

1998 年 10 月 23 日发行，无有效期。

中国电信IC纪念电话卡（CNT-IC）
CNT-IC-22 高山植物（一）

　　高山植物通常是指那些分布在海拔3 000米以上的植物，其中有许多珍奇花卉，它们大都分布在人迹罕至的高寒山区而鲜为人知。中国是一个多山的国家，高山花卉资源十分丰富。它们形态万千，花色五彩缤纷，春秋时节，当高山花卉竞相绽放之时，高山地区犹如一个天然大花园，美不胜收，令人流连忘返。

CNT116　　　（5-1）　1 705 500 枚　　　CNT117　　　（5-2）　1 673 000 枚

CNT118　　（5-3）　482 900 枚　　CNT119　　（5-4）　376 900 枚　　CNT120　　（5-5）　626 900 枚

摄影：中国科学院昆明植物研究所　管开元　周浙昆　孙航　费用

供稿：云南省电话号薄磁卡局　许继成

设计：昆明恒通广告有限责任公司

本套卡芯片封装：
上海索立克智能卡有限公司(厂商代码A)。

1998年12月发行，无有效期。

34

中国电信 IC 纪念电话卡（CNT-IC）

CNT-IC-23 珍稀动物—猴

长尾叶猴：哺乳纲，灵长目，猴科。这种猴体型纤细，尾巴很长，分布在我国云南、贵州和广西一带，是国家一级保护动物。

CNT121　　　　　　　　　　　　　　　(4-1)
　　　　　　　　　　　　　　　　　　1 748 500 枚

白颊长臂猿：哺乳纲，灵长目，长臂猿科。其分布在云南等地，是国家一级保护动物。

CNT122　　　　　　　　　　　　　　　(4-2)
　　　　　　　　　　　　　　　　　　1 694 000 枚

蜂猴：哺乳纲，灵长目，懒猴科。其分布在云南和广西等地，是国家一级保护动物。

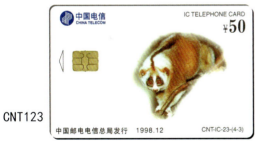

CNT123　　　　　　　　　　　　　　　(4-3)
　　　　　　　　　　　　　　　　　　428 900 枚

滇金丝猴：分布在云南西北部和西藏西南部。其头顶有尖形黑冠毛，眼周和吻鼻部呈青灰色或粉色，背部有灰白色的稀松长毛。

CNT124　　　　　　　　　　　　　　　(4-4)
　　　　　　　　　　　　　　　　　　828 900 枚

摄影：白寿昌　奚志农　祁云　董胜　　供稿：云南省电话号薄磁卡局　许继成
设计：昆明恒通广告有限责任公司

本套卡芯片封装：
江西捷德智能卡系统有限公司（厂商代码 **J**）。

1998 年 12 月发行，无有效期。

中国电信 IC 纪念电话卡（CNT-IC）

CNT-IC-24　IC卡公用电话系统 31 个省（区、市）联网运营纪念

　　1998 年 12 月，全国 IC 卡公用电话系统 31 个省（区、市）联网运营，中国电信特发行一套两枚 IC 卡纪念。

CNT125　　　（2-1）

2 520 400 枚

CNT126　　　（2-2）

558 200 枚

设计：北京理想设计艺术公司

本套卡芯片封装：
湖南斯伦贝谢通信设备有限公司(厂商代码 H)。

1998 年 12 月 29 日发行，无有效期。

中国电信 IC 纪念电话卡 (CNT-IC)

CNT-IC-25 中国名山九华山

九华山，与山西五台山、浙江普陀山、四川峨眉山并称为中国佛教四大名山。

  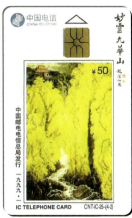 

CNT127　　　(4-1)　　　　3 189 300 枚　　　CNT128　　　(4-2)　　　　531 700 枚

CNT129　　　(4-3)　　　　　　　　　　　　　　　　　　　　　　　530 200 枚

CNT130　　　(4-4)　　　　　　　　　　　　　　　　　　　　　　　740 200 枚

绘画：束俊　　供稿：安徽省电话号薄磁卡局　　设计：束俊

本套卡芯片封装：
天津杰普智能卡有限公司(厂商代码 G)。

1999 年 1 月发行，无有效期。

中国电信 IC 纪念电话卡（CNT-IC）

CNT-IC-26　胡同与四合院

　　北京的胡同绝不仅仅是城市的脉络、交通的衢道，更是北京普通老百姓生活的场所、京城历史文化发展演化的重要舞台。四合院又称四合房，是一种中国传统高档合院式建筑，其格局为一个院子四面建有房屋（正房、东西厢房和倒座房），这些房屋从四面将庭院合围在中间。四合院记下了历史的变迁、时代的风貌，并蕴含着浓郁的文化气息，好像一座座民俗风情的博物馆，烙下了人们各种社会生活的印记。

CNT131　　　　　　　　（4-1）

CNT132　　　　（4-2）

CNT133　　　　　　　　（4-3）

2 759 000 枚

456 900 枚

456 900 枚

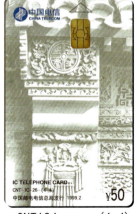
CNT134　　　（4-4）

816 900 枚

　　摄影：徐勇　丁幼华　　供稿：北京市电信管理局　　设计：王军

本套卡芯片封装：
湖南斯伦贝谢通信设备有限公司（厂商代码 H）。

1999 年 2 月发行，无有效期。

中国电信 IC 纪念电话卡（CNT-IC）

CNT-IC-27　中国电信 IC 电话卡发行 2 亿枚纪念

自 1995 年 12 月发行黄河卡到 1999 年 7 月，中国电信 IC 电话卡累计发行达 2 亿枚。中国电信特发行一套两枚 IC 电话卡纪念。

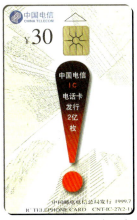

CNT135　　　（2-1）

1 159 700 枚

CNT136　　　（2-2）

2 067 700 枚

供稿：中国邮电电信总局　设计：董志桢

本套卡芯片封装：
天津杰普智能卡有限公司（厂商代码 G）。

1999 年 7 月发行，无有效期。

中国电信 IC 纪念电话卡（CNT-IC）

CNT-IC-28　石湾陶瓷

　　石湾陶塑技艺主要分布在广东省佛山市禅城区石湾镇街道及周边地区。丰富的自然资源、依山傍水的地理位置、水路畅达的交通条件，使石湾成为我国岭南地区重要的陶业基地。石湾是民窑，它主要根据市场需要生产陶瓷。石湾的美术陶享誉海内外。

CNT137　　　（4-1）

CNT138　　　（4-2）

CNT139　　　（4-3）

CNT140　　　（4-4）

3 200 800 枚

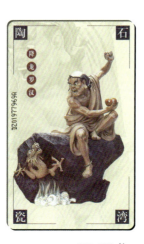

471 400 枚

681 900 枚

585 900 枚

　　摄影：吴钢　　供稿：广东省邮电管理局　　设计：杨智刚

本套卡芯片封装：
上海索立克智能卡有限公司(厂商代码 A)。

1999 年 3 月发行，无有效期。

40

中国电信 IC 纪念电话卡（CNT-IC）

CNT-IC-29 高山植物（二）

　　大多数高山植物有粗壮深长而柔韧的根系，它们常穿插在砾石或岩石的裂缝之间和粗质的土壤里吸收营养和水分，以适应高山粗疏的土壤和在寒冷、干旱环境下生长发育的要求。高山植物常有艳丽的花朵。中国有世界闻名的三大高山花卉：杜鹃花、报春花和龙胆花。

CNT141　　　　　　　　（4-1）

1 807 600 枚

CNT142　　　　　　　　（4-2）

1 787 600 枚

CNT143　　　　　　　　（4-3）

571 000 枚

CNT144　　　　　　　　（4-4）

991 000 枚

摄影：中国科学院昆明植物研究所　管开元　周浙昆　费勇　孙航
供稿：云南省电话号薄磁卡局　设计：陈艺辉

本套卡芯片封装：
江西捷德智能卡系统有限公司(厂商代码J)。

1999 年 3 月发行，无有效期。

中国电信 IC 纪念电话卡（CNT-IC）

CNT-IC-30 徽州文化—黟县古民居艺术

　　徽州古民居受徽州传统文化和地理位置等因素的影响，形成了独具一格的徽派建筑风格。粉墙、黛瓦、马头墙是它的 3 个特征。徽州古民居讲究自然情趣和山水灵气，房屋布局重视与周围环境的协调，自古就有"无山无水不成居"之说。徽州古民居大都坐落在青山绿水之间，依山傍水，与亭、台、楼、阁、塔、坊等建筑交相辉映，构成"小桥、流水、人家"的优美画面。

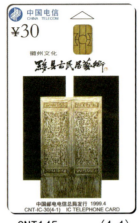

CNT145　　　　（4-1）

2 739 400 枚

CNT146　　　　（4-2）

CNT147　　　　（4-3）

CNT148　　　　（4-4）

579 000 枚

569 800 枚

1 019 800 枚

　　版画：应天齐　　供稿：安徽省邮电管理局　　设计：应天齐

本套卡芯片封装：
上海索立克智能卡有限公司(厂商代码 A)。

1999 年 4 月发行，无有效期。

中国电信 IC 纪念电话卡（CNT-IC）

CNT-IC-31　昆明世界园艺博览会

1999年，以"人与自然｜迈向二十一世纪"为主题的世界园艺博览会在"春城"昆明成功举办。整个园区以中国古典园林艺术设计布局，自然、弯曲的路径体现了追随自然、顺应自然的设计理念。

CNT149　　　　　　　　　　（5-1）

CNT150　　　　　　　　　　（5-2）

CNT151　　　　　　（5-3）

CNT152　　　　　　（5-4）

CNT153　　　　　　（5-5）

1 720 500 枚

1 720 000 枚

494 500 枚

854 500 枚

494 500 枚

摄影：张建林 等　绘画：肖　溶　供稿：云南省邮电管理局
策划：云南省电话号薄磁卡局　设计：云南省园艺博览局　昆明白字现代广告公司

本套卡芯片封装：
天津杰普智能卡有限公司(厂商代码G)。　

1999 年 5 月发行，无有效期。

中国电信 IC 纪念电话卡 (CNT-IC)

CNT-IC-32　分形几何

　　分形几何学是一门以不规则几何形态为研究对象的几何学。因为它的研究对象普遍存在于自然界中，所以分形几何学又被称为"大自然的几何学"。简单来说，分形几何学就是研究无限复杂、具备自相似结构的几何学，其研究对象是大自然复杂表面下的内在数学秩序。

CNT154　　　　　　　　　　　(4-1)

2 544 600 枚

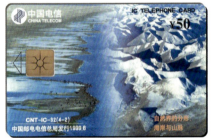

CNT155　　　　　　　　　　　(4-2)

697 600 枚

CNT156　　　　　　　　　　　(4-3)

867 600 枚

CNT157　　　　　　　　　　　(4-4)

893 100 枚

绘画：苑玉峰　　设计：赵鹏

本套卡芯片封装：
天津杰普智能卡有限公司（厂商代码G）。

1999 年 8 月发行，无有效期。

中国电信 IC 纪念电话卡（CNT-IC）

CNT-IC-33 桂林山水

桂林地处广西东北部，是世界著名的旅游胜地和历史文化名城，因盛产桂花、桂树成林而得名。桂林山水是典型的喀斯特地形，因山青、水秀、洞奇、石美而享有"山水甲天下"的美誉。

CNT158	(4-1)	2 098 000 枚
CNT159	(4-2)	758 600 枚
CNT160	(4-3)	756 100 枚
CNT161	(4-4)	1 417 100 枚

摄影：滕彬 吕华昌 林琳　　供稿：桂林市电信局　　设计：海豚广告公司 付迎春

本套卡芯片封装：
湖南斯伦贝谢通信设备有限公司(厂商代码H)。

1999 年 5 月发行，无有效期。

中国电信 IC 纪念电话卡 (CNT-IC)

CNT-IC-34 少儿卡通

"卡通"一词由外文 Cartoon 音译而来。卡通以夸张、变形的手法塑造各种形象，主要以漫画、动画为主。

6月1日为国际儿童节，中国电信特发行一套四枚的少儿卡通 IC 卡。

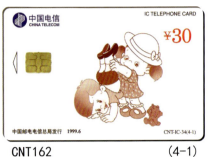

CNT162　　　　　　　　　　　(4-1)

2 018 100 枚

CNT163　　　　　　　　　　　(4-2)

687 100 枚

CNT164　　　　　　　　　　　(4-3)

10 578 100 枚

CNT165　　　　　　　　　　　(4-4)

1 241 600 枚

绘画：刘娴　　设计：北京芳世文化交流有限公司

本套卡芯片封装：
江西捷德智能卡系统有限公司(厂商代码 J)。

1999 年 6 月发行，无有效期。

中国电信 IC 纪念电话卡（CNT-IC）

CNT-IC-35　雅鲁藏布大峡谷

中国西藏雅鲁藏布江下游的雅鲁藏布大峡谷是地球上最深的峡谷。这里汇集了多种生物资源，包括青藏高原的多种高等植物、哺乳动物、昆虫以及大型真菌。

CNT166　　　　　　　　　（4-1）

2 647 600 枚

CNT167　　　　　　　　　（4-2）

1 077 600 枚

CNT168　　　　　　　　　（4-3）

1 099 100 枚

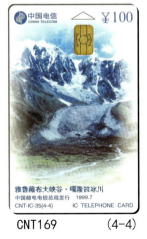

CNT169　　　（4-4）

239 100 枚

摄影：杜泽泉　　设计：北京溥泽电脑创意中心　王敬红

本套卡芯片封装：
上海索立克智能卡有限公司（厂商代码 A）。

1999 年 7 月发行，无有效期。

中国电信 IC 纪念电话卡（CNT-IC）

CNT-IC-36　喀纳斯风光

　　喀纳斯湖是中国新疆阿勒泰地区布尔津县境内北部著名的淡水湖，位于阿勒泰山脉中，据推测为古冰川强烈运动阻塞山谷积水而成。喀纳斯湖风景优美，林木茂盛，是著名的风景旅游胜地。

CNT170　　　　　　　　（4-1）

1 897 700 枚

CNT171　　　　　　　　（4-2）

692 200 枚

CNT172　　　　　　　　（4-3）

1 161 700 枚

CNT173　　　　　　　　（4-4）

1 251 700 枚

　　供稿：新疆维吾尔族自治区邮电管理局　策划：新疆维吾尔族自治区电话号薄磁卡局
　　设计：希思图文　赵鹏

本套卡芯片封装：
上海索立克智能卡有限公司（厂商代码 A）。

1999 年 7 月发行，无有效期。

中国电信 IC 纪念电话卡（CNT-IC）

CNT-IC-37　宋代词人

　　宋词是继唐诗后的又一种文学体裁，它兼有文学与音乐两方面的特点。每首词都有一个调名，叫作"词牌"，依调填词叫作"依声"。宋词从《诗经》、《楚辞》及《汉魏六朝诗歌》里汲取营养，为后来的明清戏剧小说输送了养分。直到今天，宋词仍在陶冶着人们的情操。

CNT174　　　　　　　　　　(5-1)

CNT175　　　　　　　　　　(5-2)

CNT176　　　　　　　　　　(5-3)

CNT177　　　　　　　　　　(5-4)

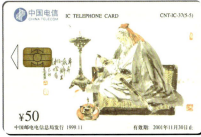
CNT178　　　　　　　　　　(5-5)

2 047 200 枚

2 022 200 枚

719 100 枚

719 100 枚

722 600 枚

　　这是中国电信第一套带有效期的 IC 卡。
　　绘画：冯远　书法：赵宗藻　供稿：浙江省邮电管理局　设计：北京溥泽电脑创意中心

本套卡芯片封装：
上海索立克智能卡有限公司（厂商代码 A）。

　　　　　1999 年 11 月发行，有效期到 2001 年 11 月 30 日止。

中国电信 IC 纪念电话卡（CNT-IC）

CNT-IC-38　第 22 届万国邮政联盟大会

　　万国邮政联盟是联合国商定国际邮政事务的政府间国际组织，它的前身是 1874 年 10 月 9 日成立的邮政总联盟，1878 年其改名为万国邮政联盟。1948 年 7 月万国邮政联盟成为联合国一个处理国际邮政事务的专门机构，总部设在瑞士伯尔尼，宗旨是促进、组织和改善国际邮政业务，并向全体成员提供可能的邮政技术支持。

　　第 22 届万国邮政联盟大会在中国北京召开。

CNT179　　　　　　　　(2-1)

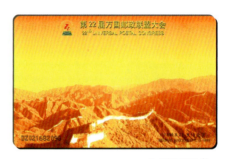
1 012 700 枚

CNT180　　　(2-2)

1 012 700 枚

设计：方军

本套卡芯片封装：
天津杰普智能卡有限公司(厂商代码 G)。

　　　　　　　　1999 年 8 月 23 日发行，无有效期。

中国电信 IC 纪念电话卡（CNT-IC）

CNT-IC-39 福建武夷山

　　武夷山地处我国福建省西北部、江西省东部，位于两省交界处。武夷山西部是全球生物多样性保护的关键地区。武夷山东部山水完美结合，人文和自然有机相融，以"秀水、奇峰、幽谷、险壑"等诸多美景、悠久的历史文化和众多的文物古迹而享有盛誉。武夷山中部是联系西部并涵养九曲溪水源、保持良好生态环境的重要区域。

CNT181　　　　　　　　（4-1）

2 249 600 枚

CNT182　　　　　　　　（4-2）

865 500 枚

CNT183　　　　　　　　（4-3）

795 600 枚

CNT184　　　　　　　　（4-4）

795 600 枚

供稿：福建省邮电管理局　　设计：赵勇

本套卡芯片封装：
江西捷德智能卡系统有限公司（厂商代码 J）。

1999 年 8 月发行，无有效期。

51

中国电信 IC 纪念电话卡（CNT-IC）
CNT-IC-40 亚洲象

亚洲象是亚洲大陆现存最大的动物，分布在我国云南西双版纳及南亚、东南亚等部分地区。亚洲象是我国一级野生保护动物。

CNT185　　　　　　　　　　　(4-1)

3 347 000 枚

CNT186　　　　　　　　　　　(4-2)

639 900 枚

CNT187　　　　　　　　　　　(4-3)

641 900 枚

CNT188　　　　　　　　　　　(4-4)

551 900 枚

摄影：祁云　供稿：云南省邮电管理局　设计：云南震撼广告公司

本套卡芯片封装：
1. 天津杰普智能卡有限公司(厂商代码 G)。
2. 江西捷德智能卡系统有限公司(厂商代码 J)。

1999 年 12 月发行，有效期到 2001 年 12 月 31 日止。

中国电信IC纪念电话卡 (CNT-IC)

CNT-IC-41 第四届城市运动会

第四届城市运动会于1999年9月在陕西西安举行。

兵马俑： 陕西秦始皇陵兵马俑坑是秦始皇陵的陪葬坑。

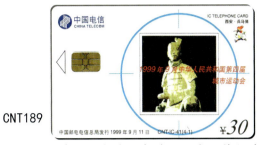 

CNT189　　　　　　　　　　　¥30　(4-1)
　　　　　　　　　　　　　　　　　2 002 100 枚

大雁塔： 又名慈恩寺塔，是唐代佛教建筑艺术的杰作。

CNT190　　　　　　　　　　　¥50　(4-2)
　　　　　　　　　　　　　　　　　673 600 枚

黄帝陵： 中华民族始祖黄帝轩辕氏的陵墓，此陵墓为衣冠冢。

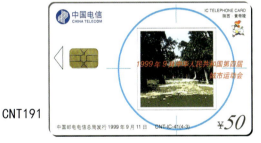

CNT191　　　　　　　　　　　¥50　(4-3)
　　　　　　　　　　　　　　　　　673 700 枚

西安碑林： 陈列汉至清代的各种石碑墓志2 000余件。

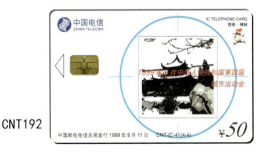 

CNT192　　　　　　　　　　　¥50　(4-4)
　　　　　　　　　　　　　　　　　673 700 枚

该套卡第一次将运动会和城市旅游相组合，给人耳目一新的感觉。
策划：张克牛 董建良 朱西京　供稿：陕西省邮电管理局　设计：马永明

本套卡芯片封装：
湖南斯伦贝谢通信设备有限公司(厂商代码H)。

1999年9月11日发行，无有效期。

中国电信 IC 纪念电话卡（CNT-IC）

CNT-IC-42　承德避暑山庄

　　避暑山庄位于承德市中心以北武烈河西岸一带狭长的谷地上，山庄的建筑群布局大致可分为宫殿区和苑景区两大部分。它的最大特色是山中有园，园中有山。

CNT193　　　　　　(5-1)

CNT194　　　　　　(5-2)

1 305 800 枚

1 278 100 枚

CNT195　　　(5-3)

CNT196　　　(5-4)

CNT197　　　(5-5)

916 900 枚

796 900 枚

797 900 枚

　　摄影：陈克寅　　策划：河北省电话号簿公司
　　供稿：河北省邮电管理局　　设计：石家庄晏钧设计工作室

本套卡芯片封装：
江西捷德智能卡系统有限公司(厂商代码 J)。

1999 年 9 月发行，无有效期。

中国电信 IC 纪念电话卡（CNT-IC）

CNT-IC-43 庆祝中华人民共和国成立50周年

　　1949年10月1日，毛泽东主席在北京天安门宣告中华人民共和国成立。1999年10月1日，中国人民通过半个世纪的不懈努力，实现了中华民族伟大复兴，取得了世界瞩目的成绩。尤其是改革开放以后，人民生活水平不断改善，综合国力不断增强，中国已巍然屹立在世界的东方。

设计：北京理想设计艺术公司

本套卡芯片封装：
上海索立克智能卡有限公司（厂商代码A）。
　　　　　　　　　　　　　　　　　1999年10月发行，无有效期。

中国电信 IC 纪念电话卡（CNT-IC）

CNT-IC-44 1999 天津世界体操锦标赛

1999 年 10 月，中国天津首次举办世界体操锦标赛。

CNT203　　　　　　　　　(4-1)

2 171 800 枚

CNT204　　　　　　　　　(4-2)

658 700 枚

CNT205　　　　　　　　　(4-3)

598 300 枚

CNT206　　　　　　　　　(4-4)

598 300 枚

策划：姚学东　供稿：天津市邮电管理局　设计：天津市新坐标广告有限公司

本套卡芯片封装：
天津杰普智能卡有限公司（厂商代码 G）。

1999 年 10 月发行，无有效期。

中国电信 IC 纪念电话卡（CNT-IC）
CNT-IC-45　中国国际高新技术成果交易会

　　中国国际高新技术成果交易会是经国务院批准，由国务院多部门共同主办及协办的国家级、国际性高新技术成果交易会，每年秋季在深圳举办。

CNT207　　　　　　　　　　（2-1）

1 664 400 枚

CNT208　　　　　　　　　　（2-2）

1 154 400 枚

　　策划：中国国际高新技术成果交易会组委会 深圳市电信局　　设计：邹家健 杨亮

本套卡芯片封装：
湖南斯伦贝谢通信设备有限公司（厂商代码 H）。

1999 年 10 月发行，无有效期。

中国电信 IC 纪念电话卡（CNT-IC）
CNT-IC-46　澳门回归

　　1999 年 12 月 20 日零时，中葡两国政府在澳门文化中心举行政权交接仪式，中国政府对澳门恢复行使主权，澳门回归祖国。这是继 1997 年 7 月 1 日香港回归祖国之后，中华民族在实现祖国统一大业中的又一盛事。

CNT209　　(4-1)
CNT210　　(4-2)
CNT211　　(4-3)
CNT212　　(4-4)

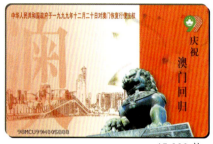

65 000 枚

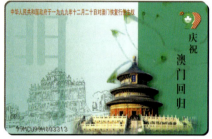

65 000 枚

708 700 枚

708 700 枚

　　本套卡为中国电信和澳门电讯有限公司联合发行的。本套卡的实际发行时间早于 CNT-IC-37，中国电信从本套卡开始设置 IC 卡的有效期。
　　策划：珠海市电信局　供稿：广东省邮电管理局　设计：李兵

本套卡芯片封装：
天津杰普智能卡有限公司（厂商代码 G）。
　　　　　　　　　　　　　1999 年 12 月 20 日发行，有效期到 2001 年 12 月 20 日止。

中国电信 IC 纪念电话卡（CNT-IC）

CNT-IC-47 李苦禅作品选

　　李苦禅是中国当代杰出的大写意花鸟画家、书法家、人民美术教育家，出生于山东省高唐县李奇庄的一个贫农家庭。他的作品具有笔墨厚重豪放、气势磅礴逼人、意态雄深纵横、形象洗练鲜明的独特风格，树立了大写意花鸟画的新风范，长屏巨幅更为世人所瞩目。

CNT213　　　　　　　　　　　　（4-1）

4 126 500 枚

CNT214　　　　　　　　　　　　（4-2）

589 200 枚

CNT215　　　　　　　　　　　　（4-3）

583 700 枚　　　　583 700 枚

CNT216　　　　　　　　　　　　（4-4）

　　绘画：李苦禅　　设计：北京溥泽电脑创意中心

本套卡芯片封装：
江西捷德智能卡系统有限公司（厂商代码 J）。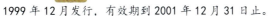
　　　　1999 年 12 月发行，有效期到 2001 年 12 月 31 日止。

中国电信 IC 纪念电话卡（CNT-IC）

CNT-IC-48　黑龙江雪景

　　黑龙江省地处北半球的高纬度地区，进入冬季后，天寒地冻，风雪频繁，形成了北国特有的美丽雪景。

CNT217　　　　　　　　　（4-1）

4 025 500 枚

CNT218　　　　　　　　　（4-2）

713 200 枚

CNT219　　　　　　　　　（4-3）

622 700 枚

供稿：中国电信集团黑龙江省电信公司
设计：湖北楚天龙实业有限公司

CNT220　　　　　　　　　（4-4）

622 700 枚

本套卡芯片封装：
上海索立克智能卡有限公司(厂商代码A)。

2000 年 1 月 1 日发行，有效期到 2002 年 1 月 1 日止。

中国电信IC纪念电话卡（CNT-IC）

CNT-IC-49　迈进新千年

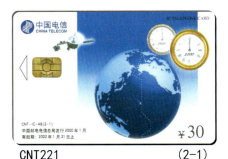

CNT221　　　　　　　（2-1）

2 216 000 枚

CNT222　　　　　　　（2-2）

322 000 枚

设计：郁达

本套卡芯片封装：
上海索立克智能卡有限公司（厂商代码A）。

2000年1月发行，有效期到2002年1月31日止。

CNT-IC-50　庚辰年—生肖龙年

龙在十二生肖中排行第五，与十二地支配属"辰"。在生肖文化中，只有龙是虚拟的动物，是中华民族的象征，龙在中国的生肖文化中有着独特的地位。2000年是农历庚辰龙年，中国电信首次发行生肖IC卡。

CNT223　　　　　（1-1）

1 124 000 枚

设计：上海依佩克广告有限公司　胡玮

本套卡芯片封装：
湖南斯伦贝谢通信设备有限公司（厂商代码H）。

2000年2月发行，有效期到2002年2月28日止。

中国电信 IC 纪念电话卡（CNT-IC）

CNT-IC-51　中华恐龙

　　中国是世界上发现恐龙化石较多的国家，代表性恐龙化石有合川马门溪龙、云南禄丰恐龙、巨型山东龙等。

CNT224　　　　　　　　　　(5-1)

CNT225　　　　　　　　　　(5-2)

2 271 500 枚

2 181 000 枚

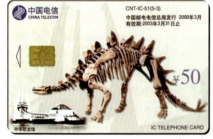
CNT226　　　　　　　(5-3)

CNT227　　　　　　　(5-4)

CNT228　　　　　　　(5-5)

729 800 枚

719 800 枚

719 300 枚

　　摄影：顾其文　供稿：中国电信集团江苏省电信公司　设计：郑建军　周常　杨志强

本套卡芯片封装：
江西捷德智能卡系统有限公司（厂商代码J）。

2000 年 3 月发行，有效期到 2003 年 3 月 31 日止。

中国电信 IC 纪念电话卡（CNT-IC）

CNT-IC-52 云南大理石天然画

大理石天然画产自云南大理苍山深处，既有收藏价值又可装饰家居。我们所说的大理石天然画就是将大理石开采切割后，切割面呈现的天然画面。大理石天然画全然天赐，不落人工，艺术境界浑然天成，人力远为不逮，天地造化之奇在石画上体现得淋漓尽致。

CNT229　　　　　　　　　(5-1)

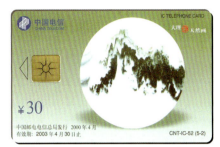
CNT230　　　　　　　　　(5-2)

2 299 400 枚

2 127 300 枚

CNT231　　　(5-3)

CNT232　　　(5-4)

CNT233　　　(5-5)

928 350 枚

807 850 枚

617 850 枚

图片：王子荣　　供稿：中国电信集团云南省电信公司　　设计：云南震撼广告公司

本套卡芯片封装：
天津杰普智能卡有限公司(厂商代码 G)。

2000 年 4 月发行，有效期到 2003 年 4 月 30 日止。

中国电信 IC 纪念电话卡 (CNT-IC)

CNT-IC-53 中国电信集团公司成立纪念

中国电信集团公司成立于 2000 年，是中国特大型国有通信企业，连续多年入选"世界 500 强企业"，公司成立初期主要经营固定电话、互联网接入及应用等综合信息服务。该套卡卡面将凤凰作为主图，寓意凤凰涅槃，浴火重生，以体现公司的旺盛生命力。

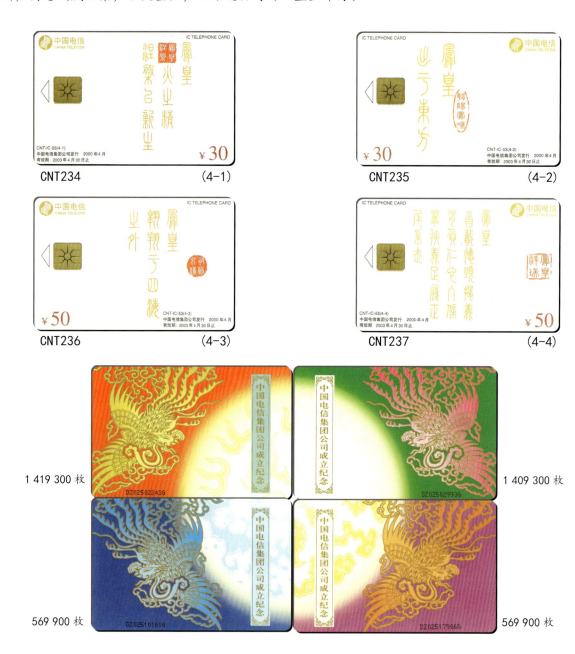

设计：李梅

本套卡芯片封装：
天津杰普智能卡有限公司（厂商代码 G）。

2000 年 4 月发行，有效期到 2003 年 4 月 30 日止。

中国电信 IC 纪念电话卡（CNT-IC）

CNT-IC-54　第 32 届世界电信日

　　1865 年 5 月 17 日，为了顺利实现国际电报通信，法、德、俄、意、奥等 20 个欧洲国家的代表在巴黎签订了《国际电报公约》，国际电报联盟(International Telegraph Union, ITU)宣告成立。

　　1932 年，70 多个国家的代表在西班牙马德里召开会议，决定自 1934 年 1 月 1 日起国际电报联盟正式改称为国际电信联盟(International Telecommunications Union, ITU)。1969 年 5 月 17 日，国际电信联盟第二十四届行政理事会正式通过决议，决定把国际电信联盟的成立日——5 月 17 日定为世界电信日，并要求各会员国从 1969 年起，在每年 5 月 17 日开展纪念活动。

　　2000 年世界电信日的主题是"移动通信"。

CNT238　　　　　　　　　　(1-1)

1 844 000 枚

设计：上海湛湛堂企业形象设计制作有限公司

本套卡芯片封装：
天津杰普智能卡有限公司(厂商代码 G)。

2000 年 5 月 17 日发行，有效期到 2003 年 5 月 31 日止。

中国电信 IC 纪念电话卡（CNT-IC）
CNT-IC-55　鸟类起源

　　1996年在辽宁北票市四合屯发现的"中华龙鸟"震惊了生物学界，该地区后来又发现了一种新的长毛恐龙——意外北票龙，其后陆续发现了邹氏尾羽龙、董氏尾羽龙和原始祖鸟。

CNT239　　（4-1）　　　　4 526 900 枚　　　CNT240　　（4-2）　　　　854 200 枚

CNT241　　（4-3）　　　　773 700 枚　　　CNT242　　（4-4）　　　　593 700 枚

　　摄影：孙旭　　供稿：中国电信集团辽宁省电信公司
　　设计：白文阁

　　本套卡第三种图示芯片有中国电信徽标。

本套卡芯片封装：
上海索立克智能卡有限公司(厂商代码 A)。　

　　　　2000年5月发行，有效期到2003年5月31日止。

中国电信 IC 纪念电话卡（CNT-IC）

CNT-IC-56　童话《小红帽》

　　小红帽是德国童话作家格林的童话《小红帽》中的人物。《格林童话》是19世纪初由德国著名语言学家雅格·格林和威廉·格林兄弟收集、整理、加工完成的德国民间文学。格林兄弟以其丰富的想象力、优美的语言给孩子们讲述了一个个神奇而又浪漫的童话故事。

CNT243　　　　　　　　　　(4-1)

CNT244　　　　　　　　　　(4-2)

CNT245　　　　　　　　　　(4-3)

CNT246　　　　　　　　　　(4-4)

2 067 500 枚

2 064 500 枚

2 018 500 枚

677 500 枚

绘画　设计：胡平利

本套卡芯片封装：
天津杰普智能卡有限公司(厂商代码G)。

2000年6月1日发行，有效期到2003年6月30日止。

67

中国电信 IC 纪念电话卡（CNT-IC）

CNT-IC-57 井冈山

　　井冈山位于江西省西南部，地处湘赣两省交界的罗霄山脉中段，古有"郴衡湘赣之交，千里罗霄之腹"之称。井冈山有很多保存完好的革命旧址遗迹。井冈山的自然景观同样令人叹为观止，景区内峰峦叠嶂，峪壑幽深，溪流澄碧，林木蓊郁。井冈山是一个融革命传统教育与风景旅游为一体的旅游胜地。

CNT247　　　　　　　　　　　　　　(4-1)
　　　　　　　　　　　　　　　　　2 780 100 枚

CNT248　　　　　　　　　　　　　　(4-2)
　　　　　　　　　　　　　　　　　2 479 100 枚

CNT249　　　　　　　　　　　　　　(4-3)
　　　　　　　　　　　　　　　　　799 100 枚

CNT250　　　　　　　　　　　　　　(4-4)
　　　　　　　　　　　　　　　　　1 152 800 枚

　　摄影：刘冬生　　供稿：中国电信集团江西省电信公司　　设计：江西省电信黄页广告有限公司

本套卡芯片封装：
江西捷德智能卡系统有限公司(厂商代码 J)。

2000 年 6 月发行，有效期到 2003 年 6 月 30 日止。

中国电信 IC 纪念电话卡 (CNT-IC)

CNT-IC-58 中国航天

中国航天事业自创建以来，经历了艰苦创业、配套发展、改革振兴和走向世界等几个重要阶段，形成了完整配套的研究、设计、生产和试验体系；建立了能发射各类卫星和载人飞船的航天器发射中心和由国内各地面站、远程跟踪测量船组成的测控网；建立了多种卫星应用系统，取得了显著的社会效益和经济效益；建立了具有一定水平的空间科学研究系统，取得了多项创新成果；培育了一支素质高、技术水平高的航天科技队伍。

CNT251　　　　　(4-1)

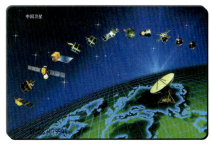

2 386 800 枚

CNT252　　　　　(4-2)

2 360 800 枚

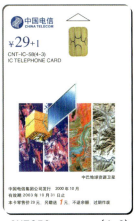

CNT253　　(4-3)

1 849 300 枚

CNT254　　(4-4)

1 066 900 枚

设计：北京航天神箭文化交流中心

本套卡芯片封装：
上海索立克智能卡有限公司（厂商代码 A）。

2000 年 10 月发行，有效期到 2003 年 10 月 31 日止。

中国电信 IC 纪念电话卡（CNT-IC）
CNT-IC-59 黄梅戏艺术

　　黄梅戏，中国汉族地方戏剧，旧称黄梅调或采茶戏，与京剧、越剧、评剧和豫剧并称为中国五大戏剧。起源于湖北、安徽、江西三省交界处的黄梅戏在国内外产生了较大影响。严凤英、王少舫、吴琼、马兰都是黄梅戏的著名演员。

CNT255　　　　　　（5-1）

CNT256　　　　　　（5-2）

CNT257　　　　　　（5-3）

CNT258　　　　　　（5-4）

CNT259　　　　　　（5-5）

1 953 800 枚

1 948 800 枚

1 437 300 枚

848 500 枚

838 500 枚

　　摄影：马昭运　王声振　应尼　李征　吴志和　陈志勇　等
　　供稿：中国电信集团安徽省电信公司　　设计：应天齐

本套卡芯片封装：
天津杰普智能卡有限公司(厂商代码G)。　

　　　　　　　　　　　　　2000 年 8 月发行，有效期到 2003 年 8 月 31 日止。

中国电信 IC 纪念电话卡（CNT-IC）

CNT-IC-60　古城平遥

平遥古城位于山西省中部。平遥古城是一座融古代与现代建筑风格为一体的旅游胜地。

CNT260　　　　　　　　　　(4-1)

2 057 100 枚

CNT261　　　　　　　　　　(4-2)

1 957 100 枚

CNT262　　　　　　　　　　(4-3)

1 943 600 枚

CNT263　　　　　　　　　　(4-4)

1 004 100 枚

供稿：中国电信集团山西省电信公司　　设计：山西省电话号簿公司

本套卡图示第三种芯片有中国电信徽标。

本套卡芯片封装：
湖南斯伦贝谢通信设备有限公司(厂商代码 H)。

2000 年 9 月发行，有效期到 2003 年 9 月 30 日止。

中国电信 IC 纪念电话卡 (CNT-IC)

CNT-IC-61　足球

　　足球运动是一项古老的体育活动，最早起源于我国古代的一种球类游戏"蹴鞠"，后来经阿拉伯传到欧洲，发展成现代足球运动。足球运动是目前全球颇具影响力的单项体育运动。

CNT264　　　　　　　　　(4-1)

CNT265　　　　　　　　　(4-2)

CNT266　　　　　　　　　(4-3)

CNT267　　　　　　　　　(4-4)

(4-1) 2 185 000 枚
(4-2) 2 195 000 枚
(4-3) 2 035 000 枚
(4-4) 619 500 枚

设计：张霆

本套卡芯片封装：
天津杰普智能卡有限公司(厂商代码G)。

2000年10月发行，有效期到2003年10月31日止。

CNT-IC-62　辛巳年—生肖蛇年

　　蛇在十二生肖中排行第六，与十二地支配属"巳"。2001年是农历辛巳蛇年，中国电信发行生肖IC卡一套一枚。

设计：上海金羊艺术设计有限公司

CNT268　　　(1-1)

1 314 000 枚

本套卡芯片封装：
上海索立克智能卡有限公司(厂商代码A)。

2001年1月发行，有效期到2004年1月31日止。

中国电信 IC 纪念电话卡（CNT-IC）

CNT-IC-63 泰山

泰山是我国五岳之首，享有"天下第一山"的美誉。

天街是指南天门向东到碧霞祠的一段街道。

CNT269　　　　　　　　　　　　　　(4-1)
　　　　　　　　　　　　　　　　1 354 000 枚

玉皇顶是泰山的主峰之巅。玉皇殿前的极顶石标志泰山最高点，极顶石西北有"古登封台"碑刻，是古代帝王登封泰山时设坛祭天之处。

CNT270　　　　　　　　　　　　　　(4-2)
　　　　　　　　　　　　　　　　1 139 000 枚

岱庙坐落于泰山的南麓，俗称东岳庙。它是泰山现存规模最大、最完整的古建筑群，是历代帝王举行封禅大典和祭拜泰山神的地方。

CNT271　　　　　　　　　　　　　　(4-3)
　　　　　　　　　　　　　　　　1 119 000 枚

日观峰位于玉皇顶东南，因可观日出而得名。登临其上可尽赏旭日东升的宏大场面。

CNT272　　　　　　　　　　　　　　(4-4)
　　　　　　　　　　　　　　　　388 500 枚

图片：山东泰安·泰山图片社 王德全　供稿：中国电信集团山东省电信公司　设计：申颖

本套卡芯片封装：
江西捷德智能卡系统有限公司（厂商代码 J）。
　　　　　　　　　　2001 年 2 月发行，有效期到 2004 年 2 月 29 日止。

73

中国电信 IC 纪念电话卡（CNT-IC）

CNT-IC-64 "3·15"国际消费者权益日

　　国际消费者权益日为每年的 3 月 15 日，由国际消费者联盟组织于 1983 年确立。其目的是：扩大消费者权益保护的宣传，使之在世界范围内得到重视，促进各国和各地区消费者组织之间的合作和交流，在国际范围内更好地保护消费者权益。

CNT273　　　　　　　　　　(2-1)

1 214 000 枚

CNT274　　　　　　　　　　(2-2)

786 000 枚

设计：北京圣伦广告发展中心

本套卡芯片封装：

湖南斯伦贝谢通信设备有限公司(厂商代码 H)。

2001 年 3 月 15 日发行，有效期到 2004 年 3 月 31 日止。

中国电信 IC 纪念电话卡（CNT-IC）

CNT-IC-65　元曲

　　元曲是中华民族灿烂文化宝库中的一朵奇葩，它在思想内容和艺术成就上都体现了自己的特色，和唐诗、宋词鼎足并举。

　　元代是元曲的鼎盛时期，元曲不仅是文人咏志抒怀的工具，而且为反映元代社会生活提供了人民群众喜闻乐见的崭新艺术形式。

CNT275　　　　　　　　　　(5-1)

CNT276　　　　　　　　　　(5-2)

CNT277　　　　　　　　　　(5-3)

CNT278　　　　　　　　　　(5-4)

CNT279　　　　　　　　　　(5-5)

1 123 500 枚

1 123 500 枚

1 103 500 枚

332 600 枚

332 600 枚

　　绘画：王同仁　　设计：北京圣伦广告发展中心

本套卡芯片封装：
天津杰普智能卡有限公司(厂商代码 G)。

　　　　　2001 年 3 月发行，有效期到 2004 年 3 月 31 日止。

75

中国电信 IC 纪念电话卡（CNT-IC）

CNT-IC-66　第 33 届世界电信日

2001 年国际电信日的主题是"互联网：挑战、机遇与前景"。

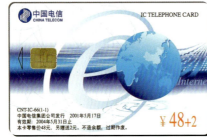

CNT280　　　　　　　　　　　　　(1-1)　1 433 900 枚

设计：胡玮

本套卡芯片封装：
江西捷德智能卡系统有限公司（厂商代码 J）。

2001 年 5 月 17 日发行，有效期到 2004 年 5 月 31 日止。

CNT-IC-67　庆祝西藏和平解放 50 周年

1951 年的 5 月 23 日，《中央人民政府和西藏地方政府关于和平解放西藏办法的协议》在北京签订，宣告了西藏和平解放。

CNT281　　(4-1)　　CNT282　　(4-2)　　CNT283　　(4-3)　　CNT284　　(4-4)

1 214 600 枚　　1 184 600 枚　　1 174 600 枚　　509 200 枚

摄影：西藏岗巴尔摄影公司　阿旺洛桑　顿珠　供稿：中国电信集团西藏自治区电信公司　设计：黄健中

本套卡芯片封装：
天津杰普智能卡有限公司（厂商代码 G）。

2001 年 5 月 23 日发行，有效期到 2004 年 5 月 31 日止。

中国电信IC纪念电话卡（CNT-IC）

CNT-IC-68　童话《海的女儿》

　　《海的女儿》是安徒生童话宝库中的珍珠，是脍炙人口的名篇。本套卡的发行不仅有助于收藏者进一步探究安徒生童话创作艺术，而且对读者全面领略安徒生童话艺术的魅力有着积极的作用。

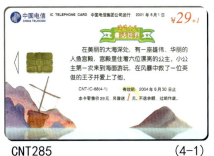

CNT285　　　　　　　　　　　（4-1）

1 075 600 枚

CNT286　　　　　　　　　　　（4-2）

1 075 600 枚

CNT287　　　　　　　　　　　（4-3）

1 075 600 枚

CNT288　　　　　　　　　　　（4-4）

820 600 枚

绘画　设计：胡平立

本套卡芯片封装：
江西捷德智能卡系统有限公司(厂商代码J)。

　　2001年6月1日发行，有效期到2004年6月30日止。

77

中国电信 IC 纪念电话卡（CNT-IC）

CNT-IC-69　海洋珍稀生物

　　海洋里生活着地球上众多的生物。本套卡卡面图案包括细点蝴蝶鱼、镰鱼、黄金宝螺、石笔海胆、角几海胆、海百合、儒艮、蛇颈海葵等我国海洋的 8 种珍稀生物，反映了我国海洋资源的多样性。

CNT289　　　　　　　　　　　（4-1）

1 199 150 枚

CNT290　　　　　　　　　　　（4-2）

1 199 150 枚

CNT291　　　　　　　　　　　（4-3）

1 199 150 枚

CNT292　　　　　　　　　　　（4-4）

409 400 枚

　　供稿：中国电信集团公司山东省电信局　　设计：青岛雅图广告公司

本套卡芯片封装：
天津杰普智能卡有限公司（厂商代码G）。

2001 年 6 月发行，有效期到 2004 年 6 月 30 日止。

中国电信 IC 纪念电话卡（CNT-IC）

CNT-IC-70　纪念中国共产党成立八十周年

　　1921年7月，中国共产党的第一次全国代表大会在上海召开，后移至浙江嘉兴南湖。大会通过了《中国共产党的第一个纲领》和《中国共产党的第一个决议》。《中国共产党的第一个纲领》规定：党的名称是"中国共产党"；党的性质是无产阶级政党；党的奋斗目标是推翻资产阶级，废除资本所有制，建立无产阶级专政，实现社会主义和共产主义；党的基本任务是从事工人运动的各项活动，加强对工会和工人运动的研究与领导。

　　2001年7月，为纪念中国共产党成立八十周年，特发行本套卡。

CNT293　　　　　　　　　　（4-1）

1 204 250 枚

CNT294　　　　　　　　　　（4-2）

1 204 250 枚

CNT295　　　　　　　　　　（4-3）

1 203 750 枚

CNT296　　　　　　　　　　（4-4）

406 550 枚

　　供稿：中共嘉兴市委宣传部　　设计：李伟明　李庆明

本套卡芯片封装：
上海索立克智能卡有限公司(厂商代码 A)。
　　　　　　　　2001年7月1日发行，有效期到2004年7月31日止。

中国电信 IC 纪念电话卡 (CNT-IC)
CNT-IC-71 九寨沟

　　九寨沟位于四川省阿坝藏族羌族自治州，是我国公布的第一批国家级重点风景名胜区。九寨沟以翠海（高山湖泊）、叠海、彩林、雪山、藏情"五绝"驰名中外。九寨沟以水景最为奇丽，泉、瀑、河、滩，碧蓝澄澈，千颜万色，多姿多彩，"水在树间流，树在水中长"。

图片：高屯子　供稿：中国电信集团四川省电信公司　设计：成都高屯子摄影设计有限公司　高屯子

本套卡芯片封装：
湖南斯伦贝谢通信设备有限公司（厂商代码 H）。

2001 年 8 月发行，有效期到 2004 年 8 月 31 日止。

中国电信 IC 纪念电话卡（CNT-IC）

CNT-IC-72 中华人民共和国第九届运动会

2001年11月11日至25日，中华人民共和国第九届运动会在广东召开。

CNT302　　　　（4-1）　　　　CNT303　　　　（4-2）

CNT304　　　　（4-3）

CNT305　　　　（4-4）

3 101 400 枚　　　　3 101 400 枚

3 702 400 枚　　　　436 100 枚

供稿：中国电信集团广东省电信公司　设计：杨智刚

本套卡芯片封装：
1. 天津杰普智能卡有限公司（厂商代G）。
2. 湖南斯伦贝谢通信设备有限公司（厂商代码H）。
3. 江西捷德智能卡系统有限公司（厂商代码J）。

2001年8月发行，有效期到2004年4月30日止。

中国电信 IC 纪念电话卡（CNT-IC）

CNT-IC-73　亚太经济合作组织会议

　　亚太经济合作组织简称亚太经合组织，英文名称为 Asia Pacific Economic Cooperation（APEC）。APEC 成立之初是一个区域性经济论坛和磋商机构，是亚太地区内各地区之间促进经济增长、合作、贸易、投资的论坛。2001 年 10 月 APEC 会议在中国上海举办，这是 APEC 会议首次在中国举办。

CNT306　　　　　　　　(4-1)

476 200 枚

CNT307　　　　　　　　(4-2)

476 200 枚

CNT308　　　　　　　　(4-3)

142 800 枚

CNT309　　　　　　　　(4-4)

152 800 枚

　　供稿：中国电信集团上海市电信公司　设计：上海市电话号簿公司　盛斌

本套卡芯片封装：
上海索立克智能卡有限公司（厂商代码 A）。

　　2001 年 9 月发行，有效期到 2004 年 9 月 30 日止。

中国电信 IC 纪念电话卡（CNT-IC）

CNT-IC-74 中国电信电话用户突破 1.7 亿

2001 年 11 月，中国电信固定电话用户数突破 1.7 亿，中国电信特发行一套两枚 IC 电话卡纪念。

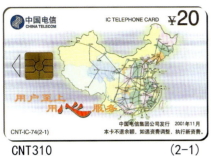

CNT310   (2-1)

100 000 枚

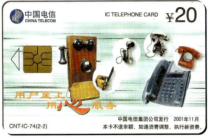

CNT311   (2-2)

100 000 枚

本套卡为中国电信对内部职工赠送专用，未对外公开发售。

本套卡芯片封装：
天津杰普智能卡有限公司（厂商代码 G）。

2001 年 11 月发行，无有效期。

CNT-IC-75 壬午年—生肖马年

马在十二生肖中位居第七，与十二地支配属"午"，故一天十二时辰中的"午时"为中午 11 点至下午 1 点。

CNT312   (1-1)

600 000 枚

本套卡芯片封装：
上海索立克智能卡有限公司（厂商代码 A）。

2002 年 2 月发行，有效期到 2005 年 2 月 28 日止。

中国电信 IC 纪念电话卡（CNT-IC）

CNT-IC-76　亚洲博鳌论坛

　　在中国政府的大力支持下，26个发起国的代表于2001年2月27日相聚博鳌，宣告成立博鳌亚洲论坛并通过《博鳌亚洲论坛宣言》。大会向世界庄严承诺：作为东道国，中国政府将继续为论坛的健康发展提供支持。论坛宗旨为：作为一个非官方、非营利、定期、定址、开放性的国际会议组织，亚洲博鳌论坛以平等、互惠、合作和共赢为主旨，立足亚洲，推动亚洲各国间的经济交流、协调与合作；同时又面向世界，增强亚洲与世界其他地区的对话与经济联系。

CNT313　　　　　　　（2-1）

3 000 枚

CNT314　　　　　　　（2-2）

3 000 枚

　　本套卡是本系列中唯一一套限定地区使用的IC卡。

本套卡芯片封装：
江西捷德智能卡系统有限公司(厂商代码J)。

2002年4月发行，有效期到2005年4月30日止。

中国电信 IC 纪念电话卡（CNT-IC）
庆祝邮电部电信科学技术研究院建院四十周年（中国名花加字改版）

　　电信科学技术研究院始建于1957年，1999年组建大唐电信科技产业集团，2001年整体转型，它是国务院国有资产监督管理委员会管理的一家专门从事电子信息系统装备开发、生产和销售的大型高科技中央企业。其总部位于北京，在上海、天津、成都、西安、重庆、深圳等主要经济发达城市设有研发与生产基地。电信科学技术研究院以自主创新为驱动，掌握了电子信息关键领域的核心技术，拥有了一系列具有自主知识产权的重大技术创新和突破，尤其在TD-SCDMA第三代移动通信、无线接入、集成电路、特种通信等技术领域居国内、国际领先水平。

　　1997年4月中国邮电电信总局发行"庆祝邮电部电信科学技术研究院建院40周年（1957-1997）"纪念卡一套两枚，原卡为1996年12月发行的CNT-IC-2的第一枚、第二枚。

CNT315　　　　　　　　　　(4-1)

9 000 枚

CNT316　　　　　　　　　　(4-2)

8 000 枚

本套卡芯片封装：
湖南斯伦贝谢通信设备有限公司(厂商代码H)。

1997年4月发行，无有效期。

中国电信 IC 纪念电话卡（CNT-IC）
中国邮电博物馆开馆纪念（亚欧陆地光缆开通纪念加字改版）

中国邮电博物馆最早筹建于20世纪80年代初。1982年9月中华人民共和国邮电部决定在北京建馆，1991年11月批准中国邮电博物馆立项建设，1998年建成开馆。

中国邮电电信总局特发行加字纪念卡两枚，原卡为1998年10月发行的CNT-IC-16。

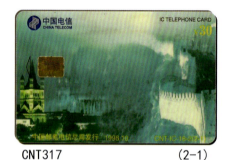

CNT317   (2-1)

3 000 枚

CNT318   (2-2)

3 000 枚

本套卡芯片封装：

江西捷德智能卡系统有限公司(厂商代码 J)。

1998 年发行，无有效期。

2. 中国电信 IC 普通电话卡（CNT-IC-P）

　　IC 公话是我国推出的第二代公话系统，其电话卡卡面镶嵌着一枚集成电路芯片，使用时将 IC 电话卡插入 IC 公话机，通过读卡器实现通话，并由公话机自动扣减芯片内储值，这就是 IC 公话系统及 IC 电话卡。IC 公话系统以安全、稳定、精确、便捷等优点，完美替代我国第一代磁卡公话系统。1993 年 2 月法国斯伦贝谢公司在上海浦东开始推广智能公话并推出了我国第一张 IC 电话卡，1995 年 12 月中国电信发行开通纪念卡 CNT-IC-1 黄河卡，由此拉开了接轨国际先进技术的 IC 公用电话卡时代的序幕。

　　在中国电信发行的 IC 卡系列中，CNT-IC-P 是非常值得关注的一个系列。这个系列的发行时间跨度最长，不但承担了我国公话系统从第一代向第二代更新、用户手里的磁卡电话卡换成 IC 电话卡的工作，还承担了我国的电信市场改革、电信和网通南北分家运营的历史特定时期公话 IC 卡的发行工作，并完成了我国第二代公话 IC 卡的发行收官工作，充当了我国二代公话事业的股肱之臣的角色。此系列的 IC 电话卡受到国内电话卡收藏者的追捧与青睐。

　　本章 IC 卡图例凡 863 幅。

中国电信 IC 普通电话卡芯片封装式样如下：

厂商	代码	芯片封装式样									
法国金浦斯公司、天津杰普智能卡有限公司	G										
湖南斯伦贝谢通信设备有限公司	H/S										
江西捷德智能卡系统有限公司	J										
上海索立克智能卡有限公司	A										
恒宝股份有限公司（1996 年 9 月至 2007 年 9 月曾用名江苏恒宝股份有限公司）	B										
北京意诚信通科技股份有限公司（2002 年 10 月至 2020 年 12 月曾用名北京意诚信通智能卡股份有限公司）	Y										
楚天龙股份有限公司（2002 年 10 月至 2018 年 7 月曾用名广东楚天龙智能卡有限公司）	C										
东信和平科技股份有限公司（1998 年 10 月至 2004 年 11 月曾用名珠海东信和平智能卡股份有限公司，之后至 2012 年 6 月曾用名东信和平智能卡股份有限公司）	E（电信专用）										

中国电信 IC 普通电话卡（CNT-IC-P）
CNT-IC-P1　古董电话与现代通信

　　1995年12月，中国电信发行了第一套智能电话卡——黄河卡。1997年6月，中国电信开始发行 CNT-IC-P 系列的 IC 卡。为了让人们了解电话的发展历程，该系列首套卡设计图案为中国电信博物馆（当时的中国邮电博物馆筹建处）馆藏文物，包括电话机、电报机、交换机等各类通信设备。

CNTP001　　（4-1）　　　　　　　　　　　　　　CNTP002　　（4-2）

  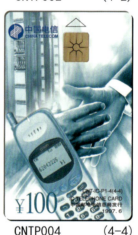 

CNTP003　　（4-3）　　　　　　　　　　　　　　CNTP004　　（4-4）

目前发现本套卡芯片封装：

1. 湖南斯伦贝谢通信设备有限公司（厂商代码 H/S）：福建（FJ）、江西（JX）、甘肃（GS）、湖南（HN）、湖北（HB）、江苏（JS）、山东（SD）、辽宁（LN）、内蒙古（NM）、上海（SH）、陕西（SN）、四川（SC）。

2. 法国金浦斯公司（厂商代码 G）：湖南（HN）、福建（FJ）、上海（SH）、北京（BJ）、天津（TJ）、江苏（JS）、重庆（CQ）、云南（YN）、浙江（ZJ）、安徽（AH）、黑龙江（HL）、新疆（XJ）、河北（HJ）、吉林（JL）、辽宁（LN）、广东（GD）、海南（HQ）、河南（HY）、四川（SC）、电总（DZ）。

3. 江西捷德智能卡系统有限公司（厂商代码 J）：广东（GD）、湖北（HB）、福建（FJ）、黑龙江（HL）、江西（JX）、重庆（CQ）、北京（BJ）、河南（HY）、甘肃（GS）。

CNTP005

这是外籍专家记载的斯伦贝谢芯片测试卡。此种芯片在 IC 卡中很少见。

1997 年 6 月发行，无有效期。

中国电信 IC 普通电话卡（CNT-IC-P）

CNT-IC-P2　古董电话

中国电信在第一套普通电话卡发行后大约一年半时间内，基本在发行当时的主流编号 CNT-IC 系列的电话卡，直到 1999 年 1 月才发行第二套普通电话卡，其题材延续老式古董电话机。

本套卡卡面图案为中国电信博物馆馆藏电话机、电报机、交换机等珍贵文物。

CNTP006　　　(4-1)

CNTP007　　　(4-2)

CNTP008　　　(4-3)

CNTP009　　　(4-4)

目前发现本套卡芯片封装：

1. 法国金浦斯公司(厂商代码 G)：广东(GD)、福建(FJ)、江西(JX)、上海(SH)、云南(YN)、河北(HJ)、山东(SD)、天津(TJ)、山西(SX)、河南(HY)。
2. 江西捷德智能卡系统有限公司(厂商代码 J)：广东(GD)、湖北(HB)、福建(FJ)、安徽(AH)、江西(JX)、上海(SH)、江苏(JS)、重庆(CQ)、河北(HJ)、陕西(SN)、甘肃(GS)、北京(BJ)、天津(TJ)、湖南(HN)、辽宁(LN)、山西(SX)、内蒙古(NM)、浙江(ZJ)、四川(SC)、云南(YN)、吉林(JL)、黑龙江(HL)、山东(SD)、电总(DZ)。

1999 年 1 月发行，无有效期。

中国电信 IC 普通电话卡 (CNT-IC-P)
CNT-IC-P3 新干商代青铜器

　　1989年在江西新干大洋洲发掘了一座商代大墓，有一棺一椁。墓内随葬品非常丰富，有铜器、玉器、陶器等，其中青铜器数量最多，是江南地区商代青铜器的一次重大发现。

CNTP010　　(4-1)　　　　　　　　　　　　　CNTP011　　(4-2)

CNTP012　　(4-3)

CNTP013　　(4-4)

目前发现本套卡芯片封装：

1. 湖南斯伦贝谢通信设备有限公司(厂商代码 H)：广东(GD)、湖南(HN)、湖北(HB)、福建(FJ)、江西(JX)、上海(SH)、浙江(ZJ)、江苏(JS)、安徽(AH)、四川(SC)、重庆(CQ)、云南(YN)、陕西(SN)、甘肃(GS)、河北(HJ)、辽宁(LN)、河南(HY)、贵州(GZ)、吉林(JL)、黑龙江(HL)、内蒙古(NM)、山东(SD)、山西(SX)、电总(DZ)。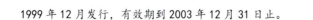

2. 天津杰普智能卡有限公司(厂商代码 G)：广东(GD)、浙江(ZJ)、新疆(XJ)、山西(SX)。

3. 江西捷德智能卡系统有限公司(厂商代码 J)：湖南(HN)、福建(FJ)、江西(JX)、上海(SH)、浙江(ZJ)、江苏(JS)、安徽(AH)、四川(SC)、陕西(SN)、甘肃(GS)、辽宁(LN)、吉林(JL)、重庆(CQ)、海南(HQ)、天津(TJ)、河北(HJ)、黑龙江(HL)、山西(SX)。

1999年12月发行，有效期到2003年12月31日止。

中国电信 IC 普通电话卡 (CNT-IC-P)
CNT-IC-P3 新干商代青铜器（江西版 原地样本）

　　随着IC卡集藏的发展，收藏队伍中出现了以原地收藏为目标的收藏爱好者。但很多收藏爱好者对原地溯源法则不甚了解，导致IC卡的原地溯源争议颇多。现以本套卡为例，仿照集邮的原地溯源法则，简单介绍原地集卡的溯源依据。

　　因本书不着重进行原地版本研究，因此后面对各编号卡的原地溯源信息不再一一赘述。

　　原地溯源法则的基本根据有两个。

　　(1)主题原地：主题原地是指IC卡名称（套卡名称、每枚卡的名称）所能直接表达出的原地信息。主题原地是被原地爱好者普遍接受、认同的原地溯源法则。

　　(2)主图原地：主图原地是指卡面图案所能直接反映出的原地信息。

CNTP014　　　(4-1)

CNTP015　　　(4-2)

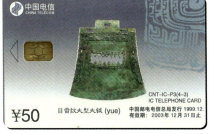
CNTP016　　　(4-3)

CNTP017　　　(4-4)

　　以上四张卡卡面图案中的实物均出土于江西新干，收藏于江西省博物馆，所以主题原地和主图原地均为江西。

中国电信 IC 普通电话卡 (CNT-IC-P)

CNT-IC-P4 国宝回归—牛首、虎首、猴首铜像

圆明园兽首铜像原为圆明园海晏堂外喷泉的一部分，是清乾隆年间的红铜造像。1860 年英法联军入侵，火烧圆明园，十二兽首流失海外，现有部分已经收回。

圆明园古迹海晏堂建于 1759 年（乾隆二十四年），十二生肖铜像以水报时，闻名世界，是海晏堂建筑群的精华。

CNTP018　　　　　　　　(3-1)

CNTP019　　　　　　　　(3-2)

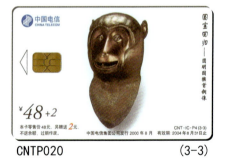
CNTP020　　　　　　　　(3-3)

目前发现本套卡芯片封装：

1. 上海索立克智能卡有限公司（厂商代码 A）：广东(GD)、广西(GX)、湖南(HN)、福建(FJ)、江西(JX)、上海(SH)、浙江(ZJ)、江苏(JS)、安徽(AH)、四川(SC)、贵州(GZ)、云南(YN)、甘肃(GS)、新疆(XJ)、辽宁(LN)、黑龙江(HL)、内蒙古(NM)、山东(SD)、山西(SX)、河南(HY)、北京(BJ)、河北(HJ)、湖北(HB)、电总(DZ)。

2. 江西捷德智能卡系统有限公司（厂商代码 A）：湖南(HN)、福建(FJ)、江西(JX)、上海(SH)、浙江(ZJ)、江苏(JS)、安徽(AH)、贵州(GZ)、宁夏(NX)、甘肃(GS)、新疆(XJ)、山东(SD)、河南(HY)、河北(HJ)、内蒙古(NM)。

2000 年 8 月发行，有效期到 2004 年 8 月 31 日止。

中国电信 IC 普通电话卡（CNT-IC-P）

CNT-IC-P5　用心服务　编织未来

　　中国电信始终坚持"用户至上，用心服务"的理念，并将该理念纳入企业的整体战略来部署和落实，为此连续发行两套(P5、P6)以服务为主题的电话卡。

CNTP021　　　　　　　　　(4-1)

CNTP022　　　　　　　　　(4-2)

CNTP023　　　　　　　　　(4-3)

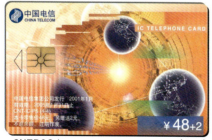
CNTP024　　　　　　　　　(4-4)

目前发现本套卡芯片封装：
1. 上海索立克智能卡有限公司（厂商代码 A）：广东(GD)、湖南(HN)、湖北(HB)、福建(FJ)、浙江(ZJ)、安徽(AH)、四川(SC)、云南(YN)、新疆(XJ)、北京(BJ)、天津(TJ)、辽宁(LN)、广西(GX)、上海(SH)、江苏(JS)、贵州(GZ)、吉林(JL)。
2. 天津杰普智能卡有限公司（厂商代码 G）：广东(GD)、江西(JX)、上海(SH)、四川(SC)、陕西(SN)、甘肃(GS)、北京(BJ)、天津(TJ)、山东(SD)、河北(HJ)、辽宁(LN)、宁夏(NX)、内蒙古(NM)、电总(DZ)。
3. 湖南斯伦贝谢通信设备有限公司（厂商代码 H）：广东(GD)、湖南(HN)、江西(JX)、江苏(JS)、云南(YN)、陕西(SN)、宁夏(NX)、河北(HJ)。
4. 江西捷德智能卡系统有限公司（厂商代码 A）：浙江(ZJ)。

　　　　　　　2001 年 1 月发行，有效期到 2005 年 1 月 31 日止。

中国电信 IC 普通电话卡 (CNT-IC-P)

CNT-IC-P6　用户至上　用心服务

CNTP025　　　　　　　　　　(4-1)

CNTP026　　　　　　　　　　(4-2)

CNTP027　　　　　　　　　　(4-3)

CNTP028　　　　　　　　　　(4-4)

本套卡有全国版和单省版之分。

目前发现本套卡芯片封装：

1. 上海索立克智能卡有限公司(厂商代码 A)：广东(GD)、广西(GX)、浙江(ZJ)、新疆(XJ)。

2. 湖南斯伦贝谢通信设备有限公司(厂商代 H)：广东(GD)、湖南(HN)、福建(FJ)、浙江(ZJ)、江西(JX)、江苏(JS)、湖北(HB)、云南(YN)、安徽(AH)、四川(SC)、贵州(GZ)、陕西(SN)、河北(HJ)、辽宁(LN)、山东(SD)、山西(SX)、河南(HY)、电总(DZ)。

3. 天津杰普智能卡有限公司(厂商代码 G)：广东(GD)、浙江(ZJ)、天津(TJ)、山西(SX)、山东(SD)。

4. 江西捷德智能卡系统有限公司(厂商代码 J)：广东(GD)、湖南(HN)、江西(JX)、浙江(ZJ)、云南(YN)、黑龙江(HL)、西藏(XZ)。

2001 年 6 月发行，有效期到 2005 年 6 月 30 日止。

中国电信 IC 普通电话卡 (CNT-IC-P)

CNT-IC-P6　用户至上　用心服务（单省版样本）

目前发现本套卡是中国电信第一套分全国版和单省版的套卡。

CNTP029　　　　　　　　（4-1）

CNTP030　　　　　　　　（4-2）

CNTP031　　　　　　　　（4-3）

CNTP032　　　　　　　　（4-4）

本套卡为天津单省版。

2001年6月发行，有效期到2005年6月30日止。

中国电信 IC 普通电话卡（CNT-IC-P）
CNT-IC-P7　磁卡换 IC 卡纪念（一）

　　2001年11月，磁卡正式退出电信舞台，为妥善解决磁卡的遗留问题，中国电信推出3套以旧换新的IC卡（分别为P7、P8、P9），让消费者兑换手中未使用完的磁卡，以更好地服务社会。

CNTP033　　　(5-1)　　　CNTP034　　　(5-2)　　　CNTP035　　　(5-3)

CNTP036　　　(5-4)　　　CNTP037　　　(5-5)

本套卡为兑换磁卡国卡专用。

目前发现本套卡芯片封装：
1. 湖南斯伦贝谢通信设备有限公司(厂商代码 H)：电总(DZ)。
2. 天津杰普智能卡有限公司(厂商代码 G)：电总(DZ)。
3. 江西捷德智能卡系统有限公司(厂商代码 J)：电总(DZ)。
4. 上海索立克智能卡有限公司(厂商代码 A)：电总(DZ)。

2001年11月发行，无有效期。

中国电信IC普通电话卡（CNT-IC-P）
CNT-IC-P8 磁卡换IC卡纪念（二）

经信息产业部批准，中国电信发行一套无有效期的专用IC电话卡，其以脸谱艺术为主图，用于更换消费者持有的各省区市地方电话磁卡。

CNTP038　　　　　　　　　(5-1)

CNTP039　　　　　　　　　(5-2)

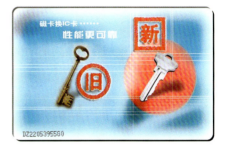

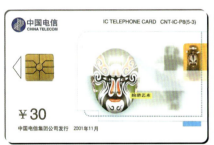

CNTP040　　　　(5-3)

CNTP041　　　　(5-4)

CNTP042　　　　(5-5)

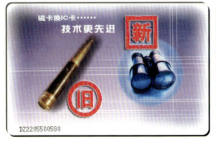

本套卡为兑换各省区市地方磁卡专用。

目前发现本套卡芯片封装：
1. 天津杰普智能卡有限公司(厂商代码G)：湖北(HB)、福建(FJ)、浙江(ZJ)、四川(SC)、上海(SH)、江西(JX)、电总(DZ)。
2. 江西捷德智能卡系统有限公司(厂商代码J)：广东(GD)、福建(FJ)、上海(SH)、辽宁(LN)。
3. 上海索立克智能卡有限公司(厂商代码A)：广东(GD)、浙江(ZJ)、四川(SC)、云南(YN)、陕西(SN)。
4. 湖南斯伦贝谢通信设备有限公司(厂商代码H)：湖北(HB)、黑龙江(HL)、河北(HJ)、上海(SH)、江西(JX)。

2001年11月发行，无有效期。

中国电信 IC 普通电话卡（CNT-IC-P）
CNT-IC-P9 磁卡换 IC 卡纪念（三）

　　电话磁卡更换工作本着消费者自愿、方便消费者、保障消费者权益的原则进行。磁卡更换采取等值更换的方式，未使用过的电话磁卡可更换等值中国电信 IC 电话卡，使用过的电话磁卡可根据卡上的剩余金额，补差价更换成 IC 电话卡。

CNTP043　　　　　(5-1)　CNTP044　　　　　(5-2)　CNTP045　　　　　(5-3)

CNTP046　　　　　(5-4)　CNTP047　　　　　(5-5)

本套卡为兑换磁卡国卡专用。

目前发现本套卡芯片封装：
1. 湖南斯伦贝谢通信设备有限公司（厂商代码 H）：电总（DZ）。
2. 天津杰普智能卡有限公司（厂商代码 G）：电总（DZ）。
3. 江西捷德智能卡系统有限公司（厂商代码 J）：电总（DZ）。
4. 上海索立克智能卡有限公司（厂商代码 A）：电总（DZ）。

2001 年 11 月发行，无有效期。

中国电信IC普通电话卡（CNT-IC-P）

CNT-IC-P10 闽江风姿

　　闽江发源于福建、江西交界的建宁县均口镇，建溪、富屯溪、沙溪三大主要支流流经南平市附近汇合后称为闽江。它穿过沿海山脉至福州市南台岛后分南北两支，至罗星塔后又合二为一，折向东北流出琅岐岛注入东海。闽江沿途风光旖旎，景色秀丽，文物古迹众多。

CNTP048　　　　　　　　　(3-1)

CNTP049　　　　　　　　　(3-2)

CNTP050　　　　　　　　　(3-3)

　　从本套卡开始中国电信推出了地方题材的IC卡。本套卡为福建省地方题材，单省发行。现新卡为本系列筋卡之一，因一套卡中的3枚IC卡生产厂商不同，故本套卡没有同芯片套卡。

目前发现本套卡芯片封装：
1. 湖南斯伦贝谢通信设备有限公司(厂商代码H)：福建(FJ)。
2. 江西捷德智能卡系统有限公司(厂商代码J)：福建(FJ)。
3. 上海索立克智能卡有限公司(厂商代码A)：福建(FJ)。

2002年4月发行，有效期到2005年4月30日止。

中国电信 IC 普通电话卡（CNT-IC-P）
CNT-IC-P11　耀州窑

　　耀州窑在陕西省铜川市黄堡镇，唐宋时属于耀州治，故名耀州窑，该窑自唐代开始烧陶瓷，历经五代、宋、金、元。耀州窑早期（唐代）主要烧制黑釉、白釉、青釉、茶叶末釉以及白釉绿彩、黑彩、三彩陶器；中期（宋、金）以烧青瓷为主，北宋是耀州窑的鼎盛时期，据记载其为朝廷烧造"贡瓷"；后期（金、元）开始衰落，而终于元。

CNTP051　　　　　　　　(4-1)

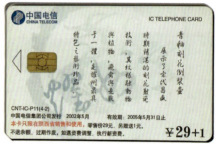
CNTP052　　　　　　　　(4-2)

CNTP053　　　(4-3)

CNTP054　　　(4-4)

　　本套卡为陕西省地方题材，单省发行。本套卡是最后一套使用中国电信原标志的IC卡。现新卡为本系列筋卡之一。

目前发现本套卡芯片封装：

湖南斯伦贝谢通信设备有限公司(厂商代码H)：陕西(SN)。

2002年5月发行，有效期到2005年5月31日止。

中国电信 IC 普通电话卡（CNT-IC-P）

CNT-IC-P12　湖南风光

　　天心阁在长沙市中心地区东南角上，是长沙古城的一座城楼。

CNTP055　　　　　　　　　(3-1)

　　湘江是长沙的母亲河，湘江两岸赤壁如霞，白砂如雪，垂柳如丝，樯帆如云，构成美丽的长沙沿江风光带。

　　岳阳楼耸立在湖南省岳阳市西门城头，紧靠洞庭湖畔。

CNTP056　　　　　　　　　(3-2)

　　洞庭湖位于湖南省北部，长江荆江河段自古有"洞庭天下水，岳阳天下楼"之美誉。

　　祝圣寺历史悠久，位于湖南省衡阳市南岳区南岳镇东街，是南岳六大佛教丛林之一，为汉族地区佛教全国重点寺院。

CNTP057　　　　　　　　　(3-3)

　　衡山是著名的五岳之南岳，历史悠久，风光优美。

　　本套卡为湖南省地方题材，现新卡为本系列筋卡之一。本套卡为第一套使用中国电信新标志的 IC 卡。

目前发现本套卡芯片封装：
1. 湖南斯伦贝谢通信设备有限公司(厂商代码 H)：湖南(HN)。
2. 江西捷德智能卡系统有限公司(厂商代码 J)：西藏(XZ)。

　　　　　2002 年 6 月发行，有效期到 2005 年 6 月 30 日止。

中国电信IC普通电话卡（CNT-IC-P）

CNT-IC-P13　上海桥

闻名中外的外白渡桥是老上海的标志性建筑之一。

CNTP058　　　　　（4-1）

四川路桥位于南北苏州路和四川路交界处，是上海苏州河上较有名的拱形桥。

CNTP059　　　　　（4-2）

徐浦大桥是继南浦大桥、杨浦大桥之后上海市区第三座跨越黄浦江的特大型桥梁。

杨浦大桥是一座跨越黄浦江的双塔双索面迭合梁斜拉桥。

CNTP060　　（4-3）　　　　　　　　CNTP061　　（4-4）

本套卡为上海市地方题材，现原封新卡为本系列筋卡之一。

目前发现本套卡芯片封装：

1. 湖南斯伦贝谢通信设备有限公司（厂商代码 H）：湖北(HB)、云南(YN)。
2. 天津杰普智能卡有限公司（厂商代码 G）：广东(GD)、广西(GX)、陕西(SN)、甘肃(GS)。
3. 江西捷德智能卡系统有限公司（厂商代码 J）：福建(FJ)、江西(JX)、安徽(AH)。
4. 上海索立克智能卡有限公司（厂商代码 A）：上海(SH)、江苏(JS)、四川(SC)、贵州(GZ)、重庆(CQ)。

2002年7月发行，有效期到2005年7月31日止。

中国电信 IC 普通电话卡（CNT-IC-P）

CNT-IC-P13　上海桥（陕西改版卡）

CNTP062　　　　　　　　　（4-1）

CNTP063　　　　　　　　　（4-2）

CNTP064　　（4-3）

CNTP065　　（4-4）
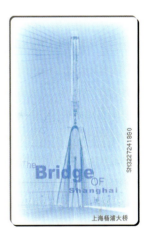

目前发现本套卡芯片封装：

天津杰普智能卡有限公司(厂商代码 G)：陕西(SN)。

目前见到的陕西改版卡有特殊芯片封装样式：，此种芯片封装样式在中国电信发行的智能卡上很少使用。

2002 年 7 月发行，原有效期划黑，
新标注的有效期为：(4-1) 到 2008 年 7 月 31 日止，(4-2) 到 2009 年 6 月 30 日止，
(4-3) 到 2009 年 6 月 30 日止，(4-4) 到 2007 年 12 月 31 日止。

中国电信 IC 普通电话卡（CNT-IC-P）
CNT-IC-P14　新疆珍稀野生动物

蒙古野驴是国家一级保护动物，分布于新疆准噶尔盆地。

CNTP066　　　　　　　　　　　　　　（4-1）

野牦牛为国家一级保护动物，分布于新疆南部、青海、西藏、甘肃西北部和四川西部等地。

CNTP067　　　　　　　　　　　　　　（4-2）

北山羊又叫悬羊、野山羊等，在我国分布于新疆和甘肃西北部、内蒙古西北部等地。

CNTP068　　　　　　　　　　　　　　（4-3）

鹅喉羚体形似山羊，因雄羚发情期喉部肥大，状如鹅喉，故得名"鹅喉羚"。

CNTP069　　　　　　　　　　　　　　（4-4）

本套卡为新疆维吾尔自治区地方题材，现原封新卡为本系列筋卡之一。

目前发现本套卡芯片封装：

1. 湖南斯伦贝谢通信设备有限公司(厂商代码 H)：广东(GD)、湖南(HN)。
2. 天津杰普智能卡有限公司(厂商代码 G)：广西(GX)、江西(JX)、江苏(JS)、甘肃(GS)。
3. 江西捷德智能卡系统有限公司(厂商代码 J)：浙江(ZJ)、重庆(CQ)、贵州(GZ)、云南(YN)。
4. 上海索立克智能卡有限公司(厂商代码 A)：福建(FJ)、上海(SH)、新疆(XJ)、西藏(XZ)。

2002 年 7 月发行，有效期到 2005 年 7 月 31 日止。

中国电信IC普通电话卡（CNT-IC-P）

CNT-IC-P15　黄河奇石

　　黄河发源于青海省，流经青海、四川、甘肃、宁夏、内蒙古、陕西、山西、河南、山东等九个省、自治区，最后由山东流入渤海。黄河长途穿山越峡，切入崇山峻岭，沿途岩石坠入河道中，经河水的搬运、冲击，形成了许多色彩艳丽、形态动人的黄河石。黄河石是天然形成的具有观赏、玩味、陈列和收藏价值的黄河卵石。

CNTP070　　　　　　（4-1）

CNTP071　　　　　　（4-2）

CNTP072　　　　　　（4-3）

CNTP073　　（4-4）

　　本套卡为宁夏回族自治区地方题材，单省发行，目前原封套新卡相对较少。

目前发现本套卡芯片封装：

天津杰普智能卡有限公司(厂商代码G)：宁夏(NX)。

　　　　　　　　2002年8月发行，有效期到2005年8月31日止。

中国电信 IC 普通电话卡（CNT-IC-P）
CNT-IC-P16　福建寿山田黄石

　　田黄石是寿山石系中的瑰宝，其色泽温润可爱，肌理细密，自明清以来就被印人视为"印石之王"。数百年来田黄石极受藏家喜爱，正如俗语所说："黄金易得，田黄难求"。

CNTP074　　　　　（3-1）

CNTP075　　　　　（3-2）

CNTP076　　（3-3）

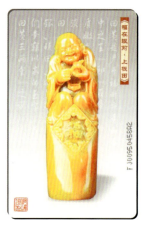

本套卡为福建省地方题材。

目前发现本套卡芯片封装：

1. 江西捷德智能卡系统有限公司(厂商代码 J)：江西(JX)、四川(SC)、重庆(CQ)、云南(YN)、西藏(XZ)、贵州(GZ)、湖北(HB)、甘肃(GS)、新疆(XJ)。

2. 上海索立克智能卡有限公司(厂商代码 A)：广东(GD)、广西(GX)、湖南(HN)、福建(FJ)、浙江(ZJ)、陕西(SN)、上海(SH)。

2002 年 10 月发行，有效期到 2005 年 10 月 31 日止。

中国电信 IC 普通电话卡（CNT-IC-P）

CNT-IC-P17　淮安博里农民画

　　淮安农民业余爱作画，田头地上、灶壁屋墙，随时画上几笔，内容除传统的吉祥如意之类外，多与农民生活密切相关。新中国成立后淮安农民改在纸上作画，这些画逐渐发展成为农民画，以博里农民画最为出名。

CNTP077　　　　（4-1）

CNTP078　　　　（4-2）

CNTP079　　　　（4-3）

CNTP080　　　　（4-4）

本套卡为江苏省地方题材。

目前发现本套卡芯片封装：

1. 湖南斯伦贝谢通信设备有限公司（厂商代码 H）：广东(GD)、湖南(HN)、四川(SC)、云南(YN)、陕西(SN)。
2. 天津杰普智能卡有限公司（厂商代码 G）：广东(GD)、广西(GX)、湖北(HB)、福建(FJ)、江西(JX)、浙江(ZJ)、江苏(JS)、贵州(GZ)、甘肃(GS)、新疆(XJ)、宁夏(NX)、海南(HQ)。

2002 年 10 月发行，有效期到 2005 年 10 月 31 日止。

中国电信 IC 普通电话卡（CNT-IC-P）

CNT-IC-P18　庆祝中国电信集团公司成立

　　中国电信重组拆分后，中国电信集团公司于 2002 年重新挂牌成立。新的中国电信集团公司是中国特大型国有通信企业，连续多年入选"世界 500 强企业"。

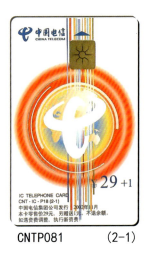

CNTP081　　　　　（2-1）

CNTP082　　　　　（2-2）

　　本套卡是中国电信重组拆分后首次由电总申报的题材，南方 21 个省区市和电信总局均有发行，并可以在南方 21 个省区市和北方 10 个省区市通用。

目前发现本套卡芯片封装：

天津杰普智能卡有限公司(厂商代码 G)。

2002 年 11 月发行，无有效期。

中国电信 IC 普通电话卡（CNT-IC-P）

CNT-IC-P19　癸未年——生肖羊年

　　中国电信在羊年来临之际，发行了一枚羊年生肖卡，将其作为生肖系列的延续。另外，从本套卡开始，每年发行生肖卡(普通版)的同时发行透明材质的生肖卡(透明版)。

CNTP083　　　（1-1）

普通版

CNTP084　　（1-1）
透明版 色偏黄

CNTP085　　（1-1）
透明版 色偏红

　　本套卡透明版卡基颜色有两种，集卡界分别称其为"红羊"和"黄羊"。
　　本套卡为 CNT-IC-P 系列的第一套生肖卡，且有同编号的透明版 IC 卡。

目前发现本套卡芯片封装：
天津杰普智能卡有限公司(厂商代码 G)：广东(GD,普/透)、广西(GX,普/透)、湖南(HN,普/透)、湖北(HB,普/透)、福建(FJ,普/透)、江西(JX,透)、上海(SH,普/透)、浙江(ZJ,普/透)、江苏(JS,普/透)、安徽(AH,普/透)、重庆(CQ,普/透)、贵州(GZ,普)、陕西(SN,普)、宁夏(NX,普/透)、甘肃(GS,普/透)、青海(QH,透)、新疆(XJ,普)、海南(HQ,普)、云南(YN,普/透)。

2003 年 1 月发行，有效期到 2006 年 1 月 31 日止。

中国电信IC普通电话卡（CNT-IC-P）

CNT-IC-P20　黄河彩陶

　　陶器是指以黏土为胎，经过手捏、轮制、模塑等方法加工成型后，在800～1 000℃高温下焙烧而成的物品，坯体不透明，有微孔，具有吸水性，叩之声音不清。陶器可区分为细陶或粗陶、白色或有色、无釉或有陶器釉。其品种有灰陶、红陶、白陶、彩陶和黑陶等。

 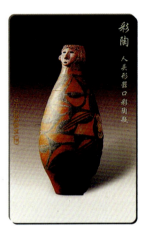

CNTP086　　　（4-1）

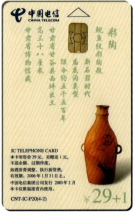 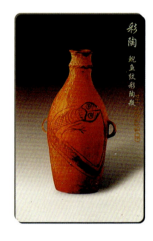

CNTP087　　　（4-2）

CNTP088　　　（4-3）

CNTP089　　　（4-4）

　　本套卡为甘肃省地方题材。

目前发现本套卡芯片封装：

1. 湖南斯伦贝谢通信设备有限公司(厂商代码 H)：湖南(HN)、广东(GD)、福建(FJ)、贵州(GZ)、陕西(SN)、新疆(XJ)。
2. 江西捷德智能卡系统有限公司(厂商代码 J)：重庆(CQ)、湖北(HB)、青海(QH)、江西(JX)。
3. 上海索立克智能卡有限公司(厂商代码 A)：广西(GX)、甘肃(GS)、上海(SH)、安徽(AH)、宁夏(NX)、西藏(XZ)、浙江(ZJ)。

　　　　　　　2003年2月发行，有效期到2006年1月31日止。

中国电信 IC 普通电话卡（CNT-IC-P）
CNT-IC-P21　妈祖文化

CNTP090　　　　　　　　(4-1)

CNTP091　　　　　　　　(4-2)

CNTP092　　　　　　　　(4-3)

CNTP093　　　　　　　　(4-4)

本套卡为福建省地方题材。

目前发现本套卡芯片封装：
1. 湖南斯伦贝谢通信设备有限公司(厂商代码 H)：广东(GD)、广西(GX)、湖南(HN)、安徽(AH)、西藏(XZ)。
2. 天津杰普智能卡有限公司(厂商代码 G)：湖北(HB)、福建(FJ)、四川(SC)、甘肃(GS)、宁夏(NX)、新疆(XJ)、青海(QH)。
3. 江西捷德智能卡系统有限公司(厂商代码 J)：重庆(CQ)、江西(JX)、浙江(ZJ)、陕西(SN)。
4. 上海索立克智能卡有限公司(厂商代码 A)：贵州(GZ)、上海(SH)。

2003 年 3 月发行，有效期到 2006 年 3 月 31 日止。

中国电信 IC 普通电话卡（CNT-IC-P）
CNT-IC-P22　八大山人作品选

　　朱耷，明末清初画家，明朝宗室，号八大山人。朱耷绘画以大笔水墨写意著称，并善于泼墨，尤以花鸟画称美于世。朱耷在创作上取法自然，笔墨简练，大气磅礴，独创新意，创造了高旷纵横的风格。

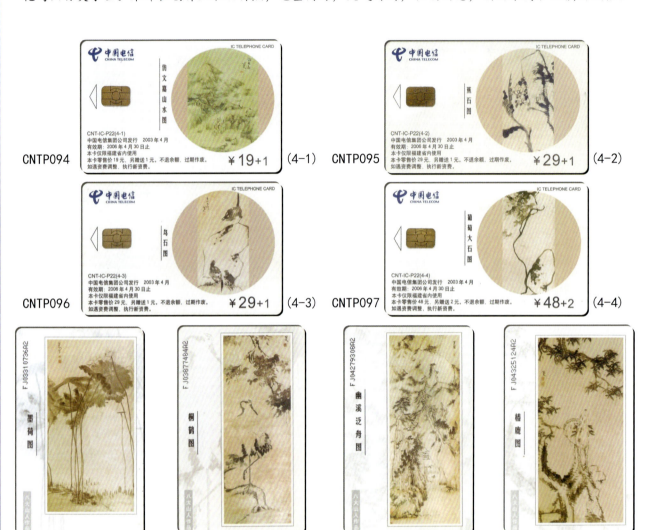

本套卡为江西省地方题材。

目前发现本套卡芯片封装：

1. 湖南斯伦贝谢通信设备有限公司（厂商代码 H）：广东(GD)、广西(GX)、福建(FJ)、重庆(CQ)、贵州(GZ)、宁夏(NX)、新疆(XJ)、西藏(XZ)、四川(SC)。

2. 天津杰普智能卡有限公司（厂商代码 G）：广西(GX)、安徽(AH)、四川(SC)。

3. 江西捷德智能卡系统有限公司（厂商代码 J）：湖南(HN)、甘肃(GS)、江西(JX)、青海(QH)。

4. 上海索立克智能卡有限公司（厂商代码 A）：湖北(HB)、福建(FJ)、上海(SH)、浙江(ZJ)、陕西(SN)、西藏(XZ)。

2003 年 4 月发行，有效期到 2006 年 4 月 30 日止。

中国电信 IC 普通电话卡（CNT-IC-P）

CNT-IC-P23　第35届世界电信日纪念

2003年5月17日是第35届世界电信日，其主题为"帮助全人类沟通"。

CNTP098　　　　　　　　　　（1-1）

CNTP099　　　　　　　　　　（1-1）

不同厂商生产的本套卡上的"第35届世界电信日纪念5.17"字间距不同，日期字体也不同(有正体和斜体两种)。本套卡有改动有效期的贴纸改版卡。

目前发现本套卡芯片封装：
1. 湖南斯伦贝谢通信设备有限公司(厂商代码 H)：浙江(ZJ)、宁夏(NX)、甘肃(GS)、新疆(XJ)。
2. 江西捷德智能卡系统有限公司(厂商代码 J)：湖南(HN)、贵州(GZ)、重庆(CQ)、陕西(SN)。
3. 上海索立克智能卡有限公司(厂商代码 A)：广东(GD)、福建(FJ)、上海(SH)、四川(SC)。
4. 天津杰普智能卡有限公司(厂商代码 G)：广西(GX)、湖北(HB)、江苏(JS)。

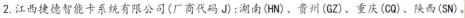

2003年5月发行，有效期到2006年5月31日止。
贴纸改版卡2003年5月发行，有效期到2006年8月31日止。

中国电信 IC 普通电话卡（CNT-IC-P）

CNT-IC-P24 民间故事《三个和尚》

　　《三个和尚》的民间故事通过三个和尚没水吃、寺庙失火、三个和尚齐心协力救火直至最后三人合作挑水的情节，既批评了"三个和尚没水吃"这种社会上存在的落后思想，又提倡了"人心齐，泰山移"的社会新风尚。本套卡人物形象取自上海美术电影制片厂的动画电影《三个和尚》。

CNTP100　　　　　　　　　　　　（1-1）

本套卡为第一套三维材质的电话卡。

目前发现本套卡芯片封装：
1. 江西捷德智能卡系统有限公司(厂商代码 J)：广西(GX)、福建(FJ)、青海(QH)、江西(JX)。
2. 上海索立克智能卡有限公司(厂商代码 A)：广东(GD)、湖南(HN)、安徽(AH)、四川(SC)、陕西(SN)、甘肃(GS)、上海(SH)、湖北(HB)、江苏(JS)、宁夏(NX)、新疆(XJ)、西藏(XZ)。

　　2003 年 6 月发行，有效期到 2006 年 6 月 30 日止。

CNT-IC-P25　神话故事《哪吒闹海》

　　《哪吒闹海》是人们熟悉的神话故事。本套卡人物形象取自上海美术电影制片厂的动画电影《哪吒闹海》，该故事根据《封神演义》改编。

　　本卡有贴纸改动有效期版本。

CNTP101　　　　　　　　　　　　（1-1）

目前发现本套卡芯片封装：
1. 江西捷德智能卡系统有限公司(厂商代码 J)：广东(GD)、广西(GX)、江西(JX)。
2. 上海索立克智能卡有限公司(厂商代码 A)：湖南(HN)、福建(FJ)、安徽(AH)、贵州(GZ)、陕西(SN)、甘肃(GS)、湖北(HB)、上海(SH)、江苏(JS)、宁夏(NX)、重庆(CQ)、新疆(XJ)。

　2003 年 6 月发行，有效期到 2006 年 6 月 30 日止；贴纸改版卡 2003 年 6 月发行，有效期到 2006 年 12 月 31 日止。

中国电信 IC 普通电话卡 (CNT-IC-P)

CNT-IC-P26　世界人口日

　　1987年7月11日，地球人口达到50亿。为纪念这个特殊的日子，1990年联合国根据其开发计划署理事会第36届会议的建议，决定将每年的7月11日定为"世界人口日"，以引起人们对人口问题的关注。据此，1990年7月11日成为第一个"世界人口日"。

　　本套卡正反面都是四方联形式拼图。

| CNTP102 | (4-1) | CNTP103 | (4-2) |
| CNTP105 | (4-4) | CNTP104 | (4-3) |

目前发现本套卡芯片封装：

1. 湖南斯伦贝谢通信设备有限公司(厂商代码 H)：广东(GD)、湖南(HN)、重庆(CQ)、贵州(GZ)。
2. 天津杰普智能卡有限公司(厂商代码 G)：广西(GX)、福建(FJ)、湖北(HB)、陕西(SN)。
3. 江西捷德智能卡系统有限公司(厂商代码 J)：四川(SC)、江西(JX)。
4. 上海索立克智能卡有限公司(厂商代码 A)：福建(FJ)、上海(SH)、安徽(AH)、四川(SC)、浙江(ZJ)。

2003年7月发行，有效期到2006年7月31日止。

中国电信 IC 普通电话卡（CNT-IC-P）

CNT-IC-P27　贺兰山岩画

　　贺兰山岩画属全国重点文物保护单位，是中国游牧民族的艺术画廊。贺兰山在古代是北方少数民族驻牧游猎、生息繁衍的地方。他们把生产生活的场景刻在贺兰山岩石上，来表达对美好生活的向往和追求，这些岩画再现了当时人们的审美观、生活情趣和社会习俗。

CNTP106　　　　　　　　(4-1)

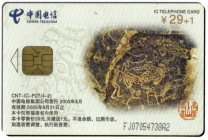
CNTP107　　　　　　　　(4-2)

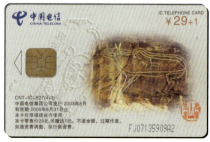
CNTP108　　　　　　　　(4-3)

CNTP109　　　　　　　　(4-4)

　　本套卡为宁夏回族自治区地方题材。

目前发现本套卡芯片封装：

1. 湖南斯伦贝谢通信设备有限公司(厂商代码 H)：广东(GD)、湖南(HN)、四川(SC)。
2. 天津杰普智能卡有限公司(厂商代码 G)：广西(GX)、湖北(HB)。
3. 江西捷德智能卡系统有限公司(厂商代码 J)：福建(FJ)、贵州(GZ)。
4. 上海索立克智能卡有限公司(厂商代码 A)：上海(SH)、福建(FJ)、安徽(AH)、宁夏(NX)。
5. 江苏恒宝股份有限公司(厂商代码 B)：重庆(CQ)、陕西(SN)。
6. 珠海东信和平智能卡股份有限公司(厂商代码 E)：四川(SC)、广东(GD)、浙江(ZJ)。

　　　　　　　　2003 年 8 月发行，有效期到 2005 年 8 月 31 日止。

中国电信 IC 普通电话卡（CNT-IC-P）

CNT-IC-P28　教师节

1985 年 9 月 10 日是新中国的第一个教师节。

CNTP110　　　（4-1）

CNTP111　　　（4-2）

CNTP112　　　（4-3）

CNTP113　　　（4-4）

本套卡是 CNT-IC-P 系列 IC 卡中唯一一套香味工艺电话卡。

目前发现本套卡芯片封装：
1. 湖南斯伦贝谢通信设备有限公司（厂商代码 H）：广东(GD)、湖南(HN)、甘肃(GS)、贵州(GZ)。
2. 天津杰普智能卡有限公司（厂商代码 G）：福建(FJ)、浙江(ZJ)、宁夏(NX)。
3. 上海索立克智能卡有限公司（厂商代码 A）：湖北(HB)、上海(SH)、安徽(AH)、四川(SC)、甘肃(GS)。
4. 江西捷德智能卡系统有限公司（厂商代码 J）：广西(GX)、江西(JX)。

2003 年 9 月发行，有效期到 2005 年 9 月 30 日止。

中国电信 IC 普通电话卡（CNT-IC-P）

CNT-IC-P29　电信新业务宣传

　　中国电信发行本套卡是为了宣传中国电信的"宽带""网络快车""互联星空""天翼通"四种新业务。本套卡有贴纸改动有效期版本。

CNTP114（4-1）　　　　　　　　　　　　　　　　　　　　　　　CNTP115（4-2）

CNTP116（4-3）　　　　　　　　　　　　　　　　　　　　　　　CNTP117（4-4）

目前发现本套卡芯片封装：

1. 湖南斯伦贝谢通信设备有限公司(厂商代码 H)：广东(GD)、湖南(HN)、福建(FJ)、浙江(ZJ)、重庆(CQ)、甘肃(GS)、新疆(XJ)。
2. 上海索立克智能卡有限公司(厂商代码 A)：福建(FJ)、上海(SH)、浙江(ZJ)、安徽(AH)、贵州(GZ)。
3. 江西捷德智能卡系统有限公司(厂商代码 J)：四川(SC)。
4. 江苏恒宝股份有限公司(厂商代码 B)：重庆(CQ)。

　　2003 年 9 月发行，有效期到 2005 年 9 月 30 日止；贴纸改版卡 2003 年 9 月发行，有效期到 2007 年 12 月 30 日止。

中国电信 IC 普通电话卡 (CNT-IC-P)

CNT-IC-P30 中华人民共和国第五届城市运动会

用白鹤作为第五届城市运动会的吉祥物，意在表示体育运动是公正、公平、纯洁、和平、向上的长久事业。

本套卡非芯片面是四方联形式拼图。

CNTP118　　　　　(4-1)　　　　CNTP119　　　　　(4-2)

CNTP120　　　　　(4-3)　　　　CNTP121　　　　　(4-4)

目前发现本套卡芯片封装：　　　　　　　　　　　　本套卡为湖南省地方题材。

1. 湖南斯伦贝谢通信设备有限公司(厂商代码 H)：广东(GD)、湖南(HN)、浙江(ZJ)、安徽(AH)、重庆(CQ)。
2. 上海索立克智能卡有限公司(厂商代码 A)：甘肃(GS)、福建(FJ)、浙江(ZJ)、上海(SH)。
3. 江西捷德智能卡系统有限公司(厂商代码 J)：浙江(ZJ)。
4. 天津杰普智能卡有限公司(厂商代码 G)：湖北(HB)、四川(SC)。

2003 年 10 月发行，有效期到 2005 年 10 月 31 日止。

中国电信 IC 普通电话卡（CNT-IC-P）
CNT-IC-P31 故宫

故宫位于北京市中心，旧称紫禁城。故宫是明清两朝的皇宫，无与伦比的古代建筑杰作，世界现存最大、最完整的木结构古建筑群。明成祖朱棣取得帝位后，决定迁都北京，1406年（永乐四年）明成祖下令仿照南京皇宫营建北京宫殿。

CNTP122　　　　　　（4-1）

CNTP123　　　　　　（4-2）

CNTP124　　　　　　（4-3）

CNTP125　　　　　　（4-4）

目前发现本套卡芯片封装：

1. 湖南斯伦贝谢通信设备有限公司(厂商代码 H)：广东(GD)、湖南(HN)、甘肃(GS)。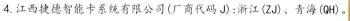

2. 天津杰普智能卡有限公司(厂商代码 G)：广西(GX)、浙江(ZJ)、湖北(HB)。

3. 上海索立克智能卡有限公司(厂商代码 A)：福建(FJ)、安徽(AH)、四川(SC)、宁夏(NX)、贵州(GZ)、上海(SH)。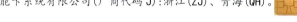

4. 江西捷德智能卡系统有限公司(厂商代码 J)：浙江(ZJ)、青海(QH)。

2003 年 10 月发行，有效期到 2005 年 10 月 31 日止。

中国电信 IC 普通电话卡 (CNT-IC-P)

CNT-IC-P32　浙江青田石雕

青田石是我国名石，不仅是雕件的艺术载体，而且是印材首选材料。

CNTP126　　(5-1)　　CNTP127　　(5-2)　　CNTP128　　(5-3)　　CNTP129　　(5-4)　　CNTP130　　(5-5)

目前发现本套卡芯片封装：

1. 湖南斯伦贝谢通信设备有限公司(厂商代码 H)：西藏(XZ)、广东(GD)、湖南(HN)、浙江(ZJ)、四川(SC)、上海(SH)。

2. 天津杰普智能卡有限公司(厂商代码 G)：浙江(ZJ)、湖北(HB)。

3. 上海索立克智能卡有限公司(厂商代码 A)：安徽(AH)、浙江(ZJ)、陕西(SN)、贵州(GZ)、宁夏(NX)。

4. 江西捷德智能卡系统有限公司(厂商代码 J)：福建(FJ)、青海(QH)、浙江(ZJ)、江西(JX)。

5. 江苏恒宝股份有限公司(厂商代码 B)：甘肃(GS)。

6. 珠海东信和平智能卡股份有限公司(厂商代码 E)：浙江(ZJ)。

CNTP131

本套卡为浙江省地方题材。部分卡原封套内有长途电话资费优惠广告纸。部分卡有涂黑日期改版卡。

2003 年 12 月发行，有效期到 2005 年 12 月 31 日止。

改版卡 2003 年 12 月发行，有效期到 2006 年 12 月 31 日止。

中国电信 IC 普通电话卡（CNT-IC-P）

CNT-IC-P33　广东佛山固定电话号码升八位纪念

　　佛山位于广东省中南部，地处珠江三角洲腹地，东倚广州，南邻港澳，地理位置优越。2003年12月6日零时起，佛山实现全市五区固定电话号码升八位，全市统一使用一个长途区号0757。

CNTP132　　　　　　　　（1-1）

CNTP133　　　　　　　　（1-1）

四川版芯片面的下方有成都长途直拨资费优惠广告

本卡为广东省地方题材。

目前发现本套卡芯片封装：
1. 湖南斯伦贝谢通信设备有限公司(厂商代码 H)：广东(GD)、湖南(HN)、贵州(GZ)。
2. 上海索立克智能卡有限公司(厂商代码 A)：浙江(ZJ)、安徽(AH)。
3. 江西捷德智能卡系统有限公司(厂商代码 J)：福建(FJ)。
4. 天津杰普智能卡有限公司(厂商代码 G)：青海(QH)。
5. 珠海东信和平智能卡股份有限公司(厂商代码 E)：四川(SC)。

2003年12月发行，有效期到2005年12月31日止。

中国电信IC普通电话卡（CNT-IC-P）

CNT-IC-P34 圣诞贺卡—西游记人物

CNTP134　　　　　　　　　（4-1）

CNTP135　　　　　　　　　（4-2）

CNTP136　　　　　　　　　（4-3）

CNTP137　　　　　　　　　（4-4）

CNTP138　　　　　　　　　（4-1）
四川版加资费优惠广告，索立克封装(索立克版)

CTP139　　　　　　　　　（4-2）
四川版加资费优惠广告，捷德封装(捷德版)

　　对比索立克版和捷德版的卡面，资费优惠广告印制位置不同，索立克版在第二行，捷德版在最后一行。

本套卡为CNT-IC-P系列IC卡中唯一一套珠光工艺电话卡。

目前发现本套卡芯片封装：

1. 湖南斯伦贝谢通信设备有限公司(厂商代码H)：广东(GD)、湖南(HN)、福建(FJ)、浙江(ZJ)、陕西(SN)。
2. 上海索立克智能卡有限公司(厂商代码A)：福建(FJ)、安徽(AH)、四川(SC)、贵州(GZ)、湖北(HB)、甘肃(GS)。
3. 江西捷德智能卡系统有限公司(厂商代码J)：浙江(ZJ)、江西(JX)、四川(SC)。
4. 江苏恒宝股份有限公司(厂商代码B)：上海(SH)。

2003年12月发行，有效期到2005年12月31日止。

中国电信 IC 普通电话卡 (CNT-IC-P)

CNT-IC-P35　甲申年—生肖猴年（普）

猴在十二生肖中排行第九，与十二地支配属"申"，民间习惯上称为猴年。

CNTP140　　　(1-1)　　　　　　　　　CNTP141　　　(1-1)

四川加字版（普）

CNT-IC-P36　甲申年—生肖猴年（透）

CNTP142　　　(1-1)　　　　　　　　　CNTP143　　　(1-1)

四川加字版（透）

上述两套卡的四川版均有资费优惠的广告语，是唯一的一个生肖题材占用两个编号的生肖卡。

目前发现本套卡芯片封装：

1. 湖南斯伦贝谢通信设备有限公司(厂商代码 H)：广东(GD, 普/透)、湖南(HN, 普)、甘肃(GS, 普/透)、新疆(XJ, 普/透)、福建(FJ, 普)、重庆(CQ, 普)。
2. 天津杰普智能卡有限公司(厂商代码 G)：四川(SC, 普/透)、广西(GX, 普/透)。
3. 上海索立克智能卡有限公司(厂商代码 A)：湖北(HB, 普/透)、上海(SH, 普/透)、安徽(AH, 普/透)、福建(FJ, 透)、宁夏(NX, 透)、西藏(XZ, 透)、青海(QH, 普/透)。
4. 江西捷德智能卡系统有限公司(厂商代码 J)：广西(GX, 透)、陕西(SN, 透)、浙江(ZJ, 普)、江西(JX, 普/透)。
5. 珠海东信和平智能卡股份有限公司(厂商代码 E)：湖南(HN, 透)、浙江(ZJ, 普/透)、江苏(JS, 普/透)、云南(YN, 透)。
6. 江苏恒宝股份有限公司(厂商代码 B)：海南(HQ, 普/透)。

2004 年 1 月发行，有效期到 2006 年 1 月 31 日止。

中国电信 IC 普通电话卡（CNT-IC-P）

CNT-IC-P37 我为歌狂

《我为歌狂》以音乐为主线，通过两个学生乐队的成长故事表现了当时中学生的真实生活状态和青春情怀。该剧人物形象设计新颖时尚，现代感强，故事情节曲折生动，非常贴近当时中学生的生活。

CNTP144　　　　　（4-1）

CNTP145　　　　　（4-2）

CNTP146　　　　　（4-3）

CNTP147　　　　　（4-4）

目前发现本套卡芯片封装：

1. 湖南斯伦贝谢通信设备有限公司（厂商代码 H）：广东(GD)、湖南(HN)、福建(FJ)、陕西(SN)。
2. 天津杰普智能卡有限公司（厂商代码 G）：福建(FJ)、四川(SC)、广西(GX)。
3. 上海索立克智能卡有限公司（厂商代码 A）：湖北(HB)、上海(SH)、安徽(AH)、陕西(SN)。
4. 江苏恒宝股份有限公司（厂商代码 B）：浙江(ZJ)、湖北(HB)。
5. 江西捷德智能卡系统有限公司（厂商代码 J）：江西(JX)。

2004 年 2 月发行，有效期到 2006 年 3 月 31 日止；2005 年 1 月发行，有效期到 2006 年 12 月 31 日止。

中国电信 IC 普通电话卡（CNT-IC-P）

CNT-IC-P38 三星堆—古蜀国珍稀文物

　　1986年7月到9月，四川省广汉市三星堆遗迹的两个商代大型祭祀坑被发现，上千件古蜀国珍贵文物出土，震惊了世界。在三星堆祭祀坑出土的上千件青铜器、金器、玉石器中，最具特色的是青铜器。

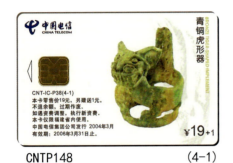

CNTP148　　　　　　　　　　　　（4-1）

CNTP149　　（4-2）

CNTP150　　（4-3）

CNTP151　　（4-4）

本套卡为四川省地方题材。

目前发现本套卡芯片封装：

1. 湖南斯伦伦贝谢通信设备有限公司(厂商代码 H)：广东(GD)、湖南(HN)、四川(SC)、甘肃(GS)、浙江(ZJ)。
2. 上海索立克智能卡有限公司(厂商代码 A)：湖北(HB)、福建(FJ)、安徽(AH)、四川(SC)、西藏(XZ)、上海(SH)。
3. 江西捷德智能卡系统有限公司(厂商代码 J)：福建(FJ)、陕西(SN)、青海(QH)。
4. 天津杰普智能卡有限公司(厂商代码 G)：广西(GX)、四川(SC)。

2004年3月发行，有效期到2006年3月31日止。

中国电信 IC 普通电话卡（CNT-IC-P）

CNT-IC-P39　湘西凤凰古城

　　凤凰古城是国家级历史文化名城。它将自然的、人文的特征有机地融合到一起，其历史厚重感也许正是吸引八方游人的魅力之精髓。

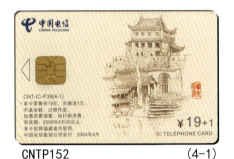
CNTP152　　　　　　　　　　（4-1）

CNTP153　　（4-2）

CNTP154　　（4-3）

CNTP155　　（4-4）

本套卡为湖南省地方题材。

目前发现本套卡芯片封装：

1. 湖南斯伦贝谢通信设备有限公司(厂商代码 H)：广东(GD)、广西(GX)、湖南(HN)、福建(FJ)、新疆(XJ)、甘肃(GS)。

2. 江西捷德智能卡系统有限公司(厂商代码 J)：四川(SC)、陕西(SN)、江西(JX)。

3. 上海索立克智能卡有限公司(厂商代码 A)：上海(SH)、安徽(AH)。

4. 江苏恒宝股份有限公司(厂商代码 B)：湖北(HB)、重庆(CQ)。

5. 天津杰普智能卡有限公司(厂商代码 G)：浙江(ZJ)。

2004 年 4 月发行，有效期到 2006 年 4 月 30 日止。

中国电信 IC 普通电话卡（CNT-IC-P）

CNT-IC-P40　跳出我自己

青春律动，街舞流行，青春在闪耀的街舞中留下美好的回忆。

CNTP156　　　　　　（2-1）

CNTP157　　　　　　（2-2）

目前发现本套卡芯片封装：

1. 湖南斯伦贝谢通信设备有限公司(厂商代码 H)：广东(GD)、湖南(HN)。
2. 上海索立克智能卡有限公司(厂商代码 A)：广东(GD)、福建(FJ)、上海(SH)、四川(SC)、安徽(AH)、浙江(ZJ)、陕西(SN)、新疆(XJ)。
3. 天津杰普智能卡有限公司(厂商代码 G)：广西(GX)。
4. 江苏恒宝股份有限公司(厂商代码 B)：湖北(HB)。
5. 江西捷德智能卡系统有限公司(厂商代码 J)：广东(GD)。

2004 年 4 月发行，有效期到 2006 年 4 月 30 日止。

中国电信 IC 普通电话卡（CNT-IC-P）

CNT-IC-P41 第 36 届世界电信日

2004 年 5 月 17 日是第 36 届世界电信日。国际电信联盟将本年的世界电信日主题定为"信息通信技术：实现可持续发展的途径"，目的是确保信息通信技术驱动社会经济发展，以创造一个更加公平、繁荣和平等的世界。

CNTP158　　　　　　　　　　　　(1-1)

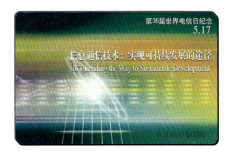

目前发现本套卡芯片封装：

1. 湖南斯伦贝谢通信设备有限公司(厂商代码 H)：广东(GD)、湖南(HN)。

2. 天津杰普智能卡有限公司(厂商代码 G)：广西(GX)。

3. 上海索立克智能卡有限公司(厂商代码 A)：上海(SH)、福建(FJ)、安徽(AH)、陕西(SN)、新疆(XJ)。

4. 东信和平智能卡股份有限公司(厂商代码 E)：四川(SC)。

5. 江苏恒宝股份有限公司(厂商代码 B)：湖北(HB)。

2004 年 5 月发行，有效期到 2006 年 5 月 31 日止。

中国电信 IC 普通电话卡（CNT-IC-P）

CNT-IC-P42　齐天大圣—美猴王

　　《西游记》是中国古代第一部浪漫主义章回体长篇神魔小说。该小说以"玄奘取经"这一历史事件为蓝本，经作者艺术加工，主要讲述了孙悟空出世，跟随菩提祖师学艺及大闹天宫后，遇见了唐僧、猪八戒、沙僧和白龙马，西行取经，一路上历经艰险，降妖除魔，到达西天见到如来佛祖，最终五圣成真的故事。

　　本套卡卡面故事选自《西游记》，人物形象源自上海美术电影制片厂的《大闹天宫》。

CNTP159　　　(4-1)

CNTP160　　　(4-2)

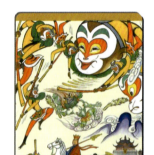

CNTP161　　　(4-3)

 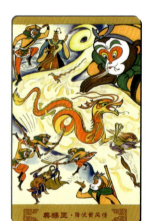

CNTP162　　　(4-4)

目前发现本套卡芯片封装：

1. 湖南斯伦贝谢通信设备有限公司(厂商代码 H)：广东(GD)、湖南(HN)、重庆(CQ)。
2. 江苏恒宝股份有限公司(厂商代码 B)：湖北(HB)、福建(FJ)。
3. 上海索立克智能卡有限公司(厂商代码 A)：安徽(AH)、陕西(SN)、新疆(XJ)、上海(SH)。
4. 天津杰普智能卡有限公司(厂商代码 G)：广西(GX)。
5. 江西捷德智能卡系统有限公司(厂商代码 J)：青海(QH)、江苏(JS)、浙江(ZJ)。
6. 东信和平智能卡股份有限公司(厂商代码 E)：四川(SC)。

2004 年 6 月发行，有效期到 2006 年 6 月 30 日止。

中国电信 IC 普通电话卡（CNT-IC-P）
CNT-IC-P43　客家土楼

　　客家土楼也称客家土围楼、圆形围屋，主要分布在福建龙岩、漳州，广东饶平、大浦等地。在我国的传统住宅中，永定的客家土楼独具特色，有方形、圆形、八角形和椭圆形等形状。土楼科学实用，特色鲜明，规模大，造型美，历史悠久，构成一个奇妙的建筑世界。

CNTP163　　　　　　　　(4-1)

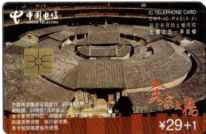
CNTP164　　　　　　　　(4-2)

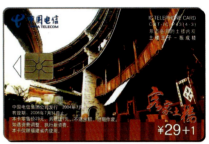
CNTP165　　　　　　　　(4-3)

CNTP166　　　　　　　　(4-4)

本套卡为福建省地方题材。

目前发现本套卡芯片封装：

1. 湖南斯伦贝谢通信设备有限公司(厂商代码 H)：广东(GD)、湖南(HN)。
2. 天津杰普智能卡有限公司(厂商代码 G)：福建(FJ)、青海(QH)、广西(GX)。
3. 江苏恒宝股份有限公司(厂商代码 B)：湖北(HB)。
4. 江西捷德智能卡系统有限公司(厂商代码 J)：福建(FJ)。
5. 上海索立克智能卡有限公司(厂商代码 A)：上海(SH)、安徽(AH)、陕西(SN)。
6. 东信和平智能卡股份有限公司(厂商代码 E)：浙江(ZJ)。

2004 年 7 月发行，有效期到 2006 年 7 月 31 日止。

中国电信 IC 普通电话卡（CNT-IC-P）

CNT-IC-P44　四川凉山彝族火把节

　　火把节是彝族等少数民族的传统节日，彝族认为过火把节是希望长出的谷穗像火把一样粗壮。节日期间，各族青年男女点燃松木制成的火把，到村寨田间活动，边走边把松香撒向火把照天祈年，除秽求吉。

CNTP167　(4-1)	CNTP168　(4-2)		
CNTP169　(4-3)	CNTP170　(4-4)		

　　本套卡为四川省地方题材，卡基材质有光版和哑光版之分。

目前发现本套卡芯片封装：
1. 湖南斯伦贝谢通信设备有限公司(厂商代码 H)：广东(GD)、湖南(HN)、福建(FJ)、新疆(XJ)、浙江(ZJ)。
2. 天津杰普智能卡有限公司(厂商代码 G)：四川(SC)。
3. 上海索立克智能卡有限公司(厂商代码 A)：上海(SH)、福建(FJ)、安徽(AH)、陕西(SN)。
4. 江西捷德智能卡系统有限公司(厂商代码 J)：陕西(SN)。
5. 江苏恒宝股份有限公司(厂商代码 B)：湖北(HB)。

2004 年 7 月发行，有效期到 2006 年 7 月 31 日止。

中国电信 IC 普通电话卡 (CNT-IC-P)
CNT-IC-P45 十二星座（一）

 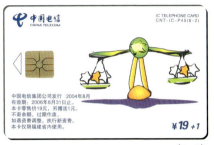 

CNTP171　　　　（6-1）　　CNTP172　　　　（6-2）　　CNTP173　　　　（6-3）

CNTP174　　　　（6-4）　　CNTP175　　　　（6-5）　　CNTP176　　　　（6-6）

目前发现本套卡芯片封装：

1. 湖南斯伦贝谢通信设备有限公司（厂商代码 H）：广东(GD)、重庆(CQ)。
2. 天津杰普智能卡有限公司（厂商代码 G）：广东(GD)、福建(FJ)、陕西(SN)、湖北(HB)。
3. 上海索立克智能卡有限公司（厂商代码 A）：福建(FJ)、安徽(AH)、四川(SC)、湖北(HB)、浙江(ZJ)、新疆(XJ)、上海(SH)。
4. 东信和平智能卡股份有限公司（厂商代码 E）：湖南(HN)。
5. 江西捷德智能卡系统有限公司（厂商代码 J）：青海(QH)。

2004 年 8 月发行，有效期到 2006 年 8 月 31 日止。

中国电信 IC 普通电话卡（CNT-IC-P）
CNT-IC-P46 广州百年风情

广州是一座有2200多年悠久历史的文化名城，自秦汉以来，广州就是岭南的政治、经济、文化中心。经过两千多年的发展，广州形成了自己独特的风土人情。

CNTP177　　(4-1)　　CNTP178　　(4-2)　　CNTP179　　(4-3)　　CNTP180　　(4-4)

本套卡为广东省地方题材。

目前发现本套卡芯片封装：

1. 湖南斯伦贝谢通信设备有限公司(厂商代码 H)：广东(GD)、湖南(HN)、青海(QH)、新疆(XJ)。
2. 天津杰普智能卡有限公司(厂商代码 G)：湖北(HB)、四川(SC)。
3. 上海索立克智能卡有限公司(厂商代码 A)：湖北(HB)、上海(SH)、四川(SC)、福建(FJ)、安徽(AH)。
4. 东信和平智能卡股份有限公司(厂商代码 E)：福建(FJ)。
5. 江苏恒宝股份有限公司(厂商代码 B)：湖北(HB)。
6. 江西捷德智能卡系统有限公司(厂商代码 J)：广东(GD)。

2004年10月发行，有效期到2006年10月31日止。

中国电信 IC 普通电话卡（CNT-IC-P）

CNT-IC-P47　厦门漆线雕

　　漆线雕以精细的漆线经特殊的制作方法，缠绕出各种金碧辉煌的人物及动植物形象，尤以民间传统题材为多。起初漆线雕大都只限于装饰在木本、漆蓝和戏剧道具上，后来发展到装饰在盘、瓶、炉等瓷器和玻璃器皿上，并不断推陈出新，表现形式日益多样化。

   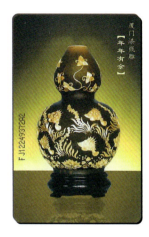

CNTP181　　　（4-1）　　　　　　　　　　CNTP182　　　（4-2）

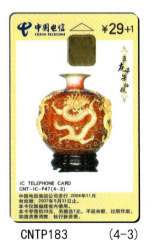   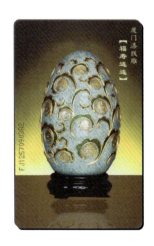

CNTP183　　　（4-3）　　　　　　　　　　CNTP184　　　（4-4）

本套卡为福建省地方题材。

目前发现本套卡芯片封装：

1. 湖南斯伦贝谢通信设备有限公司(厂商代码 H)：福建(FJ)、广东(GD)。
2. 天津杰普智能卡有限公司（厂商代码 G)：福建(FJ)、湖北(HB)、浙江(ZJ)。
3. 上海索立克智能卡有限公司(厂商代码 A)：福建(FJ)、四川(SC)、安徽(AH)、新疆(XJ)、上海(SH)。
4. 东信和平智能卡股份有限公司(厂商代码 E)：湖南(HN)、陕西(SN)。
5. 江苏恒宝股份有限公司(厂商代码 B)：重庆(CQ)、湖北(HB)。
6. 江西捷德智能卡系统有限公司(厂商代码 J)：贵州(GZ)。

　　　　　　　2004 年 11 月发行，有效期到 2007 年 5 月 31 日止。

中国电信 IC 普通电话卡（CNT-IC-P）

CNT-IC-P48　乙酉年—生肖鸡年

2005年1月26日始为农历乙酉年，俗称鸡年。鸡是中国十二生肖中的第十个生肖。

 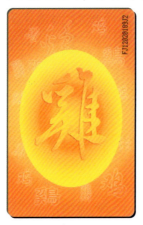 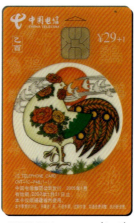 

CNTP185　　　（1-1）　　　普通版　　　CNTP186　　　（1-1）　　　透明版

目前发现本套卡芯片封装：
1. 湖南斯伦贝谢通信设备有限公司(厂商代码 H)：广东(GD,普/透)、上海(SH,普)。
2. 天津杰普智能卡有限公司 (厂商代码 G)：湖南(HN,透)、浙江(ZJ,普/透)、四川(SC,普)、宁夏(NX,普)。
3. 上海索立克智能卡有限公司(厂商代码 A)：湖北(HB,普)、上海(SH,普/透)、四川(SC,普)、安徽(AH,普/透)、青海(QH,普)、新疆(XJ,透)。
4. 珠海东信和平智能卡股份有限公司(厂商代码 E)：湖南(HN,普)、陕西(SN,普/透)。
5. 江西捷德智能卡系统有限公司(厂商代码 J)：福建(FJ,普/透)、江西(JX,普)。
6. 江苏恒宝股份有限公司(厂商代码 B)：重庆(CQ,透)。

2005年1月发行，有效期到2007年1月31日止。

CNT-IC-P49　新年新禧—两面自由打

中国电信负责南方的21个省区市：上海、江苏、安徽、江西、四川、重庆、浙江、广东、广西、湖南、湖北、福建、贵州、云南、西藏、海南、陕西、甘肃、青海、宁夏、新疆。

中国网通负责北方的10个省区市：辽宁、吉林、黑龙江、北京、河北、天津、山东、内蒙古、河南、山西。

本套卡是 CNT-IC-P 系列中第一套注明南方21个省区市通用的电话卡，也是唯一一套在非芯片面标注赠送有10元面值，并能在全国31个省区市使用的 190300 密码电话卡，卡上有各省的荧光防伪标记。

CNTP187　　　（1-1）

目前发现本套卡芯片封装：
1. 湖南斯伦贝谢通信设备有限公司(厂商代码 H)：广东(GD)。
2. 天津杰普智能卡有限公司(厂商代码 G)：四川(SC)、宁夏(NX)、陕西(SN)、新疆(XJ)、广西(GX)。
3. 上海索立克智能卡有限公司(厂商代码 A)：江西(JX)、上海(SH)、福建(FJ)、安徽(AH)、湖北(HB)、甘肃(GS)。
4. 东信和平智能卡股份有限公司(厂商代码 E)：湖南(HN)、云南(YN)、海南(HQ)。
5. 江西捷德智能卡系统有限公司(厂商代码 J)：贵州(GZ)。
6. 江苏恒宝股份有限公司(厂商代码 B)：重庆(CQ)。

2005年1月发行，有效期到2006年3月31日止。

中国电信 IC 普通电话卡（CNT-IC-P）

CNT-IC-P50 十二星座（二）

CNTP188　　　　　　　　(6-1)

CNTP189　　　　　　　　(6-2)

CNTP190　　　　　　　　(6-3)

CNTP191　　　　　　　　(6-4)

CNTP192　　　　　　　　(6-5)

CNTP193　　　　　　　　(6-6)

目前发现本套卡芯片封装：

1. 湖南斯伦贝谢通信设备有限公司(厂商代码 H)：广东(GD)、甘肃(GS)。
2. 天津杰普智能卡有限公司(厂商代码 G)：湖南(HN)、甘肃(GS)。
3. 上海索立克智能卡有限公司(厂商代码 A)：陕西(SN)、福建(FJ)、安徽(AH)、四川(SC)、新疆(XJ)。
4. 江苏恒宝股份有限公司(厂商代码 B)：重庆(CQ)、湖北(HB)。
5. 江西捷德智能卡系统有限公司(厂商代码 J)：福建(FJ)。

2005 年 2 月发行，有效期到 2007 年 2 月 28 日止。

中国电信 IC 普通电话卡（CNT-IC-P）　　　　　　　　　　　　　　　

CNT-IC-P51　第 37 届世界电信日

2005 年 5 月 17 日是第 37 届世界电信日，其主题是"行动起来，创建公平的信息社会"。

CNTP194　　　　　　　　　　（1-1）

目前发现本套卡芯片封装：

1. 湖南斯伦贝谢通信设备有限公司(厂商代码 H)：广东(GD)、福建(FJ)。

2. 东信和平智能卡股份有限公司(厂商代码 E)：湖南(HN)、福建(FJ)、甘肃(GS)、陕西(SN)。

3. 天津杰普智能卡有限公司(厂商代码 G)：广西(GX)、江西(JX)、四川(SC)。

4. 上海索立克智能卡有限公司(厂商代码 A)：上海(SH)、安徽(AH)、湖北(HB)。

2005 年 4 月发行，有效期到 2007 年 4 月 30 日止。

中国电信 IC 普通电话卡（CNT-IC-P）

CNT-IC-P52　属于我们的快乐

　　本套卡是中国电信专门为六一国际儿童节发行的 IC 电话卡，以抽象的画面描绘了当代儿童的幸福生活。

CNTP195　　　　　　　　　　(4-1)

CNTP196　　　　　　　　　　(4-2)

CNTP197　　　　　　　　　　(4-3)

CNTP198　　　　　　　　　　(4-4)

CNTP199

　　　　广东有"IC快乐游子"版，其为第一套"IC快乐游子"版IC卡。　　　　广东"IC快乐游子"版示例，只有本套卡的"IC快乐游子"Logo印在芯片面。

目前发现本套卡芯片封装：

1. 湖南斯伦贝谢通信设备有限公司(厂商代码 H)：广东(GD)、湖南(HN)、浙江(ZJ)。

2. 天津杰普智能卡有限公司(厂商代码 G)：广西(GX)、福建(FJ)、四川(SC)、甘肃(GS)。

3. 上海索立克智能卡有限公司(厂商代码 A)：福建(FJ)、安徽(AH)、新疆(XJ)、浙江(ZJ)。

4. 东信和平智能卡股份有限公司(厂商代码 E)：湖南(HN)、福建(FJ)、贵州(GZ)。

5. 江苏恒宝股份有限公司(厂商代码 B)：湖北(HB)、浙江(ZJ)。

6. 江西捷德智能卡系统有限公司(厂商代码 J)：浙江(ZJ)、青海(QH)。

2005年6月发行，有效期到2007年6月30日止；"IC快乐游子"版2005年11月发行，有效期到2007年11月30日止。

中国电信 IC 普通电话卡（CNT-IC-P）

CNT-IC-P53　中国电信和中国网通首次联合发行 IC 卡纪念

　　2005年，中国电信和中国网通两大固网运营商在北京签署 IC 卡全国漫游协议，并正式推出了电信南北拆分后的首套联名全国漫游 IC 卡，此协议的签署使双方的 IC 电话卡实现跨区域南北漫游。这是2002年电信南北拆分后，两集团联名的全国漫游 IC 卡首获正式发行。

CNTP200 (2-1)

CNTP201 (2-2)

CNTP202 (2-1)

CNTP203 (2-2)

"首发纪念"加字版

　　本套卡为 CNT-IC-P 系列中唯一一套中国电信和中国网通联合发行，并可在全国 31 个省区市通用的电话卡。另外，本套卡还有"首发纪念"加字版，加字版为江西捷德智能卡系统有限公司制卡。

目前发现本套卡芯片封装：

1. 湖南斯伦贝谢通信设备有限公司(厂商代码 H)：湖南(HN)、福建(FJ)、浙江(ZJ)。
2. 江苏恒宝股份有限公司(厂商代码 B)：湖北(HB)、云南(YN)。
3. 天津杰普智能卡有限公司(厂商代码 G)：广西(GX)、西藏(XZ)。
4. 江西捷德智能卡系统有限公司(厂商代码 J)：福建(FJ)、电总(DZ)。
5. 上海索立克智能卡有限公司(厂商代码 A)：安徽(AH)、上海(SH)。

2005 年 7 月发行，有效期到 2008 年 12 月 31 日止。

中国电信 IC 普通电话卡（CNT-IC-P）

CNT-IC-P54 酒泉卫星发射中心

酒泉卫星发射中心又称"东风航天城"，是中国科学卫星、技术试验卫星和运载火箭的发射试验基地之一，中国创建最早、规模最大的综合型导弹、卫星发射中心。

CNTP204　　　　　　　　(5-1)

CNTP205　　　　　　　　(5-2)

CNTP206　　　　　　　　(5-3)

CNTP207　　　　　　　　(5-4)

CNTP208　　　　　　　　(5-5)

本套卡有全国版和单省版之分。从本套卡起，CNT-IC-P 系列中的很多卡都分全国版和单省版。

目前发现本套卡芯片封装：

1. 湖南斯伦贝谢通信设备有限公司（厂商代码 H）：湖南(HN)、安徽(AH)、甘肃(GS)、福建(FJ)。
2. 天津杰普智能卡有限公司（厂商代码 G）：广东(GD)、湖北(HB)、福建(FJ)、四川(SC)、陕西(SN)、广西(GX)。
3. 东信和平智能卡股份有限公司（厂商代码 E）：陕西(SN)、湖南(HN)。
4. 江西捷德智能卡系统有限公司（厂商代码 J）：陕西(SN)、江西(JX)、浙江(ZJ)。
5. 江苏恒宝股份有限公司（厂商代码 B）：上海(SH)、湖北(HB)。

2005 年 9 月发行，有效期到 2007 年 9 月 30 日止。

中国电信 IC 普通电话卡（CNT-IC-P）

CNT-IC-P54　酒泉卫星发射中心—祝贺"神舟六号"载人航天飞船发射成功

　　2005年10月12日，中国首次载人航天飞船"神舟六号"发射成功。为纪念这一历史事件，中国电信发行加字卡一套。

CNTP209　　　　　　(5-1)

CNTP210　　　　　　(5-2)

CNTP211　　　　　　(5-3)

CNTP212　　　　　　(5-4)

CNTP213　　　　　　(5-5)

　　本套卡有全国版和单省版之分。广东版有"全国漫游"IC电话卡宣传广告。陕西版有两种芯片式样、三个生产厂商。

目前发现本套卡芯片封装：

1. 湖南斯伦贝谢通信设备有限公司(厂商代码 H)：湖南(HN)、福建(FJ)、安徽(AH)。
2. 天津杰普智能卡有限公司(厂商代码 G)：广东(GD)、甘肃(GS)、陕西(SN)。
3. 东信和平智能卡股份有限公司(厂商代码 E)：贵州(GZ)、陕西 SN。
4. 江西捷德智能卡系统有限公司(厂商代码 J)：广东(GD)、湖南(HN)、江西(JX)、青海(QH)、陕西(SN)。
5. 江苏恒宝股份有限公司(厂商代码 B)：湖北(HB)、上海(SH)。

　　2005年9月发行，有效期到2007年9月30日止。

中国电信 IC 普通电话卡（CNT-IC-P）

CNT-IC-P55　齐白石绘画作品选

　　齐白石（1864—1957年），汉族，湖南湘潭人，20世纪十大画家之一，世界文化名人，曾被授予"中国人民艺术家"的称号。他的代表作品有《花卉草虫十二开册页》《白石草衣金石刻画》等。

CNTP214　　　　　　　（4-1）

CNTP215　　　　　　　（4-2）

广东"IC快乐游子"版示例
CNTP218

CNTP216　　　　　　　（4-3）

CNTP217　　　　　　　（4-4）

　　本套卡为湖南省地方题材，有全国版和单省版之分。广东有"IC快乐游子"版，四川有再版卡，面值无赠送金额。不同版别之间背图有相互倒置现象。

目前发现本套卡芯片封装：

1. 湖南斯伦贝谢通信设备有限公司（厂商代码 H）：广东（GD）、福建（FJ）、安徽（AH）。
2. 天津杰普智能卡有限公司（厂商代码 G）：湖南（HN）、湖北（HB）、福建（FJ）、四川（SC）、陕西（SN）、广西（GX）。
3. 东信和平智能卡股份有限公司（厂商代码 E）：福建（FJ）。
4. 江西捷德智能卡系统有限公司（厂商代码 J）：湖南（HN）、浙江（ZJ）、四川（SC）。
5. 江苏恒宝股份有限公司（厂商代码 B）：上海（SH）、浙江（ZJ）、贵州（GZ）。

2005年11月发行，有效期到2007年11月30日止；2007年7月发行，有效期到2009年7月31日止。

中国电信 IC 普通电话卡（CNT-IC-P）

CNT-IC-P56 丙戌年—生肖狗年

中国传统纪年干支历的干支纪年中一个循环的第二十三年称丙戌年，自当年立春起至次年立春止的岁次内均为丙戌年。

CNTP219　　　（1-1）
单省版（普）

CNTP220　　　（1-1）
全国版（普）

CNTP221　　　（1-1）
单省版（透）

CNTP222　　　（1-1）
全国版（透）

　　从本套卡开始普遍发行全国版和单省版两种版式。单省版仅在规定的省份使用，全国版可在国内31个省区市使用。

目前发现本套卡芯片封装：

1. 湖南斯伦贝谢通信设备有限公司(厂商代码 H)：福建(FJ,透)、上海(SH,普/透)、安徽(AH,普/透)、云南(YN,透)。
2. 天津杰普智能卡有限公司(厂商代码 G)：广东(GD,普)、四川(SC,普)、陕西(SN,普/透)、广西(GX,普/透)、福建(FJ,透)。
3. 东信和平智能卡股份有限公司(厂商代码 E)：湖南(HN,普)、福建(FJ,普)。
4. 江西捷德智能卡系统有限公司(厂商代码 J)：浙江(ZJ,普)。
5. 江苏恒宝股份有限公司(厂商代码 B)：湖北(HB,普)、贵州(GZ,普)、湖南(HN,透)、上海(SH,普/透)、云南(YN,普/透)。

2006年1月发行，有效期到2008年1月31日止。

中国电信IC普通电话卡（CNT-IC-P）

CNT-IC-P57　广东刺绣

　　粤绣是以广州为生产中心的手工丝线刺绣的总称，是中国的四大名绣之一。粤绣最初创始于少数民族的黎族，是国家非物质文化遗产，分广绣和潮绣两个绣派。

CNTP223　　　　　　　（4-1）

CNTP224　　　　　　　（4-2）

CNTP225　　　　　　　（4-3）

CNTP226　　　　　　　（4-4）

CNTP227　广东"IC快乐游子"版示例

　　本套卡为广东省地方题材，有全国版和单省版之分。广东有"IC快乐游子"版，广西有面值整数版。

目前发现本套卡芯片封装：
1. 湖南斯伦贝谢通信设备有限公司(厂商代码 H)：广东(GD)、安徽(AH)、上海(SH)。
2. 天津杰普智能卡有限公司(厂商代码 G)：湖南(HN)、广西(GX)、陕西(SN)。
3. 东信和平智能卡股份有限公司(厂商代码 E)：湖南(HN)、贵州(GZ)。
4. 江西捷德智能卡系统有限公司(厂商代码 J)：浙江(ZJ)、福建(FJ)、江西(JX)。
5. 江苏恒宝股份有限公司(厂商代码 B)：湖北(HB)、江苏(JS)、云南(YN)、新疆(XJ)。
6. 上海索立克智能卡有限公司(厂商代码 A)：甘肃(GS)。

　　2006年2月发行，有效期到2008年2月29日止；
　2011年3月发行，有效期到2013年3月31日止；2011年9月发行，有效期到2013年9月30日止；
　2011年10月发行，有效期到2013年10月31日止；2012年9月发行，有效期到2014年10月31日止。

中国电信 IC 普通电话卡（CNT-IC-P）

CNT-IC-P58　惠安女

惠安女是福建泉州惠安县惠东半岛海边的一个特殊的族群，她们以奇特的服饰、勤劳的精神闻名海内外。

本套卡为福建省地方题材，不同厂商生产的 IC 卡背图有相互倒置现象。本套卡有全国版和单省版之分。

目前发现本套卡芯片封装：

1. 湖南斯伦贝谢通信设备有限公司(厂商代码 H)：安徽(AH)、甘肃(GS)。
2. 天津杰普智能卡有限公司(厂商代码 G)：广东(GD)、广西(GX)、福建(FJ)。
3. 江西捷德智能卡系统有限公司(厂商代码 J)：湖南(HN)、陕西(SN)。
4. 江苏恒宝股份有限公司(厂商代码 B)：浙江(ZJ)、云南(YN)。

2006 年 3 月发行，有效期到 2008 年 3 月 31 日止。

中国电信 IC 普通电话卡（CNT-IC-P）

CNT-IC-P59 香格里拉

　　香格里拉地处青藏高原南缘、横断山脉腹地，是云南、四川及西藏三省的交汇处，也是举世闻名的"三江并流"风景区腹地。香格里拉景色秀丽，冰川景观独特，是著名的旅游风景名胜区。

CNTP233　　　　　　　　　　（6-1）

CNTP234　　　　　　　　　　（6-2）

CNTP235　　　　　　　　　　（6-3）

CNTP236　　　　　　　　　　（6-4）

中国电信 IC 普通电话卡（CNT-IC-P）

CNT-IC-P59　香格里拉（续）

CNTP237　　　　　　　　　　（6-5）

CNTP238　　　　　　　　　　（6-6）

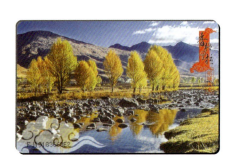

普通版面值都有赠送金额。

CNTP239　　　　　　　　　　　　　　　　CNTP240

广东"IC快乐游子"版示例　　　　　　　广西版整数面值示例，无赠送金额

　　　本套卡为云南省地方题材，有全国版和单省版之分。目前发现广西版有再版，其特点是面值无赠送金额(为整数)。广东有"IC快乐游子"版，封套内带广告纸。

目前发现本套卡芯片封装：
1. 湖南斯伦贝谢通信设备有限公司(厂商代码 H)：广东(GD)、浙江(ZJ)、安徽(AH)。
2. 天津杰普智能卡有限公司(厂商代码 G)：湖南(HN)、广西(GX)、陕西(SN)。
3. 东信和平智能卡股份有限公司(厂商代码 E)：福建(FJ)。
4. 江苏恒宝股份有限公司(厂商代码 B)：贵州(GZ)、云南(YN)、上海(SH)、甘肃(GS)、新疆(XJ)。

　　　　　　　2006年4月发行，有效期到2008年4月30日止；
　　　　　　　2010年9月发行，有效期到2012年9月30日止。

中国电信 IC 普通电话卡（CNT-IC-P）

CNT-IC-P60　第 38 届世界电信日

2006 年 5 月 17 日是第 38 届世界电信日，其主题是"让全球网络更安全"。

在所有分省版别的 IC 卡中，厂商代码后一般设置一位数字。广东版的编号方式是个特例，它在厂商代码后面设置两位数字。不同的数字代表不同的城市。这个新的编号在本系列中是从 CNT-IC-P54 开始的（CNT-IC-P52 广东版是 2005 年 11 月发行的，晚于 CNT-IC-P54，所以其厂商代码也是分地市级的）。不同编码数字具体代表的城市见下表。

广东版编码

其他版编码

编码	地市	编码	地市
01	广州	13	佛山
02	深圳	14	阳江
03	珠海	15	湛江
04	汕头	16	茂名
05	韶关	17	肇庆
06	河源	18	清远
07	梅州	19	潮州
08	惠州	20	揭阳
09	汕尾	21	云浮
10	东莞	22	缴费专用
11	中山	23	省公司编号
12	江门		

CNTP241　　　　　　　　（1-1）

CNTP242　　　　　　　　（1-1）
广东"IC 快乐游子"版示例

本卡有全国版和单省版之分。广东有"IC 快乐游子"版。

目前发现本套卡芯片封装：

1. 湖南斯伦贝谢通信设备有限公司（厂商代码 H）：广东（GD）、浙江（ZJ）、安徽（AH）。
2. 天津杰普智能卡有限公司（厂商代码 G）：陕西（SN）。
3. 江苏恒宝股份有限公司（厂商代码 B）：云南（YN）、甘肃（GS）、上海（SH）、贵州（GZ）。
4. 东信和平智能卡股份有限公司（厂商代码 E）：湖南（HN）、福建（FJ）。

2006 年 5 月发行，有效期到 2008 年 5 月 31 日止。

中国电信 IC 普通电话卡（CNT-IC-P）

CNT-IC-P61 宠爱狗宝贝

狗是人类忠实的朋友。比较常见的宠物狗有雪纳瑞、科克犬、北京狗、哈士奇、斑点狗、大沥沙皮狗等。

CNTP243　　　　　　　　　(6-1)

CNTP244　　　　　　　　　(6-2)

CNTP245　　　　　　　　　(6-3)

CNTP246　　　　　　　　　(6-4)

CNTP247　　　　　　　　　(6-5)

CNTP248　　　　　　　　　(6-6)

CNTP249　　广东"IC快乐游子"版示例

本套卡有全国版和单省版之分。

目前发现本套卡芯片封装：

1. 湖南斯伦贝谢通信设备有限公司（厂商代码 H）：广东（GD）、安徽（AH）、甘肃（GS）。
2. 天津杰普智能卡有限公司（厂商代码 G）：广东（GD）、广西（GX）、福建（FJ）、甘肃（GS）。
3. 江苏恒宝股份有限公司（厂商代码 B）：湖南（HN）。
4. 江西捷德智能卡系统有限公司（厂商代码 J）：宁夏（NX）。

2006 年 6 月发行，有效期到 2008 年 6 月 30 日止。

中国电信IC普通电话卡（CNT-IC-P）

CNT-IC-P62 四不像—麋鹿

麋鹿是鹿科、麋鹿属唯一的鹿类动物。由于它头脸狭长像马，角像鹿又与其他鹿略有不同，蹄子宽大像牛，尾细长像驴，因此又名四不像。

CNTP250　　　　　　　　　(4-1)

CNTP251　　　　　　　　　(4-2)

CNTP252　　　　　　　　　(4-3)

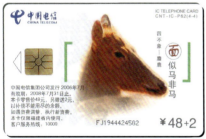
CNTP253　　　　　　　　　(4-4)

CNTP254　广东"IC快乐游子"版示例

本套卡为江苏省地方题材。江苏版有黄、白两种测试卡。本套卡有全国版和单省版之分。

目前发现本套卡芯片封装：
1. 湖南斯伦贝谢通信设备有限公司(厂商代码 H)：广东(GD)、上海(SH)、安徽(AH)。
2. 天津杰普智能卡有限公司(厂商代码 G)：广西(GX)、福建(FJ)、广东(GD)。
3. 东信和平智能卡股份有限公司(厂商代码 E)：湖南(HN)。
4. 江苏恒宝股份有限公司(厂商代码 B)：江苏(JS)。

2006年7月发行，有效期到2008年7月31日止。

中国电信 IC 普通电话卡（CNT-IC-P）

CNT-IC-P63 网络游戏《梦幻西游》

　　《梦幻西游》是一款由网易公司自行开发并运营的网络游戏。这款游戏以小说《西游记》所讲述的故事为背景，通过 Q 版人物，营造出浪漫的网络游戏风格。

CNTP255　　　　　　　　　　　(3-1)

CNTP256　　　　　　　　　　　(3-2)

CNTP257　　　　　　　　　　　(3-3)

本套卡有全国版和单省版之分。

目前发现本套卡芯片封装：

1. 湖南斯伦贝谢通信设备有限公司(厂商代码 H)：湖南(HN)、安徽(AH)。
2. 天津杰普智能卡有限公司(厂商代码 G)：广东(GD)、甘肃(GS)、广西(GX)、四川(SC)。
3. 东信和平智能卡股份有限公司(厂商代码 E)：福建(FJ)。
4. 江苏恒宝股份有限公司(厂商代码 B)：湖北(HB)、江苏(JS)、甘肃(GS)、浙江(ZJ)。
5. 江西捷德智能卡系统有限公司(厂商代码 J)：宁夏(NX)、青海(QH)。

　　2006 年 8 月发行，有效期到 2008 年 8 月 31 日止；2006 年 8 月发行，有效期到 2008 年 12 月 31 日止。

中国电信 IC 普通电话卡（CNT-IC-P）

CNT-IC-P64　我为铃狂

　　CNTP258　　（4-1）　　　　　　　　　　　CNTP259　　（4-2）

　　CNTP260　　（4-3）　　　　　　　　　　　CNTP261　　（4-4）

本套卡有全国版和单省版之分。

目前发现本套卡芯片封装：

1. 湖南斯伦贝谢通信设备有限公司(厂商代码 H)：湖南(HN)、甘肃(GS)、安徽(AH)。
2. 天津杰普智能卡有限公司(厂商代码 G)：广东(GD)、广西(GX)、湖北(HB)、福建(FJ)、浙江(ZJ)。
3. 江苏恒宝股份有限公司(厂商代码 B)：湖北(HB)、上海(SH)、浙江(ZJ)、江苏(JS)。
4. 江西捷德智能卡系统有限公司(厂商代码 J)：浙江(ZJ)、宁夏(NX)。

2006 年 9 月发行，有效期到 2008 年 9 月 30 日止。

中国电信 IC 普通电话卡（CNT-IC-P）

CNT-IC-P65　中国工农红军长征胜利70周年纪念

　　1936年10月，红二、红四方面军到达甘肃会宁地区，同红一方面军会师。红军三大主力会师，标志着万里长征的胜利结束。2006年10月，为纪念红军长征胜利70周年，中国电信特发行本套卡。

CNTP262　　　　　　　　　　（2-1）

CNTP263　　　　　　　　　　（2-2）

本套卡有全国版和单省版之分。

目前发现本套卡芯片封装：
1. 湖南斯伦贝谢通信设备有限公司(厂商代码 H)：上海(SH)、甘肃(GS)、安徽(AH)。
2. 天津杰普智能卡有限公司(厂商代码 G)：广东(GD)、福建(FJ)。
3. 江苏恒宝股份有限公司(厂商代码 B)：湖南(HN)、云南(YN)、甘肃(GS)。

2006年10月发行，有效期到2008年10月31日止。

中国电信 IC 普通电话卡 (CNT-IC-P)

CNT-IC-P66 切实保障农民工合法权益

2006年3月28日，国务院发布了《国务院关于解决农民工问题的若干意见》，使切实保障农民工合法权益有了依法保障。

CNTP264　　　　　　　　　　(4-1)

CNTP265　　　　　　　　　　(4-2)

CNTP266　　　　　　　　　　(4-3)

CNTP267　　　　　　　　　　(4-4)

本套卡有全国版和单省版之分。

目前发现本套卡芯片封装：
1. 湖南斯伦贝谢通信设备有限公司(厂商代码 H)：湖南(HN)、上海(SH)、安徽(AH)。
2. 东信和平智能卡股份有限公司(厂商代码 E)：福建(FJ)。
3. 江西捷德智能卡系统有限公司(厂商代码 J)：广东(GD)、福建(FJ)、浙江(ZJ)、重庆(CQ)。
4. 天津杰普智能卡有限公司(厂商代码 G)：湖北(HB)、江苏(JS)。
5. 江苏恒宝股份有限公司(厂商代码 B)：云南(YN)、上海(SH)。

2006年12月发行，有效期到2008年12月31日止。

中国电信 IC 普通电话卡（CNT-IC-P）

CNT-IC-P67　丁亥年—生肖猪年

2007年是农历丁亥年。猪在十二生肖中排行最后，与十二地支配属"亥"。

CNTP268　　（1-1）　　CNTP269　　（1-1）　　CNTP270　　（1-1）
单省版（普）29+1元面值　全国版（普）29+1元面值　广西版（普）30元面值

四川打孔版

CNTP274　　（1-1）

广东版原封套内广告　　湖北版（普）有电信114号码百事通广告

CNTP271　　（1-1）　　CNTP272　　（1-1）　　CNTP273　　（1-1）
单省版（透）29+1元面值　全国版（透）29+1元面值　广西版（透）30元面值

目前发现本套卡芯片封装：

1. 天津杰普智能卡有限公司(厂商代码 G)：广西(GX,普/透)、湖北(HB,普)、江苏(JS,普)、甘肃(GS,普)、福建(FJ,透)、四川(SC,透)。

2. 东信和平智能卡股份有限公司(厂商代码 E)：湖南(HN,普/透)。

3. 江西捷德智能卡系统有限公司(厂商代码 J)：广东(GD,普/透)、甘肃(GS,透)。

4. 江苏恒宝股份有限公司(厂商代码 B)：浙江(ZJ,普)、贵州(GZ,透)、云南(YN,普/透)。

5. 湖南斯伦贝谢通信设备有限公司(厂商代码 H)：上海(SH,普/透)、安徽(AH,普/透)。

2007年1月发行，有效期到2009年1月31日止；2008年6月发行，有效期到2010年6月30日止。

中国电信 IC 普通电话卡 (CNT-IC-P)

CNT-IC-P68　IC卡资费下调宣传

中国电信从2007年2月起，推出降低IC卡公话资费的优惠活动。从公话资费下调之日起到2007年8月10日，用户用IC卡在中国电信IC卡公话上打电话时，国内长途和本地市话资费均下调为每分钟0.1元。

CNTP275　　　　　　(2-1)

CNTP276　　(2-2)

本套卡有全国版和单省版之分。

目前发现本套卡芯片封装：
1. 天津杰普智能卡有限公司(厂商代码 G)：广东(GD)、陕西(SN)。
2. 东信和平智能卡股份有限公司(厂商代码 E)：福建(FJ)。
3. 江西捷德智能卡系统有限公司(厂商代码 J)：湖南(HN)、福建(FJ)、江西(JX)、浙江(ZJ)。
4. 江苏恒宝股份有限公司(厂商代码 B)：湖北(HB)、上海(SH)、江苏(JS)、云南(YN)、甘肃(GS)、新疆(XJ)。

2007年2月发行，有效期到2009年2月28日止。

中国电信 IC 普通电话卡 (CNT-IC-P)

CNT-IC-P69　我的 e 家

"我的 e 家"是中国电信为家庭量身打造的客户产品，它集中了电话、宽带、家庭无线上网(Wi-Fi)、小灵通、视频娱乐等丰富的通信信息应用。

   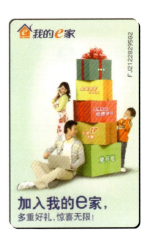

CNTP277　　(4-1)　　　　　　　　　　　　　　CNTP278　　(4-2)

CNTP279　　(4-3)　　　　　　　　　　　　　　CNTP280　　(4-4)

本套卡原版卡和再版卡印刷有明显的色差。本套卡有全国版和单省版之分。

目前发现本套卡芯片封装：

1. 天津杰普智能卡有限公司(厂商代码 G)：广东(GD)、广西(GX)、湖北(HB)、福建(FJ)、甘肃(GS)。
2. 东信和平智能卡股份有限公司(厂商代码 E)：福建(FJ)。
3. 江西捷德智能卡系统有限公司(厂商代码 J)：福建(FJ)、重庆(CQ)。
4. 江苏恒宝股份有限公司(厂商代码 B)：上海(SH)、江苏(JS)、云南(YN)。
5. 湖南斯伦贝谢通信设备有限公司(厂商代码 H)：上海(SH)。

　　2007 年 3 月发行，有效期到 2009 年 3 月 31 日止；2007 年 9 月发行，有效期到 2009 年 9 月 30 日止；
　　2007 年 10 月发行，有效期到 2009 年 10 月 31 日止。

中国电信 IC 普通电话卡（CNT-IC-P）

CNT-IC-P70　第39届世界电信日

2007年5月17日是第39届世界电信日，其主题是"让信息通信技术惠及下一代"。这是中国电信发行的最后一套电信日题材的IC卡。

本套卡有全国版和单省版之分。　　　　　　　　　　　　　　　　　CNTP281　　　　　　　　　(1-1)

目前发现本套卡芯片封装：
1. 天津杰普智能卡有限公司(厂商代码G)：广东(GD)、甘肃(GS)。
2. 东信和平智能卡股份有限公司(厂商代码E)：福建(FJ)。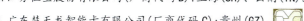
3. 江苏恒宝股份有限公司(厂商代码B)：上海(SH)、云南(YN)。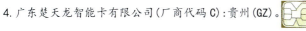
4. 广东楚天龙智能卡有限公司(厂商代码C)：贵州(GZ)。

2007年5月发行，有效期到2009年5月31日止。

CNT-IC-P71　无忧青春

CNTP282　　　　　　　　(2-1)

CNTP283　　　　　　　　(2-2)

本套卡为非卖品，是中国电信CNT-IC-P系列唯一以赠送方式发行的IC卡，用于赠送给高校学生，以推广智能公话。本套卡也是CNT-IC-P系列中面值最低的，单枚面值只有5元；原版卡有效期最短，只有半年。

目前发现本套卡芯片封装：
江西捷德智能卡系统有限公司(厂商代码J)：广东(GD)、福建(FJ)、四川(SC)。

2007年5月发行，有效期到2007年11月30日止；2008年7月发行，有效期到2010年7月31日止。

159

中国电信 IC 普通电话卡 (CNT-IC-P)

CNT-IC-P72　香港回归 10 周年纪念

2007年7月1日香港回归祖国10周年，香港举行了隆重的纪念活动。

CNTP284　　　　　　　(4-1)

CNTP285　　　　　　　(4-2)

CNTP286　　　　　　　(4-3)

CNTP287　　　　　　　(4-4)

本套卡有全国版和单省版之分。

目前发现本套卡芯片封装：
1. 天津杰普智能卡有限公司(厂商代码 G)：广东(GD)、广西(GX)、湖北(HB)、江苏(JS)。
2. 东信和平智能卡股份有限公司(厂商代码 E)：湖南(HN)、福建(FJ)。
3. 江苏恒宝股份有限公司(厂商代码 B)：甘肃(GS)。
4. 广东楚天龙智能卡有限公司(厂商代码 C)：湖北(HB)。

2007年7月发行，有效期到2009年7月31日止。

中国电信 IC 普通电话卡（CNT-IC-P）

CNT-IC-P73　多彩校园

CNTP288　　　　　　　　　　　　（4-1）

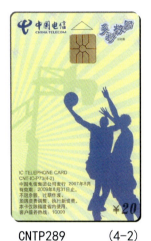   

CNTP289　　　（4-2）　　　　　　　　CNTP290　　　（4-3）

CNTP291　　　　　　（4-4）

本套卡有全国版和单省版之分。

目前发现本套卡芯片封装：

1. 天津杰普智能卡有限公司(厂商代码 G)：广东(GD)、湖南(HN)、湖北(HB)、广西(GX)、福建(FJ)、四川(SC)。
2. 江苏恒宝股份有限公司(厂商代码 B)：上海(SH)、江苏(JS)、四川(SC)、云南(YN)、安徽(AH)。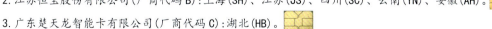
3. 广东楚天龙智能卡有限公司(厂商代码 C)：湖北(HB)。
4. 江西捷德智能卡系统有限公司(厂商代码 J)：广东(GD)、浙江(ZJ)、重庆(CQ)。

　　2007 年 8 月发行，有效期到 2009 年 8 月 31 日止；2007 年 9 月发行，有效期到 2009 年 8 月 31 日止；
2007 年 12 月发行，有效期到 2009 年 12 月 31 日止；2008 年 3 月发行，有效期到 2009 年 12 月 31 日止。

中国电信 IC 普通电话卡（CNT-IC-P）

CNT-IC-P74 甘肃风光

　　甘肃省地形呈狭长状，地貌复杂多样，四周为群山峻岭所环抱，地势自西南向东北倾斜。甘肃地处黄土高原、青藏高原和内蒙古高原三大高原的交汇地带，气候从南向北包括亚热带季风气候、温带季风气候、温带大陆性干旱气候和高原山地气候四种。甘肃历史代表文化为"河陇文化"。

CNTP292　　　　　　　(4-1)

CNTP293　　　　(4-2)

CNTP294　　　　(4-3)

CNTP295　　　　(4-4)

　　本套卡为甘肃省地方题材，有全国版和单省版之分。

目前发现本套卡芯片封装：

1. 天津杰普智能卡有限公司(厂商代码 G)：广东(GD)、广西(GX)、湖南(HN)、福建(FJ)、陕西(SN)、四川(SC)。
2. 东信和平智能卡股份有限公司(厂商代码 E)：湖南(HN)、福建(FJ)、贵州(GZ)。
3. 江西捷德智能卡系统有限公司(厂商代码 J)：福建(FJ)、海南(HQ)。
4. 江苏恒宝股份有限公司(厂商代码 B)：甘肃(GS)、湖北(HB)、上海(SH)、四川(SC)、浙江(ZJ)、云南(YN)。
5. 广东楚天龙智能卡有限公司(厂商代码 C)：湖北(HB)。

　　2007年9月发行，有效期到2009年9月30日止；2007年10月发行，有效期到2009年9月30日止。

中国电信 IC 普通电话卡（CNT-IC-P）

CNT-IC-P75 漆画艺术

　　漆画是以天然大漆为主要材料的绘画。它有绘画和工艺的双重性，既是艺术品，又是和人们生活密切相关的实用装饰品。漆画有壁饰、屏风和壁画等表现形式。

CNTP296　　　　　　　　　　　¥10　(4-1)

CNTP297　　　　　　　　　　　¥20　(4-2)

CNTP298　　　　　　　　　　　¥30　(4-3)

CNTP299　　　　　　　　　　　¥50　(4-4)

目前发现本套卡芯片封装：　　　　　　　　　　本套卡为福建省地方题材。有全国版和单省版之分。

1. 天津杰普智能卡有限公司(厂商代码 G)：湖北(HB)、湖南(HN)、广西(GX)、福建(FJ)、四川(SC)、甘肃(GS)。
2. 东信和平智能卡股份有限公司(厂商代码 E)：福建(FJ)、湖南(HN)。
3. 江西捷德智能卡系统有限公司(厂商代码 J)：福建(FJ)、重庆(CQ)。
4. 恒宝股份有限公司(厂商代码 B)：广西(GX)、湖北(HB)、上海(SH)、云南(YN)、江苏(JS)、贵州(GZ)。

　　　2007 年 12 月发行，有效期到 2009 年 12 月 31 日止；2008 年 1 月发行，有效期到 2009 年 12 月 31 日止；
　　　2008 年 3 月发行，有效期到 2009 年 12 月 31 日止；2009 年 3 月发行，有效期到 2011 年 3 月 31 日止；
　　　2009 年 5 月发行，有效期到 2011 年 5 月 31 日止；2010 年 3 月发行，有效期到 2012 年 3 月 31 日止。

中国电信 IC 普通电话卡（CNT-IC-P）

CNT-IC-P76　戊子年—生肖鼠年

2008年是农历戊子年，民间称为鼠年，也是新一轮生肖年的开始。

CNTP300　　（1-1）
单省版(普)

CNTP301　　（1-1）
全国版(普)

CNTP302　　（1-1）
单省版(透)

CNTP303　　（1-1）
全国版(透)

目前发现本套卡芯片封装：

1. 天津杰普智能卡有限公司(厂商代码 G)：广东(GD,普/透)、广西(GX,普/透)、四川(SC,普)、甘肃(GS,普)。

2. 东信和平智能卡股份有限公司(厂商代码 E)：湖南(HN,普)、福建(FJ,普/透)、江苏(JS,普)。

3. 江西捷德智能卡系统有限公司(厂商代码 J)：福建(FJ,普)、海南(HQ,透)。

4. 恒宝股份有限公司(厂商代码 B)：湖北(HB,普)、浙江(ZJ,普)、江苏(JS,普)、云南(YN,普/透)、四川(SC,普/透)、安徽(AH,普/透)、甘肃(GS,普)。

5. 广东楚天龙智能卡有限公司(厂商代码 C)：上海(SH,普)。

2008年1月发行，有效期到2010年1月31日止。

中国电信 IC 普通电话卡（CNT-IC-P）

CNT-IC-P77　关爱留守学生 共建和谐社会

CNTP304　　　　　　　（3-1）

CNTP305　　　　　　　（3-2）

CNTP306　　　　　　　（3-3）

本套卡有全国版和单省版之分。

目前发现本套卡芯片封装：

1. 天津杰普智能卡有限公司(厂商代码 G)：湖南(HN)、广西(GX)、福建(FJ)、陕西(SN)。
2. 江西捷德智能卡系统有限公司(厂商代码 J)：福建(FJ)、湖北(HB)、浙江(ZJ)。
3. 恒宝股份有限公司(厂商代码 B)：湖北(HB)、云南(YN)、四川(SC)。
4. 北京意诚信通智能卡股份有限公司(厂商代码 Y)：云南(YN)。

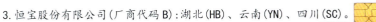

2008 年 3 月发行，有效期到 2010 年 3 月 31 日止；2008 年 6 月发行，有效期到 2010 年 5 月 31 日止。

中国电信IC普通电话卡（CNT-IC-P）

CNT-IC-P78　中国奏响新篇章

　　第二十九届奥林匹克运动会于2008年8月8日在中华人民共和国首都北京开幕，于2008年8月24日闭幕。2008年北京奥运会的口号是"同一个世界，同一个梦想（One World,One Dream）"，体现了奥林匹克的精神实质和普遍价值观：团结、友谊、进步、和谐、参与和梦想，表达了全世界在奥林匹克精神的感召下，追求人类美好未来的共同愿望。

　　因为中国电信不是奥运会合作商，所以不便发行带有奥运标志的IC卡，只发行了带有北京和六座协办城市的标志建筑剪影的IC卡。本套卡背面图案可以拼成五线谱。

CNTP307　　　　　　　　（7-1）

CNTP308　　　　　　　　（7-2）

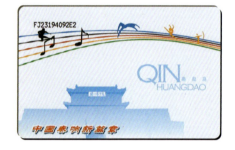

CNTP309　　　　　　　　（7-3）

CNTP310　　　　　　　　（7-4）

中国电信 IC 普通电话卡（CNT-IC-P）

CNT-IC-P78　中国奏响新篇章（续）

CNTP311　　　　　（7-5）

CNTP312　　　　　（7-6）

CNTP313　　　　　（7-7）

本套卡有全国版和单省版之分。

目前发现本套卡芯片封装：

1. 天津杰普智能卡有限公司(厂商代码 G)：广东(GD)、广西(GX)、湖南(HN)、湖北(HB)、四川(SC)。
2. 东信和平智能卡股份有限公司(厂商代码 E)：福建(FJ)、湖南(HN)。
3. 江西捷德智能卡系统有限公司(厂商代码 J)：广东(GD)、福建(FJ)。
4. 恒宝股份有限公司(厂商代码 B)：上海(SH)、江苏(JS)、安徽(AH)、四川(SC)。
5. 北京意诚信通智能卡股份有限公司(厂商代码 Y)：云南(YN)。

　　2008 年 4 月发行，有效期到 2010 年 4 月 30 日止；2008 年 5 月发行，有效期到 2010 年 4 月 30 日止；
　　2008 年 4 月发行，有效期到 2011 年 4 月 30 日止；2008 年 6 月发行，有效期到 2010 年 6 月 30 日止；
　　2008 年 7 月发行，有效期到 2010 年 8 月 31 日止；2008 年 8 月发行，有效期到 2011 年 12 月 31 日止；
　　2008 年 12 月发行，有效期到 2010 年 12 月 31 日止；2009 年 5 月发行，有效期到 2011 年 12 月 31 日止；
　　　　　2010 年 3 月发行，有效期到 2011 年 12 月 31 日止。

中国电信 IC 普通电话卡 (CNT-IC-P)

CNT-IC-P79 抗震救灾 重建家园

2008年5月12日14时28分4秒，四川汶川、北川8级强震突然袭来，大地颤动，山河移位，满目疮痍，生离死别。为表达全国各族人民对汶川大地震遇难同胞的深切哀悼，国务院决定，将2008年5月19日至21日作为全国哀悼日。自2009年起，每年5月12日为全国防灾减灾日。

CNTP314　　　　　　　　　　(2-1)

CNTP315　　　　　　　　　　(2-2)

本套卡有全国版和单省版之分。

目前发现本套卡芯片封装：

1. 天津杰普智能卡有限公司(厂商代码 G)：广东(GD)、广西(GX)、福建(FJ)、四川(SC)。
2. 江西捷德智能卡系统有限公司(厂商代码 J)：广东(GD)、湖南(HN)、湖北(HB)、福建(FJ)、重庆(CQ)、云南(YN)。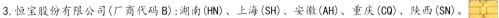
3. 恒宝股份有限公司(厂商代码 B)：湖南(HN)、上海(SH)、安徽(AH)、重庆(CQ)、陕西(SN)。
4. 广东楚天龙智能卡有限公司(厂商代码 C)：甘肃(GS)。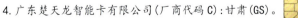
5. 北京意诚信通智能卡股份有限公司(厂商代码 Y)：云南(YN)。

2008年5月发行，有效期到2010年5月31日止；

2008年5月发行，有效期到2011年12月31日止；2008年6月发行，有效期到2010年6月30日止。

中国电信 IC 普通电话卡（CNT-IC-P）

CNT-IC-P80 不同的年代 同样的精神

女排精神是 20 世纪 80 年代中国女排夺得五连冠之后的经验总结。女排精神的基本内涵可概括为无私奉献精神、团结协作精神、艰苦创业精神、自强不息精神。女排精神很好地诠释了"为国争光、无私奉献、遵纪守法、团结友好、坚强拼搏"的中华体育精神。

本套卡第二枚的图片运用错误，图片反映的是 2000 年的女排拼搏精神，2000 年新的电信集团尚未成立，中国电信的 Logo 应该为原徽标，而不是新徽标。

CNTP316　　　　　　　　　(4-1)

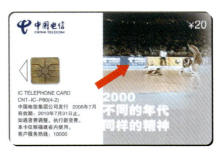
CNTP317　　　　　　　　　(4-2)

CNTP318　　　　　　　　　(4-3)

CNTP319　　　　　　　　　(4-4)

本套卡有全国版和单省版之分。

目前发现本套卡芯片封装：

1. 天津杰普智能卡有限公司(厂商代码 G)：福建(FJ)、甘肃(GS)、广西(GX)、四川(SC)。
2. 东信和平智能卡股份有限公司(厂商代码 E)：福建(FJ)。
3. 江西捷德智能卡系统有限公司(厂商代码 J)：湖南(HN)、福建(FJ)、陕西(SN)、浙江(ZJ)、湖北(HB)、青海(QH)。
4. 恒宝股份有限公司(厂商代码 B)：云南(YN)、四川(SC)、甘肃(GS)、湖北(HB)。
5. 北京意诚信通智能卡股份有限公司(厂商代码 Y)：云南(YN)。

　　2008 年 7 月发行，有效期到 2010 年 7 月 31 日止；2008 年 7 月发行，有效期到 2011 年 3 月 31 日止；
2008 年 8 月发行，有效期到 2010 年 12 月 31 日止；2010 年 1 月发行，有效期到 2012 年 12 月 31 日止。

中国电信 IC 普通电话卡（CNT-IC-P）

CNT-IC-P81　新学期 新开始

CNTP320　　　　　　　　(4-1)

CNTP321　　　　　　　　(4-2)

CNTP322　　　　　　　　(4-3)

CNTP323　　　　　　　　(4-4)

本套卡有全国版和单省版之分。

目前发现本套卡芯片封装：

1. 天津杰普智能卡有限公司(厂商代码 G)：湖北(HB)、福建(FJ)、江苏(JS)。
2. 恒宝股份有限公司(厂商代码 B)：广西(GX)、湖南(HN)、湖北(HB)、上海(SH)、浙江(ZJ)。
3. 江西捷德智能卡系统有限公司(厂商代码 J)：湖北(HB)。
4. 北京意诚信通智能卡股份有限公司(厂商代码 Y)：云南(YN)。

　　2008 年 9 月发行，有效期到 2010 年 9 月 30 日止；2008 年 11 月发行，有效期到 2010 年 12 月 31 日止；
　　2008 年 12 月发行，有效期到 2010 年 4 月 30 日止；2008 年 12 月发行，有效期到 2010 年 12 月 31 日止；
　　2009 年 9 月发行，有效期到 2011 年 9 月 30 日止；2009 年 12 月发行，有效期到 2011 年 11 月 30 日止。

中国电信 IC 普通电话卡（CNT-IC-P）

CNT-IC-P82　第6届全国农民运动会

　　中国农民体协于1988年成立，同年在北京举办第一届全国农民运动会，之后全国农民运动会每隔四年一届，是五大国家级综合性体育赛事之一，也是仅次于全运会的大型运动会。

　　第6届农民运动会于2008年在福建省举行。本套卡背面图案为本届运动会合作商广告。

CNTP324　　　　　　　　　　（3-1）

CNTP325　　　　　　　　　　（3-2）

CNTP326　　　　　　　　　　（3-3）

　　本套卡为福建省地方题材，有全国版和单省版之分。

目前发现本套卡芯片封装：
1. 天津杰普智能卡有限公司(厂商代码 G)：福建(FJ)。
2. 江西捷德智能卡系统有限公司(厂商代码 J)：湖南(HN)。

　　　　　　　2008年9月发行，有效期到2011年9月30日止。

中国电信IC普通电话卡（CNT-IC-P）

CNT-IC-P83　神舟守望辉煌

　　神舟飞船是中国自行研制、具有完全自主知识产权、达到或优于国际第三代载人飞船技术的飞船。神舟飞船采用三舱一段(即由返回舱、轨道舱、推进舱和附加段)结构，由13个分系统组成。

CNTP327　　　　　　　　　　(7-1)

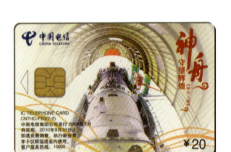

CNTP328　　　　　　　　　　(7-2)

CNTP329　　　　　　　　　　(7-3)

CNTP330　　　　　　　　　　(7-4)

中国电信 IC 普通电话卡（CNT-IC-P）

CNT-IC-P83　神舟守望辉煌（续）

CNTP331　　　　　　　　　（7-5）

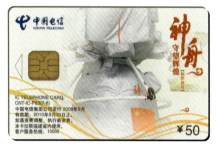
CNTP332　　　　　　　　　（7-6）

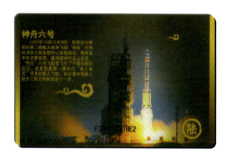

CNTP333　　　　　　　　　（7-7）

本套卡有全国版和单省版之分。

目前发现本套卡芯片封装：

1. 天津杰普智能卡有限公司(厂商代码 G)：广东(GD)、湖南(HN)、福建(FJ)、四川(SC)、湖北(HB)、广西(GX)。

2. 东信和平智能卡股份有限公司(厂商代码 E)：湖南(HN)、福建(FJ)。

3. 江西捷德智能卡系统有限公司(厂商代码 J)：广东(GD)、湖北(HB)。

4. 恒宝股份有限公司(厂商代码 B)：湖南(HN)、湖北(HB)、甘肃(GS)、江苏(JS)、四川(SC)、广西(GX)、重庆(CQ)、青海(QH)。

5. 北京意诚信通智能卡股份有限公司(厂商代码 Y)：云南(YN) 四川(SC)。

2008 年 9 月发行，有效期到 2010 年 9 月 30 日止；2008 年 9 月发行，有效期到 2010 年 12 月 31 日止；
2008 年 9 月发行，有效期到 2011 年 6 月 30 日止；2008 年 11 月发行，有效期到 2010 年 12 月 31 日止；
2008 年 12 月发行，有效期到 2011 年 6 月 30 日止；2008 年 12 月发行，有效期到 2011 年 12 月 31 日止；
2009 年 1 月发行，有效期到 2010 年 12 月 31 日止；2009 年 2 月发行，有效期到 2010 年 12 月 31 日止；
2009 年 2 月发行，有效期到 2011 年 12 月 31 日止；2009 年 5 月发行，有效期到 2011 年 5 月 31 日止；
2009 年 6 月发行，有效期到 2011 年 12 月 31 日止；2009 年 9 月发行，有效期到 2011 年 9 月 30 日止；
2009 年 9 月发行，有效期到 2011 年 12 月 31 日止；2009 年 10 月发行，有效期到 2011 年 10 月 31 日止；
2010 年 3 月发行，有效期到 2012 年 3 月 31 日止。

中国电信 IC 普通电话卡（CNT-IC-P）

CNT-IC-P84　开启移动互联网时代

　　移动互联网是将移动通信和互联网二者结合起来用于通信领域的新型技术。移动互联网正逐渐渗透到人们生活、工作的各个领域，各种丰富多彩的移动互联网应用迅猛发展，正深刻改变着信息时代的社会生活，实现了 3G 到 4G 再到 5G 的跨越式发展。

CNTP334　　　　　　　　（2-1）

CNTP335　　　　　　　　（2-2）

本套卡有全国版和单省版之分。

目前发现本套卡芯片封装：

1. 东信和平智能卡股份有限公司(厂商代码 E)：湖南(HN)、福建(FJ)。
2. 江西捷德智能卡系统有限公司(厂商代码 J)：湖南(HN)、福建(FJ)。
3. 恒宝股份有限公司(厂商代码 B)：江苏(JS)、四川(SC)。
4. 广东楚天龙智能卡有限公司(厂商代码 C)：上海(SH)。
5. 天津杰普智能卡有限公司(厂商代码 G)：湖北(HB)、福建(FJ)。

2008 年 12 月发行，有效期到 2010 年 12 月 31 日止。

中国电信 IC 普通电话卡（CNT-IC-P）

CNT-IC-P85　己丑年——生肖牛年

2009年，岁次己丑年，"丑"在中国的干支纪年中代表牛，故俗称农历牛年。

CNTP336　　（1-1）　　　　　　　　　　CNTP337　　（1-1）　　CNTP340　　（1-1）
　单省版(普)　　　　　　　　　　　　　　全国版(普)　　　　　　甘肃版(透)

CNTP338　　（1-1）　　　　　　　　　　CNTP339　　（1-1）　　CNTP341　　（1-1）
　单省版(透)　　　　　　　　　　　　　　全国版(透)　　　　　　福建版(透)

　　本套卡甘肃版(透)和福建版(透)与其他省市的版别不同。甘肃版(透)选用普通版反面边饰，福建版(透)选用正面边饰，所以多了"己丑"纪年号。

目前发现本套卡芯片封装：

1. 天津杰普智能卡有限公司(厂商代码 G)：湖北(HB, 普)、福建(FJ, 普/透)。
2. 江西捷德智能卡系统有限公司(厂商代码 J)：浙江(ZJ, 普)。
3. 恒宝股份有限公司(厂商代码 B)：广西(GX, 普)、湖南(HN, 普/透)、上海(SH, 普/透)、云南(YN, 普/透)。
4. 广东楚天龙智能卡有限公司(厂商代码 C)：甘肃(GS, 普/透)。

2009年1月发行，有效期到2011年1月31日止。

中国电信 IC 普通电话卡 (CNT-IC-P)

CNT-IC-P86　天翼—189

天翼是中国电信集团公司在接手中国联通 CDMA 网络后的全业务运营背景下推出的以 CDMA 2000 为标准的个人移动通信品牌。

CNTP342　　　　　　　　　　　　(3-1)

CNTP343　　　　　　　　　　　　(3-2)

CNTP344　　　　　　　　　　　　(3-3)

本套卡有全国版和单省版之分。

目前发现本套卡芯片封装：
1. 天津杰普智能卡有限公司（厂商代码 G）：广西(GX)、四川(SC)、陕西(SN)。
2. 东信和平智能卡股份有限公司（厂商代码 E）：上海(SH)。
3. 江西捷德智能卡系统有限公司（厂商代码 J）：福建(FJ)。
4. 恒宝股份有限公司（厂商代码 B）：云南(YN)、湖北(HB)、新疆(XJ)、广西(GX)、四川(SC)、青海(QH)、重庆(CQ)。
5. 广东楚天龙智能卡有限公司（厂商代码 C）：甘肃(GS)、陕西(SN)。

2009 年 2 月发行，有效期到 2011 年 2 月 28 日止；

2009 年 2 月发行，有效期到 2011 年 4 月 30 日止；2009 年 2 月发行，有效期到 2011 年 12 月 31 日止；

2009 年 3 月发行，有效期到 2011 年 3 月 31 日止；2009 年 5 月发行，有效期到 2011 年 5 月 31 日止；

2009 年 5 月发行，有效期到 2011 年 9 月 30 日止；2010 年 9 月发行，有效期到 2012 年 9 月 30 日止。

中国电信 IC 普通电话卡 (CNT-IC-P)

CNT-IC-P87 美丽四季

CNTP345　　(4-1)　　　　　　　　　　CNTP346　　(4-2)

CNTP347　　(4-3)　　　　　　　　　　CNTP348　　(4-4)

本套卡有全国版和单省版之分。

目前发现本套卡芯片封装：

1. 天津杰普智能卡有限公司(厂商代码 G)：福建(FJ)、湖北(HB)、四川(SC)、广东(GD)。
2. 江西捷德智能卡系统有限公司(厂商代码 J)：福建(FJ)、江西(JX)。
3. 恒宝股份有限公司(厂商代码 B)：云南(YN)、广西(GX)、湖北(HB)、浙江(ZJ)、江苏(JS)、四川(SC)。
4. 广东楚天龙智能卡有限公司(厂商代码 C)：湖北(HB)、宁夏(NX)。
5. 北京意诚信通智能卡股份有限公司(厂商代码 Y)：四川(SC)。

　　2009 年 3 月发行，有效期到 2011 年 3 月 31 日止；2009 年 4 月发行，有效期到 2011 年 4 月 30 日止；
2009 年 5 月发行，有效期到 2011 年 5 月 31 日止；2009 年 5 月发行，有效期到 2011 年 12 月 31 日止；
2009 年 7 月发行，有效期到 2011 年 7 月 31 日止；2009 年 10 月发行，有效期到 2011 年 10 月 31 日止。

中国电信 IC 普通电话卡（CNT-IC-P）

CNT-IC-P88　上海世博会合作伙伴—中国电信

　　2009年9月27日，上海世博会事务协调局与中国电信集团公司正式签署合作伙伴协议，宣告中国电信成为2010年上海世博会通信合作伙伴，中国电信从此将全面为上海世博会的筹备和举办提供先进优质的信息通信服务。为了同一个梦想，中国电信与上海世博会事务协调局的手紧紧握到了一起。

CNTP349
(2-1)

本套卡为上海市地方题材，是唯一一套生肖题材以外的透明卡。本套卡有全国版和单省版之分。

CNTP350
(2-2)

CNTP351
(2-1)

湖北版两张卡的卡基颜色和其他版别的正好相反。

CNTP352
(2-2)

目前发现本套卡芯片封装：

1. 东信和平智能卡股份有限公司(厂商代码E)：上海(SH)、福建(FJ)。
2. 恒宝股份有限公司(厂商代码B)：青海(QH)。
3. 广东楚天龙智能卡有限公司(厂商代码C)：湖北(HB)。
4. 北京意诚信通智能卡股份有限公司(厂商代码Y)：云南(YN)。

　　2009年3月发行，有效期到2011年3月31日止；2009年4月发行，有效期到2011年4月30日止。

中国电信 IC 普通电话卡（CNT-IC-P）

CNT-IC-P89　五一国际劳动节

　　五一国际劳动节是世界上 80 多个国家共同的节日，是全世界劳动人民的节日。1889 年恩格斯领导的第二国际在巴黎举行代表大会，会议通过决议，规定 1890 年 5 月 1 日国际劳动者举行游行活动，并把这一天定为国际劳动节。1949 年 12 月中华人民共和国中央人民政府政务院决定，将每年的 5 月 1 日确定为劳动节。

CNTP353　　(4-1)

CNTP354　　(4-2)

CNTP355　　(4-3)

CNTP356　　(4-4)

　　本套卡有全国版和单省版之分。2009 年为生肖牛年，因此本套卡以卡通牛为设计素材。

目前发现本套卡芯片封装：

1. 天津杰普智能卡有限公司(厂商代码 G)：江苏(JS)、福建(FJ)、四川(SC)。

2. 东信和平智能卡股份有限公司(厂商代码 E)：福建(FJ)。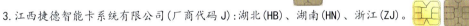

3. 江西捷德智能卡系统有限公司(厂商代码 J)：湖北(HB)、湖南(HN)、浙江(ZJ)。

4. 恒宝股份有限公司(厂商代码 B)：云南(YN)、广西(GX)、甘肃(GS)、江苏(JS)。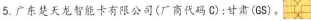

5. 广东楚天龙智能卡有限公司(厂商代码 C)：甘肃(GS)。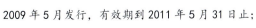

2009 年 5 月发行，有效期到 2011 年 5 月 31 日止；

2009 年 6 月发行，有效期到 2011 年 6 月 30 日止。

中国电信 IC 普通电话卡（CNT-IC-P）

CNT-IC-P90　新汶川 一周年

　　2009年5月12日是汶川特大地震一周年的忌日，汶川在国家和多省（市）的对口援建后迅速建立了新的家园。

CNTP357　　　　　　　　　（2-1）

CNTP358　　　　　　　　　（2-2）

本套卡有全国版和单省版之分。

目前发现本套卡芯片封装：

1. 天津杰普智能卡有限公司(厂商代码 G)：湖北(HB)、四川(SC)。
2. 东信和平智能卡股份有限公司(厂商代码 E)：福建(FJ)、上海(SH)。
3. 恒宝股份有限公司(厂商代码 B)：云南(YN)。
4. 广东楚天龙智能卡有限公司(厂商代码 C)：甘肃(GS)。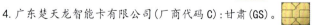
5. 北京意诚信通智能卡股份有限公司(厂商代码 Y)：四川(SC)。

　　2009年5月发行，有效期到2011年5月31日止；2011年10月发行，有效期到2013年10月31日止。

中国电信 IC 普通电话卡（CNT-IC-P）

CNT-IC-P91　兰州民间风俗泥塑

泥塑即用黏土塑制成各种形象的民间手工艺。泥塑艺术是我国一种古老常见的民间艺术，它以泥土为原料，以手工捏制成形，或素或彩，以人与动物为主。兰州泥塑因其独特的艺术风格在众多的泥塑艺术中独树一帜。

CNTP359　　　　　　　　（4-1）

CNTP360　　（4-2）　CNTP361　　（4-3）　CNTP362　　（4-4）

　　本套卡为甘肃省地方题材，有全国版和单省版之分。

目前发现本套卡芯片封装：

1. 天津杰普智能卡有限公司(厂商代码 G)：湖北(HB)。
2. 东信和平智能卡股份有限公司(厂商代码 E)：福建(FJ)。
3. 恒宝股份有限公司(厂商代码 B)：甘肃(GS)。
4. 北京意诚信通智能卡股份有限公司(厂商代码 Y)：云南(YN)、青海(QH)。

2009 年 6 月发行，有效期到 2011 年 6 月 30 日止。

中国电信 IC 普通电话卡（CNT-IC-P）

CNT-IC-P92 青春物语（一）

青春不是年华，而是心境。青春在雨中漫步，应感到生命的葱郁；青春在落叶面前，亦无衰败的叹息；青春在夜空下，只有无尽的遐想；青春在音乐中，总生美妙的随想。站在青春里，只见有美好，只享受快乐……

CNTP363　　（4-1）　　　　　　　　　　　　CNTP364　　（4-2）

CNTP365　　（4-3）　　　　　　　　　　　　CNTP366　　（4-4）

本套卡有全国版和单省版之分。

目前发现本套卡芯片封装：
1. 天津杰普智能卡有限公司(厂商代码 G)：广东(GD)、福建(FJ)。
2. 东信和平智能卡股份有限公司(厂商代码 E)：福建(FJ)。
3. 江西捷德智能卡系统有限公司(厂商代码 J)：湖北(HB)。
4. 恒宝股份有限公司(厂商代码 B)：上海(SH)、浙江(ZJ)、甘肃(GS)。
5. 北京意诚信通智能卡股份有限公司(厂商代码 Y)：云南(YN)、陕西(SN)。

2009 年 7 月发行，有效期到 2011 年 7 月 31 日止；2009 年 7 月发行，有效期到 2011 年 9 月 30 日止；2009 年 9 月发行，有效期到 2011 年 9 月 30 日止；2010 年 4 月发行，有效期到 2011 年 12 月 31 日止；2010 年 7 月发行，有效期到 2011 年 12 月 31 日止。

中国电信IC普通电话卡（CNT-IC-P）

CNT-IC-P93　游戏时代

　　《游戏时代》是一部以网游为题材，集武侠、奇幻、科幻等元素于一体的N维幻想小说，作者是方白羽。早年其被连载于著名刊物《今古传奇·奇幻版》上，后被完整发布在起点中文网上。2006年，羊城晚报出版社出版了《游戏时代Ⅰ：天机破》《游戏时代Ⅱ：失落的奥德赛》。2008年，未来出版社出版了《游戏时代Ⅲ：毁灭者》，《游戏时代Ⅳ：寻佛》于2008年在《今古传奇·奇幻版》连载完结。

CNTP367　　　（4-1）

CNTP368　　　（4-2）

CNTP369　　　（4-3）

CNTP370　　　（4-4）

本套卡有全国版和单省版之分。

目前发现本套卡芯片封装：

1. 东信和平智能卡股份有限公司(厂商代码E)：湖南(HN)。
2. 江西捷德智能卡系统有限公司(厂商代码J)：福建(FJ)、湖北(HB)、湖南(HN)。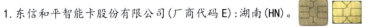
3. 北京意诚信通智能卡股份有限公司(厂商代码Y)：云南(YN)。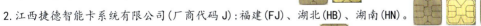
4. 天津杰普智能卡有限公司(厂商代码G)：湖南(HN)。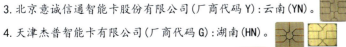
5. 恒宝股份有限公司(厂商代码B)：湖南(HN)。

2009年8月发行，有效期到2011年8月31日止。

中国电信IC普通电话卡（CNT-IC-P）

CNT-IC-P94　中华人民共和国成立60周年纪念

2009年10月1日，中华人民共和国成立60周年。

CNTP371　　　　　　　　　　(5-1)

CNTP372　　　　　　　　　　(5-2)

CNTP373　　　　　　　　　　(5-3)

CNTP374　　　　　　　　　　(5-4)

CNTP375　　　　　　　　　　(5-5)

本套卡多种版别印刷套色差异较大，有全国版和单省版之分。

目前发现本套卡芯片封装：
1. 天津杰普智能卡有限公司(厂商代码G)：广东(GD)、湖北(HB)、福建(FJ)。
2. 东信和平智能卡股份有限公司(厂商代码E)：福建(FJ)。
3. 江西捷德智能卡系统有限公司(厂商代码J)：广东(GD)、福建(FJ)、上海(SH)。
4. 恒宝股份有限公司(厂商代码B)：湖南(HN)、上海(SH)、甘肃(GS)、重庆(CQ)、青海(QH)。
5. 北京意诚信通智能卡股份有限公司(厂商代码Y)：云南(YN)、青海(QH)。

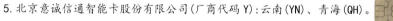

2009年9月发行，有效期到2011年9月30日止；　2009年9月发行，有效期到2011年12月31日止；
2009年9月发行，有效期到2012年3月31日止；　2009年10月发行，有效期到2011年12月31日止；
2009年11月发行，有效期到2011年6月30日止；　2009年11月发行，有效期到2011年9月30日止；
2010年1月发行，有效期到2011年12月31日止；　2010年3月发行，有效期到2011年12月31日止；
2010年2月发行，有效期到2011年12月30日止；　2010年4月发行，有效期到2011年12月31日止。
2014年2月发行，有效期到2015年6月30日止。

中国电信 IC 普通电话卡（CNT-IC-P）

CNT-IC-P95　找呀找呀找不同（一）

CNTP376　　　　　　　　（4-1）

CNTP377　　　（4-2）　　CNTP378　　　（4-3）　　CNTP379　　　（4-4）

本套卡有全国版和单省版之分。

目前发现本套卡芯片封装：

1. 天津杰普智能卡有限公司(厂商代码 G)：广西(GX)、湖南(HN)、湖北(HB)、福建(FJ)。
2. 东信和平智能卡股份有限公司(厂商代码 E)：福建(FJ)、湖南(HN)。
3. 江西捷德智能卡系统有限公司(厂商代码 J)：福建(FJ)、江西(JX)。
4. 恒宝股份有限公司(厂商代码 B)：上海(SH)、湖北(HB)、甘肃(GS)、广西(GX)、安徽(AH)。
5. 北京意诚信通智能卡股份有限公司(厂商代码 Y)：云南(YN)、甘肃(GS)、四川(SC)。

2009 年 11 月发行，有效期到 2011 年 11 月 30 日止；2010 年 1 月发行，有效期到 2012 年 1 月 31 日止；
2010 年 1 月发行，有效期到 2011 年 11 月 30 日止；2010 年 1 月发行，有效期到 2012 年 3 月 31 日止；
2010 年 3 月发行，有效期到 2012 年 3 月 31 日止；2010 年 4 月发行，有效期到 2012 年 3 月 31 日止；
2010 年 5 月发行，有效期到 2012 年 3 月 31 日止；2011 年 1 月发行，有效期到 2013 年 1 月 31 日止；
　　　　　　2011 年 9 月发行，有效期到 2013 年 9 月 30 日止。

中国电信 IC 普通电话卡（CNT-IC-P）

CNT-IC-P96 庚寅年—生肖虎年

2010年，岁次庚寅年，"寅"在我国的干支纪年法中属虎，民间习惯上称其为虎年。

CNTP380　　（1-1）　　　　　　　　　　　　　　CNTP381　　（1-1）

单省版（普）　　　　　　　　　　　　　　　　　　全国版（普）

CNTP382　　（1-1）　　　　　　　　CNTP383　　（1-1）　　　CNTP384

单省版（透）　　　　　　　　　　　　全国版（透）　　　　　　福建版（透）
　　　　　　　　　　　　　　　　　　　　　　　　　　　　　（反面"虎"字正写）

福建版（透）的版式和其他版别不同，背面选用了普通版背面边饰，但颜色与正面一致。

目前发现本套卡芯片封装：

1. 东信和平智能卡股份有限公司(厂商代码 E)：湖南(HN,普)、福建(FJ,普/透)。
2. 江西捷德智能卡系统有限公司(厂商代码 J)：湖南(HN,普)、广东(GD,普)。
3. 恒宝股份有限公司(厂商代码 B)：湖南(HN,普/透)、上海(SH,普)。
4. 北京意诚信通智能卡股份有限公司(厂商代码 Y)：云南(YN,普/透)、甘肃(GS,普/透)。
5. 天津杰普智能卡有限公司(厂商代码 G)：湖北(HB,普)。

2010 年 1 月发行，有效期到 2012 年 1 月 31 日止。

中国电信 IC 普通电话卡（CNT-IC-P）

CNT-IC-P97　上海世博会与号码百事通

　　中国电信是上海世博会的赞助商。号码百事通是基于中国电信114平台的增值业务的统称，其目的是要在充分挖掘和整合用户号码信息的基础上，延伸和拓展传统的查号业务，满足用户现实和潜在的各类信息查询需求，将114打造成一个综合性的信息服务平台。

CNTP385　　　　　　　　　　　　(5-1)

CNTP386　　　　　　　　　　　　(5-2)

CNTP387　　　　　(5-3)

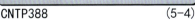
CNTP388　　　　　(5-4)

CNTP389　　　　　(5-5)

目前发现本套卡芯片封装：　　　　　　本套卡有全国版和单省版之分。

1. 天津杰普智能卡有限公司(厂商代码G)：广东(GD)、湖北(HB)。
2. 东信和平智能卡股份有限公司(厂商代码E)：湖南(HN)。
3. 江西捷德智能卡系统有限公司(厂商代码J)：福建(FJ)、上海(SH)、浙江(ZJ)、广东(GD)。
4. 恒宝股份有限公司(厂商代码B)：湖北(HB)、湖南(HN)、江苏(JS)。
5. 北京意诚信通智能卡股份有限公司(厂商代码Y)：云南(YN)。

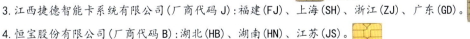

　　2010年3月发行，有效期到2012年3月31日止；2010年4月发行，有效期到2012年3月31日止；
　　2010年5月发行，有效期到2012年3月31日止；2010年5月发行，有效期到2012年5月31日止；
　　2010年5月发行，有效期到2012年6月30日止；2010年7月发行，有效期到2012年7月31日止；
　　　　　　　2010年9月发行，有效期到2012年3月31日止。

中国电信 IC 普通电话卡（CNT-IC-P）

CNT-IC-P98　上海世博会的信息通信馆

　　上海世博会的信息通信馆由中国移动和中国电信联手打造，主题为"信息通信，尽情城市梦想"，位于上海世博园区浦西企业馆展区。

　　信息通信馆契合了上海世博会"城市，让生活更美好"的主题，在信息通信技术的帮助下，全面刷新城市生活梦想的体验，创造了一幅没有边界的未来信息城市生活画卷。

CNTP390　　　　　　　　　　(5-1)

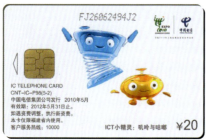
CNTP391　　　　　　　　　　(5-2)

CNTP392　　　　　　　　　　(5-3)

CNTP393　　　　　　　　　　(5-4)

188

中国电信 IC 普通电话卡（CNT-IC-P）

CNT-IC-P98　上海世博会的信息通信馆（续）

CNTP394　　　　　　　　　　（5-5）

本套卡有全国版和单省版之分。

目前发现本套卡芯片封装：

1. 天津杰普智能卡有限公司(厂商代码 G)：广西(GX)、湖南(HN)、福建(FJ)。
2. 江西捷德智能卡系统有限公司(厂商代码 J)：福建(FJ)、上海(SH)。
3. 恒宝股份有限公司(厂商代码 B)：甘肃(GS)。
4. 北京意诚信通智能卡股份有限公司(厂商代码 Y)：上海(SH)、陕西(SN)、青海(QH)。

2010 年 1 月发行，有效期到 2012 年 5 月 31 日止；

2010 年 5 月发行，有效期到 2012 年 5 月 31 日止；

2010 年 6 月发行，有效期到 2012 年 5 月 31 日止；

2010 年 9 月发行，有效期到 2012 年 5 月 31 日止；

2010 年 9 月发行，有效期到 2012 年 9 月 30 日止；

2010 年 12 月发行，有效期到 2013 年 12 月 31 日止；

2011 年 3 月发行，有效期到 2013 年 3 月 31 日止；

2011 年 5 月发行，有效期到 2013 年 5 月 31 日止。

中国电信 IC 普通电话卡 (CNT-IC-P)

CNT-IC-P99 第十六届亚洲运动会

第十六届亚洲运动会于 2010 年 11 月 12 日至 27 日在中国广州举行，广州是中国第二个取得亚运会主办权的城市。

CNTP395　　　　　(5-1)　　　CNTP396　　　　　(5-2)　　　CNTP397　　　　　(5-3)

CNTP398　　　　　(5-4)　　　CNTP399　　　　　(5-5)

本套卡为广东省地方题材，有全国版和单省版之分。

目前发现本套卡芯片封装：

1. 天津杰普智能卡有限公司(厂商代码 G)：广东(GD)、湖南(HN)、湖北(HB)、福建(FJ)。
2. 江西捷德智能卡系统有限公司(厂商代码 J)：广东(GD)、浙江(ZJ)、上海(SH)。
3. 恒宝股份有限公司(厂商代码 B)：广西(GX)、湖南(HN)。
4. 北京意诚信通智能卡股份有限公司(厂商代码 Y)：青海(QH)、上海(SH)。

　　2010 年 7 月发行，有效期到 2012 年 12 月 31 日止；2010 年 7 月发行，有效期到 2012 年 3 月 31 日止；
　　2010 年 7 月发行，有效期到 2012 年 7 月 31 日止；2010 年 9 月发行，有效期到 2012 年 9 月 30 日止；
　　2010 年 9 月发行，有效期到 2012 年 12 月 31 日止；2010 年 11 月发行，有效期到 2012 年 11 月 30 日止；
　　2010 年 11 月发行，有效期到 2013 年 6 月 30 日止；2010 年 12 月发行，有效期到 2012 年 12 月 31 日止。

中国电信 IC 普通电话卡（CNT-IC-P）
CNT-IC-P100 青春物语（二）

青春是一棵树苗，只有笔直地向上，才能获得更多的阳光；青春是一条小河，只有奔流不息，才能投入大海的怀抱。没有梦的青春，是枯萎的青春；不愿拼搏的青春，是消极的青春。

CNTP400　　　（4-1）　　　　　　　　　CNTP401　　　（4-2）

CNTP402　　　（4-3）　　　　　　　　　CNTP403　　　（4-4）

本套卡有全国版和单省版之分。

目前发现本套卡芯片封装：

1. 天津杰普智能卡有限公司(厂商代码 G)：湖北(HB)、福建(FJ)。
2. 江西捷德智能卡系统有限公司(厂商代码 J)：广东(GD)、重庆(CQ)。
3. 恒宝股份有限公司(厂商代码 B)：浙江(ZJ)、重庆(CQ)。

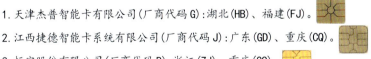

目前发现本套卡中的第二枚和第四枚有重庆条码版，其面值有改动。

CNTP404　重庆条码版

2010 年 11 月发行，有效期到 2012 年 12 月 31 日止；2010 年 12 月发行，有效期到 2012 年 12 月 31 日止；
2011 年 11 月发行，有效期到 2014 年 6 月 30 日止；2013 年 12 月发行，有效期到 2014 年 12 月 31 日止；
2011 年 2 月发行，有效期到 2013 年 6 月 30 日止；2011 年 11 月发行，有效期到 2012 年 11 月 30 日止。

中国电信 IC 普通电话卡（CNT-IC-P）

CNT-IC-P101　找呀找呀找不同（二）

CNTP405　　　　　　　　　　（4-1）

CNTP406　　　　（4-2）　　CNTP407　　　　（4-3）　　CNTP408　　　　（4-4）

本套卡有全国版和单省版之分。

目前发现本套卡芯片封装：

1. 天津杰普智能卡有限公司(厂商代码 G)：广东(GD)、湖南(HN)、湖北(HB)、福建(FJ)。
2. 东信和平智能卡股份有限公司(厂商代码 E)：湖南(HN)。
3. 恒宝股份有限公司(厂商代码 B)：江苏(JS)、广西(GX)、湖南(HN)。
4. 北京意诚信通智能卡股份有限公司(厂商代码 Y)：甘肃(GS)。
5. 江西捷德智能卡系统有限公司(厂商代码 J)：广东(GD)。

2010 年 11 月发行，有效期到 2012 年 11 月 30 日止；2010 年 11 月发行，有效期到 2012 年 12 月 31 日止；
2011 年 11 月发行，有效期到 2012 年 12 月 31 日止；2011 年 2 月发行，有效期到 2013 年 2 月 28 日止。

中国电信 IC 普通电话卡（CNT-IC-P）

CNT-IC-P102　辛卯年—生肖兔年

2011年，岁次辛卯年，"卯"在我国的干支纪年法中属兔，民间习惯上称其为兔年。

CNTP409　　（1-1）
单省版(普)

CNTP411　　（1-1）
单省版(透)

CNTP410　　（1-1）
全国版(普)

CNTP412　　（1-1）
全国版(透)

目前发现本套卡芯片封装：

1. 天津杰普智能卡有限公司(厂商代码 G)：湖南(HN, 普)、湖北(HB, 普)。
2. 东信和平智能卡股份有限公司(厂商代码 E)：湖南(HN, 普)、福建(FJ, 普/透)。
3. 北京意诚信通智能卡股份有限公司(厂商代码 Y)：甘肃(GS, 普/透)、云南(YN, 透)。
4. 恒宝股份有限公司(厂商代码 B)：湖南(HN, 普/透)。

2011年1月发行，有效期到2013年1月31日止。

中国电信IC普通电话卡（CNT-IC-P）

CNT-IC-P103 我和兔年有个约会

　　2011年，中国电信发行了一套主题为"我和兔年有个约会"的IC卡，其以卡通少女与小白兔郊外踏青为主图，是一套设计新颖的青春题材IC卡。本套卡的设计集青春和动漫于一身、集传统与时尚于一体。

CNTP413　　　　　　　(5-1)

CNTP414　　　　　　　(5-2)

CNTP415　　　　　　　(5-3)

CNTP416　　　　　　　(5-4)

CNTP417　　　　　　　(5-5)

目前发现本套卡芯片封装：　　本套卡有全国版和单省版之分。

1. 天津杰普智能卡有限公司（厂商代码G）：广东(GD)、湖南(HN)、湖北(HB)、福建(FJ)、广西(GX)。
2. 江西捷德智能卡系统有限公司（厂商代码J）：广东(GD)、上海(SH)。
3. 北京意诚信通智能卡股份有限公司（厂商代码Y）：青海(QH)、新疆(XJ)。
4. 恒宝股份有限公司（厂商代码B）：江苏(JS)。

　　2011年3月发行，有效期到2013年3月31日止；2011年4月发行，有效期到2013年3月31日止；
　　2011年7月发行，有效期到2013年3月31日止；2011年8月发行，有效期到2013年8月31日止；
　　2011年10月发行，有效期到2013年10月31日止。

中国电信 IC 普通电话卡（CNT-IC-P）

CNT-IC-P104　2011年西安世界园艺博览会

　　2011年西安世界园艺博览会以生态文明为引领，以"天人长安·创意自然——城市与自然和谐共生"为主题，营造以植物为主体的自然景观，构建世界化的园林建筑背景，彰显西安历史文化和地域特色的韵味。

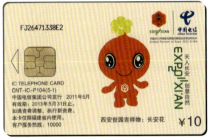
CNTP418　　　　（5-1）

CNTP419　　　　（5-2）

CNTP420　　　　（5-3）

CNTP421　　　　（5-4）

CNTP422　　　　（5-5）

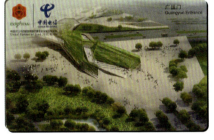

不同生产厂家生产的本套卡的第一张卡非芯片面图案有互相倒置的现象。本套卡有全国版和单省版之分。

目前发现本套卡芯片封装：

1. 天津杰普智能卡有限公司(厂商代码 G)：湖南(HN)、湖北(HB)。
2. 东信和平智能卡股份有限公司(厂商代码 E)：福建(FJ)。
3. 江西捷德智能卡系统有限公司(厂商代码 J)：江苏(JS)、广东(GD)。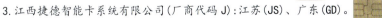
4. 恒宝股份有限公司(厂商代码 B)：江苏(JS)、浙江(ZJ)。
5. 北京意诚信通智能卡股份有限公司(厂商代码 Y)：陕西(SN)。

　　2011年5月发行，有效期到2013年5月31日止；2011年7月发行，有效期到2013年7月31日止；2011年9月发行，有效期到2013年12月31日止；2011年9月发行，有效期到2017年7月31日止。

中国电信 IC 普通电话卡（CNT-IC-P）

CNT-IC-P105　第 26 届世界大学生夏季运动会

　　第 26 届世界大学生夏季运动会于 2011 年 8 月 12 日在深圳开幕，其口号是"从这里开始"。这是中国第二次举办世界大学生夏季运动会。

　　本套卡具有两个与众不同之处：一是面值由大到小排列，第一张面值最大（为 100 元），第五张面值最小（为 20 元）；二是卡的面值标注和芯片不在同一面。

CNTP423　　　　　(5-1)　　　　　　　CNTP424　　　　　(5-2)

CNTP425　　(5-3)　　　　CNTP426　　(5-4)　　　　CNTP427　　(5-5)

 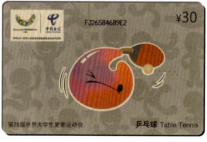 

目前发现本套卡芯片封装：　　　　本套卡有全国版和单省版之分。

1. 天津杰普智能卡有限公司（厂商代码 G）：湖北（HB）、湖南（HN）。
2. 东信和平智能卡股份有限公司（厂商代码 E）：福建（FJ）。
3. 江西捷德智能卡系统有限公司（厂商代码 J）：广东（GD）。
4. 恒宝股份有限公司（厂商代码 B）：浙江（ZJ）。

　　　　　　　　　　　2011 年 7 月发行，有效期到 2013 年 7 月 31 日止。

中国电信 IC 普通电话卡（CNT-IC-P）

CNT-IC-P106　世界珍稀鸟类—火烈鸟

火烈鸟是鹳形目红鹳科红鹳属的一种，因全身火红而得名。火烈鸟体形大小似鹳，分布于地中海沿岸，东达印度西北部，南抵非洲，亦可见于西印度群岛。

CNTP428　　（4-1）　　CNTP429　　（4-2）　　CNTP430　　（4-3）　　CNTP431　　（4-4）

CNTP432

本卡有以纸片遮改信息的改版卡。

本套卡有全国版和单省版之分。不同生产厂家生产的IC卡背图有相互倒置现象。

目前发现本套卡芯片封装：

1. 天津杰普智能卡有限公司(厂商代码 G)：广东(GD)、广西(GX)、湖南(HN)、湖北(HB)、福建(FJ)。
2. 江西捷德智能卡系统有限公司(厂商代码 J)：广东(GD)。
3. 恒宝股份有限公司(厂商代码 B)：甘肃(GS)。
4. 北京意诚信通智能卡股份有限公司(厂商代码 Y)：云南(YN)、四川(SC)。

2011年11月发行，有效期到2013年12月31日止；2011年11月发行，有效期到2014年2月28日止；
2012年1月发行，有效期到2013年10月31日止；2012年1月发行，有效期到2014年12月31日止；
2012年2月发行，有效期到2013年7月31日止；2012年2月发行，有效期到2013年12月31日止；
2012年7月发行，有效期到2014年3月31日止；2012年7月发行，有效期到2014年5月31日止；
2012年11月发行，有效期到2014年12月31日止；2013年4月发行，有效期到2015年12月31日止；
2013年12月发行，有效期到2015年12月31日止。

中国电信 IC 普通电话卡（CNT-IC-P）
CNT-IC-P107　找呀找呀找不同（三）

CNTP433　　　　　（4-1）　　CNTP434　　　　　（4-2）　　CNTP435　　　　　（4-3）

CNTP436　　　　　（4-4）

本套卡有全国版和单省版之分。

目前发现本套卡芯片封装：

1. 天津杰普智能卡有限公司(厂商代码 G)：广西(GX)、湖南(HN)、湖北(HB)、福建(FJ)。
2. 恒宝股份有限公司(厂商代码 B)：湖北(HB)。
3. 北京意诚信通智能卡股份有限公司(厂商代码 Y)：四川(SC)、甘肃(GS)。
4. 江西捷德智能卡系统有限公司(厂商代码 J)：上海(SH)、浙江(ZJ)。

　　2012 年 3 月发行，有效期到 2014 年 12 月 31 日止；2012 年 5 月发行，有效期到 2014 年 6 月 30 日止；
　　2012 年 6 月发行，有效期到 2015 年 12 月 31 日止；2012 年 7 月发行，有效期到 2014 年 8 月 31 日止；
　　2012 年 9 月发行，有效期到 2014 年 3 月 31 日止；2012 年 12 月发行，有效期到 2015 年 1 月 31 日止；
　　2013 年 5 月发行，有效期到 2016 年 6 月 30 日止；2014 年 8 月发行，有效期到 2017 年 8 月 31 日止。

中国电信 IC 普通电话卡（CNT-IC-P）

CNT-IC-P108　蔬菜家族

《蔬菜家族》讲的是蔬菜大家族成员比拼蔬菜对人类营养贡献的故事。这个故事告诉我们要多吃蔬菜，因为平凡的蔬菜有着不平凡的作用。

CNTP437　　　　　　　　（4-1）

CNTP438　　　（4-2）　　CNTP439　　　（4-3）　　CNTP440　　　（4-4）

本套卡有全国版和单省版之分。广西版的部分生产批次将"广西壮族自治区"印制为"广西省"。

目前发现本套卡芯片封装：

1. 天津杰普智能卡有限公司(厂商代码 G)：福建(FJ)、湖北(HB)。
2. 江西捷德智能卡系统有限公司(厂商代码 J)：上海(SH)。
3. 恒宝股份有限公司(厂商代码 B)：广西(GX)、上海(SH)、湖北(HB)。

CNTP441　　广西版示例

　2012 年 3 月发行，有效期到 2014 年 3 月 31 日止；2012 年 5 月发行，有效期到 2014 年 6 月 30 日止；
2012 年 6 月发行，有效期到 2015 年 12 月 31 日止；2012 年 7 月发行，有效期到 2014 年 3 月 31 日止；
2012 年 7 月发行，有效期到 2014 年 8 月 31 日止；2012 年 8 月发行，有效期到 2014 年 9 月 30 日止；
2012 年 9 月发行，有效期到 2014 年 3 月 31 日止；2012 年 10 月发行，有效期到 2015 年 6 月 30 日止；
2012 年 10 月发行，有效期到 2015 年 12 月 31 日止；2012 年 11 月发行，有效期到 2014 年 3 月 31 日止；
2012 年 11 月发行，有效期到 2015 年 12 月 31 日止；2012 年 12 月发行，有效期到 2014 年 9 月 30 日止；
2012 年 12 月发行，有效期到 2015 年 1 月 31 日止；2013 年 11 月发行，有效期到 2015 年 11 月 30 日止；
2013 年 5 月发行，有效期到 2016 年 3 月 31 日止；2013 年 8 月发行，有效期到 2015 年 12 月 31 日止；
2013 年 12 月发行，有效期到 2016 年 12 月 31 日止；2013 年 8 月发行，有效期到 2016 年 3 月 31 日止；
2015 年 5 月发行，有效期到 2017 年 12 月 31 日止。

中国电信IC普通电话卡（CNT-IC-P）

CNT-IC-P109　珍稀动物—白鹭

白鹭属鸟纲鹭科，是世界珍稀鸟类。在白鹭属中，小白鹭、中白鹭、大白鹭、黄嘴白鹭和雪白鹭体羽全白，世称白鹭。

CNTP442　　　　(5-1)　　CNTP443　　　　(5-2)　　CNTP444　　　　(5-3)

CNTP445　　　　(5-4)　　　　　　　　　　　　　　CNTP446　　　　(5-5)

本套卡有全国版和单省版之分。

目前发现本套卡芯片封装：

1. 天津杰普智能卡有限公司(厂商代码G)：广西(GX)、湖南(HN)、福建(FJ)。
2. 江西捷德智能卡系统有限公司(厂商代码J)：广东(GD)。
3. 北京意诚信通智能卡股份有限公司(厂商代码Y)：云南(YN)。

　　2012年12月发行，有效期到2015年7月31日止；2012年12月发行，有效期到2015年1月31日止；
　　2013年3月发行，有效期到2014年11月30日止；2013年4月发行，有效期到2014年11月30日止；
　　2013年4月发行，有效期到2015年4月30日止；2013年5月发行，有效期到2015年7月31日止。

3. 中国电信 IC 特种委制电话卡（CNT-IC-T）
（2000—2003 年）

2000 年 5 月，中国电信推出了 IC 电话卡的一个新系列：特种委制电话卡，作为企事业单位和机关团体庆典等活动纪念。特种委制电话卡由委托单位全部购回自行支配。电信总局会在委托单位订制的数量之外印制 500 枚（套）存档，此 500 枚（套）不对外销售。特种委制电话卡的编号为 CNT-IC-T，"T"是汉字"特"的拼音首字母。自 2000 年 5 月 15 日到 2003 年 12 月中国电信共发行了 38 套 90 枚特种委制电话卡。

本章 IC 卡图例凡 185 幅。

中国电信 IC 特种委制电话卡芯片封装式样如下：

厂商	代码	芯片封装式样				
天津杰普智能卡有限公司	G					
湖南斯伦贝谢通信设备有限公司	H					
江西捷德智能卡系统有限公司	J					
上海索立克智能卡有限公司	A					

中国电信 IC 特种委制电话卡(CNT-IC-T)

CNT-IC-T1 《人民邮电》报创刊 50 周年

1948 年 12 月 26 日,毛泽东在西柏坡为即将创刊的《人民邮电》报亲笔题写报头"人民邮电"。1950 年 5 月《人民邮电》报诞生。

2000 年 5 月 15 日,正值《人民邮电》报创刊 50 周年之际,《人民邮电》报社委托中国电信制作 IC 卡一套两枚,以纪念《人民邮电》报对我国的信息产业作出的贡献。

CNTT001　　　　　　　　(2-1)

10 500 枚

CNTT002　　　　　　　　(2-2)

10 500 枚

中国电信原标志

该卡的芯片上有中国电信的原标志,这在发行的所有 IC 卡中是很少见的。

本套卡芯片封装:
上海索立克智能卡有限公司(厂商代码 A):电总(DZ)。

2000 年 5 月 15 日发行,有效期到 2003 年 5 月 31 日止。

CNT-IC-T2 纪念天津 GEMPLUS 生产第一亿张智能卡

总部设在法国 GEMPLUS 公司是全球领先的 IC 卡和磁卡制造商,在 2000 年时,世界前十位的 GSM 运营商有半数以上采用的是 GEMPLUS 产品。1999 年 6 月 GEMPLUS 与邮电部门在天津的合资厂正式落成投产。

2000 年 6 月 18 日,天津杰普智能卡有限公司生产的智能卡突破一亿张,其委托中国电信制作纪念卡一套一枚。

CNTT003　　　　　　　　(1-1)

5 500 枚

本套卡芯片封装:
天津杰普智能卡有限公司(厂商代码 G):电总(DZ)。

2000 年 6 月 18 日发行,有效期到 2003 年 6 月 30 日止。

中国电信 IC 特种委制电话卡(CNT-IC-T)

CNT-IC-T3　德州市集卡协会成立暨德州市首届电话卡展览纪念

　　2000年9月16日，德州市集卡协会成立，对推广集卡文化、繁荣集卡市场起到了一定的作用。德州市电信局特委托中国电信制作 IC 卡一套两枚。

CNTT004　　　(2-1)

5 500 枚

CNTT005　　　(2-2)

5 500 枚

本套卡芯片封装：
天津杰普智能卡有限公司(厂商代码 G)：电总(DZ)．

2000年9月发行，有效期到2003年9月30日止。

CNT-IC-T4　上海索立克智能卡有限公司 IC 卡生产总量突破一亿张纪念

　　上海索立克智能卡有限公司是由上海邮电发展总公司、上海飞乐股份有限公司、法国斯伦贝谢公司联合投资的中国国内最大的智能卡制造企业之一。该公司于1997年3月投产，始终贯彻"科技创业，科技兴业"的方针，业务涉及通信、社会保障、金融、商务、医疗、石油、交通等各个领域。

　　2000年11月，上海索立克智能卡有限公司生产的 IC 卡突破一亿枚，其委托中国电信制作 IC 卡一套一枚。

CNTT006　　　(1-1)

5 500 枚

本套卡芯片封装：
上海索立克智能卡有限公司(厂商代码 A)：电总(DZ)．

2000年11月发行，有效期到2002年11月30日止。

中国电信IC特种委制电话卡(CNT-IC-T)

CNT-IC-T5　世界文化遗产——洛阳龙门石窟

　　龙门石窟位于洛阳市城南6千米处的伊阙峡谷间。这里有东、西两座青山对峙，伊水缓缓北流，伊河两岸东西山崖壁上的窟龛星罗棋布、密如蜂房。龙门石窟始开凿于北魏孝文帝迁都洛阳之际，之后历经东魏、西魏、北齐、隋、唐、五代营造，形成了现在的石窟遗存。

　　本套卡由中原在线信息有限公司洛阳分公司委托中国电信制作，一套两枚。

CNTT007　　　　　(2-1)　　　CNTT008　　　　　(2-2)

10 500 枚　　　　　　　　　10 500 枚

本套卡芯片封装：
天津杰普智能卡有限公司(厂商代码G)：电总(DZ)

2001年4月发行，有效期到2004年4月30日止。

CNT-IC-T6　中国石油物资装备（集团）总公司成立十周年纪念

　　中国石油物资装备（集团）总公司成立于1992年，是中国石油天然气集团总公司直属的全资子公司，主要从事石油天然气和炼油化工行业物资采办和装备制造。

　　2001年中国石油物资装备（集团）总公司成立十周年，其委托中国电信制作IC卡一套一枚。

CNTT009　　　　　(1-1)　　　　　　　　　　　　　5 500 枚

本套卡芯片封装：
天津杰普智能卡有限公司(厂商代码G)：电总(DZ)。

2001年6月发行，有效期到2004年6月30日止。

中国电信 IC 特种委制电话卡(CNT-IC-T)

CNT-IC-T7　北京高德体育文化中心—范志毅

　　北京高德体育文化中心是专门从事体育文化推广、广告招商和海外培训业务的企业。
2001 年 6 月，北京高德豪门网络科技有限公司委托中国电信制作 IC 卡一套一枚。

CNTT010　　　　　(1-1)

5 500 枚

本套卡芯片封装：
天津杰普智能卡有限公司(厂商代码 G)：电总(DZ)。

2001 年 6 月发行，有效期到 2004 年 6 月 30 日止。

CNT-IC-T8　沈阳飞机工业（集团）有限公司建厂五十周年纪念

　　沈阳飞机工业集团于 1951 年 6 月 29 日正式创建。1994 年 6 月 29 日，在原沈阳飞机制造公司的基础上，裂变组建了沈阳飞机工业集团，公司更名为沈阳飞机工业(集团)有限公司。
2001 年 6 月 29 日沈阳飞机工业(集团)有限公司成立 50 周年，沈阳宏景赛之文化传播有限公司代表沈阳飞机工业(集团)有限公司委托中国电信制作 IC 卡一套一枚。本卡首次采用正反面拼图的形式。

CNTT011　　　　　(1-1)　　　　　　　　　　5 500 枚

本套卡芯片封装：
天津杰普智能卡有限公司(厂商代码 G)：电总(DZ)。

2001 年 6 月 29 日发行，有效期到 2004 年 6 月 30 日止。

中国电信IC特种委制电话卡(CNT-IC-T)

CNT-IC-T9　湖南斯伦贝谢通信设备有限公司IC卡生产总量突破一亿张纪念

　　湖南斯伦贝谢通信设备有限公司是国家电信行业的定点智能卡生产基地，主要从事IC卡付费电话机和智能卡的经营服务。

　　2001年7月湖南斯伦贝谢通信设备有限公司的IC卡生产总量突破一亿枚，其委托中国电信制作IC卡一套一枚。

CNTT012　　　　　　　(1-1)

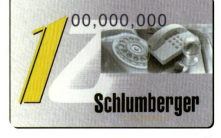
5 500 枚

本套卡芯片封装：
湖南斯伦贝谢通信设备有限公司(厂商代码H)：电总(DZ)。

2001年7月发行，有效期到2004年7月31日止。

CNT-IC-T10　世界拳击协会重量级拳王争霸赛—祝贺北京申奥成功

　　世界拳击协会重量级拳王争霸赛是最高规格的拳击赛。

　　本套卡有两个编号，一个是CNT-IC-T的编号，另一个是JJK的编号，它是集邮纪念电话卡的编号。
　　本套卡是由北京世纪邮联文化发展有限公司委托中国电信制作的，共三枚。

CNTT013　　　　　(3-1)

CNTT014　　　　　(3-2)

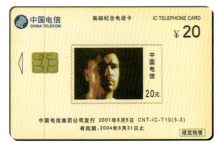
CNTT015　　　　　(3-3)

30 500 枚

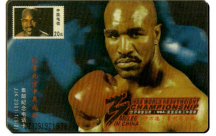
30 500 枚

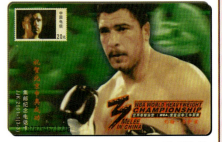
30 500 枚

本套卡芯片封装：
江西捷德智能卡系统有限公司(厂商代码J)：电总(DZ)。

2001年8月5日发行，有效期到2004年8月31日止。

中国电信IC特种委制电话卡(CNT-IC-T)

CNT-IC-T11　德州第五届投资贸易洽谈会

　　德州市位于黄河下游北岸，山东省西北部，自古就有"九达天衢""神京门户"之称，是华东、华北重要的交通枢纽。改革开放以来，德州投资贸易洽谈会作为一种招商引资的手段在经济发展中起着重要的作用。

　　为纪念德州第五届投资贸易洽谈会召开，德州市集卡协会委托中国电信制作IC卡一套一枚。

CNTT016　　　　　(1-1)

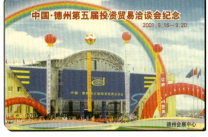
5 500 枚

本套卡芯片封装：
江西捷德智能卡系统有限公司(厂商代码J)：电总(DZ)。

2001年9月发行，有效期到2004年9月30日止。

CNT-IC-T12　祝贺北京第21届世界大学生运动会圆满成功

　　1949年，世界大学生运动联合会正式成立，来自卢森堡的施莱默博士当选为主席。

　　2001年8月，第21届世界大学生运动会在北京召开，北京市邮政管理局委托中国电信制作IC卡两套，这是其中的第一套，共十二枚。本套卡还有另一组编号B.D.J.I。

CNTT017　　　　　(12-1)

20 500 枚

CNTT018　　　　　(12-2)

20 500 枚

中国电信IC特种委制电话卡(CNT-IC-T)

CNT-IC-T12　祝贺北京第21届世界大学生运动会圆满成功（续）

CNTT019　　　　　　　（12-3）

20 500 枚

CNTT020　　　　　　　（12-4）

20 500 枚

CNTT021　　　　　　　（12-5）

20 500 枚

CNTT022　　　　　　　（12-6）

20 500 枚

CNTT023　　　　　　　（12-7）

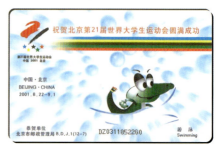
20 500 枚

中国电信IC特种委制电话卡(CNT-IC-T)

CNT-IC-T12　祝贺北京第21届世界大学生运动会圆满成功（续）

CNTT024　　　　　　　　（12-8）

20 500 枚

CNTT025　　　　　　　　（12-9）

20 500 枚

CNTT026　　　　　　　　（12-10）

20 500 枚

CNTT027　　　　　　　　（12-11）

20 500 枚

CNTT028　　　　　　　　（12-12）

20 500 枚

本套卡芯片封装：
天津杰普智能卡有限公司(厂商代码G)：电总(DZ)。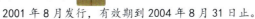
2001年8月发行，有效期到2004年8月31日止。

209

中国电信 IC 特种委制电话卡 (CNT-IC-T)

CNT-IC-T13　第 21 届世界大学生运动会

本届世界大学生运动会的会徽由阿拉伯数字"21"变化组成"U"字，代表这是第 21 届世界大学生运动会。整个会徽又似飘动着的彩带，寓意中国人民热烈欢迎来自各国的体育健儿。本届世界大学生运动会的吉祥物取形于中国珍稀动物扬子鳄，通过拟人化的表现手法，展现了一个活泼、可爱、幽默、友善、充满青春气息的卡通形象。

本套卡是北京市邮政管理局委托中国电信制作的第 21 届世界大学生运动会题材的第二套卡，共两枚。本套卡有两个编号，一个是中国电信的 CNT-IC-T 的编号，另一个是 JJK 的编号。

CNTT029　　　　(2-1)

10 500 枚

CNTT030　　　　(2-2)

10 500 枚

本套卡芯片封装：
天津杰普智能卡有限公司(厂商代码 G)：电总(DZ)。

2001 年 8 月 22 日发行，有效期到 2004 年 8 月 31 日止。

CNT-IC-T14　集卡给你另一个美妙的空间

21 世纪，集卡成为人们的又一大收藏爱好活动。

本套卡由黑龙江省集卡协会委托中国电信制作，一套一枚。

CNTT031　　　　(1-1)　　　　　　　　　　　　　　5 500 枚

本套卡芯片封装：
天津杰普智能卡有限公司(厂商代码 G)：电总(DZ)。

2001 年 8 月发行，有效期到 2004 年 8 月 31 日止。

中国电信IC特种委制电话卡(CNT-IC-T)

CNT-IC-T15 神州第一舰—新型导弹驱逐舰

神州第一舰(即深圳舰)是中国水面力量之一,是旅海舰的首舰,由大连造船厂承建,1998年下水,上层建筑外形设计内倾,它具有一定的隐身能力。

本套卡共一枚。另有在原卡上加字"中国船舶重工集团公司"和"大连造船厂"的卡各一枚,两枚加字卡的发行量均为2 400枚。

本套卡由沈阳宏景赛之文化传播有限公司委托中国电信制作。

CNTT032　　　　　　　　　(1-1)

5 500枚

CNTT033　　　　　　　　　(1-1)

加字"中国船舶重工集团公司"

CNTT034　　　　　　　　　(1-1)

加字"大连造船厂"

本套卡芯片封装:
天津杰普智能卡有限公司(厂商代码G):电总(DZ)。

2001年9月发行,有效期到2004年9月30日止。

中国电信IC特种委制电话卡(CNT-IC-T)

CNT-IC-T16　中国城市市花纪念卡

　　市花是一个城市的代表花卉。市花通常是在某个城市常见的花卉品种。市花是城市形象的重要标志，也是现代城市的一张名片。本套卡选取我国四大直辖市的市花为主图。

　　本套卡由中国文联牡丹书画艺术委员会委托中国电信制作，一套四枚。

CNTT035　　　　　　（4-1）
10 500 枚

CNTT036　　　　　　（4-2）
10 500 枚

CNTT037　　　　　　（4-3）
10 500 枚

CNTT038　　　　　　（4-4）
10 500 枚

本套卡芯片封装：

天津杰普智能卡有限公司(厂商代码G)：电总(DZ)。

2001 年 9 月发行，有效期到 2004 年 9 月 30 日止。

中国电信IC特种委制电话卡(CNT-IC-T)

CNT-IC-T17 万里长城

1987年12月,长城被列为世界文化遗产。长城东西南北交错,绵延起伏于我们伟大祖国辽阔的大地上。长城始建于2000多年前的春秋战国时代,现存的长城遗迹主要为建于14世纪的明长城。长城是我国古代劳动人民创造的伟大奇迹,是中国悠久历史的见证。

本套卡由北京东方电子物资公司委托中国电信制作,一套一枚。

本套卡芯片封装:
天津杰普智能卡有限公司(厂商代码G):电总(DZ)。

CNTT039　　　(1-1)　　　5 500 枚

2001年10月发行,有效期到2004年10月31日止。

CNT-IC-T18 纪念徐向前元帅诞辰100周年

徐向前(1901—1990年),字子敬,山西人,是伟大的无产阶级革命家,杰出的军事家、政治家,中国人民解放军十大元帅之一。

本套卡的委托制作单位不详,一套两枚。

CNTT040　　　(2-1)

4 500 枚

CNTT041　　　(2-2)

4 500 枚

本套卡芯片封装:
天津杰普智能卡有限公司(厂商代码G):电总(DZ)。

2001年11月发行,有效期到2004年11月30日止。

213

中国电信IC特种委制电话卡(CNT-IC-T)

CNT-IC-T19　国宝大熊猫

　　大熊猫是一种古老的动物，被动物学家称为"活化石"，是我国的一级保护动物。大熊猫是哺乳动物，身体肥胖，体形像熊但要略小，整个身体毛色黑白相间。

　　本套卡由北京圣宇工贸有限责任公司委托中国电信制作，一套一枚。

CNTT042　　　（1-1）　　　　5 500 枚

本套卡芯片封装：
天津杰普智能卡有限公司(厂商代码G)：电总(DZ)。

2001年11月发行，有效期到2004年11月30日止。

CNT-IC-T20　冰雪艺术

　　冬天，我国东北气候寒冷，大雪纷飞。人们用冰雪作为艺术加工的载体，创作了大量作品，丰富了自己的生活。

　　本套卡由黑龙江省集卡协会委托中国电信制作，一套一枚。

CNTT043　　　（1-1）　　　　5 500 枚

本套卡芯片封装：
天津杰普智能卡有限公司(厂商代码G)：电总(DZ)。

2001年12月发行，有效期到2004年12月31日止。

中国电信IC特种委制电话卡(CNT-IC-T)

CNT-IC-T21 青藏铁路开工纪念

2001年6月29日，青藏铁路开工典礼在青海格尔木市和西藏拉萨市同时举行。当天开工的格尔木至拉萨段全长1 142千米，其中新建线路1 110千米，设计施工总工期为6年。

本套卡由青海省邮资票品局委托中国电信制作，一套一枚。

CNTT044　　　　(1-1)

15 500 枚

本套卡芯片封装：
天津杰普智能卡有限公司(厂商代码G)：电总(DZ)。

2001年12月29日发行，有效期到2004年12月31日止。

CNT-IC-T22 纪念天津GEMPLUS生产第2亿枚智能卡

2001年12月天津杰普智能卡有限公司IC卡生产突破2亿枚。

本套卡由天津杰普智能卡有限公司委托中国电信制作，一套一枚。

CNTT045　　　　(1-1)

5 500 枚

本套卡芯片封装：
天津杰普智能卡有限公司(厂商代码G)：电总(DZ)。

2001年11月发行，有效期到2004年11月30日止。

中国电信 IC 特种委制电话卡(CNT-IC-T)

CNT-IC-T23　中国电信四大 IC 卡生产商马年团拜

在 2002 年元旦来临之际,包括天津杰普智能卡有限公司、上海索立克智能卡有限公司、湖南斯伦贝谢通信设备有限公司、江西捷德智能卡系统有限公司在内的四大智能卡生产商分别委托中国电信制作 IC 卡一张,向全国人民拜年。

CNTT046　　　　　(4-1)

天津杰普智能卡有限公司拜年卡

CNTT047　　　　　(4-2)

上海索立克智能卡有限公司拜年卡

CNTT048　　　　　(4-3)

湖南斯伦贝谢通信设备有限公司拜年卡

CNTT049　　　　　(4-4)

江西捷德智能卡系统有限公司拜年卡

10 500 枚　　10 500 枚　　10 500 枚　　10 500 枚

本套卡芯片封装:

天津杰普智能卡有限公司(厂商代码 G):电总(DZ)。

2001 年 12 月发行,有效期到 2004 年 12 月 31 日止。

中国电信IC特种委制电话卡(CNT-IC-T)

CNT-IC-T24 贵州省收藏协会成立纪念——东汉铜车马

铜车马是东汉时期的铜铸文物，在贵州兴义汉墓出土，其构思独特、设计合理、寓意丰富、姿态各异，蕴藏着极为丰富的史学知识和文物内涵。

本套卡由贵州省文物流通协调中心委托中国电信制作，一套一枚。

CNTT050　　　　　　(1-1)

5 500 枚

本套卡芯片封装：
天津杰普智能卡有限公司(厂商代码G)：电总(DZ)。

2002年1月发行，有效期到2005年1月31日止。

CNT-IC-T25 内昆铁路全线建成开通纪念

内昆铁路北起四川省内江市，南到云南省昆明市，全长872千米。北段内江至安边1960年建成通车，南段梅花山经树舍至昆明段1965年建成。1998年6月，内昆铁路新建中段工程全线开工。这次新修建的中段起点为云南水富站，终点为贵州梅花山站，全长358千米。2002年5月，内昆铁路云南水富至贵州梅花山段建成并投入运营。

本套卡由铁道部工程管理中心和铁道部内昆铁路建设指挥部联合委托中国电信制作，一套三枚，是特种委制电话卡系列中的筋卡之一。

CNTT051　　　　　(3-1)
5 500 枚

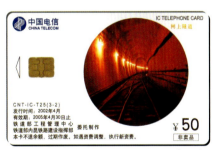
CNTT052　　　　　(3-2)
5 500 枚

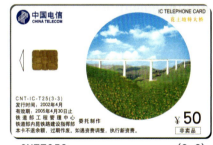
CNTT053　　　　　(3-3)
5 500 枚

本套卡芯片封装：
江西捷德智能卡系统有限公司(厂商代码J)：电总(DZ)。

2002年4月发行，有效期到2005年4月30日止。

中国电信IC特种委制电话卡(CNT-IC-T)

CNT-IC-T26　梦想成真

2001年是中国的梦想之年，这一年我国好事连连：7月13日，国际奥委会主席萨马兰奇宣布2008年奥运会在中国北京举办；10月7日，中国男子足球队首次冲出亚洲，进军世界杯；10月21日，上海APEC会议成功举办；12月11日，中国成功加入世界贸易组织。

本套卡由北京欣时尚科技贸易有限公司委托中国电信制作，一套一枚。

CNTT054　　　　(1-1)

5 500 枚

本套卡芯片封装：
天津杰普智能卡有限公司(厂商代码G)：电总(DZ)。
2002年4月发行，有效期到2005年4月30日止。

CNT-IC-T27　中国之队—龙行天下

2001年10月7日，沈阳世界杯足球亚洲组选拔赛，中国队成功冲出亚洲，进军世界杯。

本套卡由福建省邮政局委托中国电信制作，是中国电信IC卡中单套枚数最多的一套，共14枚。

CNTT055　　　　(14-1)

100 500 枚

CNTT056　(14-2)　　　　100 500 枚　　　　CNTT057　(14-3)　　　　100 500 枚

中国电信IC特种委制电话卡(CNT-IC-T)

CNT-IC-T27　中国之队—龙行天下（续）

CNTT058　　　　　　　　　（14-4）　　　　　　　　　　　　　　100 500 枚

CNTT059　（14-5）　　　100 500 枚　　　CNTT060　（14-6）　　　100 500 枚

CNTT061　（14-7）　　　100 500 枚　　　CNTT062　（14-8）　　　100 500 枚

CNTT063　（14-9）　　　100 500 枚　　　CNTT064　（14-10）　　100 500 枚

中国电信IC特种委制电话卡(CNT-IC-T)

CNT-IC-T27　中国之队—龙行天下（续）

CNTT065　　　　　(14-11)

100 500 枚

CNTT066　　(14-12)

CNTT067　　(14-13)

CNTT068　　(14-14)

100 500 枚

100 500 枚

100 500 枚

本套卡芯片封装：
上海索立克智能卡有限公司(厂商代码A)：电总(DZ)。

2002年5月发行，有效期到2005年5月31日止。

中国电信 IC 特种委制电话卡(CNT-IC-T)

CNT-IC-T28　2002年亚洲电信展中国电信参展纪念

　　2002年亚洲电信展包括一个国际电信展览会和一个世界电信座谈会特别会议。国际电信联盟成立于1865年，是世界上最大和最有影响力的电信组织之一。国际电信联盟的活动包括规划全球电信标准、管理无线电频谱的使用、促进全球特别是发展中国家的电信发展等。

　　从本套卡开始，中国电信启用新的标志，并开始发行地方题材的电话卡，本套卡为广东省地方题材。本套卡进行了个性化设计，可以根据个人需要在非芯片面绘制个性化图案。本套卡是本系列中有效期最短的一套卡。本套卡使用广东电信流水码，但其在香港使用。

　　本套卡由中国电信特别制作。

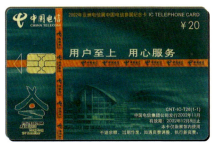

CNTT069　　　　　　　　　　(1-1)

CNTT070　　　　　　(1-1)
个性化卡

15 500 枚

本套卡芯片封装：
湖南斯伦贝谢通信设备有限公司(厂商代码 H)：广东(GD)。

2002年11月发行，有效期到2002年12月8日止。

中国电信 IC 特种委制电话卡(CNT-IC-T)

CNT-IC-T29　快乐旅行(学生专用卡)

少年儿童是祖国的未来，保证少年儿童健康快乐地成长是社会赋予我们的共同责任。

本套卡由陕西省电信公司委托中国电信制作，一套两枚。

CNTT071　　(2-1)　　　　　　84 500 枚　　　CNTT072　　(2-2)　　　　　　84 500 枚

本套卡芯片封装：
天津杰普智能卡有限公司(厂商代码 G)：陕西(SN)。

2003 年 4 月发行，有效期到 2005 年 4 月 30 日止。

CNT-IC-T30　卡式公话

卡式公话是利用智能芯片存储数据连接客户终端，从而完成通话的电信业务。

本套卡由广东省电信有限公司委托中国电信制作，一套一枚。

CNTT073　　　　(1-1)　　　　　　　　　　3 000 500 枚

本套卡芯片封装：
湖南斯伦贝谢通信设备有限公司(厂商代码 H)：广东(GD)。

2003 年 4 月发行，有效期到 2006 年 4 月 30 日止。

中国电信IC特种委制电话卡(CNT-IC-T)

CNT-IC-T31　电话聊吧

本套卡由陕西省电信公司委托中国电信制作，一套一枚，为陕西省地方题材。

本套卡有三种不同的芯片，是整个CNT-IC-T系列中单套芯片种类最多的。

CNTT074　　　(1-1)

湖南斯伦贝谢通信设备有限公司制卡

CNTT075　　　(1-1)

天津杰普智能卡有限公司制卡

CNTT076　　　(1-1)

江西捷德智能卡系统有限公司制卡

420 500 枚

本套卡芯片封装：

1. 湖南斯伦贝谢通信设备有限公司(厂商代码 H)：陕西(SN)。
2. 天津杰普智能卡有限公司(厂商代码 G)：陕西(SN)。
3. 江西捷德智能卡系统有限公司(厂商代码 J)：陕西(SN)。

2003年6月发行，有效期到2004年6月30日止。

中国电信 IC 特种委制电话卡（CNT-IC-T）

CNT-IC-T32　西藏自治区电信公司那曲分公司成立 50 周年纪念

　　那曲市总面积 35.300 万平方千米，地理位置特殊，是西藏的"北大门"，是承南继北、东接西联的交通枢纽，北与青海、新疆相连，与区内除山南之外的五个地市毗邻，战略地位极为重要，区位优势十分明显。

　　2003 年 7 月，西藏自治区电信公司那曲分公司成立 50 周年。本套卡由西藏自治区电信公司委托中国电信制作，一套三枚，为西藏自治区地方题材。

CNTT077　　　　　　　　　　（3-1）

2 500 枚

CNTT078　　　　　　　　　　（3-2）

2 500 枚

CNTT079　　　　　　　　　　（3-3）

2 500 枚

本套卡芯片封装：

湖南斯伦贝谢通信设备有限公司（厂商代码 H）：西藏（XZ）。

2003 年 7 月发行，有效期到 2005 年 7 月 31 日止。

中国电信IC特种委制电话卡(CNT-IC-T)

CNT-IC-T33　甘肃和政县古生物化石博物馆

　　和政县属于北温带气候环境，辖区内湖泊星罗棋布，河流蜿蜒交错，草木茂盛，鸟语花香，是远古时代各种动物繁衍生息的乐园。由于受到青藏高原隆升变迁的影响，该地气候逐渐变冷，环境日益恶劣，形成了今天珍贵的哺乳动物化石。收藏于博物馆的古生物化石是反映青藏高原古生物历史不可多得的珍贵资料。

　　本套卡由甘肃省电信公司委托中国电信制作，一套三枚，为甘肃省地方题材。

CNTT080　　　　　　　　　　(3-1)

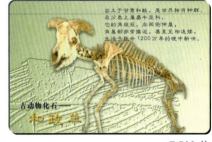

7 500 枚

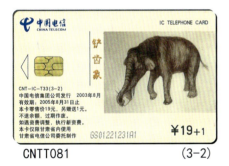

CNTT081　　　　　　　　　　(3-2)

7 500 枚

CNTT082　　　　　　　　　　(3-3)

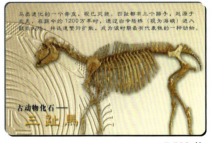

7 500 枚

本套卡芯片封装：

上海索立克智能卡有限公司(厂商代码A)：甘肃(GS)。

2003年8月发行，有效期到2005年8月31日止。

中国电信 IC 特种委制电话卡（CNT-IC-T）

CNT-IC-T34　硕果抱满怀　实惠送过来

　　本套卡由江苏省电信公司委托中国电信制作，一套两枚，为江苏省地方题材。本套卡有加字"非卖品"字样版本和贴纸改动有效期版本。

CNTT083　　　　（2-1）

400 500 枚

CNTT084　　　　（2-2）

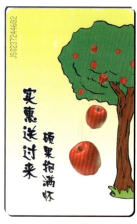
400 500 枚

本套卡芯片封装：

天津杰普智能卡有限公司(厂商代码 G)：江苏(JS)。

　　2003 年 8 月发行，(2-1)的有效期到 2003 年 12 月 20 日止，(2-2)的有效期到 2004 年 9 月 30 日止；贴纸改动版的有效期到 2004 年 3 月 31 日止；贴纸改动版的有效期到 2004 年 12 月 20 日止。

CNT-IC-T35　木里藏族自治县建县 50 周年庆

　　本套卡由四川省电信公司委托中国电信制作，一套两枚，为四川省地方题材。

CNTT085　　　　（1-1）

5 500 枚

CNTT086　　　　（1-1）

5 500 枚

本套卡芯片封装：

湖南斯伦贝谢通信设备有限公司(厂商代码 H)：四川(SC)。

　　2003 年 11 月发行，有效期到 2005 年 11 月 30 日止。

中国电信 IC 特种委制电话卡 (CNT-IC-T)

CNT-IC-T36　信息公话

　　信息公话的兴起体现了电信业务从话音业务向兼容增值业务发展这一时代潮流，开启了一个新的公话时代。

　　本套卡由陕西省电信公司委托中国电信制作，一套五枚，为陕西省地方题材。

CNTT087　　　　　　　　　(5-1)

CNTT088　　　　　　　　　(5-2)

15 700 枚

15 700 枚

CNTT089　　　(5-3)

CNTT090　　　(5-4)

CNTT091　　　(5-5)

15 700 枚

15 700 枚

15 700 枚

本套卡芯片封装：

上海索立克智能卡有限公司(厂商代码 A)：陕西(SN)。

2003 年 9 发行，有效期到 2004 年 9 月 30 日止。

中国电信 IC 特种委制电话卡(CNT-IC-T)

CNT-IC-T37　恭贺新禧(红色透明卡)

本套卡由陕西省电信公司委托中国电信制作，一套两枚，为陕西省地方题材。

CNTT092　　　　　　(2-1)

19 500 枚

CNTT093　　　　　　(2-2)

19 500 枚

本套卡芯片封装：

湖南斯伦贝谢通信设备有限公司(厂商代码 H)：陕西(SN)。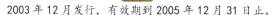

2003 年 12 月发行，有效期到 2005 年 12 月 31 日止。

CNT-IC-T38　恭贺新禧(白色透明卡)

本套卡由陕西省电信公司委托中国电信制作，一套两枚，为陕西省地方题材。

CNTT094　　　　　　(2-1)

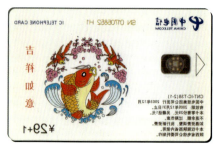

19 500 枚

CNTT095　　　　　　(2-2)

19 500 枚

本套卡芯片封装：

湖南斯伦贝谢通信设备有限公司(厂商代码 H)：陕西(SN)。

2003 年 12 月发行，有效期到 2005 年 12 月 31 日止。

4. 中国电信 IC 广告电话卡（CNT-IC-G）

在中国电信发行的 IC 卡系列中，CNT-IC-G 是规模较小的一个系列，共发行 12 套 33 枚。该系列的发行时间很短，从 2000 年 1 月开始到 2001 年 8 月结束。该系列是用于宣传推广电信内部业务的广告卡，发行量普遍较大，但目前该系列的新卡、一次性过机和套袋卡很少见，因此其逐渐受到收藏爱好者的重视。

本章 IC 卡图例凡 66 幅。

中国电信 IC 广告电话卡芯片封装式样如下：

厂商	代码	芯片封装式样					
天津杰普智能卡有限公司	G	☐	☐				
湖南斯伦贝谢通信设备有限公司	H	☐	☐	☐	☐	☐	
上海索立克智能卡有限公司	A	☐	☐	☐	☐	☐	☐
		☐					
江西捷德智能卡系统有限公司	J	☐	☐				

中国电信IC广告电话卡(CNT-IC-G)

CNT-IC-G1　中国电信国际、国内长途直拨电话

CNTG001　　　　　　　(4-1)

3 440 000 枚

CNTG002　　　　　　　(4-2)

755 200 枚

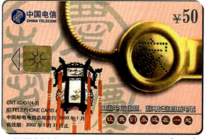
CNTG003　　　　　　　(4-3)

735 300 枚

CNTG004　　　　　　　(4-4)

575 300 枚

本套卡芯片封装：
天津杰普智能卡有限公司(厂商代码G)。

2000年1月发行，有效期到2002年1月31日止。

中国电信 IC 广告电话卡 (CNT-IC-G)

CNT-IC-G2　中国电信国际海底光缆网络宣传

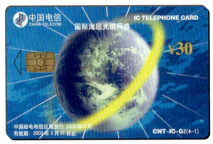
CNTG005　　　　　　　（4-1）

4 273 600 枚

CNTG006　　　　　　　（4-2）

973 800 枚

CNTG007　　　　　　　（4-3）

854 800 枚

CNTG008　　　　　　　（4-4）

672 300 枚

本套卡芯片封装：
上海索立克智能卡有限公司(厂商代码 A)。

2000 年 3 月发行，有效期到 2003 年 3 月 31 日止。

中国电信IC广告电话卡(CNT-IC-G)

CNT-IC-G3　一线通—中国电信N-ISDN业务

CNTG009　　　　　　　　　　(2-1)

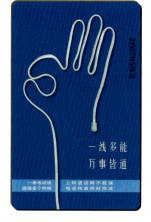

4 689 200 枚

CNTG010　　　　　　　　　　(2-2)

1 679 200 枚

本套卡芯片封装：
上海索立克智能卡有限公司(厂商代码A)。

2000年6月发行，有效期到2003年6月30日止。

CNT-IC-G4　中国电信800业务宣传

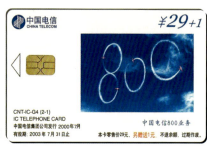

CNTG011　　　　　　　　　(2-1)

CNTG012　　　　　　　　　(2-2)

3 937 500 枚　　　　　　　　1 437 800 枚

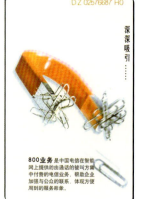

本套卡部分封装芯片有中国电信徽标。

本套卡芯片封装：
湖南斯伦贝谢通信设备有限公司(厂商代码H)。

2000年7月发行，有效期到2003年7月31日止。

232

中国电信IC广告电话卡(CNT-IC-G)

CNT-IC-G5　中国电信会易通业务宣传

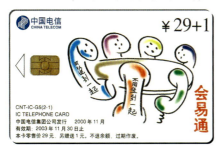

CNTG013　　　　　　　　　(2-1)

3 307 500 枚

CNTG014　　　　　　　　　(2-2)

561 000 枚

本套卡芯片封装：

湖南斯伦贝谢通信设备有限公司(厂商代码H)。

2000年11月发行，有效期到2003年11月30日止。

CNT-IC-G6　中国电信全球帧中继业务宣传

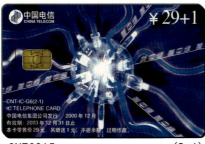

CNTG015　　　　　　　　　(2-1)

3 306 500 枚

CNTG016　　　　　　　　　(2-2)

682 000 枚

本套卡芯片封装：

湖南斯伦贝谢通信设备有限公司(厂商代码H)。

2000年12月发行，有效期到2003年12月31日止。

中国电信IC广告电话卡(CNT-IC-G)

CNT-IC-G7　中国电信广告电话卡业务宣传

CNTG017　　　　(2-1)

11 635 000 枚

CNTG018　　　　(2-2)

2 203 500 枚

本套卡芯片封装：
上海索立克智能卡有限公司(厂商代码A)。

2001年3月发行，有效期到2004年3月31日止。

CNT-IC-G8　中国电信上网工程业务宣传

CNTG019　　　　(3-1)

CNTG020　　　　(3-2)

CNTG021　　　　(3-3)

9 008 050 枚

7 213 550 枚

215 500 枚

本套卡芯片封装：
1. 湖南斯伦贝谢通信设备有限公司(厂商代码H)。
2. 江西捷德智能卡系统有限公司(厂商代码J)。

2001年3月发行，有效期到2004年3月31日止。

中国电信IC广告电话卡(CNT-IC-G)

CNT-IC-G9　中国电信"首问负责制"服务公约

CNTG022　　　　　　　　(2-1)

12 197 550 枚

CNTG023　　　　　　　　(2-2)

1 869 850 枚

本套卡芯片封装：
1. 天津杰普智能卡有限公司(厂商代码G)。
2. 湖南斯伦贝谢通信设备有限公司(厂商代码H)。

2001年4月发行，有效期到2004年4月30日止。

中国电信 IC 广告电话卡 (CNT-IC-G)

CNT-IC-G10　中国电信新业务宣传

CNTG024　　　　　　　　(4-1)

1 186 800 枚

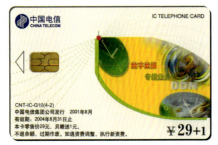
CNTG025　　　　　　　　(4-2)

1 186 800 枚

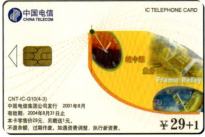
CNTG026　　　　　　　　(4-3)

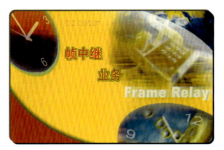
1 186 800 枚

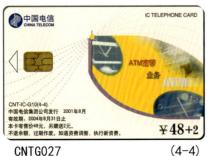
CNTG027　　　　　　　　(4-4)

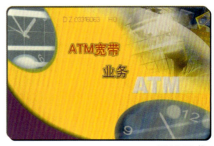
454 000 枚

本套卡芯片封装：
湖南斯伦贝谢通信设备有限公司(厂商代码H)。

2001年8月发行，有效期到2004年8月31日止。

中国电信IC广告电话卡(CNT-IC-G)

CNT-IC-G11　浙江和海南电话号码升8位纪念

CNTG028　　　　　　　　(2-1)

7 432 200 枚

CNTG029　　　　　　　　(2-2)

7 198 200 枚

本套卡芯片封装：

1. 上海索立克智能卡有限公司(厂商代码A)。
2. 江西捷德智能卡系统有限公司(厂商代码J)。

2001年5月18日发行，有效期到2004年5月31日止。

中国电信IC广告电话卡(CNT-IC-G)

CNT-IC-G12　中国电信因特网业务宣传

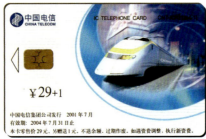

CNTG030　　　　　　　　　(4-1)

1 804 100 枚

CNTG031　　　　　　　　　(4-2)

1 804 100 枚

CNTG032　　　　　　　　　(4-3)

1 804 100 枚

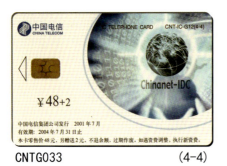

CNTG033　　　　　　　　　(4-4)

700 250 枚

本套卡芯片封装：
上海索立克智能卡有限公司(厂商代码A)。

2001 年 7 月发行，有效期到 2004 年 7 月 31 日止。

5. 中国电信IC普通广告电话卡（CNT-IC-PG）

在中国电信发行的IC卡系列中，CNT-IC-PG是规模较小的系列之一。该系列有以下几个特点：套数较少，只有8套；枚数较少，共14枚；发行时间较短，从2000年10月开始到2001年11月结束。该系列是用于宣传推广电信内外部企事业单位业务的广告卡，发行量普遍较大，但目前该系列的新卡、一次性过机和套袋卡很少见，因此其逐渐受到收藏爱好者的重视。

本章IC卡图例凡28幅。

中国电信IC普通广告电话卡芯片封装式样如下：

厂商	代码	芯片封装式样	
天津杰普智能卡有限公司	G		
江西捷德智能卡系统有限公司	J		

中国电信 IC 普通广告电话卡(CNT-IC-PG)

CNT-IC-PG1　中国银行广告

CNTPG001　　　　　　(2-1)

250 000 枚

CNTPG002　　　　　　(2-2)

250 000 枚

本套卡芯片封装：
天津杰普智能卡有限公司(厂商代码G)。

2000 年 10 月发行，有效期到 2003 年 10 月 31 日止。

CNT-IC-PG2　上海贝尔公司广告

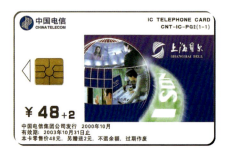

CNTPG003　　　　　　(1-1)

500 000 枚

本套卡芯片封装：
天津杰普智能卡有限公司(厂商代码G)。

2000 年 10 月发行，有效期到 2003 年 10 月 31 日止。

中国电信 IC 普通广告电话卡(CNT-IC-PG)

CNT-IC-PG3　内蒙古电信广告

CNTPG004　　(3-1)　　　CNTPG005　　(3-2)　　　CNTPG006　　(3-3)

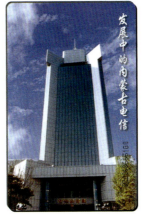

107 000 枚　　　　　110 000 枚　　　　　83 000 枚

本套卡芯片封装：
天津杰普智能卡有限公司(厂商代码G)。

2000 年 12 月发行，有效期到 2003 年 12 月 31 日止。

CNT-IC-PG4　第二十一届全国最佳邮票评选颁奖活动广告

CNTPG007　　　　　　　(1-1)

本套卡芯片封装：
天津杰普智能卡有限公司(厂商代码G)。

2001 年 5 月发行，有效期到 2004 年 5 月 31 日止。

中国电信IC普通广告电话卡(CNT-IC-PG)

CNT-IC-PG5　白沙集团广告

CNTPG008　　　　　(1-1)

本套卡芯片封装：
江西捷德智能卡系统有限公司(厂商代码J)。

2001年8月发行，有效期到2004年8月31日止。

CNT-IC-PG6　北京邮政报刊发行局广告

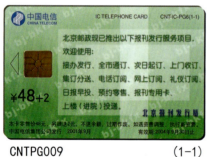
CNTPG009　　　　　(1-1)

本套卡芯片封装：
天津杰普智能卡有限公司(厂商代码G)。

2001年9月发行，有效期到2004年9月30日止。

中国电信 IC 普通广告电话卡(CNT-IC-PG)

CNT-IC-PG7 《古代帆船》邮票首发广告

CNTPG010　　　　　　　（2-1）

CNTPG011　　　　　　　（2-2）

本套卡芯片封装：
天津杰普智能卡有限公司(厂商代码 G)。

2001 年 11 月发行，有效期到 2004 年 11 月 30 日止。

中国电信 IC 普通广告电话卡(CNT-IC-PG)
CNT-IC-PG8　北电网络广告

CNTPG012　　　　　　　　　(3-1)

CNTPG013　　　　　　　　　(3-2)

CNTPG014　　　　　　　　　(3-3)

本套卡芯片封装：
天津杰普智能卡有限公司(厂商代码 G)。

2001 年 11 月发行，有效期到 2004 年 11 月 30 日止。

6. 中国电信 IC 个性化电话卡（CNT-IC-PS）

在中国电信发行的 IC 卡系列中，CNT-IC-PS 是个性化系列电话卡，面向有个性化需求的单位和个人，卡发行后消费者可在该系列电话卡的非芯片面用电信专用的设备打印个性化图片。目前仅发现广西和陕西有该系列电话卡发行，发行单位分别为广西区电信有限公司和中国电信集团公司，上述公司各只发行一枚，因此该系列电话卡实际上并未成一个连续的系列。

本章 IC 卡图例凡 4 幅。

中国电信 IC 个性化电话卡芯片封装式样如下：

厂商	代码	芯片封装式样	
天津杰普智能卡有限公司	G		

中国电信 IC 个性化电话卡 (CNT-IC-PS)

CNT-IC-PS(20)(05)

本套卡由广西区电信有限公司发行，仅限在广西壮族自治区内使用。本套卡虽是地方电信公司产品，但其编号属中国电信系列。

CNTPS001　　　　　　　　(1-1)

目前发现本套卡芯片封装：
天津杰普智能卡有限公司(厂商代码 G)：广西(GX)。

2005 年 5 月发行，有效期到 2007 年 5 月 31 日止。

CNT-IC-2006PS(30)

本套卡由中国电信集团公司发行，为地方版，目前发现仅陕西版。

CNTPS002　　　　　　　　(1-1)

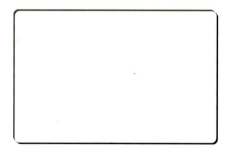

目前发现本套卡芯片封装：
天津杰普智能卡有限公司(厂商代码 G)：陕西(SN)。

2006 年 9 月发行，有效期到 2008 年 9 月 30 日止。

7. 中国电信楚天龙IC测试卡(CNT-IC-CTL)

在中国电信发行的IC卡系列中，CNT-IC-CTL是一个收藏者不甚了解的系列，该系列目前只发现一枚——浙江版，非芯片面明确标注"楚天龙IC测试卡"字样。该卡实际上未公开发行，所以在收藏界鲜为人知，发行目的和发行量都不明确。

本章IC卡图例凡4幅。

中国电信楚天龙IC测试卡芯片封装式样如下：

厂商	代码	芯片封装式样
广东楚天龙智能卡有限公司	C	

中国电信楚天龙 IC 测试卡 (CNT-IC-CTL)

CNT-IC-CTL1(1-1) 楚天龙 IC 测试卡

广东楚天龙智能卡有限公司(以下简称"楚天龙")后更名为楚天龙股份有限公司，成立于 2002 年，是一家致力于提供智能卡产品及其相关应用平台系统和终端设备的国家级高新技术企业。其主要产品包括接触式智能卡、非接触式智能卡、双界面卡、磁条卡、刮卡、IC 卡读写终端、个人化数据处理系统、智能卡管理和应用相关系统等。

中国电信和楚天龙的合作始于 2006 年年底，随即开始对楚天龙 IC 卡进行技术测试，经过长达 3 个月的测试后，2007 年 5 月，中国电信开始使用楚天龙技术生产 IC 电话卡(CNT-IC-P70)，此后楚天龙技术不断地被用于中国电信的 IC 卡中。

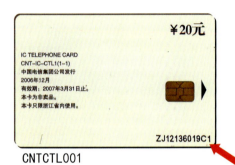

CNTCTL001

流水码小字

CNTCTL002

流水码大字

本套卡存在两种流水码，其区别在于字号的大小。集卡界对此卡知之甚少，此卡存量十分稀少。

目前发现本套卡芯片封装：
广东楚天龙智能卡有限公司(厂商代码C)：浙江(ZJ)。

卡面标注：2006 年 12 月发行，有效期到 2007 年 3 月 31 日止。

8. 中国电信北京意诚IC测试卡(CNT-IC-YC)

在中国电信发行的IC卡系列中，CNT-IC-YC是一个鲜为收藏者了解的系列，该系列目前只发现一枚，即陕西版，非芯片面明确标注"北京意诚IC测试卡"字样。该卡实际上未公开发行，所以在收藏界鲜为人知，发行目的和发行量都不明确。

本章IC卡图例凡4幅。

中国电信北京意诚IC测试卡芯片封装式样如下：

厂商	代码	芯片封装式样
北京意诚信通智能卡股份有限公司	Y	

中国电信北京意诚IC测试卡(CNT-IC-YC)

CNT-IC-YC1(1-1)　北京意诚IC测试卡

　　北京意诚信通智能卡股份有限公司(后更名为北京意诚信通科技股份有限公司)成立于2002年10月21日，是一家专业从事电信卡、非接触IC卡、接触式IC卡、双界面卡、CPU卡、磁卡等的生产制作的企业。
　　中国电信在CNT-IC-P77卡上首次使用北京意诚芯片，故在发行初期即对相关芯片进行了测试。

CNTYC001　　　　　　　　(1-1)　　打孔版

CNTYC001　　　　　　　　(1-1)　　未打孔版

　　已知本套卡有未打孔版和打孔版两种。本套卡数量稀少，大约为500枚，其中未打孔版更少。

目前发现本套卡芯片封装：
北京意诚信通智能卡股份有限公司(厂商代码Y)：陕西(SN)。

卡面标注：2008年5月发行，有效期到2008年7月31日止。

9.中国电信平安保险IC电话卡（CNT-IC-BX）

在中国电信发行的IC卡系列中，CNT-IC-BX是一个收藏者不甚了解的系列，该系列理论上发行了5套22枚，除第一套为2枚一套外，其余4套均为5枚一套。目前集卡界只发现了14枚，除第一套2枚外，其余4套均只发现了第2枚、第3枚、第4枚。其编号也很特别，分别为BX1、BX1a、BX1b、BX2a和BX2b。该系列是中国电信发行的IC卡中较为小众的IC卡系列，为中国平安保险专用系列。该系列中未发行实卡的以样卡展示。

本章IC卡图例凡44幅。

中国电信平安保险IC电话卡芯片封装式样如下：

厂商	代码	芯片封装式样	
天津杰普智能卡有限公司	G		
江苏恒宝股份有限公司	B		
江西捷德智能卡系统有限公司	J		

中国电信平安保险IC电话卡(CNT-IC-BX)

CNT-IC-BX1 平安保险 出行无忧

其为本系列中唯一一套全套发行的卡，一套两枚。

CNTBX001 (2-1)

CNTBX002 (2-2)

目前发现本套卡芯片封装：

江苏恒宝股份有限公司(厂商代码B)：安徽(AH)、湖北(HB)、贵州(GZ)、青海(QH)、上海(SH)、江苏(JS)、甘肃(GS)。

2005年12月发行，有效期到2007年12月31日止。

中国电信平安保险IC电话卡(CNT-IC-BX)

CNT-IC-BX1a 平安保险 出行无忧

本套卡共5枚,目前只发现了第2枚、第3枚、第4枚,未见第1枚、第5枚有实卡记录。下面展示的第1枚、第5枚为样卡。

 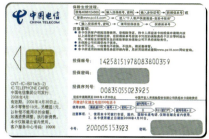

CNTBX003　　　　　(5-1)　　　　CNTBX004　　　　　(5-2)

  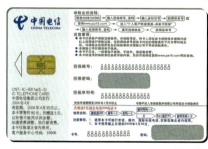

CNTBX005　　(5-3)　　CNTBX006　　(5-4)　　CNTBX007　　(5-5)

目前发现本套卡芯片封装:

1. 江苏恒宝股份有限公司(厂商代码B):安徽(AH)、湖北(HB)、贵州(GZ)、青海(QH)、上海(SH)、江苏(JS)、甘肃(GS)。
2. 江西捷德智能卡系统有限公司(厂商代码J):湖北(HB)。

2006年4月发行,有效期有两种,分别为到2008年4月30日止和到2009年1月31日止。

中国电信平安保险IC电话卡(CNT-IC-BX)

CNT-IC-BX1b 平安保险 出行无忧

本套卡共5枚，目前只发现了第2枚、第3枚、第4枚，未见第1枚、第5枚有实卡记录。下面展示的第1枚、第5枚为样卡。

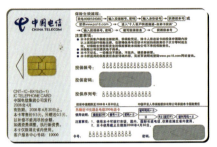
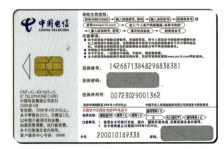

CNTBX008　　　　　　(5-1)　　　　　　CNTBX009　　　　　　(5-2)

 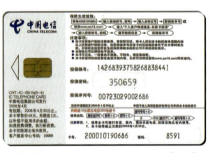 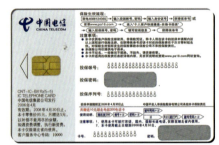

CNTBX010　　(5-3)　　CNTBX011　　(5-4)　　CNTBX012　　(5-5)

目前发现本套卡芯片封装：

1. 江苏恒宝股份有限公司(厂商代码 B)：安徽(AH)、湖北(HB)、贵州(GZ)、青海(QH)、上海(SH)、江苏(JS)、甘肃(GS)。
2. 天津杰普智能卡有限公司(厂商代码 G)：安徽(AH)、湖北(HB)、贵州(GZ)、青海(QH)、上海(SH)、江苏(JS)、甘肃(GS)。

2006年4月发行，有效期到2008年4月30日止；2006年5月发行，有效期到2008年12月31日止。

中国电信平安保险IC电话卡(CNT-IC-BX)

CNT-IC-BX2a 平安保险 出行无忧

本套卡共5枚，目前只发现了第2枚、第3枚、第4枚，未见第1枚、第5枚有实卡记录。下面展示的第1枚、第5枚为样卡。

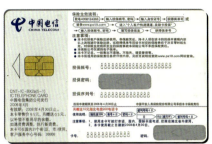

CNTBX013　　　　　　　　(5-1)

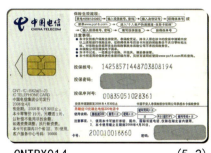

CNTBX014　　　　　　　　(5-2)

CNTBX015　　　　(5-3)

CNTBX016　　　　(5-4)

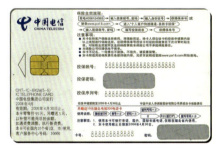

CNTBX017　　　　(5-5)

目前发现本套卡芯片封装：
1. 江苏恒宝股份有限公司(厂商代码B)：安徽(AH)、湖北(HB)、贵州(GZ)、青海(QH)、上海(SH)、江苏(JS)、甘肃(GS)。
2. 天津杰普智能卡有限公司(厂商代码G)：安徽(AH)、湖北(HB)、贵州(GZ)、青海(QH)、上海(SH)、江苏(JS)、甘肃(GS)。
3. 江西捷德智能卡系统有限公司(厂商代码J)：湖北(HB)。

2006年4月发行，有效期到2008年4月30日止；2006年5月发行，有效期到2008年12月31日止。

中国电信平安保险IC电话卡(CNT-IC-BX)

CNT-IC-BX2b 平安保险 出行无忧

本套卡共5枚，目前只发现了第2枚、第3枚、第4枚，未见第1枚、第5枚有实卡记录。下面展示的第1枚、第5枚为样卡。

CNTBX018　　　　　　(5-1)

CNTBX019　　　　　　(5-2)

CNTBX020　　　　　　(5-3)

CNTBX021　　　　　　(5-4)

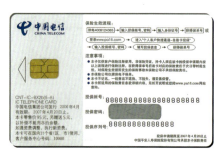

CNTBX022　　　　　　(5-5)

目前发现本套卡芯片封装：
1. 天津杰普智能卡有限公司(厂商代码G)：安徽(AH)、湖北(HB)、贵州(GZ)、青海(QH)、上海(SH)、江苏(JS)、甘肃(GS)。
2. 江苏恒宝股份有限公司(厂商代码B)：安徽(AH)、湖北(HB)、贵州(GZ)、青海(QH)、上海(SH)、江苏(JS)、甘肃(GS)。

2006年4月发行，有效期到2007年4月20日止；
2006年4月发行，有效期到2008年4月20日止；2006年5月发行，有效期到2008年12月31日止。

10. 中国邮电电信总局 IC 测试电话卡

　　早期我国 IC 电话卡的芯片全部采用国外芯片。为解决 IC 卡芯片国产化问题，中国邮电电信总局于 1998 年开始陆续进行了一系列国产芯片的使用试验和少量针对国外引进芯片的测试，因而发行了多枚测试卡进行内部测试。由于此类测试仅在中国邮电电信总局内部进行，每次都小批量印制测试卡，测试完成后就将其销毁，流入收藏领域的这类卡十分稀少，因此其成为收藏领域中很珍贵的 IC 卡，具有很高的收藏和研究价值。

　　本章所列测试卡均为中国电信正式编号卡以外的测试卡，均是为相应 IC 芯片所发行的测试卡（如黄河测试卡等），均在相应编号的系列中进行了介绍。

　　本章 IC 卡图例凡 22 幅。

中国邮电电信总局 IC 测试电话卡芯片封装式样：

厂商	代码	芯片封装式样		
上海索立克智能卡有限公司	A			
湖南斯伦贝谢通信设备有限公司	H			
江西捷德智能卡系统有限公司	J			

中国邮电电信总局IC测试电话卡

大唐微电子国产芯片试验卡（第一枚）

　　本卡是中国电信国产系列芯片测试卡的第一枚，该卡的芯片是大唐微电子第一次提供给中国邮电电信总局测试的芯片。本卡于1998年1月发行，芯片型号为CATT4C01A，面值为50元，限北京地区试用，背面印有中国邮电电信总局IC卡流水码SY××××××××，SY即试验的意思。

 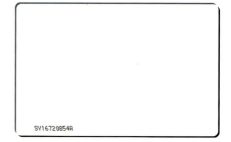

CNTC001　　　　　　　　　　（1-1）

目前发现本套卡芯片封装：
上海索立克智能卡有限公司（厂商代码A）：试验（SY）。

　　　　1998年1月发行，发行量为400枚，现存的有新卡和打孔旧卡两种。

大唐微电子国产芯片试验卡（第二枚）

　　大唐微电子国产芯片试验卡（第二枚）的芯片型号为DTT4C01A。本卡发行于1998年9月，面值为30元，背面印有中国邮电电信总局IC卡流水码DZ××××××××。
　　DTT4C01A芯片是大唐微电子设计开发的我国第一个具有完全自主知识产权、完全国产化的电话卡芯片，也是第一个获准入网使用的国产IC电话卡芯片产品。

CNTC002　　　　　　　　　　（1-1）

目前发现本套卡芯片封装：
湖南斯伦贝谢通信设备有限公司（厂商代码S/H）：电总（DZ）。

　　　　1998年9月发行，有效期到1998年12月31日止。
　　　　发行量为1 200枚，现存的有新卡和打孔旧卡两种。

中国邮电电信总局IC测试电话卡

大唐微电子国产芯片试验卡（第三枚）

大唐微电子国产芯片试验卡（第三枚）于1998年12月发行，为DTT4C01A芯片于1998年12月通过鉴定后在第二枚试验卡上的加字纪念。其芯片面和第二枚相同，非芯片面加字"国产IC电话卡芯片鉴定纪念1998.12"，流水码为DZ××××××××××。

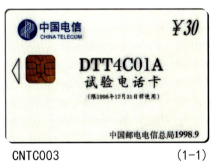
CNTC003 　　　　　　　　　　（1-1）

目前发现本套卡芯片封装：
湖南斯伦贝谢通信设备有限公司（厂商代码H）：电总（DZ）。

1998年12月发行，发行量为790枚。

汤姆逊ST13050芯片试验卡

ST13050D芯片是由法国汤姆逊公司开发的预付费电话卡芯片。IC电话卡的发展经历了三个阶段，ST13050D芯片是第二个阶段的代表芯片之一，被广泛用于预付费电话卡上。本卡于2000年3月发行，内存话费30元。

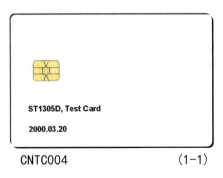
CNTC004 　　　　　　　　　　（1-1）
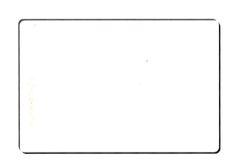

目前发现本套卡芯片封装：
湖南斯伦贝谢通信设备有限公司（厂商代码H）：电总（DZ）。

2000年3月20日发行，发行量为170枚。

中国邮电电信总局 IC 测试电话卡

西门子 SLE4406S 芯片试验卡

　　SLE4406S 芯片是西门子公司开发的电话卡芯片，和汤姆逊公司的 ST13050D 芯片一样，是 IC 电话卡发展到第二个阶段所用的主流芯片之一，1990 年开始使用。我国有不少早期的 IC 电话卡采用该芯片。本卡于 2000 年 4 月发行，内存话费 30 元。

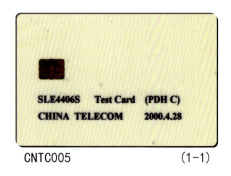

CNTC005　　　　　　　　　　（1-1）

目前发现本套卡芯片封装：
江西捷德智能卡系统有限公司（厂商代码 J）：电总（DZ）。

2000 年 4 月 28 日发行，发行量为 200 枚。

西门子 SLE4436 芯片试验卡

　　SLE4436 芯片也是西门子公司开发的电话卡芯片，和汤姆逊公司的 ST1335 芯片一样，是 IC 电话卡发展到第三个阶段所用的主流芯片之一，1994 年开始使用。本卡于 2002 年 5 月发行，内存话费 20 元。

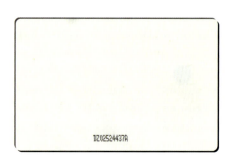

CNTC006　　　　　　　　　　（1-1）

目前发现本套卡芯片封装：
上海索立克智能卡有限公司（厂商代码 A）：电总（DZ）。

2002 年 5 月 8 日发行，发行量为 150 枚。

中国邮电电信总局IC测试电话卡

大唐电信安全性和兼容性芯片测试卡

　　本卡是大唐微电子提供给电信总局用于测试大唐芯片的安全性和兼容性的IC电话卡，也是该系列中大唐微电子的最后一枚测试卡。在通过了一系列的测试后，大唐微电子的芯片被大量运用于中国电信及其他电信公司的IC电话卡中。

　　本卡于2000年5月发行，内存话费20元，非芯片面有电信总局的流水码。

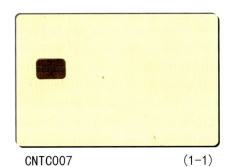
CNTC007　　　　　　（1-1）

目前发现本套卡芯片封装：
湖南斯伦贝谢通信设备有限公司(厂商代码H)：电总(DZ)。

2000年5月发行，发行量为200枚。

上海索立克芯片试验卡

　　本卡由上海索立克智能卡有限公司提供卡基并封装，实际上还是中国邮电电信总局的试验用卡。其于2000年6月发行，内存话费30元。

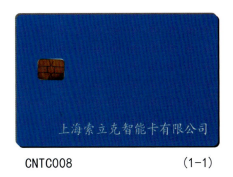
CNTC008　　　　　　（1-1）

目前发现本套卡芯片封装：
上海索立克智能卡有限公司(厂商代码A)：电总(DZ)。

2000年6月发行，发行量为190枚。

中国邮电电信总局IC测试电话卡

复旦微电子STF 1001芯片测试卡(一)

芯片STF 1001由上海邮电发展总公司和上海复旦微电子股份有限公司联合研发，是上海邮电发展总公司拥有完全自主知识产权的第一项高科技成果。中国电信集团于2001年7月进行了STF 1001芯片测试卡的第一次试验，通过10天600个电话的通话记录，反映出该芯片的良好通话性能。本卡内存话费20元。

CNTC009　　　　　　　　　　(1-1)

目前发现本套卡芯片封装：
上海索立克智能卡有限公司(厂商代码A)：电总(DZ)。

2001年7月发行，有效期到2001年12月31日止，发行量为200枚。

复旦微电子STF 1001芯片试用卡(二)

2001年10月，中国电信集团公司进行了STF 1001芯片试用卡的第二次试验。本卡内存话费20元。

CNTC010　　　　　　　　　　(1-1)

目前发现本套卡芯片封装：
上海索立克智能卡有限公司(厂商代码A)：电总(DZ)。

2001年10月发行，有效期到2002年2月28日止，发行量为200枚。

中国邮电电信总局 IC 测试电话卡

大唐微电子国产芯片试验卡(第四枚)

  大唐微电子国产芯片试验卡(第四枚)即大唐 DTT4C01B 芯片测试卡,于 2002 年 10 月发行,使用的是 DTT4C01 系列芯片。其功能比 DTT4C01A 芯片试验卡更强大,内存话费 20 元。

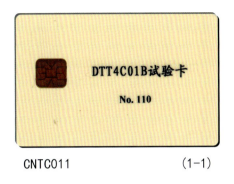

CNTC011　　　　　　(1-1)

目前发现本套卡芯片封装:
湖南斯伦贝谢通信设备有限公司(厂商代码 H):电总(DZ)。

2002 年 10 月发行,发行量不详。

11. 中国电信单省版IC测试电话卡

　　1999年1月中国电信开始发行一个全新的IC电话卡系列，即CNT-IC-P，其后的十几年时间里，该系列成为中国电信服务社会的主流IC电话卡，2003—2008年为其鼎盛时期。其间，IC电话卡大量发行，部分IC电话卡出现芯片性能不稳定等问题，因此中国电信针对社会上投诉较多的相关单省版IC电话卡进行了测试，由此出现了一些鲜为人知的测试用卡。本章只探讨该系列中的已知部分。

　　本章IC卡图例凡10幅。

中国电信单省版IC测试电话卡芯片封装式样如下：

厂商	代码	芯片封装式样	
天津杰普智能卡有限公司	G	(芯片图)	
江苏恒宝股份有限公司	B	(芯片图)	(芯片图)
珠海东信和平智能卡股份有限公司	E （电信专用）	(芯片图)	

中国电信单省版 IC 测试电话卡

中国电信测试用卡（广东）

本套卡芯片面标注面值 20 元，限定××省内使用，目前只发现了广东版，发行目的不详。

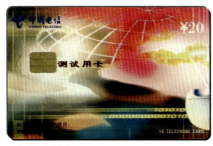

CNTDC001

目前发现本套卡芯片封装：
珠海东信和平智能卡股份有限公司(厂商代码 E)：广东(GD)。

未注明发行日期，有效期到 2003 年 6 月 30 日止。

中国电信测试用卡（福建、江苏）

本套卡芯片面标注面值 20 元，限定××省内使用，目前发现了福建版和江苏版，发行目的不详。江苏版卡面打孔，代表已使用。

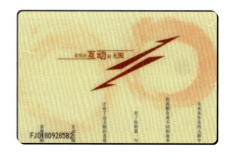

CNTDC002

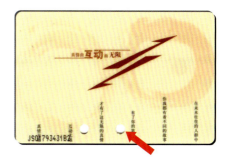

CNTDC003

目前发现本套卡芯片封装：
江苏恒宝股份有限公司(厂商代码 B)：福建(FJ)、江苏(JS)。

未注明发行日期，有效期到 2003 年 8 月 31 日止。

中国电信单省版 IC 测试电话卡

江苏版"四不像—麋鹿"测试卡

"四不像—麋鹿"IC 电话卡发行以后，江苏省电信部门接到很多用户投诉，反映该套卡中的第一枚即(4-1)在通话过程中存在质量问题。江苏省电信部门将问题上报电信总局，电信总局分别联合制卡厂商中的天津杰普智能卡有限公司和江苏恒宝股份有限公司各制作了一张测试卡，专门用于测试"四不像—麋鹿"IC 电话卡(4-1)的质量问题。

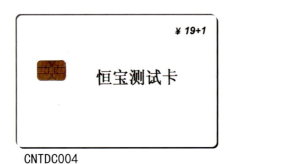

CNTDC004

江苏恒宝股份有限公司制卡

CNTDC005

天津杰普智能卡有限公司制卡

用验卡器读卡可知，黄色测试卡内存话费 20 元，白色测试卡标注面值"19+1"元。

目前发现本套卡芯片封装：
1. 天津杰普智能卡有限公司(厂商代码 G)：江苏(JS)。
2. 江苏恒宝股份有限公司(厂商代码 B)：江苏(JS)。

本卡无图案，无使用期限。

中国电信 IC 电话卡目录索引

第一部分

中国电信 IC 电话卡

1. 中国电信 IC 纪念电话卡（CNT-IC）

中国电信黄河测试卡
CNT001	(3-1)	CNT002	(3-2)	
CNT003	(3-3)			 4

CNT-IC-1 中国 IC 卡预付费公用电话开通纪念—黄河卡(第 1 版)
CNT004	(4-1)	CNT005	(4-2)	
CNT006	(4-3)	CNT007	(4-4)	 5

CNT-IC-1 中国 IC 卡预付费公用电话开通纪念—黄河卡(第 1 版福建小圆心芯片)
CNT008	(4-1)	CNT009	(4-2)	
CNT010	(4-3)	CNT011	(4-4)	 6

CNT-IC-1 中国 IC 卡预付费公用电话开通纪念—黄河卡(第 2 版)
CNT012	(4-1)	CNT013	(4-2)	
CNT014	(4-3)	CNT015	(4-4)	
CNT016	江西版第 2 版示例			 7

CNT-IC-1 中国 IC 卡预付费公用电话开通纪念—黄河卡(第 3 版)
CNT017	(4-1)	CNT018	(4-2)	
CNT019	(4-3)	CNT020	(4-4)	 8

CNT-IC-1 中国 IC 卡预付费公用电话开通纪念—黄河卡(第 3 版,广东带封套版)
CNT021	(4-1)	CNT022	(4-2)	
CNT023	(4-3)	CNT024	(4-4)	 9

CNT-IC-2 中国名花（S 码版）
CNT025	(4-1)	CNT026	(4-2)	
CNT027	(4-3)	CNT028	(4-4)	 10

CNT-IC-2 中国名花（H 码版）
CNT029	(4-1)	CNT030	(4-2)	
CNT031	(4-3)	CNT032	(4-4)	 11

CNT-IC-2 中国名花测试卡
CNT033	CNT034	 12

CNT-IC-3 上海邮电全行业规范服务达标纪念
CNT035	(3-1)	CNT036	(3-2)	
CNT037	(3-3)			 13

CNT-IC-4 香港回归
CNT038	(8-1)	CNT039	(8-2)	
CNT040	(8-3)	CNT041	(8-4)	 14
CNT042	(8-5)	CNT043	(8-6)	
CNT044	(8-7)	CNT045	(8-8)	 15

CNT-IC-5 中国四川成都 1997 国际熊猫节
CNT046	(4-1)	CNT047	(4-2)	
CNT048	(4-3)	CNT049	(4-4)	 16

CNT-IC-6 徐州汉墓出土文物—玉器
CNT050	(4-1)	CNT051	(4-2)	
CNT052	(4-3)	CNT053	(4-4)	 17

CNT-IC-7 龙泉宝剑
CNT054	(4-1)	CNT055	(4-2)	
CNT056	(4-3)	CNT057	(4-4)	 18

CNT-IC-8 中国古代四大发明
CNT058	(4-1)	CNT059	(4-2)	
CNT060	(4-3)	CNT061	(4-4)	 19

CNT-IC-9 丽江风光
CNT062	(4-1)	CNT063	(4-2)	
CNT064	(4-3)	CNT065	(4-4)	 20

CNT-IC-10 张家界风光
CNT066	(5-1)	CNT067	(5-2)		
CNT068	(5-3)	CNT069	(5-4)		
CNT070	(5-5)			....	21

CNT-IC-11 潍坊风筝
CNT071	(4-1)	CNT072	(4-2)		
CNT073	(4-3)	CNT074	(4-4)	....	22

CNT-IC-12 千山风光
CNT075	(4-1)	CNT076	(4-2)		
CNT077	(4-3)	CNT078	(4-4)	....	23

CNT-IC-12 千山风光"TELEPHONE"漏印"H"（TELEPONE）卡
CNT079	(4-1)	CNT080	(4-2)		
CNT081	(4-3)	CNT082	(4-4)	....	24

CNT-IC-13 侗乡风雨桥
CNT083	(4-1)	CNT084	(4-2)		
CNT085	(4-3)	CNT086	(4-4)	....	25

CNT-IC-14 敦煌壁画
CNT087	(4-1)	CNT088	(4-2)		
CNT089	(4-3)	CNT090	(4-4)	....	26

CNT-IC-15 青海风光
CNT091	(4-1)	CNT092	(4-2)		
CNT093	(4-3)	CNT094	(4-4)	....	27

CNT-IC-16 亚欧陆地光缆开通纪念
CNT095	(2-1)	CNT096	(2-2)	....	28

CNT-IC-17 体操
CNT097	(4-1)	CNT098	(4-2)		
CNT099	(4-3)	CNT100	(4-4)	....	29

CNT-IC-18 朱鹮
CNT101	(4-1)	CNT102	(4-2)		
CNT103	(4-3)	CNT104	(4-4)	....	30

CNT-IC-19 唐代诗人
CNT105	(5-1)	CNT106	(5-2)		
CNT107	(5-3)	CNT108	(5-4)		
CNT109	(5-5)			....	31

CNT-IC-20 云南现代重彩画
CNT110	(4-1)	CNT111	(4-2)		
CNT112	(4-3)	CNT113	(4-4)	....	32

CNT-IC-21 中国电信（香港）有限公司发行股票并上市一周年纪念
CNT114	(2-1)	CNT115	(2-2)	....	33

CNT-IC-22 高山植物（一）
CNT116	(5-1)	CNT117	(5-2)		
CNT118	(5-3)	CNT119	(5-4)		
CNT120	(5-5)			....	34

CNT-IC-23 珍稀动物—猴
CNT121	(4-1)	CNT122	(4-2)		
CNT123	(4-3)	CNT124	(4-4)	....	35

CNT-IC-24 IC卡公用电话系统31省（区、市）联网运营纪念
CNT125	(2-1)	CNT126	(2-2)	....	36

CNT-IC-25 中国名山九华山
CNT127	(4-1)	CNT128	(4-2)		
CNT129	(4-3)	CNT130	(4-4)	....	37

CNT-IC-26 胡同与四合院
CNT131	(4-1)	CNT132	(4-2)		
CNT133	(4-3)	CNT134	(4-4)	....	38

CNT-IC-27 中国电信IC电话卡发行2亿枚纪念
CNT135	(2-1)	CNT136	(2-2)	....	39

CNT-IC-28 石湾陶瓷
CNT137	(4-1)	CNT138	(4-2)		
CNT139	(4-3)	CNT140	(4-4)	....	40

CNT-IC-29	高山植物（二）				
CNT141	(4-1)	CNT142	(4-2)		
CNT143	(4-3)	CNT144	(4-4)		41
CNT-IC-30	徽州文化—黟县古民居艺术				
CNT145	(4-1)	CNT146	(4-2)		
CNT147	(4-3)	CNT148	(4-4)		42
CNT-IC-31	昆明世界园艺博览会				
CNT149	(5-1)	CNT150	(5-2)		
CNT151	(5-3)	CNT152	(5-4)		
CNT153	(5-5)				43
CNT-IC-32	分形几何				
CNT154	(4-1)	CNT155	(4-2)		
CNT156	(4-3)	CNT157	(4-4)		44
CNT-IC-33	桂林山水				
CNT158	(4-1)	CNT159	(4-2)		
CNT160	(4-3)	CNT161	(4-4)		45
CNT-IC-34	少儿卡通				
CNT162	(4-1)	CNT163	(4-2)		
CNT164	(4-3)	CNT165	(4-4)		46
CNT-IC-35	雅鲁藏布大峡谷				
CNT166	(4-1)	CNT167	(4-2)		
CNT168	(4-3)	CNT169	(4-4)		47
CNT-IC-36	喀纳斯风光				
CNT170	(4-1)	CNT171	(4-2)		
CNT172	(4-3)	CNT173	(4-4)		48
CNT-IC-37	宋代词人				
CNT174	(5-1)	CNT175	(5-2)		
CNT176	(5-3)	CNT177	(5-4)		
CNT178	(5-5)				49
CNT-IC-38	第22届万国邮政联盟大会				
CNT179	(2-1)	CNT180	(2-2)		50
CNT-IC-39	福建武夷山				
CNT181	(4-1)	CNT182	(4-2)		
CNT183	(4-3)	CNT184	(4-4)		51
CNT-IC-40	亚洲象				
CNT185	(4-1)	CNT186	(4-2)		
CNT187	(4-3)	CNT188	(4-4)		52
CNT-IC-41	第四届城市运动会				
CNT189	(4-1)	CNT190	(4-2)		
CNT191	(4-3)	CNT192	(4-4)		53
CNT-IC-42	承德避暑山庄				
CNT193	(5-1)	CNT194	(5-2)		
CNT195	(5-3)	CNT196	(5-4)		
CNT197	(5-5)				54
CNT-IC-43	庆祝中华人民共和国成立50周年				
CNT198	(5-1)	CNT199	(5-2)		
CNT200	(5-3)	CNT201	(5-4)		
CNT202	(5-5)				55
CNT-IC-44	1999天津世界体操锦标赛				
CNT203	(4-1)	CNT204	(4-2)		
CNT205	(4-3)	CNT206	(4-4)		56
CNT-IC-45	国际高新技术成果交易会				
CNT207	(2-1)	CNT208	(2-2)		57
CNT-IC-46	澳门回归				
CNT209	(4-1)	CNT210	(4-2)		
CNT211	(4-3)	CNT212	(4-4)		58
CNT-IC-47	李苦禅作品选				
CNT213	(4-1)	CNT214	(4-2)		
CNT215	(4-3)	CNT216	(4-4)		59

CNT-IC-48	黑龙江雪景				
CNT217	(4-1)	CNT218	(4-2)		
CNT219	(4-3)	CNT220	(4-4)		60
CNT-IC-49	迈进新千年				
CNT221	(2-1)	CNT222	(2-2)		61
CNT-IC-50	庚辰年——生肖龙年				
CNT223	(1-1)				61
CNT-IC-51	中华恐龙				
CNT224	(5-1)	CNT225	(5-2)		
CNT226	(5-3)	CNT227	(5-4)		
CNT228	(5-5)				62
CNT-IC-52	云南大理石天然画				
CNT229	(5-1)	CNT230	(5-2)		
CNT231	(5-3)	CNT232	(5-4)		
CNT233	(5-5)				63
CNT-IC-53	中国电信集团公司成立纪念				
CNT234	(4-1)	CNT235	(4-2)		
CNT236	(4-3)	CNT237	(4-4)		64
CNT-IC-54	第32届世界电信日				
CNT238	(1-1)				65
CNT-IC-55	鸟类起源				
CNT239	(4-1)	CNT240	(4-2)		
CNT241	(4-3)	CNT242	(4-4)		66
CNT-IC-56	童话《小红帽》				
CNT243	(4-1)	CNT244	(4-2)		
CNT245	(4-3)	CNT246	(4-4)		67
CNT-IC-57	井冈山				
CNT247	(4-1)	CNT248	(4-2)		
CNT249	(4-3)	CNT250	(4-4)		68
CNT-IC-58	中国航天				
CNT251	(4-1)	CNT252	(4-2)		
CNT253	(4-3)	CNT254	(4-4)		69
CNT-IC-59	黄梅戏艺术				
CNT255	(5-1)	CNT256	(5-2)		
CNT257	(5-3)	CNT258	(5-4)		
CNT259	(5-5)				70
CNT-IC-60	古城平遥				
CNT260	(4-1)	CNT261	(4-2)		
CNT262	(4-3)	CNT263	(4-4)		71
CNT-IC-61	足球				
CNT264	(4-1)	CNT265	(4-2)		
CNT266	(4-3)	CNT267	(4-4)		72
CNT-IC-62	辛巳年——生肖蛇年				
CNT268	(1-1)				72
CNT-IC-63	泰山				
CNT269	(4-1)	CNT270	(4-2)		
CNT271	(4-3)	CNT272	(4-4)		73
CNT-IC-64	"3·15"国际消费者权益日				
CNT273	(2-1)	CNT274	(2-2)		74
CNT-IC-65	元曲				
CNT275	(5-1)	CNT276	(5-2)		
CNT277	(5-3)	CNT278	(5-4)		
CNT279	(5-5)				75
CNT-IC-66	第33届世界电信日				
CNT280	(1-1)				76
CNT-IC-67	庆祝西藏和平解放50周年				
CNT281	(4-1)	CNT282	(4-2)		
CNT283	(4-3)	CNT284	(4-4)		76

CNT-IC-68	童话《海的女儿》				
CNT285	(4-1)	CNT286	(4-2)		
CNT287	(4-3)	CNT288	(4-4)		77

CNT-IC-69	海洋珍稀生物				
CNT289	(4-1)	CNT290	(4-2)		
CNT291	(4-3)	CNT292	(4-4)		78

CNT-IC-70	纪念中国共产党成立八十周年				
CNT293	(4-1)	CNT294	(4-2)		
CNT295	(4-3)	CNT296	(4-4)		79

CNT-IC-71	九寨沟				
CNT297	(5-1)	CNT298	(5-2)		
CNT299	(5-3)	CNT300	(5-4)		
CNT301	(5-5)				80

CNT-IC-72	中华人民共和国第九届运动会				
CNT302	(4-1)	CNT303	(4-2)		
CNT304	(4-3)	CNT305	(4-4)		81

CNT-IC-73	亚太经济合作组织会议				
CNT306	(4-1)	CNT307	(4-2)		
CNT308	(4-3)	CNT309	(4-4)		82

CNT-IC-74	中国电信电话用户突破 1.7 亿				
CNT310	(2-1)	CNT311	(2-2)		83

CNT-IC-75	壬午年——生肖马年				
CNT312	(1-1)				83

CNT-IC-76	亚洲博鳌论坛				
CNT313	(2-1)	CNT314	(2-2)		84

庆祝邮电部电信科学技术研究院建院四十周年（中国名花加字改版）
| CNT315 | (4-1) | CNT316 | (4-2) | | 85 |

中国邮电博物馆开馆纪念(亚欧陆地光缆开通纪念加字改版)
| CNT317 | (2-1) | CNT318 | (2-2) | | 86 |

2. 中国电信 IC 普通电话卡（CNT-IC-P）

CNT-IC-P1	古董电话与现代通信				
CNTP001	(4-1)	CNTP002	(4-2)		
CNTP003	(4-3)	CNTP004	(4-4)		
CNTP005					88

CNT-IC-P2	古董电话				
CNTP006	(4-1)	CNTP007	(4-2)		
CNTP008	(4-3)	CNTP009	(4-4)		89

CNT-IC-P3	新干商代青铜器				
CNTP010	(4-1)	CNTP011	(4-2)		
CNTP012	(4-3)	CNTP013	(4-4)		90

CNT-IC-P3	新干商代青铜器(江西版 原地样本)				
CNTP014	(4-1)	CNTP015	(4-2)		
CNTP016	(4-3)	CNTP017	(4-4)		91

CNT-IC-P4	国宝回归——牛首、虎首、猴首铜像				
CNTP018	(3-1)	CNTP019	(3-2)		
CNTP020	(3-3)				92

CNT-IC-P5	用心服务 编织未来				
CNTP021	(4-1)	CNTP022	(4-2)		
CNTP023	(4-3)	CNTP024	(4-4)		93

CNT-IC-P6	用户至上 用心服务				
CNTP025	(4-1)	CNTP026	(4-2)		
CNTP027	(4-3)	CNTP028	(4-4)		94

CNT-IC-P6	用户至上 用心服务(单省版样本)				
CNTP029	(4-1)	CNTP030	(4-2)		

CNTP031	(4-3)	CNTP032	(4-4)		95

CNT-IC-P7 磁卡换IC卡纪念（一）

CNTP033	(5-1)	CNTP034	(5-2)		
CNTP035	(5-3)	CNTP036	(5-4)		
CNTP037	(5-5)				96

CNT-IC-P8 磁卡换IC卡纪念（二）

CNTP038	(5-1)	CNTP039	(5-2)		
CNTP040	(5-3)	CNTP041	(5-4)		
CNTP042	(5-5)				97

CNT-IC-P9 磁卡换IC卡纪念（三）

CNTP043	(5-1)	CNTP044	(5-2)		
CNTP045	(5-3)	CNTP046	(5-4)		
CNTP047	(5-5)				98

CNT-IC-P10 闽江风姿

CNTP048	(3-1)	CNTP049	(3-2)		
CNTP050	(3-3)				99

CNT-IC-P11 耀州窑

CNTP051	(4-1)	CNTP052	(4-2)		
CNTP053	(4-3)	CNTP054	(4-4)		100

CNT-IC-P12 湖南风光

CNTP055	(3-1)	CNTP056	(3-2)		
CNTP057	(3-3)				101

CNT-IC-P13 上海桥

CNTP058	(4-1)	CNTP059	(4-2)		
CNTP060	(4-3)	CNTP061	(4-4)		102

CNT-IC-P13 上海桥（陕西改版卡）

CNTP062	(4-1)	CNTP063	(4-2)		
CNTP064	(4-3)	CNTP065	(4-4)		103

CNT-IC-P14 新疆珍稀野生动物

CNTP066	(4-1)	CNTP067	(4-2)		
CNTP068	(4-3)	CNTP069	(4-4)		104

CNT-IC-P15 黄河奇石

CNTP070	(4-1)	CNTP071	(4-2)		
CNTP072	(4-3)	CNTP073	(4-4)		105

CNT-IC-P16 福建寿山田黄石

CNTP074	(3-1)	CNTP075	(3-2)		
CNTP076	(3-3)				106

CNT-IC-P17 淮安博里农民画

CNTP077	(4-1)	CNTP078	(4-2)		
CNTP079	(4-3)	CNTP080	(4-4)		107

CNT-IC-P18 庆祝中国电信集团公司成立

CNTP081	(2-1)	CNTP082	(2-2)		108

CNT-IC-P19 癸未年——生肖羊年

CNTP083	(1-1)	CNTP084	(1-1)		
CNTP085	(1-1)				109

CNT-IC-P20 黄河彩陶

CNTP086	(4-1)	CNTP087	(4-2)		
CNTP088	(4-3)	CNTP089	(4-4)		110

CNT-IC-P21 妈祖文化

CNTP090	(4-1)	CNTP091	(4-2)		
CNTP092	(4-3)	CNTP093	(4-4)		111

CNT-IC-P22 八大山人作品选

CNTP094	(4-1)	CNTP095	(4-2)		
CNTP096	(4-3)	CNTP097	(4-4)		112

CNT-IC-P23 第35届世界电信日纪念

CNTP098	(1-1)	CNTP099	(1-1)		113

CNT-IC-P24 民间故事《三个和尚》					
CNTP100	(1-1)				114
CNT-IC-P25 神话故事《哪吒闹海》					
CNTP101	(1-1)				114
CNT-IC-P26 世界人口日					
CNTP102	(4-1)	CNTP103	(4-2)		
CNTP104	(4-3)	CNTP105	(4-4)		115
CNT-IC-P27 贺兰山岩画					
CNTP106	(4-1)	CNTP107	(4-2)		
CNTP108	(4-3)	CNTP109	(4-4)		116
CNT-IC-P28 教师节					
CNTP110	(4-1)	CNTP111	(4-2)		
CNTP112	(4-3)	CNTP113	(4-4)		117
CNT-IC-P29 电信新业务宣传					
CNTP114	(4-1)	CNTP115	(4-2)		
CNTP116	(4-3)	CNTP117	(4-4)		118
CNT-IC-P30 中华人民共和国第五届城市运动会					
CNTP118	(4-1)	CNTP119	(4-2)		
CNTP120	(4-3)	CNTP121	(4-4)		119
CNT-IC-P31 故宫					
CNTP122	(4-1)	CNTP123	(4-2)		
CNTP124	(4-3)	CNTP125	(4-4)		120
CNT-IC-P32 浙江青田石雕					
CNTP126	(5-1)	CNTP127	(5-2)		
CNTP128	(5-3)	CNTP129	(5-4)		
CNTP130	(5-5)	CNTP131			121
CNT-IC-P33 广东佛山固定电话号码升八位纪念					
CNTP132	(1-1)	CNTP133	(1-1)		122
CNT-IC-P34 圣诞贺卡—西游记人物					
CNTP134	(4-1)	CNTP135	(4-2)		
CNTP136	(4-3)	CNTP137	(4-4)		
CNTP138	(4-1)	CNTP139	(4-2)		123
CNT-IC-P35 甲申年—生肖猴年（普）					
CNTP140	(1-1)	CNTP141	(1-1)		124
CNT-IC-P36 甲申年—生肖猴年（透）					
CNTP142	(1-1)	CNTP143	(1-1)		124
CNT-IC-P37 我为歌狂					
CNTP144	(4-1)	CNTP145	(4-2)		
CNTP146	(4-3)	CNTP147	(4-4)		125
CNT-IC-P38 三星堆—古蜀国珍稀文物					
CNTP148	(4-1)	CNTP149	(4-2)		
CNTP150	(4-3)	CNTP151	(4-4)		126
CNT-IC-P39 湘西凤凰古城					
CNTP152	(4-1)	CNTP153	(4-2)		
CNTP154	(4-3)	CNTP155	(4-4)		127
CNT-IC-P40 跳出我自己					
CNTP156	(2-1)	CNTP157	(2-2)		128
CNT-IC-P41 第36届世界电信日					
CNTP158	(1-1)				129
CNT-IC-P42 齐天大圣—美猴王					
CNTP159	(4-1)	CNTP160	(4-2)		
CNTP161	(4-3)	CNTP162	(4-4)		130
CNT-IC-P43 客家土楼					
CNTP163	(4-1)	CNTP164	(4-2)		
CNTP165	(4-3)	CNTP166	(4-4)		131
CNT-IC-P44 四川凉山彝族火把节					
CNTP167	(4-1)	CNTP168	(4-2)		
CNTP169	(4-3)	CNTP170	(4-4)		132

CNT-IC-P45	十二星座（一）				
CNTP171	(6-1)	CNTP172	(6-2)		
CNTP173	(6-3)	CNTP174	(6-4)		
CNTP175	(6-5)	CNTP176	(6-6)		133
CNT-IC-P46	广州百年风情				
CNTP177	(4-1)	CNTP178	(4-2)		
CNTP179	(4-3)	CNTP180	(4-4)		134
CNT-IC-P47	厦门漆线雕				
CNTP181	(4-1)	CNTP182	(4-2)		
CNTP183	(4-3)	CNTP184	(4-4)		135
CNT-IC-P48	乙酉年—生肖鸡年				
CNTP185	(1-1)	CNTP186	(1-1)		136
CNT-IC-P49	新年新禧—两面自由打				
CNTP187	(1-1)				136
CNT-IC-P50	十二星座（二）				
CNTP188	(6-1)	CNTP189	(6-2)		
CNTP190	(6-3)	CNTP191	(6-4)		
CNTP192	(6-5)	CNTP193	(6-6)		137
CNT-IC-P51	第37届世界电信日				
CNTP194	(1-1)				138
CNT-IC-P52	属于我们的快乐				
CNTP195	(4-1)	CNTP196	(4-2)		
CNTP197	(4-3)	CNTP198	(4-4)		
CNTP199					139
CNT-IC-P53	中国电信和中国网通首次联合发行IC卡纪念				
CNTP200	(2-1)	CNTP201	(2-2)		
CNTP202	(2-1)	CNTP203	(2-2)		140
CNT-IC-P54	酒泉卫星发射中心				
CNTP204	(5-1)	CNTP205	(5-2)		
CNTP206	(5-3)	CNTP207	(5-4)		
CNTP208	(5-5)				141
CNT-IC-P54	酒泉卫星发射中心—祝贺"神舟六号"载人航天飞船发射成功				
CNTP209	(5-1)	CNTP210	(5-2)		
CNTP211	(5-3)	CNTP212	(5-4)		
CNTP213	(5-5)				142
CNT-IC-P55	齐白石绘画作品选				
CNTP214	(4-1)	CNTP215	(4-2)		
CNTP216	(4-3)	CNTP217	(4-4)		
CNTP218					143
CNT-IC-P56	丙戌年—生肖狗年				
CNTP219	(1-1)	CNTP220	(1-1)		
CNTP221	(1-1)	CNTP222	(1-1)		144
CNT-IC-P57	广东刺绣				
CNTP223	(4-1)	CNTP224	(4-2)		
CNTP225	(4-3)	CNTP226	(4-4)		
CNTP227					145
CNT-IC-P58	惠安女				
CNTP228	(5-1)	CNTP229	(5-2)		
CNTP230	(5-3)	CNTP231	(5-4)		
CNTP232	(5-5)				146
CNT-IC-P59	香格里拉				
CNTP233	(6-1)	CNTP234	(6-2)		
CNTP235	(6-3)	CNTP236	(6-4)		147
CNTP237	(6-5)	CNTP238	(6-6)		
CNTP239		CNTP240			148
CNT-IC-P60	第38届世界电信日				
CNTP241	(1-1)	CNTP242	(1-1)		149

CNT-IC-P61	宠爱狗宝贝			
CNTP243	(6-1)	CNTP244	(6-2)	
CNTP245	(6-3)	CNTP246	(6-4)	
CNTP247	(6-5)	CNTP248	(6-6)	
CNTP249				150
CNT-IC-P62	四不像——麋鹿			
CNTP250	(4-1)	CNTP251	(4-2)	
CNTP252	(4-3)	CNTP253	(4-4)	
CNTP254				151
CNT-IC-P63	网络游戏《梦幻西游》			
CNTP255	(3-1)	CNTP256	(3-2)	
CNTP257	(3-3)			152
CNT-IC-P64	我为铃狂			
CNTP258	(4-1)	CNTP259	(4-2)	
CNTP260	(4-3)	CNTP261	(4-4)	153
CNT-IC-P65	中国工农红军长征胜利70周年纪念			
CNTP262	(2-1)	CNTP263	(2-2)	154
CNT-IC-P66	切实保障农民工合法权益			
CNTP264	(4-1)	CNTP265	(4-2)	
CNTP266	(4-3)	CNTP267	(4-4)	155
CNT-IC-P67	丁亥年——生肖猪年			
CNTP268	(1-1)	CNTP269	(1-1)	
CNTP270	(1-1)	CNTP271	(1-1)	
CNTP272	(1-1)	CNTP273	(1-1)	
CNTP274	(1-1)			156
CNT-IC-P68	IC卡资费下调宣传			
CNTP275	(2-1)	CNTP276	(2-2)	157
CNT-IC-P69	我的e家			
CNTP277	(4-1)	CNTP278	(4-2)	
CNTP279	(4-3)	CNTP280	(4-4)	158
CNT-IC-P70	第39届世界电信日			
CNTP281	(1-1)			159
CNT-IC-P71	无忧青春			
CNTP282	(2-1)	CNTP283	(2-2)	159
CNT-IC-P72	香港回归10周年纪念			
CNTP284	(4-1)	CNTP285	(4-2)	
CNTP286	(4-3)	CNTP287	(4-4)	160
CNT-IC-P73	多彩校园			
CNTP288	(4-1)	CNTP289	(4-2)	
CNTP290	(4-3)	CNTP291	(4-4)	161
CNT-IC-P74	甘肃风光			
CNTP292	(4-1)	CNTP293	(4-2)	
CNTP294	(4-3)	CNTP295	(4-4)	162
CNT-IC-P75	漆画艺术			
CNTP296	(4-1)	CNTP297	(4-2)	
CNTP298	(4-3)	CNTP299	(4-4)	163
CNT-IC-P76	戊子年——生肖鼠年			
CNTP300	(1-1)	CNTP301	(1-1)	
CNTP302	(1-1)	CNTP303	(1-1)	164
CNT-IC-P77	关爱留守学生 共建和谐社会			
CNTP304	(3-1)	CNTP305	(3-2)	
CNTP306	(3-3)			165
CNT-IC-P78	中国奏响新篇章			
CNTP307	(7-1)	CNTP208	(7-2)	
CNTP309	(7-3)	CNTP310	(7-4)	166
CNTP311	(7-5)	CNTP312	(7-6)	
CNTP313	(7-7)			167
CNT-IC-P79	抗震救灾 重建家园			
CNTP314	(2-1)	CNTP315	(2-2)	168

CNT-IC-P80	不同的年代 同样的精神				
CNTP316	(4-1)	CNTP317	(4-2)		
CNTP318	(4-3)	CNTP319	(4-4)	....	169
CNT-IC-P81	新学期 新开始				
CNTP320	(4-1)	CNTP321	(4-2)		
CNTP322	(4-3)	CNTP323	(4-4)	....	170
CNT-IC-P82	第六届全国农民运动会				
CNTP324	(3-1)	CNTP325	(3-2)		
CNTP326	(3-3)			....	171
CNT-IC-P83	神舟守望辉煌				
CNTP327	(7-1)	CNTP328	(7-2)		
CNTP329	(7-3)	CNTP330	(7-4)	....	172
CNTP331	(7-5)	CNTP332	(7-6)		
CNTP333	(7-7)			....	173
CNT-IC-P84	开启移动互联网时代				
CNTP334	(2-1)	CNTP335	(2-2)	....	174
CNT-IC-P85	己丑年—生肖牛年				
CNTP336	(1-1)	CNTP337	(1-1)		
CNTP338	(1-1)	CNTP339	(1-1)		
CNTP340	(1-1)	CNTP341	(1-1)	....	175
CNT-IC-P86	天翼—189				
CNTP342	(3-1)	CNTP343	(3-2)		
CNTP344	(3-3)			....	176
CNT-IC-P87	美丽四季				
CNTP345	(4-1)	CNTP346	(4-2)		
CNTP347	(4-3)	CNTP348	(4-4)	....	177
CNT-IC-P88	上海世博会合作伙伴—中国电信				
CNTP349	(2-1)	CNTP350	(2-2)		
CNTP351	(2-1)	CNTP352	(2-2)	....	178
CNT-IC-P89	五一国际劳动节				
CNTP353	(4-1)	CNTP354	(4-2)		
CNTP355	(4-3)	CNTP356	(4-4)	....	179
CNT-IC-P90	新汶川 一周年				
CNTP357	(2-1)	CNTP358	(2-2)	....	180
CNT-IC-P91	兰州民间风俗泥塑				
CNTP359	(4-1)	CNTP360	(4-2)		
CNTP361	(4-3)	CNTP362	(4-4)	....	181
CNT-IC-P92	青春物语（一）				
CNTP363	(4-1)	CNTP364	(4-2)		
CNTP365	(4-3)	CNTP366	(4-4)	....	182
CNT-IC-P93	游戏时代				
CNTP367	(4-1)	CNTP368	(4-2)		
CNTP369	(4-3)	CNTP370	(4-4)	....	183
CNT-IC-P94	中华人民共和国成立60周年纪念				
CNTP371	(5-1)	CNTP372	(5-2)		
CNTP373	(5-3)	CNTP374	(5-4)		
CNTP375	(5-5)			....	181
CNT-IC-P95	找呀找呀找不同（一）				
CNTP376	(4-1)	CNTP377	(4-2)		
CNTP378	(4-3)	CNTP379	(4-4)	....	185
CNT-IC-P96	庚寅年—生肖虎年				
CNTP380	(1-1)	CNTP381	(1-1)		
CNTP382	(1-1)	CNTP383	(1-1)		
CNTP384	(1-1)			....	186
CNT-IC-P97	上海世博会与号码百事通				
CNTP385	(5-1)	CNTP386	(5-2)		
CNTP387	(5-3)	CNTP388	(5-4)		
CNTP389	(5-5)			....	187

CNT-IC-P98	上海世博会的信息通信馆				
CNTP390		(5-1)	CNTP391	(5-2)	
CNTP392		(5-3)	CNTP393	(5-4)	 188
CNTP394		(5-5)			 189
CNT-IC-P99	第十六届亚洲运动会				
CNTP395		(5-1)	CNTP396	(5-2)	
CNTP397		(5-3)	CNTP398	(5-4)	
CNTP399		(5-5)			 190
CNT-IC-P100	青春物语（二）				
CNTP400		(4-1)	CNTP401	(4-2)	
CNTP402		(4-3)	CNTP403	(4-4)	
CNTP404					 191
CNT-IC-P101	找呀找呀找不同（二）				
CNTP405		(4-1)	CNTP406	(4-2)	
CNTP407		(4-3)	CNTP408	(4-4)	 192
CNT-IC-P102	辛卯年——生肖兔年				
CNTP409		(1-1)	CNTP410	(1-1)	
CNTP411		(1-1)	CNTP412	(1-1)	 193
CNT-IC-P103	我和兔年有个约会				
CNTP413		(5-1)	CNTP414	(5-2)	
CNTP415		(5-3)	CNTP416	(5-4)	
CNTP417		(5-5)			 194
CNT-IC-P104	2011年西安世界园艺博览会				
CNTP418		(5-1)	CNTP419	(5-2)	
CNTP420		(5-3)	CNTP421	(5-4)	
CNTP422		(5-5)			 195
CNT-IC-P105	第26届世界大学生夏季运动会				
CNTP423		(5-1)	CNTP424	(5-2)	
CNTP425		(5-3)	CNTP426	(5-4)	
CNTP427		(5-5)			 196
CNT-IC-P106	世界珍稀鸟类——火烈鸟				
CNTP428		(4-1)	CNTP429	(4-2)	
CNTP430		(4-3)	CNTP431	(4-4)	
CNTP432					 197
CNT-IC-P107	找呀找呀找不同（三）				
CNTP433		(4-1)	CNTP434	(4-2)	
CNTP435		(4-3)	CNTP436	(4-4)	 198
CNT-IC-P108	蔬菜家族				
CNTP437		(4-1)	CNTP438	(4-2)	
CNTP439		(4-3)	CNTP440	(4-4)	
CNTP441					 199
CNT-IC-P109	珍稀动物——白鹭				
CNTP442		(5-1)	CNTP443	(5-2)	
CNTP444		(5-3)	CNTP445	(5-4)	
CNTP446		(5-5)			 200

3. 中国电信IC特种委制电话卡（CNT-IC-T）（2000—2003年）

CNT-IC-T1	《人民邮电》报创刊50周年				
CNTT001		(2-1)	CNTT002	(2-2)	 202
CNT-IC-T2	纪念天津GEMPLUS生产第一亿张智能卡				
CNTT003		(1-1)			 202
CNT-IC-T3	德州市集卡协会成立暨德州市首届电话卡展览纪念				
CNTT004		(2-1)	CNTT005	(2-2)	 203
CNT-IC-T4	上海索立克智能卡有限公司IC卡生产总量突破一亿张纪念				
CNTT006		(1-1)			 203

CNT-IC-T5	世界文化遗产—洛阳龙门石窟				
CNTT007	(2-1)	CNTT008	(2-2)		204
CNT-IC-T6	中国石油物资装备（集团）总公司成立十周年纪念				
CNTT009	(1-1)				204
CNT-IC-T7	北京高德体育文化中心—范志毅				
CNTT010	(1-1)				205
CNT-IC-T8	沈阳飞机工业（集团）有限公司建厂五十周年纪念				
CNTT011	(1-1)				205
CNT-IC-T9	湖南斯伦贝谢通信设备有限公司IC卡生产总量突破一亿张纪念				
CNTT012	(1-1)				206
CNT-IC-T10	世界拳击协会重量级拳王争霸赛—祝贺北京申奥成功				
CNTT013	(3-1)	CNTT014	(3-2)		
CNTT015	(3-3)				206
CNT-IC-T11	德州第五届投资贸易洽谈会				
CNTT016	(1-1)				207
CNT-IC-T12	祝贺北京第21届世界大学生运动会圆满成功				
CNTT017	(12-1)	CNTT018	(12-2)		207
CNTT019	(12-3)	CNTT020	(12-4)		
CNTT021	(12-5)	CNTT022	(12-6)		
CNTT023	(12-7)				208
CNTT024	(12-8)	CNTT025	(12-9)		
CNTT026	(12-10)	CNTT027	(12-11)		
CNTT028	(12-12)				209
CNT-IC-T13	第21届世界大学生运动会				
CNTT029	(2-1)	CNTT030	(2-2)		210
CNT-IC-T14	集卡给你另一个美妙的空间				
CNTT031	(1-1)				210
CNT-IC-T15	神州第一舰—新型导弹驱逐舰				
CNTT032	(1-1)	CNTT033	(1-1)		
CNTT034	(1-1)				211
CNT-IC-T16	中国城市市花纪念卡				
CNTT035	(4-1)	CNTT036	(4-2)		
CNTT037	(4-3)	CNTT038	(4-4)		212
CNT-IC-T17	万里长城				
CNTT039	(1-1)				213
CNT-IC-T18	纪念徐向前元帅诞辰100周年				
CNTT040	(2-1)	CNTT041	(2-2)		213
CNT-IC-T19	国宝大熊猫				
CNTT042	(1-1)				214
CNT-IC-T20	冰雪艺术				
CNTT043	(1-1)				214
CNT-IC-T21	青藏铁路开工纪念				
CNT044	(1-1)				215
CNT-IC-T22	纪念天津GEMPLUS生产第2亿枚智能卡				
CNTT045	(1-1)				215
CNT-IC-T23	中国电信四大IC卡生产商马年团拜				
CNTT046	(4-1)	CNTT047	(4-2)		
CNTT048	(4-3)	CNTT049	(4-4)		216
CNT-IC-T24	贵州省收藏协会成立纪念—东汉铜车马				
CNTT050	(1-1)				217
CNT-IC-T25	内昆铁路全线建成开通纪念				
CNTT051	(3-1)	CNTT052	(3-2)		
CNTT053	(3-3)				217
CNT-IC-T26	梦想成真				
CNTT054	(1-1)				218
CNT-IC-T27	中国之队—龙行天下				
CNTT055	(14-1)	CNTT056	(14-2)		
CNTT057	(14-3)				218
CNTT058	(14-4)	CNTT059	(14-5)		

CNTT060	(14-6)	CNTT061	(14-7)	
CNTT062	(14-8)	CNTT063	(14-9)	
CNTT064	(14-10)			219
CNTT065	(14-11)	CNTT066	(14-12)	
CNTT067	(14-13)	CNTT068	(14-14)	220

CNT-IC-T28　2002年亚洲电信展中国电信参展纪念
CNTT069　　　　　　(1-1)　　CNTT070　　　　(1-1) 221

CNT-IC-T29　快乐旅行（学生专用卡）
CNTT071　　　　　　(2-1)　　CNTT072　　　　(2-2) 222

CNT-IC-T30　卡式公话
CNTT073　　　　　　(1-1) 222

CNT-IC-T31　电话聊吧
CNTT074　　　　　　(1-1)　　CNTT075　　　　(1-1)
CNTT076　　　　　　(1-1) 223

CNT-IC-T32　西藏自治区电信公司那曲分公司成立50周年纪念
CNTT077　　　　　　(3-1)　　CNTT078　　　　(3-2)
CNTT079　　　　　　(3-3) 224

CNT-IC-T33　甘肃和政县古生物化石博物馆
CNTT080　　　　　　(3-1)　　CNTT081　　　　(3-2)
CNTT082　　　　　　(3-3) 225

CNT-IC-T34　硕果抱满怀　实惠送过来
CNTT083　　　　　　(2-1)　　CNTT084　　　　(2-2) 226

CNT-IC-T35　木里藏族自治县建县50周年庆
CNTT085　　　　　　(2-1)　　CNTT086　　　　(2-2) 226

CNT-IC-T36　信息公话
CNTT087　　　　　　(5-1)　　CNTT088　　　　(5-2)
CNTT089　　　　　　(5-3)　　CNTT090　　　　(5-4)
CNTT091　　　　　　(5-5) 227

CNT-IC-T37　恭贺新禧(红色透明卡)
CNTT092　　　　　　(2-1)　　CNTT093　　　　(2-2) 228

CNT-IC-T38　恭贺新禧(白色透明卡)
CNTT094　　　　　　(2-1)　　CNTT095　　　　(2-2) 228

4. 中国电信 IC 广告电话卡（CNT-IC-G）

CNT-IC-G1　中国电信国际、国内长途直拨电话
CNTG001　　　　　　(4-1)　　CNTG002　　　　(4-2)
CNTG003　　　　　　(4-3)　　CNTG004　　　　(4-4) 230

CNT-IC-G2　中国电信国际海底光缆网络宣传
CNTG005　　　　　　(4-1)　　CNTG006　　　　(4-2)
CNTG007　　　　　　(4-3)　　CNTG008　　　　(4-4) 231

CNT-IC-G3　一线通——中国电信 N-ISDN 业务
CNTG009　　　　　　(2-1)　　CNTG010　　　　(2-2) 232

CNT-IC-G4　中国电信 800 业务宣传
CNTG011　　　　　　(2-1)　　CNTG012　　　　(2-2) 232

CNT-IC-G5　中国电信会易通业务宣传
CNTG013　　　　　　(2-1)　　CNTG014　　　　(2-2) 233

CNT-IC-G6　中国电信全球帧中继业务宣传
CNTG015　　　　　　(2-1)　　CNTG016　　　　(2-2) 233

CNT-IC-G7　中国电信广告电话卡业务宣传
CNTG017　　　　　　(2-1)　　CNTG018　　　　(2-2) 234

CNT-IC-G8　中国电信上网工程业务宣传
CNTG019　　　　　　(3-1)　　CNTG020　　　　(3-2)
CNTG021　　　　　　(3-3) 234

CNT-IC-G9　中国电信"首问负责制"服务公约
CNTG022　　　　　　(2-1)　　CNTG023　　　　(2-2) 235

CNT-IC-G10	中国电信新业务宣传			
CNTG024	(4-1)	CNTG025	(4-2)	
CNTG026	(4-3)	CNTG027	(4-4)	236
CNT-IC-G11	浙江和海南电话号码升8位纪念			
CNTG028	(2-1)	CNTG029	(2-2)	237
CNT-IC-G12	中国电信因特网业务宣传			
CNTG030	(4-1)	CNTG031	(4-2)	
CNTG032	(4-3)	CNTG033	(4-4)	238

5. 中国电信IC普通广告电话卡（CNT-IC-PG）

CNT-IC-PG1	中国银行广告			
CNTPG001	(2-1)	CNTPG002	(2-2)	240
CNT-IC-PG2	上海贝尔公司广告			
CNTPG003	(1-1)			240
CNT-IC-PG3	内蒙古电信广告			
CNTPG004	(3-1)	CNTPG005	(3-2)	
CNTPG006	(3-3)			241
CNT-IC-PG4	第二十一届全国最佳邮票评选颁奖活动广告			
CNTPG007	(1-1)			241
CNT-IC-PG5	白沙集团广告			
CNTPG008	(1-1)			242
CNT-IC-PG6	北京邮政报刊发行局广告			
CNTPG009	(1-1)			242
CNT-IC-PG7	《古代帆船》邮票首发广告			
CNTPG010	(2-1)	CNTPG011	(2-2)	243
CNT-IC-PG8	北电网络广告			
CNTPG012	(3-1)	CNTPG013	(3-2)	
CNTPG014	(3-3)			244

6. 中国电信IC个性化电话卡（CNT-IC-PS）

CNT-IC-PS(20)(05)				
CNTPS001	(1-1)			246
CNT-IC-2006PS(30)				
CNTPS002	(1-1)			246

7. 中国电信楚天龙IC测试卡（CNT-IC-CTL）

CNT-IC-CTL(1-1)	楚天龙IC测试卡			
CNTCTL001		CNTCTL002		248

8. 中国电信北京意诚IC测试卡（CNT-IC-YC）

CNT-IC-YC1(1-1)	北京意诚IC测试卡			
CNTYC001	(1-1)	CNTYC002	(1-1)	250

9. 中国电信平安保险IC电话卡（CNT-IC-BX）

CNT-IC-BX1	平安保险 出行无忧			
CNTBX001	(2-1)	CNTBX002	(2-2)	252
CNT-IC-BX1a	平安保险 出行无忧			
CNTBX003	(5-1)	CNTBX004	(5-2)	

CNTBX005	(5-3)	CNTBX006	(5-4)	
CNTBX007	(5-5)			253

CNT-IC-BX1b 平安保险 出行无忧

CNTBX008	(5-1)	CNTBX009	(5-2)	
CNTBX010	(5-3)	CNTBX011	(5-4)	
CNTBX012	(5-5)			254

CNT-IC-BX2a 平安保险 出行无忧

CNTBX013	(5-1)	CNTBX014	(5-2)	
CNTBX015	(5-3)	CNTBX016	(5-4)	
CNTBX017	(5-5)			255

CNT-IC-BX2b 平安保险 出行无忧

CNTBX018	(5-1)	CNTBX019	(5-2)	
CNTBX020	(5-3)	CNTBX021	(5-4)	
CNTBX022	(5-5)			256

10. 中国邮电电信总局 IC 测试电话卡

大唐微电子国产芯片试验卡（第一枚）
CNTC001　　　　(1-1) 258
大唐微电子国产芯片试验卡（第二枚）
CNTC002　　　　(1-1) 258
大唐微电子国产芯片试验卡（第三枚）
CNTC003　　　　(1-1) 259
汤姆逊 ST13050 芯片试验卡
CNTC004　　　　(1-1) 259
西门子 SLE4406S 芯片试验卡
CNTC005　　　　(1-1) 260
西门子 SLE4436 芯片试验卡
CNTC006　　　　(1-1) 260
大唐电信安全性和兼容性芯片测试卡
CNTC007　　　　(1-1) 261
上海索立克芯片试验卡
CNTC008　　　　(1-1) 261
复旦微电子 STF 1001 芯片测试卡（一）
CNTC009　　　　(1-1) 262
复旦微电子 STF 1001 芯片试用卡（二）
CNTC010　　　　(1-1) 262
大唐微电子国产芯片试验卡（第四枚）
CNTC011　　　　(1-1) 263

11. 中国电信单省版 IC 测试电话卡

中国电信测试用卡(广东)
CNTDC001 265
中国电信测试用卡(福建、江苏)
CNTDC002　　　　CNTDC003 265
江苏版四不像—麋鹿测试卡
CNTDC004　　　　CNTDC005 266

IC电话卡图鉴
（通用版）　下册

黄红锦　陈杨凯　李　壮　刘涵辉　编著
中国电信办公室文史中心　协编

北京邮电大学出版社
www.buptpress.com

图书在版编目（CIP）数据

IC 电话卡图鉴：通用版. 下册 / 黄红锦等编著.
北京：北京邮电大学出版社, 2024. -- ISBN 978-7
-5635-7259-5

Ⅰ. G262.2-64

中国国家版本馆 CIP 数据核字第 2024DW8479 号

策划编辑：姚 顺	责任编辑：孙宏颖	责任校对：张会良	封面设计：七星博纳

出版发行：北京邮电大学出版社
社　　址：北京市海淀区西土城路 10 号
邮政编码：100876
发 行 部：电话：010-62282185　　传真：010-62283578
E-mail：　publish@bupt.edu.cn
经　　销：各地新华书店
印　　刷：保定市中画美凯印刷有限公司
开　　本：850 mm×1 168 mm　1/16
印　　张：18.75
字　　数：378 千字
版　　次：2024 年 7 月第 1 版
印　　次：2024 年 7 月第 1 次印刷

ISBN 978-7-5635-7259-5　　　　　　　　　　　　　　　　　　　定价：598.00 元（全两册）

·如有印装质量问题，请与北京邮电大学出版社发行部联系·

目　录

第二部分　中国网通IC电话卡 ·· 1
  1. 中国网通IC省版电话卡(CNC-IC-20××-S) ································ 3
  2. 中国网通IC本地版电话卡(CNC-IC-20××-B) ···························· 115
  3. 中国网通IC编号电话卡(CNC-IC-20××-××) ··························· 159
  4. 中国网通IC特种电话卡(CNC-IC-20××-T) ······························ 177
  5. 中国网通IC北方十省漫游电话卡(CNC-IC-20××-N) ····················· 185
  6. 中国网通IC奥运特种电话卡(CNC-AYT) ·································· 187
  7. 中国网通IC测试电话卡(CNC-IC-20××-C) ······························ 189

第三部分　中国联通IC电话卡 ·· 195
  1. 中国联通IC省版电话卡(CU-IC-20××-S) ································ 197
  2. 中国联通IC本地版电话卡(CU-IC-20××-B) ····························· 207
  3. 中国联通IC特种电话卡(CU-IC-20××-T) ································ 215
  4. 中国联通IC特殊省版电话卡(CU-IC-20××-TS) ·························· 219

第四部分　中国铁通IC电话卡 ·· 223
  1. 中国铁通IC纪念电话卡(CRC-IC-J) ······································ 225
  2. 中国铁通IC普通电话卡(CRC-IC-P) ······································ 229
  3. 中国铁通IC委制电话卡(CRC-IC-D) ······································ 233
  4. 中国铁通列车公话IC电话卡(CRC-IC-L) ·································· 235
  5. 中国铁通IC电话试用卡 ·· 237

附录一　地方通信公司早期(2000年前)IC电话卡 ································· 239

附录二　样卡(卡样)鉴赏 ··· 257

中国网通、中国联通、中国铁通IC电话卡目录索引 ································ 274

跋 ··· 290

第二部分

中国网通 IC 电话卡

1. 中国网通IC省版电话卡（CNC-IC-20××-S）

  中国网络通信集团公司（简称"中国网通"或"网通"）于2002年5月16日，根据国务院批准的《电信体制改革方案》，在原中国电信集团公司及其所属北方10省区市电信公司、中国网络通信(控股)有限公司、吉通通信有限责任公司的基础上组建而成。

  中国网通立足北方十省区市（北京、天津、河北、山西、内蒙古、辽宁、吉林、黑龙江、山东和河南），按类别编年发行电话卡。IC省版电话卡（S系列IC卡）是中国网通发行的只限于某省区市使用的IC电话卡，编号方式为CNC-IC-20××-S，从2002年6月至2008年中国网通与中国联通合并前，该系列IC电话的发行贯穿始终，到目前为止已发行133套，该系列IC电话卡是中国网通主流编号的IC电话卡，也是中国网通生命历程的见证。

  本章IC卡图例凡870幅。

IC省版电话卡芯片封装式样：

厂商	代码	芯片封装式样						
天津杰普智能卡有限公司	G							
湖南斯伦贝谢通信设备有限公司	H							
上海索立克智能卡有限公司	A							
江西捷德智能卡系统有限公司	J							
江苏恒宝股份有限公司	B							
珠海东信和平智能卡股份有限公司	Z（网通专用）							

中国网通 IC 省版电话卡 （CNC-IC-20××-S）

CNC-IC-2002-S1 开通纪念：中国网通企业理念诠释

中国网通发行的第一套 S 系列 IC 电话卡共四枚，每枚都印制了中国网通的企业形象宣传图并展示了企业理念。当时刚刚成立的中国网通通过卡面的优美画面向社会传递积极向上的企业价值观。目前已经发现除吉林版外的九个版本，另有辽宁加字版。本套卡不同版别之间在芯片面印制的"本卡只限在××销售和使用"字样有红、黑两种颜色。

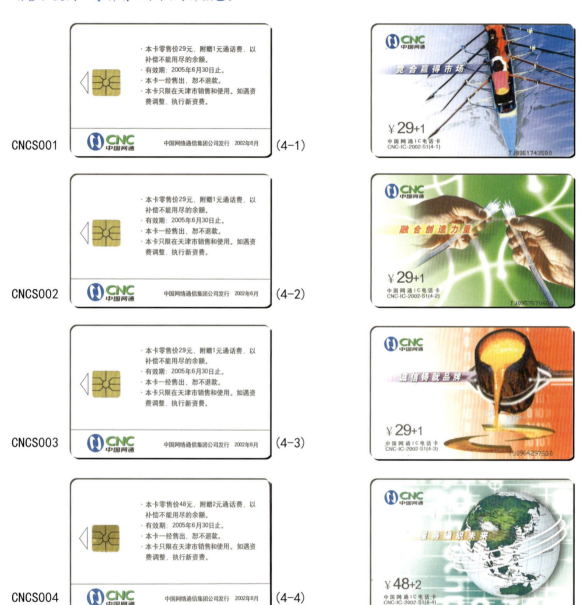

目前发现本套卡芯片封装：

1. 天津杰普智能卡有限公司（厂商代码 G）：北京（BJ）、天津（TJ）、河北（HJ）、山西（SX）、内蒙古（NM）、辽宁（LN）、黑龙江（HL）、山东（SD）、河南（HY）。
2. 江西捷德智能卡系统有限公司（厂商代码 J）：北京（BJ）、天津（TJ）、辽宁（LN）。

2002 年 6 月发行，有效期到 2005 年 6 月 30 日止。

中国网通 IC 省版电话卡（CNC-IC-20××-S）

CNC-IC-2002-S1　开通纪念：中国网通企业理念诠释—加"热烈庆祝中国网通集团辽宁省通信公司成立"字样

　　为庆祝中国网通集团辽宁省通信公司成立，中国网通在其发行的 CNC-IC-2002-S1 IC 电话卡上加"热烈庆祝中国网通集团辽宁省通信公司成立"字样。此加字卡在辽宁单省发行。

CNCS005　　　　　　　　（4-1）

CNCS006　　　　　　　　（4-2）

CNCS007　　　　　　　　（4-3）

CNCS008　　　　　　　　（4-4）

目前发现本套卡芯片封装：
天津杰普智能卡有限公司(厂商代码 G)：辽宁(LN)。

　　　　　　2002 年 6 月发行，有效期到 2005 年 6 月 30 日止。

中国网通 IC 省版电话卡（CNC-IC-20××-S）

CNC-IC-2002-S2 美丽的海滨城市——大连风光

　　中国网通风光系列第一套 IC 电话卡，一套四枚，选取辽宁省大连市的四个城市景观为画面，反映了中国改革开放以来在城市建设中取得的丰硕成果。本套卡不同版别之间在芯片面印制的"本卡只限在××销售和使用"字样有红、黑两种颜色。

　　大连，别称滨城，是辽宁省副省级市、计划单列市，中国首批沿海开放城市，位于辽宁省辽东半岛南端，地处黄海、渤海之滨，背依中国东北腹地，与山东半岛隔海相望，是中国东部沿海重要的经济、贸易、港口、工业、旅游城市。

目前发现本套卡芯片封装：

1. 湖南斯伦贝谢通信设备有限公司(厂商代码 H)：北京(BJ)、天津(TJ)、辽宁(LN)、黑龙江(HL)、山东(SD)、山西(SX)。
2. 上海索立克智能卡有限公司(厂商代码 A)：天津(TJ)、河北(HJ)、辽宁(LN)。
3. 天津杰普智能卡有限公司(厂商代码 G)：天津(TJ)。

　　2002 年 6 月发行，有效期到 2005 年 6 月 30 日止。

中国网通IC省版电话卡（CNC-IC-20××-S）

CNC-IC-2002-S3 乒乓球世界冠军—王楠

　　本套卡一套五枚，辽宁单省发行，本套卡多见的是江西捷德智能卡系统有限公司生产的，另外还有天津杰普智能卡有限公司生产的再版卡，发行量较大，本套卡发行时正值IC电话卡用量最大的时期，消耗量很大，所以新卡存世量稀少。

　　本套卡选用我国著名乒乓球运动员王楠的生活和体育比赛照片作为主画面。王楠是辽宁抚顺人，2000年获悉尼奥运会单打冠军、双打冠军，2008年获北京奥运会单打亚军、团体冠军，为我国的体育事业作出了巨大的贡献。

CNCS013　　　　　（5-1）

CNCS014　　　　　（5-2）

CNCS015　　　　　（5-3）

CNCS016　　　　　（5-4）

CNCS017　　　　　（5-5）

目前发现本套卡芯片封装：

1. 天津杰普智能卡有限公司(厂商代码G)：辽宁(LN)。
2. 江西捷德智能卡系统有限公司(厂商代码J)：辽宁(LN)。

2002年8月发行，有效期到2005年8月31日止。

中国网通 IC 省版电话卡（CNC-IC-20××-S）

CNC-IC-2002-S4 秦皇岛风光

　　中国网通推出的风光系列第二套 IC 电话卡一共四枚，选用著名的北方海滨城市秦皇岛的四个代表性景点为画面。本套卡当年在北京和天津被大量使用，消耗量极大。另有同图案的密码卡发行。

　　秦皇岛，河北省地级市，中国海滨城市，东北亚重要的对外贸易口岸，地处环渤海经济圈中心地带，是东北与华北两大经济区的结合部。

　　秦皇岛市旅游资源集山、河、湖、泉、瀑、洞、沙、海、关、城、港、寺、庙、园、别墅、候鸟与珍稀动植物等为一体，其类型十分丰富。

CNCS018　　　　　　　(4-1)

CNCS019　　　　(4-2)

CNCS020　　　　(4-3)

CNCS021　　　　(4-4)

目前发现本套卡芯片封装：

1. 天津杰普智能卡有限公司（厂商代码 G）：北京(BJ)、天津(TJ)。
2. 江西捷德智能卡系统有限公司（厂商代码 J）：北京(BJ)、天津(TJ)、河北(HJ)。
3. 湖南斯伦贝谢通信设备有限公司（厂商代码 H）：北京(BJ)、天津(TJ)、河北(HJ)、黑龙江(HL)。
4. 上海索立克智能卡有限公司（厂商代码 A）：北京(BJ)、天津(TJ)、河北(HJ)、辽宁(LN)、黑龙江(HL)、内蒙古(NM)、山东(SD)、山西(SX)。

2002 年 8 月发行，有效期到 2005 年 8 月 31 日止。

中国网通IC省版电话卡（CNC-IC-20××-S）

CNC-IC-2003-S1 农历癸未年——羊年

　　中国网通值羊年来临之际特发行羊年生肖IC电话卡一套，共一枚，同时发行同编号透明卡一套，共一枚。

　　生肖文化是中华民族的传统文化。农历2003年岁次癸未，未为羊，即2003年为生肖羊年。

CNCS022　　　　　　　　（1-1）

CNCS023　　　（1-1）

目前发现本套卡芯片封装：

天津杰普智能卡有限公司（厂商代码G）：北京(BJ，普/透)、天津(TJ，普/透)、河北(HJ，普)、辽宁(LN，普/透)、黑龙江(HL，普/透)、吉林(JL，透)、山东(SD，普/透)、山西(SX，普/透)、河南(HY，透)。

　　　　　　　　2003年1月发行，有效期到2006年1月31日止。

中国网通IC省版电话卡（CNC-IC-20××-S）

CNC-IC-2003-S2 民间艺术—唐山皮影

为弘扬中国传统艺术，中国网通立足北方十省，以河北唐山典型的民间艺术——唐山皮影为载体，于2003年1月推出了唐山皮影IC电话卡一套，共五枚。另有同图案的充值卡发行。

皮影是一种古老的民间传统艺术，流行于河北的唐山、承德、廊坊等地区以及东北三省各市县。它是一种有着精美的雕刻工艺、灵巧的操纵技巧和长于抒情的唱腔音乐的综合艺术。

CNCS024　　　　　　　（5-1）

CNCS025　　　　　　　（5-2）

CNCS026　　　　　　　（5-3）

CNCS027　　　　　　　（5-4）

CNCS028　　　　　　　（5-5）

目前发现本套卡芯片封装：
1. 天津杰普智能卡有限公司（厂商代码G）：天津(TJ)。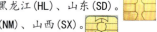
2. 江西捷德智能卡系统有限公司（厂商代码J）：天津(TJ)、河北(HJ)、辽宁(LN)、吉林(JL)、黑龙江(HL)、山东(SD)。
3. 湖南斯伦贝谢通信设备有限公司（厂商代码H）：北京(BJ)、天津(TJ)、黑龙江(HL)、内蒙古(NM)、山西(SX)。
4. 上海索立克智能卡有限公司（厂商代码A）：天津(TJ)。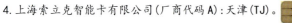

2003年1月发行，有效期到2006年1月31日止。

中国网通 IC 省版电话卡（CNC-IC-20××-S）

CNC-IC-2003-S3 辽宁葫芦岛风光

本套卡一共四枚，中国网通风光系列，辽宁地方题材，目前只发现有辽宁版，未发现有其他版别。

葫芦岛市是辽宁省下辖的一个地级市，是京沈线上重要的工业、旅游、军事城市之一，葫芦岛与大连、营口、秦皇岛、青岛等市构成环渤海经济圈，扼关内外之咽喉，是中国东北的西大门，为山海关外第一市。

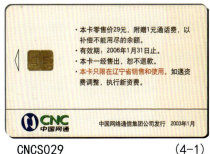

CNCS029　　　　　　　　（4-1）

CNCS030　　　　　　　　（4-2）

CNCS031　　　　　　　　（4-3）

CNCS032　　　　　　　　（4-4）

目前发现本套卡芯片封装：
江西捷德智能卡系统有限公司(厂商代码 J)：辽宁(LN)。

2003 年 1 月发行，有效期到 2006 年 1 月 31 日止。

中国网通IC省版电话卡（CNC-IC-20××-S）

CNC-IC-2003-S4 辽宁丹东风光

辽宁地方题材，中国网通风光系列，目前只发现有辽宁版，未发现有其他版别。

丹东市地处辽宁省东南部，东与朝鲜民主主义人民共和国的新义州市隔江相望，南临黄海，西接鞍山，西南与大连市毗邻，北与本溪市接壤。

CNCS033　　　　　　　　　　　　　（4-1）

CNCS034　　　　（4-2）

CNCS035　　　　（4-3）

CNCS036　　　　（4-4）

目前发现本套卡芯片封装：

1. 天津杰普智能卡有限公司(厂商代码G)：辽宁(LN)。
2. 江西捷德智能卡系统有限公司(厂商代码J)：辽宁(LN)。

2003年2月发行，有效期到2006年2月28日止。

CNC-IC-2003-S5 辽宁通信百年历史

辽宁地方题材。2003年值辽宁通信历史100周年暨中国网通集团辽宁省通信公司（原中国电信集团辽宁省电信公司）固定电话客户数突破1000万，中国网通特发行IC卡一套一枚。

目前发现本套卡芯片封装：
天津杰普智能卡有限公司(厂商代码G)：
辽宁(LN)。

CNCS037　　　　　　　　　　（1-1）

2003年3月发行，有效期到2006年3月31日止。

中国网通IC省版电话卡（CNC-IC-20××-S）

CNC-IC-2003-S6 北京工艺美术博物馆藏品——景泰蓝

中国传统文化系列，一套四枚。目前已发现八种版别的地方版，未发现内蒙古版和河南版。

景泰蓝，中国著名特种金属工艺品之一，景泰蓝正名"铜胎掐丝珐琅"，是一种在铜质的胎型上，用柔软的扁铜丝，掐成各种花纹焊上，然后把珐琅质的色釉填充在花纹内烧制而成的瓷器器物。因其在明朝景泰年间盛行，制作技艺比较成熟，使用的珐琅釉多以蓝色为主，故而得名"景泰蓝"。

不同厂家生产的本套卡的印刷色差较大。

CNCS038　　　　（4-1）

CNCS039　　　　（4-2）

CNCS040　　　　（4-3）

CNCS041　　　　（4-4）　　江西捷德智能卡系统有限公司生产　　上海索立克智能卡有限公司和
　　　　　　　　　　　　　　　　　　　　　　　　　　　　　　　　　天津杰普智能卡有限公司生产

目前发现本套卡芯片封装：

1. 天津杰普智能卡有限公司（厂商代码 G）：北京（BJ）、天津（TJ）。
2. 江西捷德智能卡系统有限公司（厂商代码 J）：北京（BJ）、辽宁（LN）、吉林（JL）、黑龙江（HL）、山东（SD）、河北（HJ）。
3. 湖南斯伦伦贝谢通信设备有限公司（厂商代码 H）：天津（TJ）、山东（SD）、山西（SX）。
4. 上海索立克智能卡有限公司（厂商代码 A）：天津（TJ）。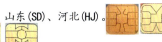

2003年3月发行，有效期到2006年3月31日止。

中国网通IC省版电话卡（CNC-IC-20××-S）

CNC-IC-2003-S7 辽宁鞍山风光

辽宁地方题材，中国网通风光系列，目前只发现有辽宁版，未发现有其他版别。本套卡有再版卡。

鞍山，辽宁省省辖市，因市区南部一形似马鞍的山峰而得名。鞍山是辽宁中部城市群与辽东半岛开发区的重要连接带。鞍山是中国最大的钢铁工业城市、新中国钢铁工业的摇篮，有着"共和国钢都"的美誉。

CNCS042　　　　　　（4-1）

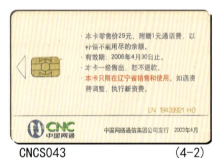
CNCS043　　　　　　（4-2）

CNCS044　　　　　　（4-3）

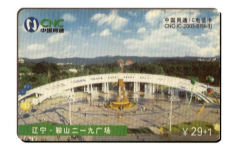

CNCS045　　　　　　（4-4）

目前发现本套卡芯片封装：
湖南斯伦贝谢通信设备有限公司(厂商代码H)：辽宁(LN)。

2003年4月发行，有效期到2006年4月30日止。

中国网通 IC 省版电话卡（CNC-IC-20××-S）

CNC-IC-2003-S8 辽宁本溪风光

辽宁地方题材，中国网通风光系列，目前只发现有辽宁版，未发现有其他版别。本套卡有再版卡。
本溪是辽宁省省辖市，位于辽宁东南部。本溪旅游资源丰富，是全国优秀旅游城市。

CNCS046　　　　　　　　　　(4-1)

| CNCS047 (4-2) | CNCS048 (4-3) | CNCS049 (4-4) |

目前发现本套卡芯片封装：

江西捷德智能卡系统有限公司（厂商代码 J）：辽宁（LN）。

2003 年 4 月发行，有效期到 2006 年 4 月 30 日止。

CNC-IC-2003-S9 第 35 届世界电信日

中国网通首套世界电信日题材，一套一枚。本年主题：帮助全人类沟通。
从本套卡开始，中国网通规范了序列号的喷码位置。

CNCS050　　　　　　　　　　(1-1)

目前发现本套卡芯片封装：

1. 天津杰普智能卡有限公司（厂商代码 G）：北京（BJ）、天津（TJ）、黑龙江（HL）、河南（HY）。

2. 湖南斯伦贝谢通信设备有限公司（厂商代码 H）：辽宁（LN）、山东（SD）、山西（SX）。

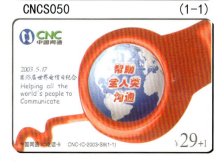

2003 年 5 月 17 日发行，有效期到 2006 年 5 月 31 日止。

15

中国网通IC省版电话卡（CNC-IC-20××-S）

CNC-IC-2003-S10 童话世界—水晶鞋与玫瑰花

　　中国网通童话系列，一套四枚。其设计风格和中国电信"小红帽"卡、"海的女儿"卡相一致，是为六一国际儿童节专门发行的IC电话卡。目前发现9种地方版，部分地方版别未见有全套发行。

　　《水晶鞋与玫瑰花》是《灰姑娘》多个故事版本中的一个，在欧洲民间广为流传。该故事通过灰姑娘与王子的爱情，反映了虽然生活很艰苦，但是要对未来充满希望，保持善良的心，最终一定会得到幸福的道理。

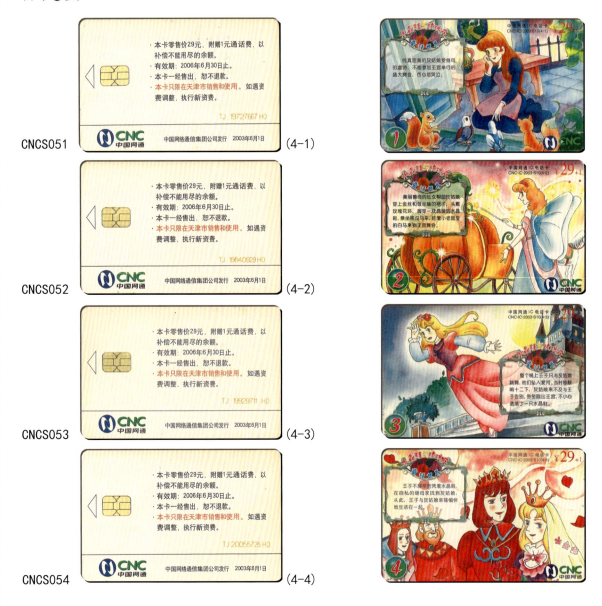

目前发现本套卡芯片封装：

1. 天津杰普智能卡有限公司（厂家代码 G）：北京（BJ）、天津（TJ）、辽宁（LN）、山西（SX）。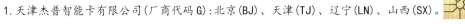
2. 江西捷德智能卡系统有限公司（厂家代码 J）：河北（HJ）、吉林（JL）、内蒙古（NM）、山东（SD）。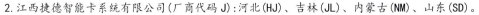
3. 湖南斯伦贝谢通信设备有限公司（厂家代码 H）：天津（TJ）。
4. 上海索立克智能卡有限公司（厂家代码 A）：黑龙江（HL）。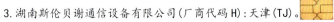

　　2003年6月1日发行，有效期到2006年6月30日止。

16

中国网通 IC 省版电话卡 (CNC-IC-20××-S)

CNC-IC-2003-S11 众志成城 抗击"非典"

2003年春末夏初，我国出现传染性非典型性肺炎病毒（简称"非典"），世界卫生组织(WHO)将其命名为重症急性呼吸综合征（SARS）。该传染病传播速度快，死亡率高，对人民群众的生命安全造成了严重的威胁。为配合对该病毒的防治宣传，中国网通发行了IC电话卡一套两枚。

CNCS055 (2-1)

CNCS056 (2-2)

目前发现本套卡芯片封装：
1. 天津杰普智能卡有限公司(厂商代码G)：北京(BJ)、天津(TJ)、辽宁(LN)、黑龙江(HL)、山东(SD)、山西(SX)。
2. 江西捷德智能卡系统有限公司(厂商代码J)：吉林(JL)、河南(HY)。

2003年6月发行，有效期到2006年6月30日止。

CNC-IC-2003-S12 古曲与民乐

为弘扬民族文化，中国网通发行了"古曲与民乐"IC卡一套两枚，分别以扬琴和鼓为主画面，体现了古曲与民乐的古典美。

CNCS057 (2-1)　　　CNCS058 (2-2)

目前发现本套卡芯片封装：
天津杰普智能卡有限公司(厂商代码G)：北京(BJ)、辽宁(LN)。

2003年6月发行，有效期到2006年6月30日止。

17

中国网通IC省版电话卡（CNC-IC-20××-S）

CNC-IC-2003-S13 禅悟小语（一）

中国网通人生哲理系列第一组，一套四枚。

禅之为境，注重的是以心传心，强调的是对事物的顿悟。世俗的羁绊太多，我们容易被眼前的名利所沾染，这时候，静下心，禅悟一下，或许会有种说不出的心境。

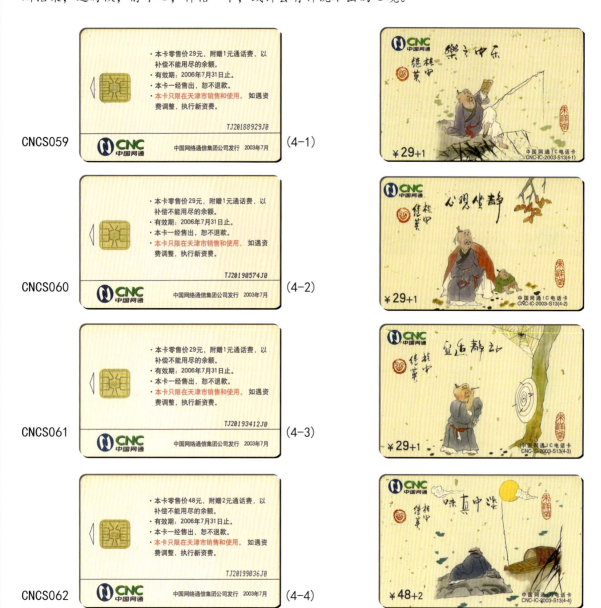

目前发现本套卡芯片封装：
1. 天津杰普智能卡有限公司(厂商代码 G)：北京(BJ)、黑龙江(HL)。
2. 江西捷德智能卡系统有限公司(厂商代码 J)：天津(TJ)、吉林(JL)、内蒙古(NM)、河南(HY)。
3. 湖南斯伦贝谢通信设备有限公司(厂商代码 H)：辽宁(LN)、内蒙古(NM)、山东(SD)。
4. 上海索立克智能卡有限公司(厂商代码 A)：山西(SX)。

2003年7月发行，有效期到2006年7月31日止。

中国网通IC省版电话卡（CNC-IC-20××-S）

CNC-IC-2003-S14 辽宁沈阳风光

辽宁地方题材，中国网通风光系列，单省发行。

沈阳是辽宁省省会，副省级城市，处于东北经济圈和环渤海经济圈的中心。沈阳是国家历史文化名城，素有"一朝发祥地，两代帝王都"之称。沈阳是我国以装备制造业为主的重工业城市，有"共和国长子"的美誉。

CNCS063　　　　　　　　（4-1）

CNCS064　　　　　　　　（4-2）

CNCS065　　　　　　　　（4-3）

CNCS066　　　　　　　　（4-4）

目前发现本套卡芯片封装：
上海索立克智能卡有限公司（厂商代码A）：辽宁（LN）。

2003年7月发行，有效期到2006年7月31日止。

中国网通IC省版电话卡 (CNC-IC-20××-S)

CNC-IC-2003-S15 纪念大连通信（原大连电信）固定电话突破200万

辽宁地方题材，辽宁单省发行，一套四枚。

　　2003年，大连通信固定电话装机总容量突破200万门，这是一个具有里程碑意义的数据，大连通信在改革开放大潮的引领下必将取得丰硕的成果。

CNCS067　　　　　　(4-1)

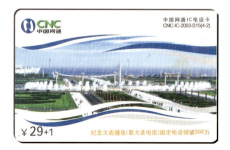

CNCS068　　　　　　(4-2)

CNCS069　　　　　　(4-3)

CNCS070　　　　　　(4-4)

目前发现本套卡芯片封装：
天津杰普智能卡有限公司(厂商代码G)：辽宁(LN)。

2003年7月发行，有效期到2006年7月31日止。

20

中国网通IC省版电话卡（CNC-IC-20××-S）

CNC-IC-2003-S16 辽宁铁岭风光（龙泉山庄）

辽宁地方题材，中国网通风光系列，辽宁单省发行，一套四枚。

本套卡选取电视连续剧《刘老根》的拍摄地铁岭龙泉山庄为主画面，因此本套卡也称"龙泉山庄"卡，发行初期，因画面无任何文字说明，有卡友依据第二枚的雪景称本套卡为"北国风光"卡。

CNCS071　　　　　　　　　　（4-1）

CNCS072　　　　　　　　　　（4-2）

CNCS073　　　　　　　　　　（4-3）

CNCS074　　　　　　　　　　（4-4）

目前发现本套卡芯片封装：
江西捷德智能卡系统有限公司（厂商代码J）：辽宁（LN）。

2003年7月发行，有效期到2006年7月31日止。

中国网通IC省版电话卡（CNC-IC-20××-S）

CNC-IC-2003-S17 向雷锋同志学习

　　一套四枚，辽宁地方题材。选取辽宁抚顺市四个纪念雷锋的景点作为主画面。抚顺是雷锋生前所在部队的驻地，是雷锋的第二故乡。

　　雷锋，1940年出生于湖南长沙，1960年参加中国人民解放军，同年加入中国共产党，1962年殉职。雷锋精神是中国人民的精神食粮，影响了一代又一代中国人的成长。

目前发现本套卡芯片封装：

湖南斯伦贝谢通信设备有限公司(厂商代码H)：辽宁(LN)。

2003年7月发行，有效期到2006年7月31日止。

中国网通 IC 省版电话卡（CNC-IC-20××-S）

CNC-IC-2003-S18 宽带中国 世界因你而广阔

一套两枚，中国网通为宣传其电信业务而发行的 IC 卡。本套卡芯片面有专门宣传网通宽带的"宽带中国"的 Logo。本套卡非芯片面有"IC 卡 橙卡"字样。

中国网通宽带"中国 CHINA169"是以原中国电信宽带互联网 CHINANET 的北方十省的互联网络为基础，经过大规模的改建而成的全新网络，具有结构简洁、覆盖范围广、设备先进、安全可靠性高等特点。

从本套卡开始中国网通规定志号的印刷位置在芯片的下方。

目前发现本套卡芯片封装：

1. 江西捷德智能卡系统有限公司（厂商代码 J）：北京(BJ)、黑龙江(HL)、山东(SD)、河南(HY)。

2. 湖南斯伦贝谢通信设备有限公司（厂商代码 H）：天津(TJ)、辽宁(LN)、黑龙江(HL)。

CNCS079　　　　　　　(2-1)

CNCS080　　　　　　　(2-2)

2003 年 8 月发行，有效期到 2006 年 8 月 31 日止。

CNC-IC-2003-S19 中秋节（一）明月寄相思

一套两枚，中国传统节日题材，中国网通多套中秋题材中的首套。

中秋节是中国的传统节日。中秋节自古便有祭月、赏月、吃月饼、看花灯、赏桂花、饮桂花酒等民俗，流传至今，经久不息。

CNCS081　　　　　　　(2-1)

CNCS082　　　　　　　(2-2)

目前发现本套卡芯片封装：
天津杰普智能卡有限公司(厂商代码 G)：天津(TJ)、辽宁(LN)。

2003 年 9 月发行，有效期到 2006 年 9 月 30 日止。

中国网通IC省版电话卡（CNC-IC-20××-S）

CNC-IC-2003-S20 民间工艺藏品—清代青花

本套卡一共五枚，以极具艺术特色的五种清代青花瓷为画面，配以不同的底色，给人以美的享受。

青花瓷器起源于唐代，元代发展成熟，从明代起成为中国瓷器生产的主流。到清代，青花瓷器仍占主导地位，无论是在工艺技术、绘画水平方面还是在产量方面都达到了历史上的又一高峰。

CNCS083　　　　　　　　　　　　　　（5-1）　　CNCS084　　　　　　　　　　　　　　（5-2）

CNCS085　　　　（5-3）　　CNCS086　　　　（5-4）　　CNCS087　　　　（5-5）

目前发现本套卡芯片封装：

1. 天津杰普智能卡有限公司（厂商代码G）：河北（HJ）、山东（SD）、山西（SX）。
2. 湖南斯伦贝谢通信设备有限公司（厂商代码H）：北京（BJ）、辽宁（LN）、吉林（JL）。
3. 上海索立克智能卡有限公司（厂商代码A）：黑龙江（HL）。
4. 江苏恒宝股份有限公司（厂商代码B）：山西（SX）。
5. 珠海东信和平智能卡股份有限公司（厂商代码Z）：黑龙江（HL）。

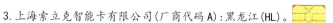

2003年9月发行，有效期到2006年9月30日止。

中国网通IC省版电话卡（CNC-IC-20××-S）

CNC-IC-2003-S21 香味卡--水果

本套卡一共四枚，是中国网通推出的首套特殊工艺的IC卡，卡面有淡淡的水果清香味。

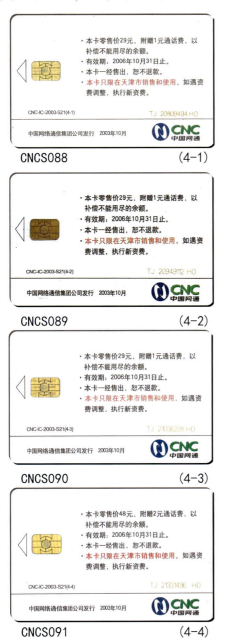

目前发现本套卡芯片封装：

1. 天津杰普智能卡有限公司(厂商代码 G)：北京(BJ)、辽宁(LN)、黑龙江(HL)、山西(SX)。
2. 江西捷德智能卡系统有限公司(厂商代码 J)：北京(BJ)。
3. 湖南斯伦贝谢通信设备有限公司(厂商代码 H)：天津(TJ)、吉林(JL)、河北(HJ)、山东(SD)、山西(SX)。
4. 上海索立克智能卡有限公司(厂商代码 A)：天津(TJ)。

2003年10月发行，有效期到2006年10月31日止。

中国网通IC省版电话卡（CNC-IC-20××-S）

CNC-IC-2003-S22 立体卡—白雪公主

一套一枚，中国网通首套3D工艺的电话卡。此卡有专为学生设计的打孔及学生专用格式，方便学生穿绳携带和记录。另有不打孔的卡。从本套卡开始出现双面印刷图案。

目前发现本套卡芯片封装：
江西捷德智能卡系统有限公司(厂商代码J)：天津(TJ)、辽宁(LN)、吉林(JL)、山东(SD)、山西(SX)。

CNCS092　　　　(1-1)

2003年10月发行，有效期到2006年10月31日止。

CNC-IC-2003-S23 学生卡之开心快乐上学去

一套一枚，为辽宁地方选题。本套卡为中国网通专门为学生设计的电话卡，芯片面有和"白雪公主"卡一样的学生专用格式。

目前发现本套卡芯片封装：

1. 天津杰普智能卡有限公司
(厂商代码G)：辽宁(LN)
2. 江西捷德智能卡系统有限公司
(厂商代码J)：辽宁(LN)

CNCS093　　　　(1-1)

2003年10月发行，有效期到2006年10月31日止。

CNC-IC-2003-S24 动物乐园之可爱表情

一套两枚，中国网通首套动物系列。

较多的高级哺乳动物和人类一样有着丰富的感情，这直观地表现在动物们丰富的表情上。本套卡选取大猩猩和水獭两种动物的表情，展现动物们萌宠可爱的形象。

CNCS094　　(2-1)　　CNCS095　　(2-2)

目前发现本套卡芯片封装：
天津杰普智能卡有限公司(厂商代码G)：
北京(BJ)、辽宁(LN)。

2003年10月发行，有效期到2006年10月31日止。

中国网通 IC 省版电话卡（CNC-IC-20××-S）

CNC-IC-2003-S25 立体卡—海洋鱼类

　　中国网通动物系列，一套四枚，三维立体 IC 电话卡。本套卡的非芯片面和大多数中国网通的 IC 卡不同，但同样是彩色印刷。

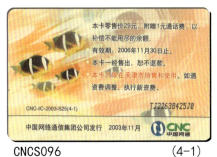

CNCS096　　　　　　　　（4-1）

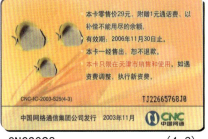

CNCS097　　　　　　　　（4-2）

CNCS098　　　　　　　　（4-3）

CNCS099　　　　　　　　（4-4）

目前发现本套卡芯片封装：

江西捷德智能卡系统有限公司（厂商代码 J）：北京(BJ)、天津(TJ)、河北(HJ)、辽宁(LN)、吉林(JL)、山东(SD)、山西(SX)、河南(HY)。

　　　　　　　2003 年 11 月发行，有效期到 2006 年 11 月 30 日止。

中国网通 IC 省版电话卡（CNC-IC-20××-S）

CNC-IC-2003-S26(A) 圣诞老人

一套四枚，中国网通外国节日题材。

CNCS100　　　　　　　　（4-1）

CNCS101　　　　　　　　（4-2）

CNCS102　　　　　　　　（4-3）

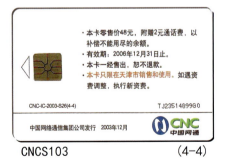
CNCS103　　　　　　　　（4-4）

目前发现本套卡芯片封装：
1. 天津杰普智能卡有限公司(厂商代码 G)：天津(TJ)、山东(SD)、山西(SX)。
2. 湖南斯伦贝谢通信设备有限公司(厂商代码 H)：北京(BJ)、天津(TJ)、辽宁(LN)、内蒙古(NM)、河南(HY)。
3. 上海索立克智能卡有限公司(厂商代码 A)：天津(TJ)。

2003 年 12 月发行，有效期到 2006 年 12 月 31 日止。

中国网通IC省版电话卡（CNC-IC-20××-S）

CNC-IC-2003-S26(B) 立体卡——圣诞老人

一套一枚，三维立体特殊工艺IC卡。本套卡和上一页的套卡共占同一编号，这种编号方式在中国网通的IC卡中很少见。

CNCS104　　　　　　　(1-1)

目前发现本套卡芯片封装：
江西捷德智能卡系统有限公司(厂商代码J)：北京(BJ)、天津(TJ)、辽宁(LN)、吉林(JL)、山东(SD)、河北(HJ)。

2003年12月发行，有效期到2006年12月31日止。

CNC-IC-2003-S27 辽宁省通信公司成立一周年纪念

辽宁地方题材，辽宁单省发行。

2002年6月，辽宁省通信公司成立，2003年10月，为纪念辽宁省通信公司成立一周年，特发行IC电话卡一套一枚。

CNCS105　　　　　　　(1-1)

目前发现本套卡芯片封装：
上海索立克智能卡有限公司(厂商代码A)：辽宁(LN)。

2003年10月发行，有效期到2006年10月31日止。

29

中国网通IC省版电话卡 (CNC-IC-20××-S)

CNC-IC-2003-S28 清宫乱弹戏画（一）

一套四枚，戏剧艺术题材。

本套卡中这些精细的戏剧人物画，不仅脸谱画得极为考究，而且人物所穿的褶、帔、氅、靠上的游龙团凤、八宝插底、折枝花卉、祥云立水等装饰图案也画得写实严谨，着墨之处，如织如绣，巧夺天工。

CNCS106　　　　　　　(4-1)　　　　　CNCS107　　　　　　　(4-2)

CNCS108　　　　　　　(4-3)　　　　　CNCS109　　　　　　　(4-4)

目前发现本套卡芯片封装：

1. 天津杰普智能卡有限公司(厂商代码G)：天津(TJ)、辽宁(LN)、山西(SX)。
2. 江西捷德智能卡系统有限公司(厂商代码J)：山东(SD)、河南(HY)。
3. 湖南斯伦贝谢通信设备有限公司(厂商代码H)：北京(BJ)、河北(HJ)。
4. 上海索立克智能卡有限公司(厂商代码A)：天津(TJ)。

2003年11月发行，有效期到2006年11月30日止。

中国网通IC省版电话卡 (CNC-IC-20××-S)

CNC-IC-2003-S29 珠光卡—丝绸之路·飞天

一套两枚，中国网通特殊工艺IC电话卡，本套卡为珠光工艺电话卡，主图为飞天形象，配以沙漠驼铃、西域边塞等背景，反映了丝绸之路的千年文化底蕴。

敦煌壁画中的飞天从十六国开始，历经十个朝代，历时千余年。由于朝代的更替、政权的转移、经济的变化、中西文化的频繁交流，飞天的艺术形象、姿态意境、风格情趣都在不断地变化，不同时代的不同艺术家，为我们留下了不同风格特点的飞天。

CNCS110   (2-1)

CNCS111   (2-2)

目前发现本套卡芯片封装：

天津杰普智能卡有限公司（厂商代码G）：北京(BJ)、天津(TJ)、辽宁(LN)、吉林(JL)、山东(SD)、山西(SX)。

2003年12月发行，有效期到2006年12月31日止。

中国网通 IC 省版电话卡（CNC-IC-20××-S）

CNC-IC-2004-S1 农历甲申年猴年

农历 2004 年，岁次甲申年，申属猴，是为生肖猴年。

中国网通值猴年来临之际特发行猴年生肖 IC 电话卡一套一枚，同时发行同编号透明卡一套一枚。

目前发现本套卡芯片封装：

1. 天津杰普智能卡有限公司(厂商代码 G)：天津(TJ，普/透)、河北(HJ，透)、辽宁(LN，普/透)、山西(SX，普/透)。
2. 湖南斯伦贝谢通信设备有限公司(厂商代码 H)：北京(BJ，普/透)、吉林(JL，普/透)、山东(SD，普/透)。

2004 年 1 月发行，有效期到 2007 年 1 月 31 日止。

中国网通 IC 省版电话卡 （CNC-IC-20××-S）

CNC-IC-2004-S2 杨柳青木版年画

中国网通发行的民俗文化系列一套四枚，选取了杨柳青木版年画中的"长命百岁""年年有余利""福寿三多"和"五子夺莲"这四个极富代表性的画面，反映了人们对美好生活的向往。

杨柳青木版年画与苏州的桃花坞年画并称"南桃北柳"。杨柳青木版年画继承了宋、元绘画的传统，吸收了明代木刻版画、工艺美术、戏剧舞台的形式，采用木板套印和手工彩绘相结合的方法，具有鲜明活泼、喜庆吉祥的独特风格。

CNCS114 (4-1)
CNCS115 (4-2)
CNCS116 (4-3)
CNCS117 (4-4)

目前发现本套卡芯片封装：
1. 天津杰普智能卡有限公司(厂商代码 G)：天津(TJ)、河北(HJ)。
2. 江西捷德智能卡系统有限公司(厂商代码 J)：北京(BJ)、辽宁(LN)、山东(SD)、吉林(JL)。
3. 湖南斯伦贝谢通信设备有限公司(厂商代码 H)：内蒙古(NM)。
4. 上海索立克智能卡有限公司(厂商代码 A)：山西(SX)。

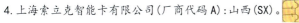

2004 年 1 月发行，有效期到 2007 年 1 月 31 日止。

中国网通 IC 省版电话卡（CNC-IC-20××-S）

CNC-IC-2004-S3 夜光艺术之花

　　一套四枚，摄影画面。本套卡为夜光材质，Logo、面值、花卉等元素在夜光下都会发光，极显夜光之美。

　　夜光艺术是将荧光剂用于画面的艺术，可使画面在没有光线的前提下形成另一种极致的美丽。

CNCS118　　　　　　　　　　(4-1)

CNCS119　　　　　　　　　　(4-2)

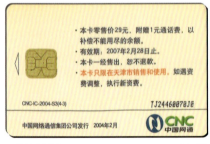  

CNCS120　　　　　　　　　　(4-3)

CNCS121　　　　　　　　　　(4-4)　　　　　普通光线下的画面　　　　　　夜光模式下的画面

目前发现本套卡芯片封装：
江西捷德智能卡系统有限公司(厂商代码J)：北京(BJ)、天津(TJ)、辽宁(LN)、吉林(JL)、山东(SD)、山西(SX)。

2004年2月发行，有效期到2007年2月28日止。

中国网通 IC 省版电话卡（CNC-IC-20××-S）

CNC-IC-2004-S4 情人节（一）

中国网通外国节日系列，一套两枚。

　　情人节为每年的公历2月14日，是西方国家的传统节日，现已成为全世界著名的浪漫节日。这是一个关于爱、浪漫、鲜花、巧克力和贺卡的节日，男女在这一天互送礼物表达爱意。

CNCS122　　　　　　　　　　（2-1）

CNCS123　　　　　　　　　　（2-2）

目前发现本套卡芯片封装：
1. 天津杰普智能卡有限公司(厂商代码 G)：北京(BJ)、天津(TJ)、山西(SX)。
2. 江西捷德智能卡系统有限公司(厂商代码 J)：吉林(JL)、河南(HY)。
3. 湖南斯伦贝谢通信设备有限公司(厂商代码 H)：辽宁(LN)、山东(SD)。

2004年2月发行，有效期到2007年2月28日止。

中国网通 IC 省版电话卡（CNC-IC-20××-S）

CNC-IC-2004-S5 新年快乐，万事灵通

中国网通第一枚贺年题材的 IC 电话卡，一套一枚。天津单市发行。

CNCS124　　　　　　　　　　　　　　　（1-1）

目前发现本套卡芯片封装：

天津杰普智能卡有限公司(厂商代码 G)：天津(TJ)。

2004 年 1 月发行，有效期到 2007 年 1 月 31 日止。

CNC-IC-2004-S6 时尚女性——紫外线变色卡

中国网通为三八妇女节专门发行的特殊工艺 IC 电话卡，一套两枚。卡面隐藏图案会在阳光的照射下显现、变色，可依此判断紫外线的强弱。

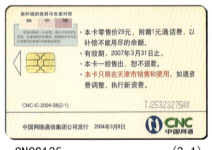  

CNCS125　　　　　　　　　　（2-1）

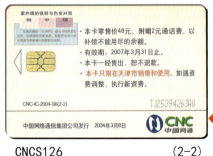

CNCS126　　　　（2-2）　照射紫外线后，卡面显现"3.8 时尚　　　未照射紫外线
　　　　　　　　　　　　　女性"以及花朵等隐形文字和图案。

目前发现本套卡芯片封装：

1. 江西捷德智能卡系统有限公司(厂商代码 J)：辽宁(LN)、吉林(JL)、内蒙古(NM)、山东(SD)、山西(SX)。
2. 湖南斯伦贝谢通信设备有限公司(厂商代码 H)：北京(BJ)、河北(HJ)。
3. 上海索立克智能卡有限公司(厂商代码 A)：天津(TJ)。

2004 年 3 月 8 日发行，有效期到 2007 年 3 月 31 日止。

中国网通 IC 省版电话卡 (CNC-IC-20××-S)

CNC-IC-2004-S7 清华大学张奉杉绘画作品选

卡面图案为清华大学美术学院张奉杉作品，本套卡一共五枚。

CNCS127　　(5-1)　　　　　　CNCS128　　(5-2)

CNCS129　(5-3)　　CNCS130　(5-4)　　CNCS131　(5-5)

目前发现本套卡芯片封装：

1. 天津杰普智能卡有限公司(厂商代码G)：北京(BJ)、天津(TJ)、辽宁(LN)、黑龙江(HL)、山西(SX)。
2. 江西捷德智能卡系统有限公司(厂商代码J)：河北(HJ)、吉林(JL)。
3. 湖南斯伦贝谢通信设备有限公司(厂商代码H)：天津(TJ)。

2004年3月发行，有效期到2007年3月31日止。

中国网通IC省版电话卡（CNC-IC-20××-S）

CNC-IC-2004-S8 关爱

中国网通动物系列，一套四枚。辽宁地方题材，单省发行。

　　此类命题的作品画面很难把握，但中国网通的本套卡通过四种动物画面的展现，反映了亲情、友情、爱情的力量，展现了来自自然的关爱之情。

CNCS132　　　　　　　　　　　(4-1)

CNCS133　　　　　　　　　　　(4-2)

CNCS134　　　　　　　　　　　(4-3)

CNCS135　　　　　　　　　　　(4-4)

目前发现本套卡芯片封装：

上海索立克智能卡有限公司(厂商代码A)：辽宁(LN)。

　　　　　　　　2004年3月发行，有效期到2007年3月31日止。

中国网通 IC 省版电话卡（CNC-IC-20××-S）

CNC-IC-2004-S9 老北京风情

中国网通地方民俗题材，一套四枚。

卡面以夸张的手法展现了"遛鸟""剃头匠""糖画"和"小吃"四种老北京的风土人情。

CNCS136  (4-1)

CNCS137  (4-2)

CNCS138  (4-3)

CNCS139  (4-4)

目前发现本套卡芯片封装：

1. 江西捷德智能卡系统有限公司(厂商代码 J)：北京(BJ)、河北(HJ)、山东(SD)、河南(HY)。
2. 湖南斯伦贝谢通信设备有限公司(厂商代码 H)：天津(TJ)、黑龙江(HL)。
3. 上海索立克智能卡有限公司(厂商代码 A)：天津(TJ)。
4. 珠海东信和平智能卡股份有限公司(厂商代码 Z)：山西(SX)。
5. 江苏恒宝股份有限公司(厂商代码 B)：辽宁(LN)、黑龙江(HL)。

2004 年 4 月发行，有效期到 2007 年 4 月 30 日止。

中国网通 IC 省版电话卡（CNC-IC-20××-S）

CNC-IC-2004-S10 天津泰达足球队

　　天津地方选题，单市发行，一套四枚。中国网通天津分公司为泰达的球员都发行过电话卡，但只有这四枚为 IC 卡，其余均为密码卡。

　　天津泰达足球俱乐部成立于 1998 年 2 月 16 日，2003 年 4 月改制为有限责任公司。

CNCS140　　　　　　　　　　（4-1）

CNCS141　　　　　　　　　　（4-2）

CNCS142　　　　　　　　　　（4-3）

CNCS143　　　　　　　　　　（4-4）

目前发现本套卡芯片封装：
天津杰普智能卡有限公司(厂商代码G)：天津(TJ)。

　　　　　2004 年 4 月发行，有效期到 2007 年 4 月 30 日止。

中国网通 IC 省版电话卡（CNC-IC-20××-S）

CNC-IC-2004-S11　天津新十景 A 组

天津地方选题，单市发行，一套两枚。

　　天津金街始建于 1902 年，1953 年更名为和平路，天津繁荣的象征。2000 年，改造后的和平路商业街与滨江街道连成一个"金十字"，取名金街。

CNCS144　　　　　　　　　　　　　　　　　　　　　　(2-1)

　　鼓楼坐落在天津旧城中心，四面开门，城中东西、南北两条大道在鼓楼交汇，原名钟鼓楼，上有对联"高敞快登临，看七十二沽往来帆影；繁华谁唤醒，听一百八杵早晚钟声"。21 世纪初，改造旧城建筑，又在原址重新建了一座新鼓楼，新鼓楼式样和原鼓楼一样，但更为高大，改为绿色琉璃瓦顶，并增加了汉白玉栏杆。

CNCS145　　　　　　　　　　　　　　　　　　　　　　(2-2)

目前发现本套卡芯片封装：
天津杰普智能卡有限公司（厂商代码 G）：天津（TJ）。

2004 年 4 月发行，有效期到 2007 年 4 月 30 日止。

CNC-IC-2004-S12　第 36 届世界电信日

世界电信日题材，一套一枚。

　　2004 年 5 月 17 日是第 36 届世界电信日，主题是"信息通信技术：实现可持续发展的途径"。

目前发现本套卡芯片封装：
湖南斯伦贝谢通信设备有限公司
（厂商代码 H）：北京（BJ）、天津（TJ）、
辽宁（LN）、黑龙江（HL）、山东（SD）、
山西（SX）、河南（HY）。

CNCS146　　　　　　　　　　　(1-1)

2004 年 5 月 17 日发行，有效期到 2007 年 5 月 31 日止。

41

中国网通 IC 省版电话卡（CNC-IC-20××-S）

CNC-IC-2004-S13 母亲节

中国网通节日题材，一套四枚。

母亲节，每年5月的第二个星期日，是一个感谢母亲的节日。

CNCS147　　　　　　　　　（4-1）

CNCS148　　　　　　　　　（4-2）

CNCS149　　　　　　　　　（4-3）

CNCS150　　　　　　　　　（4-4）

本套卡不同生产厂商的图案有互相倒置现象。

目前发现本套卡芯片封装：

1. 天津杰普智能卡有限公司(厂商代码G)：天津(TJ)、山东(SD)、山西(SX)、河南(HY)
2. 江西捷德智能卡系统有限公司(厂商代码J)：北京(BJ)、吉林(JL)
3. 上海索立克智能卡有限公司(厂商代码A)：天津(TJ)、黑龙江(HL)
4. 珠海东信和平智能卡股份有限公司(厂商代码Z)：辽宁(LN)

2004年5月发行，有效期到2007年5月31日止。

中国网通IC省版电话卡（CNC-IC-20××-S）

CNC-IC-2004-S14 童话世界—《拇指姑娘》

　　中国网通童话系列，一套四枚，是中国网通继2003年发行"水晶鞋与玫瑰花"卡之后又一套童话题材的IC电话卡，是为六一儿童节专门发行的IC电话卡。

　　在《拇指姑娘》的故事中，拇指姑娘虽然身材小得微不足道，生活的环境也很艰苦，但她向往光明和自由，并有一颗善良的心。最后她终于和燕子一起飞往自由、美丽的花王国，过上了幸福美满的生活。

CNCS151　　　　　　　　　（4-1）

CNCS152　　　　　　　（4-2）

CNCS153　　　　　　　（4-3）

CNCS154　　　　　　　（4-4）

目前发现本套卡芯片封装：

1. 天津杰普智能卡有限公司（厂商代码G）：北京（BJ）、天津（TJ）。
2. 江西捷德智能卡系统有限公司（厂商代码J）：辽宁（LN）、吉林（JL）。
3. 上海索立克智能卡有限公司（厂商代码A）：天津（TJ）。
4. 珠海东信和平智能卡股份有限公司（厂商代码Z）：北京（BJ）、黑龙江（HL）、山西（SX）、河南（HY）。
5. 江苏恒宝股份有限公司（厂商代码B）：山东（SD）。

2004年6月1日发行，有效期到2007年6月30日止。

中国网通 IC 省版电话卡（CNC-IC-20××-S）

CNC-IC-2004-S15 禅悟小语（二）

中国网通人生哲理系列，一套四枚，在已见发行的版别中河北和吉林版部分发行。

四枚卡卡面的禅语分别是"得时便休，了时无了""心无物欲，坐有琴书""一念贪私，万劫不复""心月开朗，水月无碍"。

CNCS155　　　　　　　　（4-1）

CNCS156　　　　　　（4-2）

CNCS157　　　　　　（4-3）

CNCS158　　　　　　（4-4）

目前发现本套卡芯片封装：

1. 天津杰普智能卡有限公司(厂商代码 G)：北京(BJ)、天津(TJ)、山东(SD)、山西(SX)。

2. 江西捷德智能卡系统有限公司(厂商代码 J)：河北(HJ)、辽宁(LN)、吉林(JL)、河南(HY)。

3. 湖南斯伦贝谢通信设备有限公司(厂商代码 H)：天津(TJ)。

4. 上海索立克智能卡有限公司(厂商代码 A)：天津(TJ)。

5. 江苏恒宝股份有限公司(厂商代码 B)：山西(SX)。

2004 年 7 月发行，有效期到 2007 年 7 月 31 日止。

中国网通IC省版电话卡（CNC-IC-20××-S）

CNC-IC-2004-S16 中国人民解放军建军77周年

　　一套一枚，中国网通首套军事题材IC电话卡。本套卡采用镭射技术，更加鲜明地表现了中国人民解放军77年的辉煌历程。

　　八一建军节是中国人民解放军建军纪念日，定于每年的8月1日，由中国人民革命军事委员会设立，是纪念中国工农红军成立的节日。

CNCS159　　　　　　　　　（1-1）

目前发现本套卡芯片封装：
1. 天津杰普智能卡有限公司(厂商代码G)：北京(BJ)、天津(TJ)、辽宁(LN)、山西(SX)。
2. 上海索立克智能卡有限公司(厂商代码A)：山东(SD)。

2004年8月1日发行，有效期到2007年8月31日止。

中国网通 IC 省版电话卡（CNC-IC-20××-S）

CNC-IC-2004-S17 海之韵

中国网通海洋生物题材，以海洋中的贝壳类为主要画面，一套四枚。

海洋有着丰富的物产，贝壳是海洋生物的一个大类，是海洋生物大家庭的成员之一。

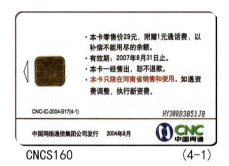
CNCS160　　　　　　　（4-1）

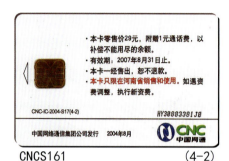
CNCS161　　　　　　　（4-2）

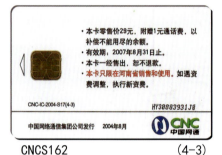
CNCS162　　　　　　　（4-3）

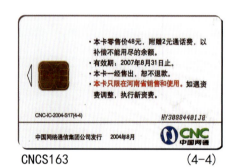
CNCS163　　　　　　　（4-4）

本套卡不同生产厂商的图案有互相倒置现象。

目前发现本套卡芯片封装：

1. 天津杰普智能卡有限公司(厂商代码 G)：天津(TJ)、辽宁(LN)、山东(SD)。
2. 江西捷德智能卡系统有限公司(厂商代码 J)：河北(HJ)、吉林(JL)、河南(HY)。
3. 湖南斯伦贝谢通信设备有限公司(厂商代码 H)：天津(TJ)。
4. 上海索立克智能卡有限公司(厂商代码 A)：天津(TJ)。
4. 珠海东信和平智能卡股份有限公司(厂商代码 Z)：山西(SX)。
5. 江苏恒宝股份有限公司(厂商代码 B)：黑龙江(HL)、山西(SX)。

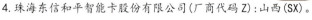

2004 年 8 月发行，有效期到 2007 年 8 月 31 日止。

中国网通 IC 省版电话卡 （CNC-IC-20××-S）

CNC-IC-2004-S18 蝶恋花

中国网通三维立体 IC 电话卡，一套四枚，辽宁、吉林、山东、山西、河南、黑龙江有发行。

蝴蝶，昆虫纲，是大自然中一种很美丽的昆虫，它美在自然，美在和谐，所以被称为大自然的精灵。

CNCS164　　　　　　　（4-1）

CNCS165　　　　　　　（4-2）

CNCS166　　　　　　　（4-3）

CNCS167　　　　　　　（4-4）

目前发现本套卡芯片封装：
1. 天津杰普智能卡有限公司(厂商代码 G)：辽宁(LN)、山西(SX)。
2. 江西捷德智能卡系统有限公司(厂商代码 J)：吉林(JL)、黑龙江(HL)、山东(SD)、河南(HY)。

2004 年 9 月 10 日发行，有效期到 2007 年 9 月 30 日止。

中国网通 IC 省版电话卡（CNC-IC-20××-S）

CNC-IC-2004-S19 璀璨北京

中国网通城市风光题材，一套四枚，北京、辽宁、山东、河北、吉林和黑龙江等省市有发行。

以北京日新月异的现代化建设城市景观为主图，选取夜幕下的景山、中华世纪坛、天安门前和城市街道四个夜景为主画面，反映了改革开放后北京现代化建设取得的丰硕成果。

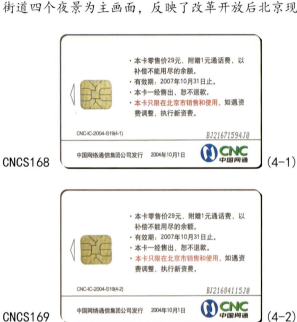

CNCS168 (4-1)

CNCS169 (4-2)

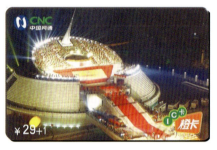

CNCS170 (4-3)

CNCS171 (4-4)

目前发现本套卡芯片封装：

1. 天津杰普智能卡有限公司(厂商代码 G)：辽宁(LN)、黑龙江(HL)。
2. 江西捷德智能卡系统有限公司(厂商代码 J)：北京(BJ)、河北(HJ)、吉林(JL)。
3. 湖南斯伦贝谢通信设备有限公司(厂商代码 H)：北京(BJ)。
4. 珠海东信和平智能卡股份有限公司(厂商代码 Z)：山东(SD)。

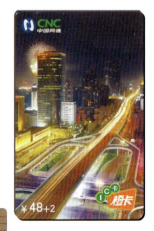

2004 年 10 月 1 日发行，有效期到 2007 年 10 月 31 日止。

中国网通IC省版电话卡（CNC-IC-20××-S）

CNC-IC-2004-S20 清宫乱弹戏画（二）— 梅兰芳纪念馆藏品

　　本套卡是中国网通发行的清宫乱弹戏画第二组，一套四枚。北京、辽宁、黑龙江、山东和内蒙古有发行。

　　本套卡的图案选用了梅兰芳纪念馆藏品，反映了中国戏画艺术之美。

CNCS172　　　　　　　　（4-1）

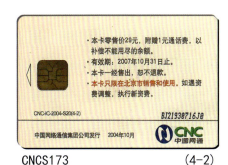
CNCS173　　　　　　　　（4-2）

CNCS174　　　　　　　　（4-3）

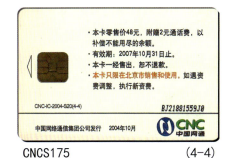
CNCS175　　　　　　　　（4-4）

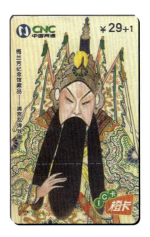   

目前发现本套卡芯片封装：

1. 天津杰普智能卡有限公司（厂商代码 G）：北京(BJ)、内蒙古(NM)、吉林(JL)。
2. 江西捷德智能卡系统有限公司（厂商代码 J）：北京(BJ)、山东(SD)。
3. 上海索立克智能卡有限公司（厂商代码 A）：辽宁(LN)、黑龙江(HL)。

　　　　　　　2004年10月发行，有效期到2007年10月31日止。

中国网通IC省版电话卡（CNC-IC-20××-S）

CNC-IC-2004-S21 太空嬉哈族

中国网通首套动漫题材的IC电话卡，一套四枚。本套卡河南未见实卡发行，但见有样卡。

《太空嬉哈族》是由韩国二维动画制作Sunwoo娱乐公司、韩国KBS电视台与上海美术电影制片厂共同投资、联手打造的首部中韩合资的卡通巨片。

故事的主人公嬉哈鸭和玩具王子生活在和平、宁静的宇宙中，和他们一起生活的还有机器人——阿力古。这些朋友在认真热情的工作中，总有一些意想不到的事情发生，或有一些不好的事情影响并打乱他们的生活。复杂的太空世界有着各式各样的困难，考验着小伙伴们的勇气和智慧。他们总是乐观、自信地应对着所有的困难，闯过了一个个难关。

CNCS176　(4-1)

CNCS177　(4-2)

CNCS178　(4-3)

CNCS179　(4-4)

目前发现本套卡芯片封装：

1. 上海索立克智能卡有限公司（厂商代码A）：辽宁（LN）。
2. 珠海东信和平智能卡股份有限公司（厂商代码Z）：吉林（JL）。
3. 江苏恒宝股份有限公司（厂商代码B）：黑龙江（HL）、山东（SD）。

2004年11月发行，有效期到2007年11月30日止。

中国网通 IC 省版电话卡（CNC-IC-20××-S）

CNC-IC-2004-S22 2004年圣诞节

  中国网通圣诞节系列第二组，一套四枚。山西未见全套发行，其余发行的省市全套发行。

CNCS180   (4-1)

CNCS181   (4-2)

CNCS182   (4-3)

CNCS183   (4-4)

  本套卡为中国网通早期卡中特有的有效期为两年的 IC 卡。

目前发现本套卡芯片封装：

1. 天津杰普智能卡有限公司（厂商代码 G）：天津（TJ）、辽宁（LN）、山西（SX）。
2. 江西捷德智能卡系统有限公司（厂商代码 J）：吉林（JL）、黑龙江（HL）。
3. 湖南斯伦贝谢通信设备有限公司（厂商代码 H）：山东（SD）。

      2004年12月发行，有效期到2006年12月31日止。

中国网通IC省版电话卡（CNC-IC-20××-S）

CNC-IC-2004-S23 天津建城600周年纪念

2004年11月，值天津建城600周年之际，中国网通发行纪念IC卡一套两枚，天津单市发行，在CNC-IC-2004-S11天津新十景套卡上加字：天津建城600周年。

本套卡主图仍是天津金街和鼓楼，但金街画面无"商贸金街昌万象"字样，"鼓楼"画面无"盛世鼓楼钟"字样，其他画面都一样。

天津自古因漕运而兴起，明永乐二年十一月二十一日（1404年12月23日）正式筑城，是中国古代唯一有确切建城时间记录的城市，历经600多年，造就了天津中西合璧、古今兼容的独特城市风貌。

CNCS184　　　　（2-1）

CNCS185　　　　（2-2）

目前发现本套卡芯片封装：
天津杰普智能卡有限公司(厂商代码G)：天津(TJ)。

2004年12月发行，有效期到2007年12月31日止。

CNC-IC-2005-S1 农历乙酉年鸡年（透明版）

中国网通值鸡年来临之际特发行鸡年生肖IC电话卡一套一枚，与往年不同的是本年只发行透明版。

农历2005年，岁次乙酉年，酉属鸡，为生肖鸡年。

目前发现本套卡芯片封装：
天津杰普智能卡有限公司(厂商代码G)：北京(BJ)、天津(TJ)、　　CNCS186　　　（1-1）
河北(HJ)、辽宁(LN)、吉林(JL)、黑龙江(HL)、山东(SD)、山西(SX)。

2005年1月发行，有效期到2008年1月31日止。

中国网通IC省版电话卡（CNC-IC-20××-S）

CNC-IC-2005-S2 东北虎

中国网通动物系列，一套四枚，画面极富美感。

东北虎，体色夏毛棕黄色，冬毛淡黄色，背部和体侧有多条横列窄黑色条纹，头大而圆，前额黑色条纹中间贯穿，呈"王"字。东北虎栖居于森林、灌木和野草丛生的地方，独居，有领域行为，主要分布于西伯利亚、朝鲜半岛和我国东北地区。

CNCS187　　　　　　　　（4-1）

CNCS188　　　　　　　　（4-2）

CNCS189　　　　　　　　（4-3）

CNCS190　　　　　　　　（4-4）

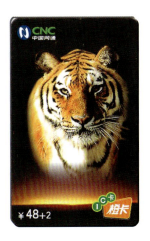

目前发现本套卡芯片封装：

江西捷德智能卡系统有限公司(厂商代码J)：河北(HJ)、辽宁(LN)、山东(SD)、吉林(JL)。

2005年1月发行，有效期到2008年1月31日止。

53

中国网通 IC 省版电话卡（CNC-IC-20××-S）

CNC-IC-2005-S3 新春纳福

中国网通贺年系列，辽宁省地方题材，辽宁单省发行，一套一枚。

  福文化历史悠久，与中华民族发展同步，是中华民族的基因文化之一。福文化是中华亿万人民的精神寄托，为每个中华儿女所认同和推崇，是维系各民族间手足情感，团结各阶层，推动中华民族不断发展前行的最强有力的文化纽带之一。

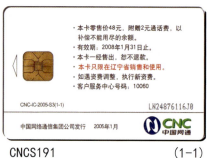

CNCS191　　　　　　　　　（1-1）

目前发现本套卡芯片封装：
江西捷德智能卡系统有限公司(厂商代码J)：辽宁(LN)。

2005年1月发行，有效期到2008年1月31日止。

54

中国网通IC省版电话卡（CNC-IC-20××-S）

CNC-IC-2005-S4 天津百年老字号

中国网通天津地方题材，单市发行，一套四枚。

选取谦祥益、瑞蚨祥、瑞昌祥和狗不理四个天津著名的老字号，以紫红色为画面主色调，以体现百年老店厚重的文化底蕴。

谦祥益——京津八大祥之一，始建于清道光年间，是当时规模最大的丝绸经营店。

瑞蚨祥——京津八大祥之一，1862年（清同治元年）创建于济南，获得"中华老字号""非物质文化遗产"等多项殊荣。

瑞昌祥——天津估衣街百年老字号，起源于清光绪庚子年（1900年）。"瑞昌祥"三字皆为吉字，代表着"祥瑞""祥和"和"昌盛"的美好含义。

狗不理——天津著名小吃，其始创于公元1858年（清朝咸丰年间）。

CNCS192　　　　　　(4-1)

CNCS193　　　　　　(4-2)

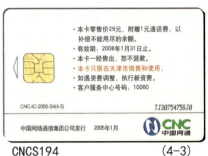
CNCS194　　　　　　(4-3)

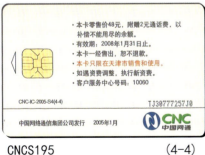
CNCS195　　　　　　(4-4)

目前发现本套卡芯片封装：
江西捷德智能卡系统有限公司（厂商代码J）：天津（TJ）。

2005年1月发行，有效期到2008年1月31日止。

中国网通IC省版电话卡（CNC-IC-20××-S）

CNC-IC-2005-S5 天津网通2005年拜年卡

中国网通天津题材，天津单市发行，一套两枚。2005年为生肖鸡年，本套卡选用红色剪纸为主图，配以同色背景色调，喜庆吉祥，是天津单市发行的第二套拜年卡。

CNCS196 (2-1)　　CNCS197 (2-2)

目前发现本套卡芯片封装：
天津杰普智能卡有限公司（厂商代码G）：天津(TJ)。

2005年2月发行，有效期到2008年2月29日止。

CNC-IC-2005-S6 情人节（二）

天津单市发行，一套两枚，中国网通外国节日题材。

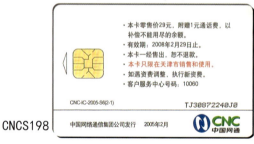

CNCS198 (2-1)　　CNCS199 (2-2)

目前发现本套卡芯片封装：
江西捷德智能卡系统有限公司
（厂商代码J）：天津(TJ)。

2005年2月发行，有效期到2008年2月29日止。

中国网通 IC 省版电话卡（CNC-IC-20××-S）

CNC-IC-2005-S7 雪乡

中国网通雪景系列第一组，一套四枚。北京、天津、辽宁、吉林和山东有发行。

景色秀丽、民风淳朴、气候独特的中国雪乡，积雪期间，皑皑白雪千姿百态，从初冬冰花乍放的清晰到早春雾凇涓流的婉约，无时无刻不散发着雪的神韵，白雪、红日、雪峰、祥云完美地结合在一起，构成雪乡一幅美丽圣洁的图画。

CNCS200　　　　　　（4-1）

CNCS201　　　　　　（4-2）

CNCS202　　　　　　（4-3）

CNCS203　　　　　　（4-4）

目前发现本套卡芯片封装：
1. 天津杰普智能卡有限公司（厂商代码G）：北京(BJ)、天津(TJ)、辽宁(LN)、吉林(JL)。
2. 上海索立克智能卡有限公司（厂商代码A）：山东(SD)。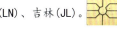

2005年2月发行，有效期到2008年2月29日止。

中国网通 IC 省版电话卡 (CNC-IC-20××-S)

CNC-IC-2005-S8 音乐人生

一套四枚，目前发现北京、天津、吉林和黑龙江四省有发行。
本套卡以漫画的形式反映了现代年轻人的音乐生活。

CNCS204　　　　　　　　(4-1)

CNCS205　　　　　　　　(4-2)

CNCS206　　　　　　　　(4-3)

CNCS207　　　　　　　　(4-4)

   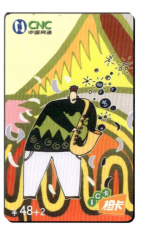

目前发现本套卡芯片封装：

1. 天津杰普智能卡有限公司(厂商代码 G)：天津(TJ)、黑龙江(HL)。

2. 江西捷德智能卡系统有限公司(厂商代码 J)：北京(BJ)、吉林(JL)。

2005 年 4 月发行，有效期到 2008 年 4 月 30 日止。

中国网通 IC 省版电话卡（CNC-IC-20××-S）

CNC-IC-2005-S9 网络人生

中国网通虚拟数据题材 IC 电话卡，一套两枚，目前只发现河北省有发行。

CNCS208　　　　　　　　　　（2-1）

CNCS209　　　　　　　　　　（2-2）

目前发现本套卡芯片封装：
江西捷德智能卡系统有限公司(厂商代码 J)：河北(HJ)。

2005 年 4 月发行，有效期到 2008 年 4 月 30 日止。

中国网通 IC 省版电话卡（CNC-IC-20××-S）

CNC-IC-2005-S10 中国电影百年

2005年，中国电影诞生100周年，中国网通发行IC电话卡一套三枚，以资纪念。

1905年，中国第一部电影《定军山》在北京的丰泰照相馆诞生，著名京剧老生表演艺术家谭鑫培在镜头前表演了自己最拿手的几个片段。片子随后被拿到前门大观楼熙攘的人群中放映，万人空巷。这是有记载的中国人自己摄制的第一部电影，标志着中国电影的诞生。

CNCS210　　　　　　　（3-1）

CNCS211　　　　　　　（3-2）

CNCS212　　　　　　　（3-3）

本套卡不同生产厂商主画面图案有互相倒置现象。

目前发现本套卡芯片封装：

1. 天津杰普智能卡有限公司(厂商代码G)：
   北京(BJ)、天津(TJ)、山东(SD)。
2. 江苏恒宝股份有限公司(厂商代码B)：
   河北(HJ)、吉林(JL)。

2005年5月发行，有效期到2008年5月31日止。

CNC-IC-2005-S11 第37届世界电信日

中国网通电信日系列，一套一枚。

2005年5月17日是第37届世界电信日，主题：行动起来，创建公平的信息社会。

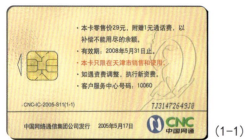
CNCS213　　　　　　　　　　　　　　　　（1-1）

目前发现本套卡芯片封装：
江西捷德智能卡系统有限公司(厂商代码J)：北京(BJ)、天津(TJ)、山东(SD)、辽宁(LN)。
2005年5月17日发行，有效期到2008年5月31日止。

中国网通 IC 省版电话卡（CNC-IC-20××-S）

CNC-IC-2005-S12 童话世界—《大人国和小人国》

中国网通世界童话故事系列第三组，一套四枚，为六一儿童节专门发行的 IC 电话卡。

《大人国和小人国》为《格列佛游记》中的故事，讲述了一个叫格列佛的英国旅游者在旅游的过程中在小人国和大人国的奇异经历。

CNCS214　　　　　　　　（4-1）

CNCS215　　　　　　　　（4-2）

CNCS216　　　　　　　　（4-3）

CNCS217　　　　　　　　（4-4）

目前发现本套卡芯片封装：

江西捷德智能卡系统有限公司(厂商代码 J)：北京(BJ)、天津(TJ)、辽宁(LN)、山东(SD)。

2005 年 6 月 1 日发行，有效期到 2008 年 6 月 30 日止。

中国网通 IC 省版电话卡（CNC-IC-20××-S）

CNC-IC-2005-S13 莹雪

中国网通雪景系列第二组，黑龙江地方题材，单省发行，一套四枚。

雪是水在固态的一种形式。北方因气候寒冷，特别是我国的东北地区，每年积雪期很长。晶莹剔透的雪，一堆堆、一团团、一束束，美到极致。洁白如玉的雪在东北特有的大红灯笼的照耀下，宛如天上的朵朵白云飘落人间，幻化无穷。

CNCS218　　　　　（4-1）

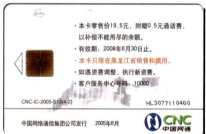 

CNCS219　　　　　（4-2）

CNCS220　　　　　（4-3）

CNCS221　　　　　（4-4）

目前发现本套卡芯片封装：
天津杰普智能卡有限公司（厂商代码 G）：黑龙江（HL）。

2005 年 6 月发行，有效期到 2008 年 6 月 30 日止。

中国网通 IC 省版电话卡 （CNC-IC-20××-S）

CNC-IC-2005-S14 欧风汉韵北安桥

天津地方题材，单市发行，一套一枚。

北安桥位于天津和平区和河北区的交界处，现为钢筋水泥桥，桥头雕塑采用西洋表现手法，并采用中国传统的雕塑艺术，青龙、白虎、朱雀、玄武的设计寓意四方平安，桥墩正面装饰盘龙，桥栏柱四尊舞姿各异的乐女造型高贵典雅。北安桥是古典与时尚、东方和西方艺术的完美结合，是海河上面一道亮丽的风景线。

CNCS222　　　　　　　　　（1-1）

目前发现本套卡芯片封装：
天津杰普智能卡有限公司(厂商代码 G)：天津(TJ)。

2005 年 6 月发行，有效期到 2008 年 6 月 30 日止。

CNC-IC-2005-S15 假日宽带安装大优惠

河北地方题材，单省发行，一套一枚。本套卡为宽带安装赠送的专用 IC 卡，有效期只有 6 个月。为配合暑期电信业务，中国网通河北分公司推出了安装宽带大优惠的业务。

CNCS223　　　　　　　　　（1-1）

目前发现本套卡芯片封装：
天津杰普智能卡有限公司(厂商代码 G)：河北(HJ)。

2005 年 6 月发行，有效期到 2005 年 12 月 31 日止。

中国网通 IC 省版电话卡（CNC-IC-20××-S）

CNC-IC-2005-S16 清凉一夏

　　河北地方题材，单省发行，一套一枚。本套卡为宽带安装赠送的专用 IC 卡，有效期为一年。卡面图案和 CNC-IC-2005-S15 一样，只是广告用语和面值不同。

　　为配合暑期电信业务，中国网通河北分公司推出了安装宽带大优惠的业务。

CNCS224　　　　　　　　　　（1-1）

目前发现本套卡芯片封装：
天津杰普智能卡有限公司(厂商代码 G)：河北(HJ)。

2005 年 6 月发行，有效期到 2006 年 6 月 30 日止。

CNC-IC-2005-S17 暑期大促销

　　河北地方题材，单省发行，一套一枚。本套卡面值为 20 元，赠送金额为 15 元，有效期为一年。中国网通河北分公司推出了暑期优惠业务。

CNCS225　　　　　　　　　　（1-1）

目前发现本套卡芯片封装：
江苏恒宝股份有限公司(厂商代码 B)：河北(HJ)。

2005 年 6 月发行，有效期到 2006 年 6 月 30 日止。

中国网通 IC 省版电话卡（CNC-IC-20××-S）

CNC-IC-2005-S18 禅悟小语（三）

中国网通人生哲理系列第三组，一套四枚。

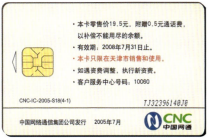
CNCS226　　　　　　　　（4-1）

CNCS227　　　　　　　　（4-2）

CNCS228　　　　　　　　（4-3）

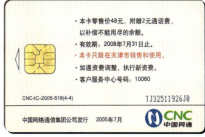
CNCS229　　　　　　　　（4-4）

目前发现本套卡芯片封装：

1. 天津杰普智能卡有限公司(厂商代码 G)：北京(BJ)、天津(TJ)、辽宁(LN)、山西(SX)。
2. 江西捷德智能卡系统有限公司(厂商代码 J)：北京(BJ)、天津(TJ)、吉林(JL)、内蒙古(NM)、山东(SD)。
3. 湖南斯伦贝谢通信设备有限公司(厂商代码 H)：内蒙古(NM)。

2005 年 7 月发行，有效期到 2008 年 7 月 31 日止。

中国网通 IC 省版电话卡（CNC-IC-20××-S）

CNC-IC-2005-S19 石家大院

天津地方题材，单市发行，一套两枚。

石家大院位于天津杨柳青，体现了清代汉族民居建筑的独特风格。石家祖籍山东，祖辈靠漕运发家，清乾隆年间开始定居杨柳青。

CNCS230　　　(2-1)

CNCS231　　　(2-2)

目前发现本套卡芯片封装：
天津杰普智能卡有限公司
（厂商代码 G）：天津(TJ)。

2005 年 8 月发行，有效期到 2008 年 8 月 31 日止。

CNC-IC-2005-S20 纪念中国人民抗日战争暨世界反法西斯战争胜利六十周年

2005 年值中国人民抗日战争暨世界反法西斯战争胜利六十周年之际，中国网通发行 IC 卡一套两枚，以资纪念。

1945 年 9 月 2 日，日本向盟军投降仪式在东京湾密苏里号军舰上举行。在包括中国在内的 9 个受降国代表的注视下，日本在投降书上签字。这是中国近代以来反侵略历史上的第一次全面胜利，也为世界反法西斯战争的胜利做出了巨大贡献。之后每年的 9 月 3 日，被确定为中国人民抗日战争胜利纪念日。

目前发现本套卡芯片封装：
1. 天津杰普智能卡有限公司
（厂商代码 G）：天津(TJ)、辽宁(LN)、山东(SD)。
2. 江苏恒宝股份有限公司
（厂商代码 B）：北京(BJ)、黑龙江(HL)。

CNCS232　　　(2-1)　　　CNCS233　　　(2-2)

2005 年 8 月发行，有效期到 2008 年 8 月 31 日止。

中国网通 IC 省版电话卡 （CNC-IC-20××-S）

CNC-IC-2005-S21 宽带绿网 网通真诚伴朋友

中国网通天津分公司宣传业务题材，天津单市发行，一套四枚，同时有同图案的密码卡发行。本套卡原封套内有资费广告。

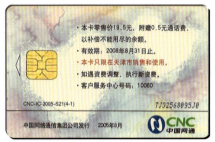
CNCS234　　　　　　　　　（4-1）

CNCS235　　　　　　　　　（4-2）

CNCS236　　　　　　　　　（4-3）

CNCS237　　　　　　　　　（4-4）

目前发现本套卡芯片封装：
江西捷德智能卡系统有限公司(厂商代码 J)：天津(TJ)。

2005 年 8 月发行，有效期到 2008 年 8 月 31 日止。

中国网通 IC 省版电话卡（CNC-IC-20××-S）

CNC-IC-2005-S22 闪动的青春

中国网通首套青春题材，一套四枚，目前只发现山东版全套发行。

主画面以"我们播撒青春的种子，从此点亮希望的旅程""我们张开畅想的翅膀，从此体会飞翔的宽广""我们充溢激情的梦想，从此用心刻画与描绘""我们闪烁无尽的智慧，从此踏进探索的殿堂"四句青春励志的言语反映当代青年应有的精神风貌。

CNCS238　　　　　　（4-1）

CNCS239　　　　　　（4-2）

CNCS240　　　　　　（4-3）

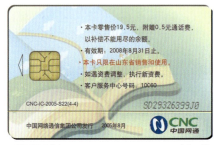
CNCS241　　　　　　（4-4）

目前发现本套卡芯片封装：

江西捷德智能卡系统有限公司(厂商代码J)：天津(TJ)、山东(SD)。

2005年8月发行，有效期到2008年8月31日止。

中国网通IC省版电话卡 （CNC-IC-20××-S）

CNC-IC-2005-S23 中国网通河北分公司"快乐积分"首轮回馈专用卡
河北地方题材，单省发行，一套三枚。中国网通河北分公司暑期优惠宣传系列。

CNCS242　　　　　(3-1)

CNCS243　　　　　(3-2)

CNCS244　　　　　(3-3)

目前发现本套卡芯片封装：
天津杰普智能卡有限公司（厂商代码G）：河北(HJ)。

2005年8月发行，有效期到2008年8月31日止。

CNC-IC-2005-S24 中秋节（二）
中国网通传统节日题材，一套两枚，目前只发现北京和天津有全套发行。

本套卡巧妙地以藏头诗宣传中国网通，同时庆贺中秋佳节，以烟花礼炮为主画面，以红色基调为背景，反映了国泰民安、人民幸福的社会主义新中国。

CNCS245　　　　　(2-1)

CNCS246　　　　　(2-2)

目前发现本套卡芯片封装：
江西捷德智能卡系统有限公司（厂商代码J）：北京(BJ)、天津(TJ)。

2005年9月发行，有效期到2008年9月30日止。

中国网通 IC 省版电话卡（CNC-IC-20××-S）

CNC-IC-2005-S25 秋色溢彩

中国网通风景系列，天津市、河北省、吉林省和山东省有发行。

  秋天是一年四季中的第三个季节，是收获的季节，意味着万物开始从繁茂成长趋向萧索成熟。秋季最明显的变化是草木的叶子从繁茂的绿色到发黄，庄稼则开始成熟。秋向人们展现了一年四季中不同于春天的另一种美。

CNCS247　　　　　　　（4-1）

CNCS248　　　　　　　（4-2）

CNCS249　　　　　　　（4-3）

CNCS250　　　　　　　（4-4）

目前发现本套卡芯片封装：

1. 天津杰普智能卡有限公司(厂商代码 G)：天津(TJ)。
2. 江西捷德智能卡系统有限公司(厂商代码 J)：天津(TJ)、河北(HJ)、吉林(JL)、山东(SD)。

2005 年 10 月发行，有效期到 2008 年 10 月 31 日止。

中国网通IC省版电话卡（CNC-IC-20××-S）

CNC-IC-2005-S26 天津风情

中国网通天津地方题材，单市发行，一套两枚。
天津北安桥集欧洲建筑艺术和中国传统桥梁工艺于一体，欧风汉韵，极具美感。

CNCS251　　　　　　　　　(2-1)

　　天津金刚桥始建于1903年，由袁世凯所建，为钢架桥。1996年老金刚桥拆除，在原址重建了一座彩虹式金刚桥。新的金刚桥是中承式受力构造，钢结构的拱柱内灌混凝土，上方钢拱与桥采用拉杆相连接，作为受力体系。
　　狮子林桥位于天津南开区、红桥区和河北区交界的海河上。2003年在海河的综合开发改造中，首次把顶升平移技术运用于桥梁改造领域。

CNCS252　　　　　　　　　(2-2)

目前发现本套卡芯片封装：

江西捷德智能卡系统有限公司(厂商代码J)：天津(TJ)。

2005年11月发行，有效期到2008年11月30日止。

中国网通IC省版电话卡（CNC-IC-20××-S）

CNC-IC-2005-S27 鸿运当头（普通版）

　　中国网通贺年系列，天津地方题材，一套两枚，分普通版和赠送版两种。本套卡普通版（正常售价为29+1元）较常见。

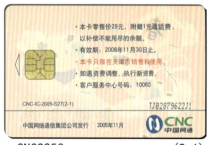
CNCS253　　　　　　　　　　（2-1）

CNCS254　　　　　　　　　　（2-2）

CNC-IC-2005-S27 鸿运当头（赠送版）

　　赠送版发行后没有公开面市，后期被卡商挖出，销往收藏领域。本套卡只见过天津发行。另外，中国网通天津分公司还发行了IP卡和充值卡混合成套的"预存话费送大礼"卡，与其图案一致。

CNCS255　　　　　　　　　　（2-1）

CNCS256　　　　　　　　　　（2-2）

目前发现本套卡芯片封装：
江西捷德智能卡系统有限公司（厂商代码J）：天津（TJ）。

2005年11月发行，有效期到2008年11月30日止。

中国网通IC省版电话卡（CNC-IC-20××-S）

CNC-IC-2005-S28 国外新年习俗—印度

中国网通外国节日题材，一套四枚，目前只发现山东版有全套发行。

本套卡用卡通画的方式，介绍了印度新年的几个习俗，这些习俗与中国的传统新年习俗有很大的区别。卡面图案设计与印度的风土人情巧妙结合，展现了异域风情。

CNCS257　　　　　　　　　（4-1）

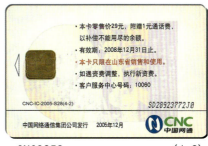
CNCS258　　　　　　　　　（4-2）

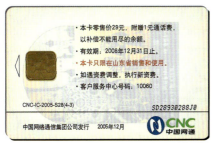
CNCS259　　　　　　　　　（4-3）

CNCS260　　　　　　　　　（4-4）

¥19.5+0.5

¥29+1

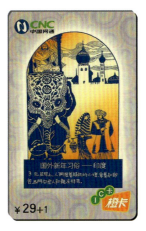
¥29+1

¥48+2

　　本套卡有再版卡，发行日期和原版卡一样。原版卡编码为28××××××，再版卡编码为29××××××。非芯片面色彩原版卡比较深沉，再版卡比原版卡色彩略浅。再版卡只有山东版，芯片式样也和原版卡不一样。

目前发现本套卡芯片封装：
江西捷德智能卡系统有限公司(厂商代码J)：北京(BJ)、山东(SD)。

　　　　　2005年12月发行，有效期到2008年12月31日止。

中国网通IC省版电话卡（CNC-IC-20××-S）

CNC-IC-2005-S29 圣诞快乐

中国网通外国节日题材，黑龙江单省发行，一套三枚，图案和CNC-IC-2005-B18相同，但至今未见本编号全套实卡，目前实卡只见过第二、三枚。

CNCS261　　　　　　　　（3-2）

CNCS262　　　　　　　　（3-3）

实　卡

因本套卡未见全套实卡，故下面以样卡在此展示。

CNCS263　　　（3-1）

CNCS264　　　（3-2）

CNCS265　　　（3-3）

样　卡

目前发现本套卡芯片封装：
江苏恒宝股份有限公司(厂商代码B)：黑龙江(HL)。

2005年12月发行，有效期到2008年12月31日止。

中国网通IC省版电话卡（CNC-IC-20××-S）

CNC-IC-2005-S30 第二十二届中国·哈尔滨国际冰雪节

黑龙江地方题材，一套四枚，图案和 CNC-IC-2005-B19 相同，目前未见到全套实卡，集卡界只发现有第三枚实卡。

CNCS266　　　　　　　　　　　（4-3）　实　卡

因本套卡未见全套实卡，故下面以样卡在此展示。

CNCS267　　　　　　　　　　　（4-1）

CNCS268　　　　（4-2）　　CNCS269　　　　（4-3）　　CNCS270　　　　（4-4）

样　卡

目前发现本套卡芯片封装：
江苏恒宝股份有限公司(厂商代码B)：黑龙江(HL)。

2005年12月发行，有效期到2008年12月31日止。

75

中国网通IC省版电话卡（CNC-IC-20××-S）

CNC-IC-2005-S31 恭贺元旦

　　黑龙江地方题材，一套四枚，图案和CNC-IC-2005-B20相同。目前未见到全套实卡，集卡界只发现有第二枚实卡。

CNCS271　　　　　　　　　　　（4-2）　　实　卡

　　因本套卡未见全套实卡，故下面以样卡在此展示。

CNCS272　　　　　　　　　　　（4-1）

CNCS273　　　　　　（4-2）　　　　CNCS274　　　　　（4-3）　　　　CNCS275　　　　　（4-4）

样　卡

目前发现本套卡芯片封装：
江苏恒宝股份有限公司(厂商代码B)：黑龙江(HL)。

　　　　　　　　　　2005年12月发行，有效期到2008年12月31日止。

中国网通 IC 省版电话卡 （CNC-IC-20××-S）

CNC-IC-2006-S1 农历丙戌年——狗年（透明版）

  中国网通值狗年来临之际特发行狗年生肖IC电话卡一套一枚。本套卡非芯片面十二生肖文字应该水平翻转180°，实际未反转。

  农历2006年，岁次丙戌年，戌属狗，是为生肖狗年。

目前发现本套卡芯片封装：
天津杰普智能卡有限公司(厂商代码G)：
北京(BJ)、天津(TJ)、河北(HJ)、山西(SX)。

CNCS276　　　　　（1-1）

2006年1月发行，有效期到2009年1月31日止。

CNC-IC-2006-S2 欢度春节

中国网通传统节日题材，黑龙江地方题材，单省发行，一套四枚。

  在春节期间，我国的汉族和很多少数民族都要举行各种活动来表示庆祝。这些活动均以祭奠祖先、除旧迎新、迎禧接福、祈求丰年为主要内容。活动丰富多彩，带有浓郁的民族特色。

CNCS277　　　　（4-1）

CNCS278　　　　（4-2）

CNCS279　　　　（4-3）

目前发现本套卡芯片封装：
天津杰普智能卡有限公司(厂商代码G)：
黑龙江(HL)。

CNCS280　　　　（4-4）

2006年1月发行，有效期到2009年1月31日止。

中国网通 IC 省版电话卡（CNC-IC-20××-S）

CNC-IC-2006-S3 闻香识女人

中国网通青春题材，一套四枚，中国网通专门为三八妇女节发行的第二套 IC 电话卡。

CNCS281　　　　　　　　　(4-1)

CNCS282　　　　　　　　　(4-2)

CNCS283　　　　　　　　　(4-3)

CNCS284　　　　　　　　　(4-4)

目前发现本套卡芯片封装：

1. 江西捷德智能卡系统有限公司(厂商代码 J)：北京(BJ)。
2. 湖南斯伦贝谢通信设备有限公司(厂商代码 H)：内蒙古(NM)。
3. 珠海东信和平智能卡股份有限公司(厂商代码 Z)：山西(SX)。

2006 年 3 月 8 日发行，有效期到 2009 年 3 月 31 日止。

中国网通 IC 省版电话卡（CNC-IC-20××-S）

CNC-IC-2006-S4 丹顶鹤

中国网通动物系列，一套四枚。北京、黑龙江和山西有发行。

丹顶鹤是鹤类中的一种，大型涉禽。颈、脚较长，通体大多白色，头顶为鲜红色，喉和颈为黑色，耳至头为枕白色，脚为黑色，其余全为白色。夜间多栖息于四周环水的浅滩上或苇塘边，主要以鱼、虾、水生昆虫、软体动物、蝌蚪、沙蚕、蛤蜊、钉螺以及水生植物的茎、叶、块根、球茎和果实为食。

CNCS285　　　　　　　　(4-1)

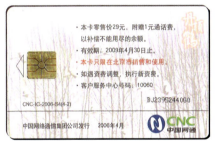 

CNCS286　　　　　　　　(4-2)

CNCS287　　　　　　　　(4-3)

CNCS288　　　　　　　　(4-4)

目前发现本套卡芯片封装：
天津杰普智能卡有限公司(厂商代码G)：北京(BJ)、黑龙江(HL)、山西(SX)。

2006年4月发行，有效期到2009年4月30日止。

中国网通 IC 省版电话卡（CNC-IC-20××-S）

CNC-IC-2006-S5 万里长城
北京地方题材，单市发行，一套一枚。

长城，又称万里长城，是我国古代的军事防御工事。秦灭六国统一天下后，对战国长城进行了修缮并加以连接。长城曾在明代大修，我们今天看到的多为明长城。

目前发现本套卡芯片封装：
江西捷德智能卡系统有限公司(厂商代码 J)：北京(BJ)

2006年4月发行，有效期到2009年4月30日止。

CNC-IC-2006-S6 同一个世界，同一个梦想
中国网通首套2008年北京奥运会题材，拼图卡，辽宁、山东和山西全套发行，一套四枚。

卡面以蓝、红、黄、绿为背景色，以五个福娃为主图，体现了北京奥运会积极向上的进取精神，也向外界宣传了"同一个世界，同一个梦想"的本届奥运会精神。

  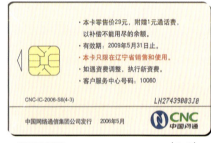

CNCS290　　(4-1)　　CNCS291　　(4-2)　　CNCS292　　(4-3)

目前发现本套卡芯片封装：
江西捷德智能卡系统有限公司
(厂商代码 J)：天津(TJ)、辽宁(LN)、
吉林(JL)、山东(SD)、山西(SX)。

CNCS293　　(4-4)

2006年5月发行，有效期到2009年5月31日止。

中国网通 IC 省版电话卡 (CNC-IC-20××-S)

CNC-IC-2006-S7 第 38 届世界电信日

中国网通世界电信日题材，目前只发现辽宁和山西有发行，一套一枚。

第 38 届世界电信日的主题是"让全球网络更安全"。

目前发现本套卡芯片封装：
江苏恒宝股份有限公司(厂商代码 B)：
辽宁(LN)、山西(SX)。

CNCS294　　　　　　　(1-1)

2006 年 5 月 10 日发行，有效期到 2009 年 5 月 31 日止。

CNC-IC-2006-S8 童话世界之《绿野仙踪》

中国网通世界童话故事系列，一套四枚，为六一儿童节专门发行的 IC 电话卡。

CNCS295　　　　　　　(4-1)

CNCS296　　　　(4-2)

CNCS297　　　　(4-3)

CNCS298　　　　(4-4)

目前发现本套卡芯片封装：
江西捷德智能卡系统有限公司(厂商代码 J)：北京(BJ)。

2006 年 6 月 1 日发行，有效期到 2009 年 6 月 30 日止。

中国网通 IC 省版电话卡 （CNC-IC-20××-S）

CNC-IC-2006-S9 唐山人民抗震30周年纪念

河北地方题材，单省发行，一套一枚。

  1976年7月28日，河北唐山、丰南一带发生里氏7.8级强烈地震。地震产生了相当于400颗广岛原子弹的能量，使唐山市顷刻夷为平地。2006年值唐山大地震30周年，特发行IC电话卡一套一枚。

CNCS299　　　　　　　　　　（1-1）

目前发现本套卡芯片封装：
江西捷德智能卡系统有限公司(厂商代码J)：河北(HJ)。

2006年6月发行，有效期到2009年6月30日止。

CNC-IC-2006-S10 奥运会项目（一）羽毛球

北京奥运会题材，中国网通奥运会系列第一组，一套一枚。本套卡主画面为羽毛球项目。

CNCS300　　　　　　　　　　（1-1）

目前发现本套卡芯片封装：
天津杰普智能卡有限公司(厂商代码G)：北京(BJ)。

2006年8月发行，有效期到2009年8月31日止。

中国网通IC省版电话卡 (CNC-IC-20××-S)

CNC-IC-2006-S11 新学期，新期望

中国网通青春题材，一套四枚。

　　主画面以"海阔凭鱼跃，天高任鸟飞""一寸光阴一寸金""一日之计在于晨，一年之计在于春""一分耕耘一分收获"四句励志话语为意境，勾勒了现代青少年应有的精神风貌。

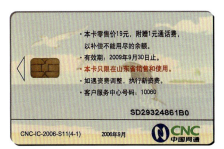
CNCS301　　　　　　　(4-1)

CNCS302　　　　　　　(4-2)

CNCS303　　　　　　　(4-3)

CNCS304　　　　　　　(4-4)

目前发现本套卡芯片封装：
1. 天津杰普智能卡有限公司(厂商代码 G)：北京(BJ)、河北(HJ)、内蒙古(NM)。
2. 江苏恒宝股份有限公司(厂商代码 B)：河北(HJ)、山东(SD)、山西(SX)。

　　　　　　　　2006年9月发行，有效期到2009年9月30日止。

中国网通 IC 省版电话卡（CNC-IC-20××-S）

CNC-IC-2006-S12 奥运会项目（二）水上运动

中国网通2008年北京奥运会系列第二组，一套四枚。辽宁、天津和山东有发行。奥运会系列从本套卡开始有效期缩减到2008年12月31日或2009年3月31日，因有效期缩短，所以发行量都不大。

主画面选取游泳、花样游泳、水球和跳水四个水上运动项目，以鲤鱼"贝贝"为水上运动的形象表达本套卡的主题。

CNCS305　　　　　　　（4-1）

CNCS306　　　　　　　（4-2）

CNCS307　　　　　　　（4-3）

CNCS308　　　　　　　（4-4）

目前发现本套卡芯片封装：

1. 天津杰普智能卡有限公司
   （厂商代码 G）：辽宁(LN)
2. 江西捷德智能卡系统有限公司
   （厂商代码 J）：北京(BJ)、天津(TJ)、山东(SD)。

2006年9月发行，有效期到2008年12月31日止。

CNC-IC-2006-S13 中秋节（三）中秋月

中国网通传统节日题材，中秋系列，天津单市发行，一套一枚。

CNCS309　　　　　　　（1-1）

目前发现本套卡芯片封装：
天津杰普智能卡有限公司（厂商代码 G）：天津(TJ)。

2006年9月发行，有效期到2009年9月30日止。

中国网通 IC 省版电话卡（CNC-IC-20××-S）

CNC-IC-2006-S14 奥运会项目（三）

中国网通 2008 年北京奥运会系列第三组，一套五枚。

选取体操、艺术体操、田径、举重和蹦床五个运动项目为主画面，以体现更快、更好、更强的奥运会精神。

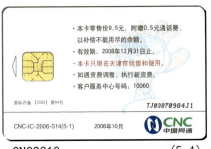

CNCS310　　　　　　（5-1）

CNCS311　　　　　　（5-2）

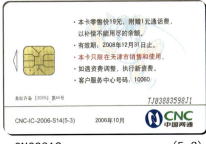

CNCS312　　　　　　（5-3）

CNCS313　　　　　　（5-4）

CNCS314　　　　　　（5-5）

目前发现本套卡芯片封装：
1. 天津杰普智能卡有限公司（厂商代码 G）：北京（BJ）、黑龙江（HL）。
2. 江西捷德智能卡系统有限公司（厂商代码 J）：北京（BJ）、天津（TJ）、辽宁（LN）、山东（SD）。

2006 年 10 月发行，有效期到 2008 年 12 月 31 日止。

中国网通 IC 省版电话卡（CNC-IC-20××-S）

CNC-IC-2006-S15 诗词—《秋夜》

天津市供稿，天津单市发行，一套两枚。

以咏秋的诗词《秋夜》的诗句、唯美的画面描绘出秋夜的空灵。

CNCS315　　　　　　　　(2-1)

CNCS316　　　　　　　　(2-2)

目前发现本套卡芯片封装：

江西捷德智能卡系统有限公司(厂商代码J)：天津(TJ)。

2006年10月发行，有效期到2009年10月31日止。

中国网通IC省版电话卡（CNC-IC-20××-S）

CNC-IC-2006-S16 奥运会项目（四）自行车运动

中国网通2008年北京奥运会系列第四组，一套四枚。

本套卡分别以公路自行车、场地自行车、小轮自行车和山地自行车四个项目为主画面。

CNCS317　　　　　　　　　　（4-1）

CNCS318　　　　　　　　　　（4-2）

CNCS319　　　　　　　　　　（4-3）

CNCS320　　　　　　　　　　（4-4）

目前发现本套卡芯片封装：

1. 天津杰普智能卡有限公司（厂商代码G）：北京（BJ）、辽宁（LN）、黑龙江（HL）、山东（SD）。
2. 江西捷德智能卡系统有限公司（厂商代码J）：北京（BJ）、天津（TJ）、山西（SX）。

2006年11月发行，有效期到2008年12月31日止。

中国网通 IC 省版电话卡（CNC-IC-20××-S）

CNC-IC-2007-S1 奥运会项目（五）水上竞技

中国网通2008年北京奥运会系列第五组，一套四枚。

本套卡分别以帆船、皮划艇静水、皮划艇激流回旋和赛艇等四个项目为主画面。

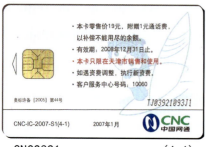
CNCS321　　　　　　　　　（4-1）

CNCS322　　　　　　　　　（4-2）

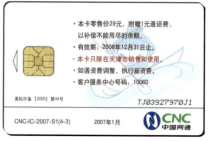

CNCS323　　　　　　　　　（4-3）

CNCS324　　　　　　　　　（4-4）

目前发现本套卡芯片封装：

江西捷德智能卡系统有限公司(厂商代码 J)：北京(BJ)、天津(TJ)、辽宁(LN)、山东(SD)、河南(HY)。

2007年1月发行，有效期到2008年12月31日止。

中国网通 IC 省版电话卡（CNC-IC-20××-S）

CNC-IC-2007-S2 农历丁亥年—生肖猪年（透明卡）

农历 2007 年，岁次丁亥年，亥属猪，是为生肖猪年。

中国网通值猪年来临之际特发行猪年生肖透明 IC 电话卡一套一枚。本套卡天津杰普智能卡有限公司和江西捷德智能卡系统有限公司的印刷色差明显。

CNCS325　　　（1-1）

天津杰普智能卡有限公司例

CNCS326　　　（1-1）

江西捷德智能卡系统有限公司例

目前发现本套卡芯片封装：

1. 天津杰普智能卡有限公司（厂商代码 G）：北京(BJ)、辽宁(LN)、黑龙江(HL)。
2. 江西捷德智能卡系统有限公司（厂商代码 J）：天津(TJ)。

2007 年 2 月发行，有效期到 2010 年 2 月 28 日止。

中国网通 IC 省版电话卡（CNC-IC-20××-S）

CNC-IC-2007-S3 奥运会项目（六）（小）球类运动

中国网通2008年北京奥运会系列第六组，一套六枚。

本套卡分别以网球、乒乓球、羽毛球、垒球、棒球和曲棍球六个运动项目为主画面。

CNCS327　　　　　(6-1)　　　CNCS328　　　　　(6-2)　　　CNCS329　　　　　(6-3)

CNCS330　　　　　(6-4)　　　CNCS331　　　　　(6-5)　　　CNCS332　　　　　(6-6)

目前发现本套卡芯片封装：

1. 天津杰普智能卡有限公司（厂商代码 G）：北京(BJ)、天津(TJ)、吉林(JL)、山东(SD)、山西(SX)。
2. 江西捷德智能卡系统有限公司（厂商代码 J）：北京(BJ)、辽宁(LN)。

2007年2月发行，有效期到2008年12月31日止。

中国网通 IC 省版电话卡 （CNC-IC-20××-S）

CNC-IC-2007-S4 奥运会项目（七）（大）球类运动

中国网通 2008 年北京奥运会系列第七组，一套五枚。
本套卡分别以足球、篮球、排球、沙滩排球和手球五个运动项目为主画面。

CNCS333　　　　　　　　　　（5-1）

CNCS334　　　　　　　　　　（5-2）

CNCS335　　　　　　（5-3）

CNCS336　　　　　　（5-4）

CNCS337　　　　　　（5-5）

目前发现本套卡芯片封装：
1. 天津杰普智能卡有限公司（厂商代码 G）：辽宁（LN）、山西（SX）。
2. 江西捷德智能卡系统有限公司（厂商代码 J）：北京（BJ）、天津（TJ）、辽宁（LN）。

2007 年 5 月发行，有效期到 2008 年 12 月 31 日止。

中国网通 IC 省版电话卡（CNC-IC-20××-S）

CNC-IC-2007-S5 十二生肖

中国网通传统文化题材，一套十二枚，十二生肖一次性发全，本套卡为委制卡，辽宁单省发行。

古时候，我们的祖先用天干地支纪年、月、日、时。天干为甲、乙、丙、丁、戊、己、庚、辛、壬、癸；地支为子、丑、寅、卯、辰、巳、午、未、申、酉、戌、亥。天干和地支相配，天干经过6个循环，地支经过5个循环，正好是60年，为一"甲子"。古人用12种动物配十二地支，分别为子鼠、丑牛、寅虎、卯兔、辰龙、巳蛇、午马、未羊、申猴、酉鸡、戌狗、亥猪，这种相配源于古代先民对天文学的研究，既能表示时间的刻度，也能表示空间方位，更能用来纪年。

CNCS338　　　　　　　　(12-1)

CNCS339　　　　　　　　(12-2)

CNCS340　　　　　　　　(12-3)

CNCS341　　　　　　　　(12-4)

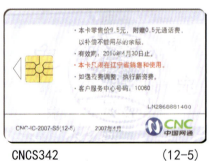
CNCS342　　　　　　　　(12-5)

CNCS343　　　　　　　　(12-6)

中国网通IC省版电话卡（CNC-IC-20××-S）

CNC-IC-2007-S5 十二生肖（续）

CNCS344　　　　　　（12-7）

CNCS345　　　　　　（12-8）

CNCS346　　　　　　（12-9）

CNCS347　　　　　　（12-10）

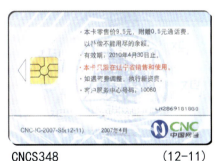
CNCS348　　　　　　（12-11）

CNCS349　　　　　　（12-12）

目前发现本套卡芯片封装：
天津杰普智能卡有限公司(厂商代码G)：辽宁(LN)。

2007年4月发行，有效期到2010年4月30日止。

93

中国网通IC省版电话卡（CNC-IC-20××-S）

CNC-IC-2007-S6 2007世界电信和信息社会日

中国网通世界电信日题材，一套一枚。天津、辽宁、黑龙江和山西有发行。

2007年5月17日是第39届世界电信和信息社会日，宗旨是"让信息通信技术惠及下一代"。

CNCS350　　　　　　　　　(1-1)

目前发现本套卡芯片封装：

江西捷德智能卡系统有限公司(厂商代码J)：天津(TJ)、辽宁(LN)、黑龙江(HL)、山西(SX)。

2007年5月17日发行，有效期到2010年5月31日止。

CNC-IC-2007-S7　电话导航

中国网通河北业务宣传系列，单省发行，一套三枚。

CNCS351　　　(3-1)　　　CNCS352　　　(3-2)　　　CNCS353　　　(3-3)

目前发现本套卡芯片封装：

天津杰普智能卡有限公司(厂商代码G)：河北(HJ)。

2007年5月发行，有效期到2010年5月31日止。

中国网通 IC 省版电话卡（CNC-IC-20××-S）

CNC-IC-2007-S8 童话世界—《豌豆上的公主》

中国网通童话系列，一套四枚。本套卡为中国网通童话系列最后一套 IC 卡。

《豌豆上的公主》是安徒生童话故事系列中比较著名的一个，讲述了王子寻找真正公主的故事。

CNCS354　　　　　　　　（4-1）

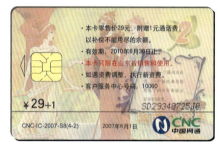 

CNCS355　　　　　　　　（4-2）

CNCS356　　　　　　　　（4-3）

CNCS357　　　　　　　　（4-4）

目前发现本套卡芯片封装：
1. 天津杰普智能卡有限公司(厂商代码 G)：山西(SX)。
2. 江西捷德智能卡系统有限公司(厂商代码 J)：北京(BJ)、山东(SD)。

2007 年 6 月 1 日发行，有效期到 2010 年 6 月 30 日止。

中国网通 IC 省版电话卡（CNC-IC-20××-S）

CNC-IC-2007-S9 北京夜景

北京地方题材，单市发行，一套一枚。图案选用 CNC-IC-2004-S19(4-4) 的图案，也与中国联通 CU-IC-2009-S4 的图案一样。

CNCS358　　　　　　　　　(1-1)

目前发现本套卡芯片封装：
天津杰普智能卡有限公司(厂商代码 G)：北京(BJ)。

2007 年 6 月发行，有效期到 2010 年 6 月 30 日止。

CNC-IC-2007-S10 陆军雄风

中国网通军事题材，吉林省选题，单省发行，一套两枚。
红色背景，以陆军坦克为主图，反映了中国陆军的雄伟风姿。

CNCS359　　　　　　　　　(2-1)

CNCS360　　　　　　　　　(2-2)

目前发现本套卡芯片封装：
天津杰普智能卡有限公司(厂商代码 G)：吉林(JL)。

2007 年 7 月发行，有效期到 2010 年 7 月 31 日止。

中国网通 IC 省版电话卡（CNC-IC-20××-S）

CNC-IC-2007-S11 赫兴中绘画选（二）

中国网通现代书画家作品系列，一套四枚。

赫兴中是当代国际著名画家，号寒宇，竹溪堂主人。

CNCS361　　　　　　　　　（4-1）

CNCS362　　　　　　　　　（4-2）

CNCS363　　　　　　　　　（4-3）

CNCS364　　　　　　　　　（4-4）

目前发现本套卡芯片封装：

1. 天津杰普智能卡有限公司(厂商代码 G)：北京(BJ)、河北(HJ)、辽宁(LN)、黑龙江(HL)、山西(SX)。
2. 江西捷德智能卡系统有限公司(厂商代码 J)：北京(BJ)。
3. 江苏恒宝股份有限公司(厂商代码 B)：辽宁(LN)。

2007 年 7 月发行，有效期到 2010 年 7 月 31 日止。

中国网通 IC 省版电话卡（CNC-IC-20××-S）

CNC-IC-2007-S12 中国枪械（一）手枪

中国网通军事题材，吉林省选题，单省发行，一套四枚。

本套卡以四种中国制造的手枪为主画面，反映了新中国枪械发展的历程。

CNCS365　　　　　　　　（4-1）

CNCS366　　　　　　　　（4-2）

CNCS367　　　　　　　　（4-3）

CNCS368　　　　　　　　（4-4）

目前发现本套卡芯片封装：

天津杰普智能卡有限公司(厂商代码 G)：吉林(JL)。　

2007 年 9 月发行，有效期到 2010 年 9 月 30 日止。

中国网通 IC 省版电话卡（CNC-IC-20××-S）

CNC-IC-2007-S13 奥运会篆刻图标（一）

中国网通2008年北京奥运会系列，一套五枚。

CNCS369　　　　（5-1）　　　　CNCS370　　　　（5-2）

CNCS371　　（5-3）　　CNCS372　　（5-4）　　CNCS373　　（5-5）

目前发现本套卡芯片封装：
1. 天津杰普智能卡有限公司(厂商代码G)：辽宁(LN)、山东(SD)。
2. 江苏恒宝股份有限公司(厂商代码B)：山西(SX)。

2007年11月发行，有效期到2008年12月31日止。

99

中国网通 IC 省版电话卡（CNC-IC-20××-S）

CNC-IC-2007-S14 奥运会篆刻图标（二）

中国网通2008年北京奥运会系列，一套七枚。

CNCS374　　　　　　　　(7-1)

CNCS375　　　　　　　　(7-2)

CNCS376　　　　　　　　(7-3)

CNCS377　　　　　　　　(7-4)

中国网通 IC 省版电话卡（CNC-IC-20××-S）

CNC-IC-2007-S14 奥运会篆刻图标（二）（续）

CNCS378　　　　　　　　　（7-5）

CNCS379　　　　　　　　　（7-6）

CNCS380　　　　　　　　　（7-7）

目前发现本套卡芯片封装：

1. 天津杰普智能卡有限公司(厂商代码 G)：北京(BJ)、辽宁(LN)、黑龙江(HL)、山西(SX)。
2. 江西捷德智能卡系统有限公司(厂商代码 J)：山东(SD)。

2007 年 12 月发行，有效期到 2009 年 3 月 31 日止。

101

中国网通 IC 省版电话卡（CNC-IC-20××-S）

CNC-IC-2007-S15 福娃迎奥运

中国网通 2008 年北京奥运会系列，一套五枚，主画面为"贝贝""晶晶""欢欢""迎迎"和"妮妮"五个福娃的形象。

CNCS381　　　　　　　（5-1）

CNCS382　　　　　　　（5-2）

CNCS383　　　　（5-3）

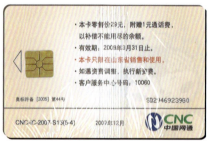
CNCS384　　　　（5-4）

CNCS385　　　　（5-5）

目前发现本套卡芯片封装：
天津杰普智能卡有限公司(厂商代码G)：天津(TJ)、山东(SD)。

2007 年 12 月发行，有效期到 2009 年 3 月 31 日止。

中国网通 IC 省版电话卡（CNC-IC-20××-S）

CNC-IC-2008-S1 农历戊子年—生肖鼠年（透明卡）

中国网通值鼠年来临之际特发行鼠年生肖透明 IC 电话卡一套一枚。

农历 2008 年，岁次戊子年，子属鼠，是为生肖鼠年。

目前发现本套卡芯片封装：

江西捷德智能卡系统有限公司（厂商代码 J）：
北京（BJ）、吉林（JL）、山东（SD）。

CNCS386　　　　　(1-1)

2008 年 1 月发行，有效期到 2011 年 1 月 31 日止。

CNC-IC-2008-S2 贺岁迎春

中国网通贺年题材，吉林地方选题，单省发行，一套两枚。本套卡专对部队官兵进行祝贺，以红色剪纸为图案，配以祝福语言，送上浓浓的祝福。

CNCS387　　　　　(2-1)

CNCS388　　　　　(2-2)

目前发现本套卡芯片封装：

天津杰普智能卡有限公司（厂商代码 G）：吉林（JL）。

2008 年 1 月发行，有效期到 2011 年 1 月 31 日止。

中国网通 IC 省版电话卡（CNC-IC-20××-S）

CNC-IC-2008-S3 热烈祝贺三晋卡友建站一周年

山西地方题材，单省发行，一套三枚，委制卡。
主画面上的网站是三晋卡友于 2007 年开办的有关集卡活动和集卡资料的专业性网站。

CNCS389　　　　　(3-1)　　　　CNCS390　　　　　(3-2)　　　　CNCS391　　　　　(3-3)

目前发现本套卡芯片封装：

天津杰普智能卡有限公司（厂商代码 G）：山西（SX）

2008 年 1 月发行，有效期到 2011 年 1 月 31 日止。

CNC-IC-2008-S4 山东省第三届卡友联谊会纪念

山东省卡友会委制卡，有效期为一年，山东单省发行，一套一枚。

CNCS392　　　　　(1-1)

目前发现本套卡芯片封装：

江西捷德智能卡系统有限公司（厂商代码 J）：山东（SD）。

2008 年 2 月发行，有效期到 2009 年 2 月 28 日止。

中国网通IC省版电话卡（CNC-IC-20××-S）

CNC-IC-2008-S5 中国枪械（二）步枪

中国网通军事题材系列，吉林地方选题，单省发行，一套四枚。

本套卡分别选取7.9毫米马枪、德林式6.5毫米马枪、24式7.9毫米步枪和45式7.9毫米步枪为主画面，反映了中国人民解放军枪械的成长历程。

CNCS393　　　　　　　　　　（4-1）

CNCS394　　　　　　　　　　（4-2）

CNCS395　　　　　　　　　　（4-3）

CNCS396　　　　　　　　　　（4-4）

目前发现本套卡芯片封装：
天津杰普智能卡有限公司(厂商代码G)：吉林(JL)。

2008年3月发行，有效期到2011年3月31日止。

中国网通IC省版电话卡（CNC-IC-20××-S）

CNC-IC-2008-S6 奥运会项目（八）—双人竞技

中国网通2008年北京奥运会系列第八组，一套五枚。

本套卡分别以柔道、摔跤、拳击、跆拳道和击剑五个双人比赛项目为主画面。

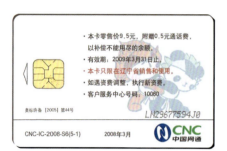

CNCS397　　　　　　　（5-1）

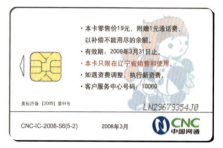

CNCS398　　　　　　　（5-2）

CNCS399　　　　　　　（5-3）

CNCS400　　　　　　　（5-4）

CNCS401　　　　　　　（5-5）

目前发现本套卡芯片封装：

江西捷德智能卡系统有限公司（厂商代码J）：北京（BJ）、辽宁（LN）、山东（SD）。

2008年3月发行，有效期到2009年3月31日止。

中国网通IC省版电话卡（CNC-IC-20××-S）

CNC-IC-2008-S7 奥运会项目（九）——单人竞技

中国网通2008年北京奥运会系列第九组，一套五枚。

本套卡分别以射箭、射击、马术、现代五项和铁人三项五个单人竞技比赛项目为主画面。

CNCS402　　　　　（5-1）

CNCS403　　　　　（5-2）

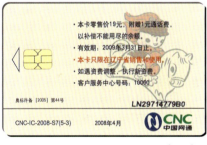

CNCS404　　　（5-3）

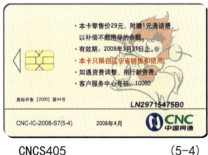

CNCS405　　　（5-4）

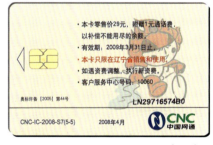

CNCS406　　　（5-5）

目前发现本套卡芯片封装：

江苏恒宝股份有限公司（厂商代码B）：辽宁（LN）、山东（SD）、河南（HY）。

2008年4月发行，有效期到2009年3月31日止。

中国网通 IC 省版电话卡（CNC-IC-20××-S）

CNC-IC-2008-S8 2008世界电信和信息社会日

中国网通世界电信日题材，一套一枚。

2008年5月17日是第40届世界电信和信息社会日，宗旨是"让信息通信技术惠及残疾人"。

CNCS407　　　　　　　　　　(1-1)

目前发现本套卡芯片封装：
1. 江西捷德智能卡系统有限公司(厂商代码 J)：黑龙江(HL)、北京(BJ)、山东(SD)。
2. 江苏恒宝股份有限公司(厂商代码 B)：辽宁(LN)、黑龙江(HL)。

2008年5月发行，有效期到2011年5月31日止。

CNC-IC-2008-S9 奥运会篆刻图标（三）

中国网通2008年北京奥运会系列，一套两枚。目前只发现了山东版。

CNCS408　　　　　　　　　　(2-1)

CNCS409　　　　　　　　　　(2-2)

目前发现本套卡芯片封装：
江西捷德智能卡系统有限公司(厂商代码 J)：山东(SD)。

2008年8月发行，有效期到2009年3月31日止。

中国网通 IC 省版电话卡（CNC-IC-20××-S）

CNC-IC-2008-S10 奥运会篆刻图标（四）

中国网通2008年北京奥运会系列，一套七枚。目前只发现了山东版。

CNCS410　　　　　　　　　　（7-1）

CNCS411　　　　　　　　　　（7-2）

CNCS412　　　　　　　　　　（7-3）

CNCS413　　　　　　　　　　（7-4）

中国网通 IC 省版电话卡（CNC-IC-20××-S）

CNC-IC-2008-S10 奥运会篆刻图标（四）（续）

CNCS414　　　　　　　（7-5）

CNCS415　　　　　　　（7-6）

CNCS416　　　　　　　（7-7）

目前发现本套卡芯片封装：

江西捷德智能卡系统有限公司(厂商代码 J)：山东(SD)。

2008 年 8 月发行，有效期到 2009 年 3 月 31 日止。

中国网通 IC 省版电话卡（CNC-IC-20××-S）

CNC-IC-2008-S11　奥运会篆刻图标（五）

中国网通2008年北京奥运会系列，一套七枚。目前只发现了山东版和黑龙江版。

CNCS417　　　　　　　　　　（7-1）

CNCS418　　　　　　　　　　（7-2）

CNCS419　　　　　　　　　　（7-3）

CNCS420　　　　　　　　　　（7-4）

中国网通 IC 省版电话卡（CNC-IC-20××-S）

CNC-IC-2008-S11　奥运会篆刻图标（五）（续）

CNCS421　　　　　　　　（7-5）

CNCS422　　　　　　　　（7-6）

CNCS423　　　　　　　　（7-7）

目前发现本套卡芯片封装：

1. 江西捷德智能卡系统有限公司（厂商代码 J）：山东（SD）。
2. 江苏恒宝股份有限公司（厂商代码 B）：黑龙江（HL）。

2008 年 8 月发行，有效期到 2009 年 3 月 31 日止。

中国网通 IC 省版电话卡（CNC-IC-20××-S）

CNC-IC-2008-S12 奥运会篆刻图标（六）

中国网通2008年北京奥运会系列，一套七枚。目前只发现了山东版。

CNCS424　　　　　　　（7-1）

CNCS425　　　　　　　（7-2）

CNCS426　　　　　　　（7-3）

CNCS427　　　　　　　（7-4）

中国网通 IC 省版电话卡（CNC-IC-20××-S）

CNC-IC-2008-S12 奥运会篆刻图标（六）（续）

CNCS428　　　　　　　（7-5）

CNCS429　　　　　　　（7-6）

CNCS430　　　　　　　（7-7）

目前发现本套卡芯片封装：

江西捷德智能卡系统有限公司（厂商代码 J）：山东（SD）。

2008 年 8 月发行，有效期到 2009 年 3 月 31 日止。

114

2. 中国网通 IC 本地版电话卡（CNC-IC-20××-B）

　　中国网通于 2002 年 5 月 16 日成立后，立足于北方十省区市市场，积极推广公话系统。2004 年 11 月，中国网通首次推出本地 IC 电话卡，此种电话卡只限于在某省（自治区）内属的某个地级市范围内使用，编号方式为 CNC-IC-20××-B，从 2004 年 11 月到 2008 年中国联通和中国网通合并，共发行 B 编号 IC 卡 48 套 160 枚，该系列 IC 电话卡是中国网通 IC 电话卡的重要组成部分，也是中国网通生命历程的见证。

　　本章 IC 卡图例凡 320 幅。

IC 本地版电话卡芯片封装式样：

厂商	代码	芯片封装式样		
天津杰普智能卡有限公司	G			
湖南斯伦贝谢通信设备有限公司	H			
上海索立克智能卡有限公司	A			
江西捷德智能卡系统有限公司	J			
江苏恒宝股份有限公司	B			
珠海东信和平智能卡股份有限公司	Z（网通专用）			

中国网通 IC 本地版电话卡 (CNC-IC-20××-B)

CNC-IC-2004-B1 沙漠驼铃

中国网通动物系列，本套卡曾在辽宁省下属部分地级市使用，目前发现了大连地区使用版本，一套四枚。骆驼如茫茫戈壁中的一叶扁舟，夕阳西下，驼铃声声，人、动物和大自然构成一道绝美的风景。

CNCB001　　　　　　　　　(4-1)

CNCB002　　　　　　　　　(4-2)

CNCB003　　　　　　　　　(4-3)

CNCB004　　　　　　　　　(4-4)

目前发现本套卡芯片封装：

天津杰普智能卡有限公司(厂商代码 G)：辽宁(LN)。

2004 年 11 月发行，有效期到 2007 年 11 月 30 日止。

中国网通IC本地版电话卡（CNC-IC-20××-B）

CNC-IC-2004-B2 黄山风光

中国网通风光系列，本套卡曾在辽宁省下属部分地级市使用，目前发现了鞍山地区使用版本，一套四枚。

黄山位于我国安徽省黄山市境内。黄山是世界自然和文化双遗产、世界地质公园、国家5A级旅游景区。奇松、怪石、云海、温泉为黄山"四绝"。素有"五岳归来不看山，黄山归来不看岳"之说。

CNCB005　　　　　　　　　　（4-1）

CNCB006　　　　　　　　　　（4-2）

CNCB007　　　　　　　　　　（4-3）

CNCB008　　　　　　　　　　（4-4）

目前发现本套卡芯片封装：
天津杰普智能卡有限公司(厂商代码G)：辽宁(LN)。

2004年12月发行，有效期到2007年12月31日止。

中国网通 IC 本地版电话卡 (CNC-IC-20××-B)

CNC-IC-2004-B3 非洲象

中国网通动物系列，本套卡曾在辽宁省下属部分地级市使用，目前发现了辽阳地区使用版本，一套四枚。

非洲象生活在森林、草原、草地、刺丛和半干旱的丛林等环境中，雌雄两性在体形和身体特征上都有所不同。非洲象有非洲草原象和非洲森林象两属，均产于非洲。因为象牙，非洲象被大量杀害，现已经被列入濒危物种。

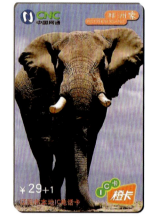

目前发现本套卡芯片封装：

天津杰普智能卡有限公司(厂商代码G)：辽宁(LN)。

2004年12月发行，有效期到2007年12月31日止。

中国网通 IC 本地版电话卡 (CNC-IC-20××-B)

CNC-IC-2004-B4 丹东天华山风光

中国网通风光系列，本套卡曾在辽宁省下属部分地级市使用，目前发现了营口、阜新地区使用版本，一套四枚。本套卡中国网通的本意为丹东选题，但丹东在本套卡发行时没有征订，导致本编号没有丹东版。

天华山风景名胜区位于辽宁省东部山区的宽甸满族自治县灌水镇北部，为长白山山脉西南麓。"白龙涧""青龙涧""玉龙涧""天华峰""西谷顶""灵光顶"六大景区浑然一体，这里奇峰、怪石、森林、古木、洞峡、幽涧、瀑布、溪水相映生辉。

目前发现本套卡芯片封装：
天津杰普智能卡有限公司(厂商代码 G)：辽宁(LN)。

2004 年 12 月发行，有效期到 2007 年 12 月 31 日止。

119

中国网通IC本地版电话卡（CNC-IC-20××-B）

CNC-IC-2004-B5 雪上运动

本套卡曾在辽宁省下属部分地级市使用，目前发现了本溪地区使用版本，一套四枚。

滑雪运动发展至今，项目在不断增多，领域在不断扩展，项目有高山滑雪、北欧滑雪、自由式滑雪、冬季两项滑雪、雪上滑板滑雪等。纯竞技滑雪具有鲜明的竞争性、专项性等特点，相关条件要求严格，非一般人所能具备和适应。旅游滑雪出于娱乐、健身的目的，受人为因素制约程度很轻，男女老幼均可在雪场上轻松、愉快地滑行，饱享滑雪运动的无穷乐趣。

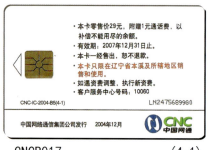
CNCB017　　　　　　　（4-1）

CNCB018　　　　　　　（4-2）

CNCB019　　　　　　　（4-3）

CNCB020　　　　　　　（4-4）

目前发现本套卡芯片封装：
天津杰普智能卡有限公司(厂商代码G)：辽宁(LN)。

2004年12月发行，有效期到2007年12月31日止。

中国网通 IC 本地版电话卡（CNC-IC-20××-B）

CNC-IC-2005-B1 吕品昌雕塑—阿福系列

本套卡曾在辽宁、河北、黑龙江、内蒙古、山东和河南下属部分地级市使用，一套四枚。本套卡目前发现山东泰安、济南、潍坊、烟台，河南郑州，辽宁大连、锦州、营口，内蒙古呼和浩特，黑龙江牡丹江以及河北等部分地区有发行。

吕品昌，男，1962年生，中央美术学院教授、博士生导师。本套卡的图案是吕品昌的艺术作品代表之一。

CNCB021　　　　　　　　　　(4-1)

CNCB022　　　　　　　　　　(4-2)

CNCB023　　　　　　　　　　(4-3)

CNCB024　　　　　　　　　　(4-4)

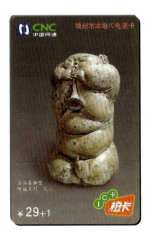

目前发现本套卡芯片封装：

1. 天津杰普智能卡有限公司(厂商代码G)：辽宁(LN)。
2. 江西捷德智能卡系统有限公司(厂商代码J)：河北(HJ)、辽宁(LN)、内蒙古(NM)、山东(SD)、河南(HY)。
3. 上海索立克智能卡有限公司(厂商代码A)：辽宁(LN)、黑龙江(HL)。

2005年1月发行，有效期到2008年1月31日止。

中国网通 IC 本地版电话卡（CNC-IC-20××-B）

CNC-IC-2005-B2 丹东天华山风光

　　中国网通风光系列，本套卡曾在辽宁省下属部分地级市使用，目前发现了丹东地区使用版本，一套四枚。在 CNC-IC-2004-B4 没有征订的情况下，中国网通再次发行了同图案的天华山风光供丹东征订，于是有了两套同图案，但不同面值设置和发行编号的 IC 卡。

　　本套卡的主画面和 CNC-IC-2004-B4 一样，但面值设置不一样，同一套卡不同年份发行和在不同地区使用。

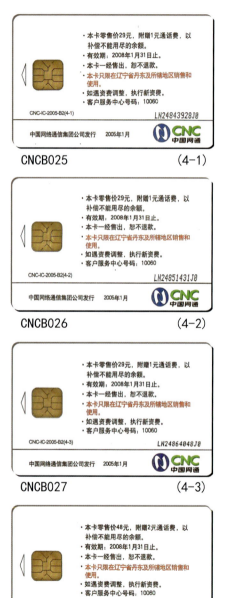

目前发现本套卡芯片封装：

江西捷德智能卡系统有限公司（厂商代码 J）：辽宁（LN）。

2005 年 1 月发行，有效期到 2008 年 1 月 31 日止。

中国网通 IC 本地版电话卡（CNC-IC-20××-B）

CNC-IC-2005-B3 昙花

　　本套卡曾在辽宁省、山东省、河北省和黑龙江省下属部分地级市使用，一套四枚。本套卡目前发现辽宁铁岭、锦州、抚顺、山东青岛、济宁、黑龙江伊春、佳木斯、大庆、鸡西、河北保定等地有发行。

　　昙花，附生肉质灌木，花单生于枝侧，漏斗状，于夜间开放，芳香。昙花有"月下美人"之誉，当花渐渐展开后，过1~2小时就慢慢枯萎了，故有"昙花一现"之说。昙花开放之时，艳压群芳，美艳绝伦。

CNCB029　　　　（4-1）

CNCB030　　　　（4-2）

CNCB031　　　　（4-3）

CNCB032　　　　（4-4）

目前发现本套卡芯片封装：

1. 天津杰普智能卡有限公司（厂商代码 G）：辽宁(LN)。
2. 江苏恒宝股份有限公司（厂商代码 B）：河北(HJ)、黑龙江(HL)。
3. 珠海东信和平智能卡股份有限公司（厂商代码 Z）：山东(SD)。

2005年3月发行，有效期到2008年3月31日止。

中国网通 IC 本地版电话卡（CNC-IC-20××-B）

CNC-IC-2005-B4 黑龙江IC卡资费优惠宣传

本套卡曾在黑龙江省下属部分地级市使用，目前发现了哈尔滨地区使用版本，一套一枚。

目前发现本套卡芯片封装：
江苏恒宝股份有限公司
（厂商代码B）：黑龙江(HL)。

CNCB033　　　　　　　　　　　　
(1-1)

2005年3月发行，有效期到2008年3月31日止。

CNC-IC-2005-B5 镜泊风光

中国网通风光系列，本套卡曾在黑龙江省下属部分地级市使用，目前发现了黑龙江牡丹江地区使用版本，一套四枚。

镜泊湖位于黑龙江省牡丹江市安宁市，因湖水照人如镜而被命名为镜泊湖。镜泊湖呈S形，沿湖风光如画，美不胜收。

CNCB034　　　　　　　(4-1)

CNCB035　　(4-2)　CNCB036　　(4-3)　CNCB037　　(4-4)

目前发现本套卡芯片封装：
江西捷德智能卡系统有限公司（厂商代码J）：黑龙江(HL)。

2005年4月发行，有效期到2008年4月30日止。

中国网通 IC 本地版电话卡（CNC-IC-20××-B）

CNC-IC-2005-B6 沈阳夜景

中国网通风光系列，本套卡曾在辽宁省下属部分地级市使用，目前发现了沈阳地区使用版本，一套四枚。

沈阳是辽宁省省会，位于中国东北地区南部。沈阳是国家历史文化名城，素有"一朝发祥地，两代帝王都"之称。本套卡分别选用"沈阳电视塔""繁华街区""五里河体育场"和"幽静小区"四个景区为主画面，反映了沈阳城市建设取得的巨大成就。

CNCB038　　　　　　　　(4-1)

CNCB039　　　　　　　　(4-2)

CNCB040　　　　　　　　(4-3)

CNCB041　　　　　　　　(4-4)

目前发现本套卡芯片封装：
江西捷德智能卡系统有限公司(厂商代码 J)：辽宁(LN)。

2005 年 4 月发行，有效期到 2008 年 4 月 30 日止。

中国网通 IC 本地版电话卡（CNC-IC-20××-B）

CNC-IC-2005-B7 海豚

中国网通动物系列，本套卡曾在辽宁省下属部分地级市使用，目前发现了沈阳地区使用版本，一套两枚。
海豚主要生活在大陆架附近的浅海里，偶见于淡水之中，主要以鱼类和软体动物为食。

CNCB042 (2-1)

CNCB043 (2-2)

目前发现本套卡芯片封装：
天津杰普智能卡有限公司（厂商代码 G）：辽宁（LN）。
2005 年 5 月发行，有效期到 2008 年 5 月 31 日止。

CNC-IC-2005-B8 水雾朦胧

中国网通风光系列，本套卡曾在辽宁省下属部分地级市使用，目前发现了沈阳地区使用版本，一套两枚。
自然界有着多种多样的美，北方的清晨、迷蒙的水雾、隐约的阳光呈现一种含蓄、朦胧的美。

CNCB044 (2-1)

CNCB045 (2-2)

目前发现本套卡芯片封装：
天津杰普智能卡有限公司（厂商代码 G）：辽宁（LN）。
2005 年 5 月发行，有效期到 2008 年 5 月 31 日止。

中国网通IC本地版电话卡（CNC-IC-20××-B）

CNC-IC-2005-B9 丹东风光—辽东仙境

中国网通风光系列，本套卡曾在辽宁省下属部分地级市使用，目前发现了丹东地区使用版本，一套两枚。

天桥沟国家森林公园位于辽宁省东部的西北山区，景区山峰俊秀、奇石林立、古树参天、溪流潺潺，具有"奇、特、俊、险"的景色特点，素有关外"小庐山"之美誉。天桥沟枫叶色彩绚烂、斑斓，自诩为"中国枫叶最艳丽的地方"。这两枚卡分别展现了这两种美景。

CNCB046　　　　　　　（2-1）

CNCB047　　　　　　　（2-2）

目前发现本套卡芯片封装：
天津杰普智能卡有限公司(厂商代码G)：辽宁(LN)。

2005年5月发行，有效期到2008年5月31日止。

CNC-IC-2005-B10 加入网通之家 体验健康生活

本套卡曾在河北省下属部分地级市使用，目前发现了保定地区使用版本，一套一枚，有效期约为一年半。中国网通业务宣传题材。

CNCB048　　　　　　　（1-1）

目前发现本套卡芯片封装：
天津杰普智能卡有限公司(厂商代码G)：河北(HJ)。

2005年7月发行，有效期到2006年12月31日止。

中国网通 IC 本地版电话卡（CNC-IC-20××-B）

CNC-IC-2005-B11 美丽的极光

　　中国网通风光系列，本套卡曾在辽宁省、黑龙江省下属部分地级市使用，一套四枚。本套卡目前发现了辽宁沈阳版、锦州版和黑龙江齐齐哈尔版。黑龙江齐齐哈尔版目前只发现了（4-2）和（4-3）两枚。

　　极光是出现于高磁场高纬度地区上空一种绚丽多彩的自然发光现象。形成极光必须有三个条件：大气、磁场和高能带电粒子。

CNCB049　　　　　　　　（4-1）

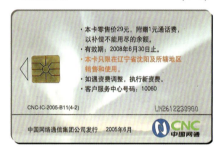 

CNCB050　　　　　　　　（4-2）

CNCB051　　　　　　　　（4-3）

CNCB052　　　　　　　　（4-4）

目前发现本套卡芯片封装：
1. 天津杰普智能卡有限公司（厂商代码 G）：辽宁（LN）。
2. 江西捷德智能卡系统有限公司（厂商代码 J）：黑龙江（HL）。

　　　　　　　2005 年 6 月发行，有效期到 2008 年 6 月 30 日止。

中国网通 IC 本地版电话卡（CNC-IC-20××-B）

CNC-IC-2005-B12 国之瑰宝

本套卡曾在黑龙江省下属部分地级市使用，目前发现了牡丹江地区使用版本，一套四枚。
本套卡主画面以华南虎、熊猫、牡丹和京剧为代表，以简洁抽象的绘画表现国之瑰宝的主题。

CNCB053　　　　　　　　　　（4-1）

CNCB054　　　　　　　　　　（4-2）

CNCB055　　　　　　　　　　（4-3）

CNCB056　　　　　　　　　　（4-4）

目前发现本套卡芯片封装：
江苏恒宝股份有限公司(厂商代码 B)：黑龙江(HL)。

2005 年 8 月发行，有效期到 2008 年 8 月 31 日止。

中国网通IC本地版电话卡（CNC-IC-20××-B）

CNC-IC-2005-B13 诗情画意

本套卡曾在黑龙江省下属部分地级市使用，目前发现了绥化地区使用版本，一套四枚。

本套卡的主画面为根据《春晓》《山行》《竹枝词》和《登鹳雀楼》四首诗词的诗意创作的画面，艺术地勾勒了每首诗的意境，反映了中华诗词博大精深的文化底蕴。

CNCB057　　　　　　　　（4-1）

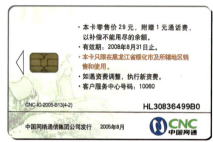

CNCB058　　　　　　　　（4-2）

CNCB059　　　　　　　　（4-3）

CNCB060　　　　　　　　（4-4）

目前发现本套卡芯片封装：

江苏恒宝股份有限公司(厂商代码B)：黑龙江(HL)。

2005年8月发行，有效期到2008年8月31日止。

中国网通 IC 本地版电话卡 （CNC-IC-20××-B）

CNC-IC-2005-B14 神奇的心理测试

本套卡曾在黑龙江省下属部分地级市使用，目前发现了鸡西地区使用版本，一套四枚。
本套卡以四种抽象的图案部分解释了心理测试及其分析结果的科学依据。

CNCB061　　　　　　　　　（4-1）

CNCB062　　　　　　　　　（4-2）

CNCB063　　　　　　　　　（4-3）

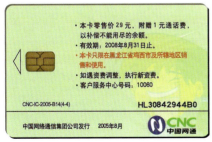 

CNCB064　　　　　　　　　（4-4）

目前发现本套卡芯片封装：
江苏恒宝股份有限公司(厂商代码B)：黑龙江(HL)。

2005 年 8 月发行，有效期到 2008 年 8 月 31 日止。

中国网通 IC 本地版电话卡 (CNC-IC-20××-B)

CNC-IC-2005-B15 郝友友烙画艺术欣赏

  本套卡曾在黑龙江省鹤岗、牡丹江、黑河、齐齐哈尔和山东省青岛、淄博、日照、东营、威海等多个地级市使用，一套四枚。

  郝友友，1953年生于河北石家庄市，先后毕业于河北轻工业学校（今河北理工大学）及山东艺术学院。1975年开始深入钻研烙画，推陈出新，创作了一幅幅生动精美的艺术作品，被国外行家誉为"中华一绝"。曾在中国美术馆、美国等地举办个人画展，作品散见于《世界日报》等专刊。本套卡选用郝友友的作品《农家小院》系列的四幅烙画作为图案。

CNCB065   (4-1)

CNCB066   (4-2)

CNCB067   (4-3)

CNCB068   (4-4)

 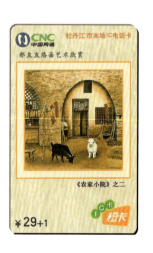  

目前发现本套卡芯片封装：

珠海东信和平智能卡股份有限公司（厂商代码Z）：山东（SD）、黑龙江（HL）。

2005年8月发行，有效期到2008年8月31日止。

中国网通 IC 本地版电话卡（CNC-IC-20××-B）

CNC-IC-2005-B16 生活小品

本套卡曾在辽宁省下属部分地级市使用，目前发现了丹东、鞍山、大连和葫芦岛地区使用版本，一套四枚。

CNCB069　　　　　　　　（4-1）

CNCB070　　　　　　　　（4-2）

CNCB071　　　　　　　　（4-3）

CNCB072　　　　　　　　（4-4）

目前发现本套卡芯片封装：
江西捷德智能卡系统有限公司(厂商代码 J)：辽宁(LN)。

2005 年 9 月发行，有效期到 2008 年 9 月 30 日止。

中国网通 IC 本地版电话卡 (CNC-IC-20××-B)

CNC-IC-2005-B17 元阳梯田

中国网通风光系列，本套卡曾在辽宁省、黑龙江省和山东省下属部分地级市使用，一套四枚。本套卡实卡目前只发现了(4-2)、(4-3)、(4-4)，未见(4-1)。本套卡（4-1）因无实卡流通，为保证本套卡图案的完整性，此处以卡样展示，又因卡样芯片封装未完成，制卡公司未定审样稿，故不列入本系列目录索引。

元阳梯田是红河哈尼梯田的核心区，位于云南省红河州元阳县哀牢山南部。哈尼族人民创造了规模宏大、气势磅礴的农耕文明奇观。2013年元阳梯田被成功列入《世界遗产名录》。

卡样　　　　　　　　　　(4-1)

CNCB073　　　　　　　　(4-2)

CNCB074　　　　　　　　(4-3)

CNCB075　　　　　　　　(4-4)

目前发现本套卡芯片封装：

天津杰普智能卡有限公司(厂商代码G)：辽宁(LN)、黑龙江(HL)、山东(SD)。

2005年11月发行，有效期到2008年11月30日止。

134

中国网通 IC 本地版电话卡（CNC-IC-20××-B）

CNC-IC-2005-B18 圣诞快乐

　　本套卡曾在黑龙江省下属多个地级市使用，一套三枚。本套卡发行的同时还发行了同图案密码卡，并有专门纪念卡册发行。

　　圣诞节是西方传统节日，为每年的12月25日。圣诞节习俗有烘烤圣诞蛋糕、装扮圣诞树、给亲友送礼物、唱圣诞颂歌、分发圣诞糖果。

　　圣诞节人物形象主要指圣诞老人，他是一位身穿红袍、头戴红帽的白胡子老头。每年圣诞节他驾着驯鹿拉的雪橇从北方而来，由烟囱进入各家，把圣诞礼物装在袜子里，挂在孩子们的床头上或火炉前。

CNCB076　　　　　　　　　　（3-1）

CNCB077　　　　（3-2）　　　　CNCB078　　　　（3-3）

目前发现本套卡芯片封装：
江苏恒宝股份有限公司(厂商代码B)：黑龙江(HL)。

　　　　　2005年12月发行，有效期到2008年12月31日止。

135

中国网通 IC 本地版电话卡（CNC-IC-20××-B）

CNC-IC-2005-B19 第二十二届中国·哈尔滨国际冰雪节

本套卡曾在黑龙江省下属多个地级市使用，一套四枚，同时发行了各地市和全省通用的密码卡。

本套卡为纪念第二十二届中国哈尔滨冰雪节而发行，四枚卡的画面均描绘了北国美轮美奂的冰雪艺术。

CNCB079　　　　　　　　（4-1）

CNCB080　　　　　　　　（4-2）

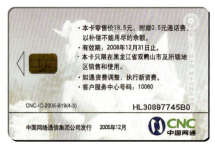
CNCB081　　　　　　　　（4-3）

CNCB082　　　　　　　　（4-4）

目前发现本套卡芯片封装：

江苏恒宝股份有限公司(厂商代码B)：黑龙江(HL)。

2005年12月发行，有效期到2008年12月31日止。

中国网通 IC 本地版电话卡 （CNC-IC-20××-B）

CNC-IC-2005-B20 恭贺元旦

本套卡曾在黑龙江省下属多个地级市使用，一套四枚，同时发行了各地市和全省通用的密码卡。

元旦是公历一年的开始，在古代中国人的心目中，"元"是开始的意思，"旦"是早晨的意思。

CNCB083　　　　　　　　（4-1）

CNCB084　　　　　　　　（4-2）

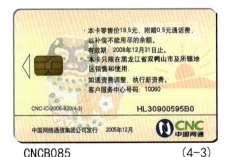

CNCB085　　　　　　　　（4-3）

CNCB086　　　　　　　　（4-4）

目前发现本套卡芯片封装：

江苏恒宝股份有限公司(厂商代码B)：黑龙江(HL)。

2005年12月发行，有效期到2008年12月31日止。

137

中国网通IC本地版电话卡（CNC-IC-20××-B）

CNC-IC-2006-B1 欢度春节

本套卡曾在黑龙江省下属多个地级市使用，一套四枚，同时发行了同图案S卡。

春节即我国的农历新年。春节期间，大家举行庆贺新春活动，除旧布新、驱邪攘灾、纳福祈年。百节年为首，春节是中华民族最重要的传统佳节。

CNCB087　　　　　　　　　　（4-1）

CNCB088　　　　　　　　　　（4-2）

CNCB089　　　　　　　　　　（4-3）

CNCB090　　　　　　　　　　（4-4）

目前发现本套卡芯片封装：
天津杰普智能卡有限公司(厂商代码G)：黑龙江(HL)。
2006年1月发行，有效期到2009年1月31日止。

中国网通IC本地版电话卡（CNC-IC-20××-B）

CNC-IC-2006-B2 植树造林 美化祖国

　　本套卡曾在辽宁省、黑龙江省、内蒙古自治区、山西省下属多个地级市使用，一套四枚。目前只发现辽宁沈阳有全套发行。

　　植树造林有益于子孙后代，"先人留下浓荫树，后辈儿孙好乘凉"。如果种植面积较大而且将来能形成森林和森林环境的，则称为造林。如果种植面积很小，将来不能形成森林和森林环境的，则称为植树。

CNCB091　　　　　　　　　　　　　　　　（4-1）

CNCB092　　　　　　　　　　　　　　　　（4-2）

CNCB093　　　　　　　　　　　　　　　　（4-3）

CNCB094　　　　　　　　　　　　　　　　（4-4）

目前发现本套卡芯片封装：

1. 天津杰普智能卡有限公司（厂商代码 G）：辽宁（LN）、黑龙江（HL）、内蒙古（NM）、山西（SX）。
2. 湖南斯伦贝谢通信设备有限公司（厂商代码 H）：内蒙古（NM）。
3. 江苏恒宝股份有限公司（厂商代码 B）：黑龙江（HL）。

2006 年 3 月发行，有效期到 2009 年 3 月 31 日止。

中国网通IC本地版电话卡（CNC-IC-20××-B）

CNC-IC-2006-B3 江西婺源风光

中国网通风光系列，本套卡曾在辽宁省、黑龙江省、山东省、河北省和内蒙古自治区下属部分地级市使用，一套四枚。本套卡目前发现了辽宁抚顺、黑龙江牡丹江、山东威海、河北邯郸、内蒙古赤峰、乌兰察布地区使用版本。

婺源具有乡村风情，空气新鲜，有高山花海风景，又有小桥流水人家。婺源全县有江湾、篁岭、李坑、汪口、思溪延村、大鄣山卧龙谷、灵岩洞、严田古樟、文公山、鸳鸯湖、五龙源、熹园、翼天文化旅游城等多个景区。

本套卡的主画面为烟雨江南、小桥流水、一碧金花、粉墙黛瓦，很好地展现了婺源旖旎的风光。

CNCB095　　　　　　(4-1)

CNCB096　　　　　　(4-2)

CNCB097　　　　　　(4-3)

CNCB098　　　　　　(4-4)

目前发现本套卡芯片封装：

天津杰普智能卡有限公司(厂商代码G)：辽宁(LN)、黑龙江(HL)、内蒙古(NM)、山东(SD)、河北(HJ)。

2006年6月发行，有效期到2009年6月30日止。

中国网通 IC 本地版电话卡（CNC-IC-20××-B）

CNC-IC-2006-B4 徽派建筑艺术

　　本套卡曾在辽宁省下属部分地级市使用，目前发现了辽宁沈阳、大连、丹东和辽阳地区使用版本，一套三枚。

　　徽派建筑流行于今天的安徽黄山、绩溪，江西婺源以及浙江金华、衢州等地区。徽派建筑以砖、木、石为原料，以木架构为主，注重装饰，表现出高超的装饰艺术水平。徽派建筑讲究礼数，集山川风景之灵气，融传统风俗文化之精华，风格独特、结构严谨、雕镂精湛，从规划构思到平面及空间处理，建筑雕刻艺术的综合运用都充分体现了地方建筑的鲜明特色。

CNCB099　　　　　　　　　　（3-1）

CNCB100　　　　　　　　　　（3-2）

CNCB101　　　　　　　　　　（3-3）

目前发现本套卡芯片封装：

天津杰普智能卡有限公司(厂商代码 G)：辽宁(LN)。

　　　　　　　　　　2006 年 7 月发行，有效期到 2009 年 7 月 31 日止。

中国网通 IC 本地版电话卡（CNC-IC-20××-B）

CNC-IC-2006-B5 赫兴中绘画选（一）

本套卡曾在辽宁省、河北省、黑龙江省、内蒙古和山东省下属多个地级市使用，一套四枚。

卡面以中国传统山水画为主旋律，分别为"水乡秋色""湖畔小镇""烟雨江南"和"初春时节"四个画面，以烟蒙蒙、雨蒙蒙的格调绘尽江南烟雨的朦胧之美。

CNCB102 　　　　　　（4-1）

CNCB103 　　　　　　（4-2）

CNCB104 　　　　　　（4-3）

CNCB105 　　　　　　（4-4）

目前发现本套卡芯片封装：

1. 天津杰普智能卡有限公司（厂商代码 G）：辽宁（LN）、内蒙古（NM）、河北（HJ）。
2. 江西捷德智能卡系统有限公司（厂商代码 J）：辽宁（LN）、河北（HJ）。
3. 江苏恒宝股份有限公司（厂商代码 B）：黑龙江（HL）、辽宁（LN）。
4. 珠海东信和平智能卡股份有限公司（厂商代码 Z）：山东（SD）。

2006 年 9 月发行，有效期到 2009 年 9 月 30 日止。

中国网通 IC 本地版电话卡（CNC-IC-20××-B）

CNC-IC-2007-B1 清明节的传说

　　本套卡曾在辽宁省、黑龙江省、山西省和山东省下属部分地级市使用，一套四枚。本套卡目前发现了辽宁沈阳、黑龙江牡丹江、山东青岛、威海、山西阳泉地区使用版本。

　　公历4月5日前后为清明节，清明节是二十四节气之一。清明节又叫寒食节，源自介子推和晋文公重耳的故事。唐代诗人杜牧的诗《清明》（清明时节雨纷纷，路上行人欲断魂。借问酒家何处有，牧童遥指杏花村。）写尽了清明节的特殊气氛。

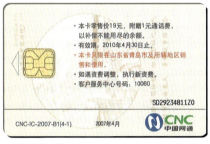

CNCB106　　　　　　　　　(4-1)

CNCB107　　　　　　　　　(4-2)

CNCB108　　　　　　　　　(4-3)

CNCB109　　　　　　　　　(4-4)

目前发现本套卡芯片封装：

1. 江苏恒宝股份有限公司(厂商代码B)：辽宁(LN)、黑龙江(HL)、山西(SX)。
2. 珠海东信和平智能卡股份有限公司(厂商代码Z)：山东(SD)。

　　　　　　2007年4月发行，有效期到2010年4月30日止。

中国网通 IC 本地版电话卡（CNC-IC-20××-B）

CNC-IC-2007-B2 青花瓷

本套卡曾在河北省、辽宁省、黑龙江省、内蒙古自治区和山东省下属部分地级市使用，一套四枚。

青花瓷是中国瓷器的主流品种之一，属釉下彩瓷。明代青花成为瓷器的主流，明宣德时发展到了顶峰。明清时期，人们还创烧了青花五彩、孔雀绿釉青花、豆青釉青花、青花红彩、黄地青花、哥釉青花等衍生品种。

CNCB110 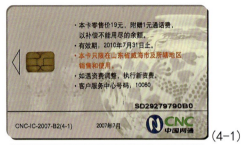 (4-1)

CNCB111  (4-2)

CNCB112  (4-3)

CNCB113  (4-4)

本套卡第三、四枚不同生产厂商制作的卡画面有相互倒置现象。

目前发现本套卡芯片封装：

1. 天津杰普智能卡有限公司(厂商代码 G)：河北(HJ)、辽宁(LN)、黑龙江(HL)、内蒙古(NM)、山东(SD)。
2. 江西捷德智能卡系统有限公司(厂商代码 J)：山东(SD)。
3. 江苏恒宝股份有限公司(厂商代码 B)：辽宁(LN)、黑龙江(HL)、山东(SD)。
4. 珠海东信和平智能卡股份有限公司(厂商代码 Z)：山东(SD)。

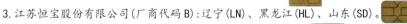

2007 年 7 月发行，有效期到 2010 年 7 月 31 日止。

144

中国网通IC本地版电话卡（CNC-IC-20××-B）

CNC-IC-2007-B3 本溪风光

　　中国网通风光系列，本套卡曾在辽宁省下属部分地级市使用，一套四枚。本套卡目前发现了葫芦岛地区使用版本。

　　四枚卡分别以"淞""雾""山""林"为主画面，展现了辽宁本溪绝美的冰雪风光。

CNCB114　　　　　　　　　（4-1）

CNCB115　　　　　　　　　（4-2）

CNCB116　　　　　　　　　（4-3）

CNCB117　　　　　　　　　（4-4）

目前发现本套卡芯片封装：
天津杰普智能卡有限公司(厂商代码G)：辽宁(LN)。

2007年7月发行，有效期到2010年7月31日止。

中国网通 IC 本地版电话卡（CNC-IC-20××-B）

CNC-IC-2007-B4 四季花卉

本套卡曾在辽宁省下属部分地级市使用，一套四枚，目前发现了大连地区使用版本。

　　本套卡主画面选用春牡丹、夏荷、秋菊和冬梅四种应时花卉，以摄影和传统彩绘相结合的技法描绘了这四种花卉美轮美奂的姿态。

CNCB118　　　　　　　　　(4-1)

CNCB119　　　　　　　　　(4-2)

CNCB120　　　　　　　　　(4-3)

CNCB121　　　　　　　　　(4-4)

目前发现本套卡芯片封装：
江西捷德智能卡系统有限公司(厂商代码 J)：辽宁(LN)。

2007 年 7 月发行，有效期到 2010 年 7 月 31 日止。

中国网通 IC 本地版电话卡（CNC-IC-20××-B）

CNC-IC-2007-B5 本溪水洞

中国网通风光系列，本套卡曾在辽宁省下属部分地级市使用，一套一枚，目前发现了本溪地区使用版本。

本溪水洞位于辽宁省本溪市，融山、水、洞、泉、湖和古人类文化遗址于一体。洞中水流终年不断，清澈见底，钟乳石发育完好，千姿百态，泛舟游览，使人流连忘返。

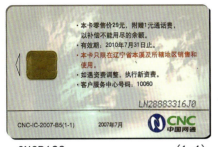
CNCB122　　　　　　　　（1-1）

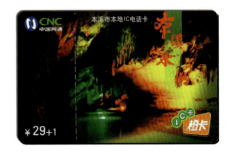

目前发现本套卡芯片封装：
江西捷德智能卡系统有限公司(厂商代码 J)：辽宁(LN)。

2007 年 7 月发行，有效期到 2010 年 7 月 31 日止。

CNC-IC-2007-B6 廊坊市电信资费调整

本套卡曾在河北省下属部分地级市使用，一套两枚，目前发现了廊坊地区使用版本。本套卡常规序列号位置被广告占用，序列号移到非芯片面。

中国网通河北廊坊业务宣传题材。

CNCB123　　　　　　　　（2-1）

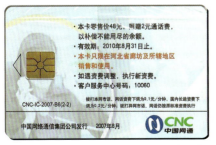
CNCB124　　　　　　　　（2-2）

目前发现本套卡芯片封装：
天津杰普智能卡有限公司(厂商代码 G)：河北(HJ)。

2007 年 8 月发行，有效期到 2010 年 8 月 31 日止。

中国网通 IC 本地版电话卡 (CNC-IC-20××-B)

CNC-IC-2007-B7 歙砚

　　本套卡曾在辽宁省和山东省下属部分地级市使用，一套四枚，目前发现了辽宁沈阳、丹东、大连和山东威海地区使用版本。

　　歙砚产于黄山、天目山和白暨山之间的歙州。歙砚的纹理结构十分突出，分鱼子纹、肋纹、金环纹、眉纹、刷丝纹等。矿物粒度细，石英颗粒分布均匀，具有使墨汁光滑的效果。因而歙砚受到历代书法家的赞誉。

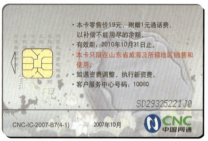 
CNCB125　　　　　　　　(4-1)

CNCB126　　　　　　　　(4-2)

CNCB127　　　　　　　　(4-3)

 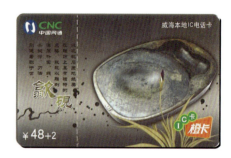
CNCB128　　　　　　　　(4-4)

目前发现本套卡芯片封装：
江西捷德智能卡系统有限公司(厂商代码 J)：山东(SD)、辽宁(LN)。

2007 年 10 月发行，有效期到 2010 年 10 月 31 日止。

148

中国网通IC本地版电话卡（CNC-IC-20××-B）

CNC-IC-2008-B1 雪韵鹤乡

　　中国网通动物系列，本套卡曾在黑龙江省下属部分地级市使用，一套四枚，目前发现了齐齐哈尔地区使用版本，有效期只有半年。

　　齐齐哈尔市的雅称为"鹤乡"。这里芦苇、沼泽广袤辽远，环境优雅，是鸟类繁衍的天堂。尤其是鹤的种类之多，数量之大，为世人所瞩目，因此当地得名"鹤之故乡"。

CNCB129　　　　　　（4-1）

CNCB130　　　　　　（4-2）

CNCB131　　　　　　（4-3）

CNCB132　　　　　　（4-4）

目前发现本套卡芯片封装：
天津杰普智能卡有限公司(厂商代码G)：黑龙江(HL)。

　　　　　　2008年2月发行，有效期到2008年8月31日止。

中国网通 IC 本地版电话卡（CNC-IC-20××-B）

CNC-IC-2008-B2 青岛城市雕塑

中国网通风光系列，本套卡曾在山东省下属部分地级市使用，一套三枚，目前发现了青岛地区使用版本。本套卡的主画面选取了三处青岛代表性现代雕塑，展现了青岛独特的城市风貌。

CNCB133 　　　　　　　　　（3-1）

CNCB134 　　　　　　　　　（3-2）

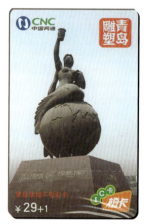

CNCB135 　　　　　　　　　（3-3）

目前发现本套卡芯片封装：
江西捷德智能卡系统有限公司（厂商代码 J）：山东（SD）。

2008 年 3 月发行，有效期到 2011 年 3 月 31 日止。

中国网通 IC 本地版电话卡（CNC-IC-20××-B）

CNC-IC-2008-B3 辽阳网通西关营业厅

本套卡曾在辽宁省下属部分地级市使用，一套一枚，目前发现了辽阳地区使用版本。

中国网通辽宁省辽阳网通业务宣传题材。

CNCB136　　　　　　　　（1-1）

目前发现本套卡芯片封装：
天津杰普智能卡有限公司(厂商代码 G)：辽宁(LN)。

2008 年 3 月发行，有效期到 2011 年 3 月 31 日止。

CNC-IC-2008-B4 新华人寿保险—青松部

本套卡曾在内蒙古自治区下属部分地级市使用，一套三枚，目前发现了赤峰地区使用版本。

此卡非芯片面有新华人寿保险青松部的业务宣传，芯片面上方有红色字标明的"校园 IC 卡 100 分钟任你打"的校园内业务资费广告。此卡销售价格和面值不一样，面值为 29+1 元，销售价格只有 10 元。

CNCB137　　　　　（3-1）

CNCB138　　　　　（3-2）

CNCB139　　　　　（3-3）

目前发现本套卡芯片封装：
天津杰普智能卡有限公司(厂商代码 G)：内蒙古(NM)。

2008 年 3 月发行，有效期到 2011 年 3 月 31 日止。

中国网通 IC 本地版电话卡 (CNC-IC-20××-B)

CNC-IC-2008-B5 中国银行—赤峰分行

本套卡曾在内蒙古自治区下属部分地级市使用，一套两枚，目前发现了赤峰地区使用版本。

此卡非芯片面有中国银行赤峰分行的业务宣传，芯片面上方有红色字标明的"校园IC卡100分钟任你打"的校园内业务资费广告。此卡销售价格和面值不一样，面值为29+1元，售价只有10元。

CNCB140　　　　(2-1)

CNCB141　　　　(2-2)

目前发现本套卡芯片封装：
天津杰普智能卡有限公司(厂商代码G)：内蒙古(NM)。

2008年3月发行，有效期到2011年3月31日止。

中国网通IC本地版电话卡（CNC-IC-20××-B）

CNC-IC-2008-B6 茶文化

本套卡曾在辽宁省、黑龙江省和山东省下属部分地级市使用，一套四枚。

茶文化是在饮茶活动过程中形成的文化特征，包括茶道、茶德、茶精神、茶联、茶书、茶具、茶谱、茶诗、茶画、茶学、茶故事、茶艺等。茶文化的起源地为中国，中国是茶的故乡。中国饮茶对茶的配制是多种多样的，有太湖的熏豆茶、苏州的香味茶、湖南的姜盐茶、蜀山的侠君茶、台湾的冻顶茶、杭州的龙井茶、福建的乌龙茶、六安的六安瓜片等。

本套卡以茶壶、茶杯为主画面，从几个侧面反映了我国多姿多彩的茶文化。

CNCB142　　　　　（4-1）

CNCB143　　（4-2）　　CNCB144　　（4-3）　　CNCB145　　（4-4）

目前发现本套卡芯片封装：
1. 天津杰普智能卡有限公司(厂商代码G)：辽宁(LN)、黑龙江(HL)。
2. 江苏恒宝股份有限公司(厂商代码B)：黑龙江(HL)、辽宁(LN)、山东(SD)。

2008年4月发行，有效期到2011年4月30日止。

中国网通 IC 本地版电话卡（CNC-IC-20××-B）

CNC-IC-2008-B7 红松故乡

　　中国网通风光系列，本套卡曾在黑龙江省下属部分地级市使用，一套两枚，目前发现了伊春地区使用版本。

　　中国黑龙江伊春号称红松故乡，是我国红松的主要分布地。红松籽是许多森林动物的主要粮食，例如松鼠、星鸭、飞龙、黑熊、野猪等野生动物都要取食大量的红松籽。如果没有红松，许多以松子为食的野生动物将会绝迹，所以，保护红松也是保护生物的多样性资源，保护小兴安岭的生物链安全。

CNCB146　　　　　　　　　(2-1)

CNCB147　　　　　　　　　(2-2)

目前发现本套卡芯片封装：
江苏恒宝股份有限公司(厂商代码B)：黑龙江(HL)。

2008年4月发行，有效期到2011年4月30日止。

中国网通 IC 本地版电话卡 （CNC-IC-20××-B）

CNC-IC-2008-B8 靠近你 温暖我

本套卡曾在辽宁省和山东省下属部分地级市使用，一套四枚，目前发现了山东威海版和辽宁鞍山版。

六一儿童节题材，以关爱和温暖留守儿童为主画面，反映了家庭、政府和社会对留守儿童的关爱。

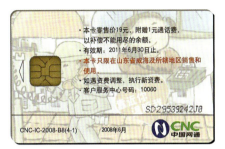 

CNCB148　　　　　　　　（4-1）

CNCB149　　　　　　　　（4-2）

CNCB150　　　　　　　　（4-3）

CNCB151　　　　　　　　（4-4）

目前发现本套卡芯片封装：
江西捷德智能卡系统有限公司(厂商代码 J)：辽宁(LN)、山东(SD)。

2008 年 6 月发行，有效期到 2011 年 6 月 30 日止。

中国网通 IC 本地版电话卡（CNC-IC-20××-B）

CNC-IC-2008-B9 美丽的鸡西风光

　　中国网通风光系列，本套卡曾在黑龙江省下属部分地级市使用，一套四枚，有效期为三个月。本套卡目前发现了鸡西地区使用版本。

　　四枚卡分别以"美丽的麒麟山风光""美丽的珍宝岛风光""美丽的蜂蜜山骆驼峰"和"美丽的兴凯湖风光"四个风景优美的景点，体现了祖国边疆的美丽风光。

CNCB152　　　　　　　　　(4-1)

CNCB153　　　　　　　　　(4-2)

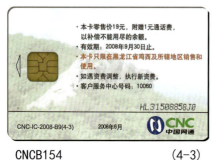

CNCB154　　　　　　　　　(4-3)

CNCB155　　　　　　　　　(4-4)

目前发现本套卡芯片封装：
江西捷德智能卡系统有限公司(厂商代码 J)：黑龙江(HL)。

　　　　2008 年 6 月发行，有效期到 2008 年 9 月 30 日止。

中国网通 IC 本地版电话卡（CNC-IC-20××-B）

CNC-IC-2008-B10 愿你们的每一天都如画一样的美丽

本套卡曾在山东省下属部分地区使用，一套四枚，有效期为9个月，目前发现了威海和淄博地区使用版本。

儿童题材。本套卡以唯美的画面反映了当代儿童的真实生活，并送上全社会美好的祝福。

CNCB156　　　　　　　　（4-1）

CNCB157　　　　　　　　（4-2）

CNCB158　　　　　　　　（4-3）

CNCB159　　　　　　　　（4-4）

目前发现本套卡芯片封装：
江西捷德智能卡系统有限公司(厂商代码 J)：山东(SD)。
2008年9月发行，有效期到2009年6月30日止。

157

中国网通 IC 本地版电话卡（CNC-IC-20××-B）

CNC-IC-2008-B11 崂山风光

　　中国网通风光系列，本套卡曾在山东省下属部分地级市使用，一套一枚，目前发现了青岛地区使用版本。

　　崂山因地处海滨，岩深谷幽，风景秀美。古往今来，许多方士、道士及文人墨客纷纷前往山中隐居修炼及参观游览。

CNCB160　　　　　　（1-1）

目前发现本套卡芯片封装：
江西捷德智能卡系统有限公司(厂商代码J)：山东(SD)。

　　　　　　　2008 年 9 月发行，有效期到 2011 年 9 月 30 日止。

3. 中国网通IC编号电话卡（CNC-IC-20××-××）

中国网通于2002年8月开始发行IC编号电话卡，这个系列是中国网通发行的在中国境内漫游使用的IC电话卡，编号方式为CNC-IC-20××-××。从2002年8月发行第一套到2008年中国网通与中国联通启动合并，IC编号电话卡共发行了20套59枚，是中国网通整个IC卡的重要组成部分。

本章IC卡图例凡122幅。

IC编号电话卡芯片封装式样：

厂商	代码	芯片封装式样		
天津杰普智能卡有限公司	G			
江西捷德智能卡系统有限公司	J			
江苏恒宝股份有限公司	B			

中国网通 IC 编号电话卡 (CNC-IC-20××-××)

CNC-IC-2002-1 精铸中国网通品牌

中国网通本系列第一套卡，无有效期，一套两枚。

　　2002年5月，中国网络通信集团公司成立。同年6月，中国网通第一套IC卡发行。同年8月，本系列第一套IC卡发行，图案是中国网通企业形象宣传，释义为"精铸中国网通品牌"。第一枚的主画面为雕刻中的中国网通Logo，寓意品牌建设是一个长期精雕细琢的过程；第二枚的主画面为一尊中华大鼎，寓意一言九鼎，诚信经营。

CNC001　　　　　　　　　(2-1)

40 000 枚

CNC002　　　　　　　　　(2-2)

40 000 枚

目前发现本套卡芯片封装：

1. 天津杰普智能卡有限公司(厂商代码G)：北京(BJ)、天津(TJ)、辽宁(LN)、吉林(JL)、黑龙江(HL)。
2. 江西捷德智能卡系统有限公司(厂商代码J)：网通(WT)。

2002年8月发行，无有效期。

中国网通IC编号电话卡（CNC-IC-20××-××）

CNC-IC-2005-1 全国漫游IC卡

　　中国网通于2002年5月成立后就与中国电信商议南北分家的电信业务管辖范围问题，本系列自2002年中国网通成立之初发行全国漫游卡后一直未有发行，直到2005年中国网通与中国电信签署国内漫游协议后，才于2005年7月发行第二套国内漫游的编号卡，此协议的签署使双方IC电话卡可实现跨区域南北漫游。本套卡一共两枚，另有"首发纪念"加字卡一套两枚。本系列自本套卡开始设置有效期。其中加字版有网通版和山东版。

CNC003　　　　　　　　　　　（2-1）

CNC004　　　　　　　　　　　（2-2）

CNC005　　　　　　　　　　　（2-1）

CNC006　　　　　　　　　　　（2-2）

目前发现本套卡芯片封装：

江西捷德智能卡系统有限公司(厂商代码J)：北京(BJ)、天津(TJ)、吉林(JL)、山东(SD)、河南(HY)、网通(WT)。

2005年7月发行，有效期到2008年12月31日止。

中国网通 IC 编号电话卡（CNC-IC-20××-××）

CNC-IC-2005-2 图腾·百家姓 寻根问祖

　　中国网通中华传统文化姓氏系列第一组，一套四枚，中国网通原先准备发行多组这种姓氏文化的 IC 卡，但最终只发行了这一组。本套卡目前只发现了山西版。

　　本套卡分别介绍了"李""刘""王"和"张"四个姓氏的起源和延续。

CNC007　　　　　　　　　　（4-1）

CNC008　　　　　　　　　　（4-2）

CNC009　　　　　　　　　　（4-3）

CNC010　　　　　　　　　　（4-4）

目前发现本套卡芯片封装：
天津杰普智能卡有限公司(厂商代码 G)：山西(SX)。

　　　　2005 年 10 月发行，有效期到 2008 年 12 月 31 日止。

中国网通IC编号电话卡（CNC-IC-20××-××）

CNC-IC-2005-3 圣诞快乐

　　中国网通外国节日系列，一套三枚，不规则异形卡，目前只发现了辽宁版和山东版。中国网通在S系列和B系列都有圣诞题材发行。

CNC011　　（3-1）　　　CNC012　　（3-2）　　　CNC013　　（3-3）

目前发现本套卡芯片封装：
天津杰普智能卡有限公司(厂商代码G)：辽宁(LN)、山东(SD)。

2005年12月发行，有效期到2008年12月31日止。

163

中国网通 IC 编号电话卡（CNC-IC-20××-××）

CNC-IC-2006-1 福娃—同一个世界 同一个梦想

中国网通北京2008年奥运会系列，一套五枚。目前发现含网通（WT）版共有九个版别，都整套发行。

中国网通是北京2008年奥运会合作伙伴，从2006年到2008年发行了一系列奥运会题材的IC卡，本套卡以北京2008年奥运会五个福娃为主画面，展现了"同一个世界 同一个梦想"的奥运会理念。

CNC014　　　　　　　　（5-1）

CNC015　　　　　　　　（5-2）

CNC016　　　（5-3）

CNC017　　　（5-4）

CNC018　　　（5-5）

目前发现本套卡芯片封装：

江西捷德智能卡系统有限公司（厂商代码 J）：北京（BJ）、天津（TJ）、河北（HJ）、辽宁（LN）、吉林（JL）、黑龙江（HL）、山东（SD）、山西（SX）、网通（WT）。

2006年1月发行，有效期到2008年12月31日止。

164

中国网通IC编号电话卡（CNC-IC-20××-××）

CNC-IC-2006-2 2006中国沈阳世界园艺博览会

辽宁题材，单省发行，一套两枚。

　　2006中国沈阳世界园艺博览会会址位于风景秀丽的沈阳棋盘山国际风景旅游开发区，博览会的主题吉祥物为世博园内栖息最多的鸟类灰喜鹊，名字叫"阳阳"。会标以玫瑰花、地球、机床飞溅出的铁花为基本元素，整个造型似盛开的玫瑰。

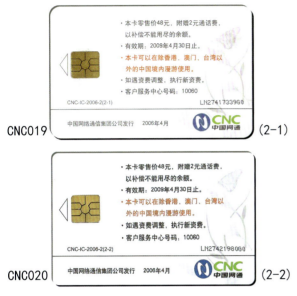

目前发现本套卡芯片封装：
天津杰普智能卡有限公司(厂商代码G)：辽宁(LN)。

2006年4月发行，有效期到2009年4月30日止。

CNC-IC-2006-3 沈阳故宫

辽宁题材，单省发行，一套一枚。

　　沈阳故宫位于辽宁省沈阳市沈河区，为清朝初期的皇宫。沈阳故宫始建于清太祖天命十年(1625年)，建成于清崇德元年(1636年)。它不仅是中国仅存的两大皇家宫殿建筑群之一，也是中国关外唯一的一座皇家建筑群。

目前发现本套卡芯片封装：
天津杰普智能卡有限公司(厂商代码G)：辽宁(LN)。

2006年4月发行，有效期到2009年4月30日止。

165

中国网通 IC 编号电话卡（CNC-IC-20××-××）

CNC-IC-2006-4 阳光小子

辽宁题材，单省发行，一套一枚。

卡通题材，2006年暑期发行，主画面以小朋友外出游玩为主题，色彩丰富，惹人喜爱。

CNC022　　　　　　　　　　（1-1）

目前发现本套卡芯片封装：
天津杰普智能卡有限公司(厂商代码 G)：辽宁(LN)。

2006年8月发行，有效期到2009年8月31日止。

CNC-IC-2006-5 水墨华山

中国网通风光系列，吉林单省发行，一套两枚。

华山古称"西岳"，五岳之一，位于陕西省华阴市，南接秦岭，北瞰黄渭，自古就有"奇险天下第一山"的说法。华山风景优美，人文景观众多。

CNC023　　　　　　　　　　（2-1）

CNC024　　　　　　　　　　（2-2）

目前发现本套卡芯片封装：
天津杰普智能卡有限公司(厂商代码 G)：吉林(JL)。

2006年9月发行，有效期到2009年9月30日止。

中国网通IC编号电话卡（CNC-IC-20××-××）

CNC-IC-2006-6 百家争鸣

中国网通中华传统文化系列，吉林单省发行，一套四枚。

在中国历史上，春秋战国是思想和文化辉煌灿烂、群星闪烁的时代。这一时期出现了诸子百家相互争鸣、盛况空前的学术局面，在中国思想发展史上占有重要的地位。这些思想学术流派的成就，以以孔子、老子、墨子为代表的三大哲学体系为主体，至战国时期，形成了诸子百家争鸣的繁荣局面。汉武帝时，推行"罢黜百家，独尊儒术"的政策，从此以孔子、孟子为代表的儒家思想成为统治阶级思想正统。

CNC025　　　　　　　　（4-1）

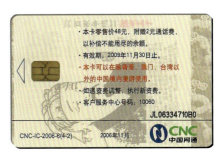
CNC026　　　　　　　　（4-2）

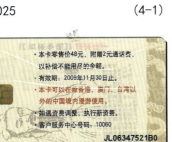
CNC027　　　　　　　　（4-3）

CNC028　　　　　　　　（4-4）

 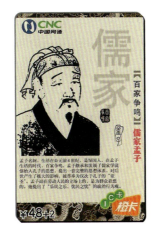  

目前发现本套卡芯片封装：
江苏恒宝股份有限公司(厂商代码B)：吉林(JL)。

2006年11月发行，有效期到2009年11月30日止。

中国网通 IC 编号电话卡（CNC-IC-20××-××）

CNC-IC-2007-1 国兰—暗香

  中国网通发行过多套花卉题材的 IC 卡，本套卡是兰花题材，一套四枚。目前发现辽宁和吉林有全套发行。

  国兰为多年生草本植物，根肉质肥大，无根毛，有共生菌。国兰花朵较小，香气暗流，被称为"四君子"之一。

CNC029　　　　　　　　　（4-1）

CNC030　　　　　　　　　（4-2）

CNC031　　　　　　　　　（4-3）

CNC032　　　　　　　　　（4-4）

目前发现本套卡芯片封装：

江苏恒宝股份有限公司(厂商代码B)：辽宁(LN)、吉林(JL)、山西(SX)。

       2007年3月发行，有效期到2010年3月31日止。

中国网通 IC 编号电话卡（CNC-IC-20××-××）

CNC-IC-2007-2 沈阳故宫之冬

辽宁题材，单省发行，一套三枚。

沈阳故宫又称盛京皇宫。沈阳故宫是在明王朝走向衰弱、满族不断崛起的历史背景下修建的。就是在这座宫殿里，皇太极将女真改称为满洲，于1636年将国号改称为"清"。迄皇太极逝世止，盛京皇宫始终是清朝的政治、军事、经济、文化中心。

CNC033　　　　　　　　　　(3-1)

CNC034　　　　　　　　　　(3-2)

CNC035　　　　　　　　　　(3-3)

目前发现本套卡芯片封装：
天津杰普智能卡有限公司(厂商代码 G)：辽宁(LN)。

2007 年 3 月发行，有效期到 2010 年 3 月 31 日止。

中国网通 IC 编号电话卡（CNC-IC-20××-××）

CNC-IC-2007-3 中国网通集团宽带在线有限公司成立一周年纪念

  2006 年 5 月，中国网通集团宽带在线有限公司成立，2007 年 5 月值一周年之际，中国网通发行了 IC 电话卡一套一枚，河北和山西有发行。本套卡是本系列中唯一一套芯片面右下角没有印网通 Logo，而是印了橙卡 Logo 的 IC 卡。

CNC036　　　　　　　　（1-1）

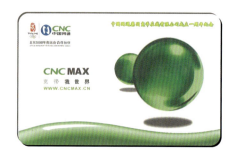

目前发现本套卡芯片封装：
天津杰普智能卡有限公司（厂商代码 G）：河北（HJ）、山西（SX）。

2007 年 5 月发行，有效期到 2010 年 5 月 31 日止。

CNC-IC-2007-4 庆祝五一国际劳动节

  中国网通节日题材，辽宁单省发行，一套一枚。
  1889 年 7 月，由弗里德里希·恩格斯领导的第二国际在巴黎举行代表大会。会议通过决议，规定于 1890 年 5 月 1 日国际劳动者举行游行，并决定把 5 月 1 日这一天定为国际劳动节。我国中央人民政府政务院于 1949 年 12 月作出决定，将 5 月 1 日确定为劳动节。

CNC037　　　　　　　　（1-1）

目前发现本套卡芯片封装：
天津杰普智能卡有限公司（厂商代码 G）：辽宁（LN）。

2007 年 4 月发行，有效期到 2010 年 4 月 30 日止。

中国网通 IC 编号电话卡（CNC-IC-20××-××）

CNC-IC-2007-5 琉璃艺术

中国网通辽宁和吉林分公司发行，一套四枚，其中吉林版全套发行，辽宁目前只发现了第一、第二枚。

琉璃是以各种颜色的人造水晶为原料，在高温下烧制而成的稀有装饰品。其色彩流云漓彩，品质晶莹剔透、光彩夺目。琉璃的颜色多种多样，古人也叫它"五色石"。古时由于民间很难得到琉璃，所以当时人们把琉璃看得比玉器还要珍贵。

CNC038　　　　　　　　　　（4-1）

CNC039　　　　　　　　　　（4-2）

CNC040　　　　　　　　　　（4-3）

CNC041　　　　　　　　　　（4-4）

目前发现本套卡芯片封装：

江苏恒宝股份有限公司(厂商代码B)：吉林(JL)、辽宁(LN)。

2007年8月发行，有效期到2010年8月31日止。

中国网通 IC 编号电话卡（CNC-IC-20××-××）

CNC-IC-2007-6 夏日风情

河北省选题，单省发行，一套一枚。

目前发现本套卡芯片封装：

天津杰普智能卡有限公司（厂商代码G）：
河北(HJ)。

CNC042　　　　　　　　　(1-1)

2007年9月发行，有效期到2010年9月30日止。

CNC-IC-2008-1 青岛2008年奥运会帆船赛

中国网通奥运会题材，山东单省发行，一套十枚。

2008年8月9日到23日、9月8日到13日，北京2008年奥运会帆船比赛和残奥会帆船比赛先后在青岛举行。举办一届有特色、高水平的体育赛事，是青岛人民向全国人民和国际社会交出的满意答卷，赢得了国际社会的高度赞扬。

CNC043　　　　　　　　　(10-1)

CNC044　　　(10-2)　　　CNC045　　　(10-3)　　　CNC046　　　(10-4)

中国网通 IC 编号电话卡（CNC-IC-20××-××）

CNC-IC-2008-1 青岛2008年奥运会帆船赛（续）

CNC047　　　　　（10-5）　　CNC048　　　　　（10-6）　　CNC049　　　　　（10-7）

CNC050　　　　　（10-8）　　CNC051　　　　　（10-9）　　CNC052　　　　　（10-10）

目前发现本套卡芯片封装：

江西捷德智能卡系统有限公司(厂商代码 J)：山东(SD)。

2008年2月发行，有效期到2009年3月31日止。

中国网通 IC 编号电话卡（CNC-IC-20××-××）

CNC-IC-2008-2 中华瓷器

中国网通传统文化系列，吉林单省发行，一套四枚，本套卡实卡十分稀少，收藏难度极大。

中国是瓷器的故乡，瓷器是古代劳动人民的一个重要发明。

本套卡以"清雍正珐琅彩白地松竹梅纹橄榄式瓶""清乾隆珐琅彩白地花卉纹蒜头瓶""清乾隆珐琅彩白地花卉纹小瓶"和"清乾隆珐琅彩米色地描金花卉纹瓶"四个清代珐琅彩瓷器为主画面，暗红色背景反映了中国博大精深的瓷文化。

CNC053　　　　　　　　　（4-1）

CNC054　　　　　　　　　（4-2）

CNC055　　　　　　　　　（4-3）

CNC056　　　　　　　　　（4-4）

目前发现本套卡芯片封装：

江西捷德智能卡系统有限公司(厂商代码J)：吉林(JL)。　

2008年3月发行，有效期到2011年3月31日止。

174

中国网通 IC 编号电话卡（CNC-IC-20××-××）

CNC-IC-2008-3 和美玉

中国网通吉林版，吉林单省发行，一套四枚，本套卡实卡十分稀少。

　　玉器是中国最早的传统工艺品之一。随着时间的推移，人们慢慢认识到石中之美——玉石，可经过耐心琢磨，使玉石成为一件件艺术品，同时也是实用品。

　　本套卡选用"开心""百财""蝴蝶"和"黄金万两"四种美玉工艺品展现了中国的玉之美。

目前发现本套卡芯片封装：
江苏恒宝股份有限公司(厂商代码B)：吉林(JL)。

2008年5月发行，有效期到2011年5月31日止。

中国网通 IC 编号电话卡（CNC-IC-20××-××）

CNC-IC-2008-4 鸟巢—国家体育场

本系列最后一套卡，奥运题材，一套一枚。

　　国家体育场（鸟巢）位于北京奥林匹克公园中心区南部，为 2008 年北京奥运会的主体育场，举行了奥运会、残奥会开闭幕式，田径比赛及足球比赛决赛，奥运会后成为北京市民参与体育活动及享受体育娱乐的大型专业场所，并成为地标性的体育建筑和奥运会遗产。

CNC061　　　　　　　　　　(1-1)

目前发现本套卡芯片封装：

江西捷德智能卡系统有限公司（厂商代码 J）：山东（SD）。

2008 年 5 月发行，有效期到 2009 年 3 月 31 日止。

4. 中国网通IC特种电话卡（CNC-IC-20××-T）

　　2002年11月，中国网通首次推出了IC特种电话卡，此类电话卡大都在中国境内漫游使用，个别在中国网通北方十省的业务范围内使用。编号方式为CNC-IC-20××-T，从2002年11月到2008年中国联通和中国网通启动合并，共发行了T编号IC卡16套17枚，该系列IC电话卡是中国网通IC电话卡中比重较小的一个品种，但时间跨度贯穿始终。

　　本章IC卡图例凡32幅。

IC特种电话卡芯片封装式样：

厂商	代码	芯片封装式样	
天津杰普智能卡有限公司	G		
上海索立克智能卡有限公司	A		
江西捷德智能卡系统有限公司	J		
江苏恒宝股份有限公司	B		

中国网通 IC 特种电话卡（CNC-IC-20××-T）

CNC-IC-2002-T1 纪念中国乒乓球队建队五十周年

本套卡的使用说明未限定通话范围，一套一枚，有同图案的密码卡发行。

CNCT001　　　　　　　（1-1）

目前发现本套卡芯片封装：
上海索立克智能卡有限公司（厂商代码 A）：北京（BJ）。

2002 年 11 月发行，有效期到 2005 年 11 月 30 日止。

CNC-IC-2004-T1 中国建设银行辽宁省分行 95533 客户服务中心成立纪念

本套卡的使用说明在所有的中国网通 IC 卡中最简单，限定使用范围为辽宁省，并标有"非卖品"字样，一套一枚。

CNCT002　　　　　　　（1-1）

目前发现本套卡芯片封装：
天津杰普智能卡有限公司（厂商代码 G）：辽宁（LN）。

2004 年 6 月发行，有效期到 2007 年 6 月 30 日止。

中国网通 IC 特种电话卡（CNC-IC-20××-T）

CNC-IC-2004-T2 天津杰普生产 4 亿枚智能卡纪念

本套卡在中国网通业务辖区的范围内全境通用，一套一枚。

CNCT003　　　　（1-1）

目前发现本套卡芯片封装：
天津杰普智能卡有限公司（厂商代码 G）：网通 WT。

2004 年 11 月发行，有效期为 2007 年 11 月 30 日止。

CNC-IC-2005-T1 农历乙酉年——生肖鸡年（透明版）

采用与 CNC-IC-2005-S1 同样的图案，只是面值不同，辽宁单省发行，一套一枚。

CNCT004　　　　（1-1）

目前发现本套卡芯片封装：
天津杰普智能卡有限公司（厂商代码 G）：辽宁（LN）。

2005 年 1 月发行，有效期到 2008 年 1 月 31 日止。

中国网通 IC 特种电话卡（CNC-IC-20××-T）

CNC-IC-2005-T2 庆祝辽宁省两会召开

  中国网通辽宁省题材，辽宁单省发行，一套两枚，三维立体工艺 IC 卡。本套卡是本系列唯一一套芯片在图案面的套卡，且两枚卡芯片分列左右两边。

CNCT005　　　　　　　　（2-1）

CNCT006　　　　　　　　（2-2）

目前发现本套卡芯片封装：
江西捷德智能卡系统有限公司（厂商代码 J）：辽宁（LN）。

  2005 年 2 月发行，有效期到 2008 年 2 月 29 日止。

CNC-IC-2006-T1 热烈祝贺十届全国人大四次会议召开

  中国网通发行的在中国境内漫游使用的 IC 电话卡，一套一枚，有同图案的密码卡发行。

CNCT007　　　　　　　　（1-1）

目前发现本套卡芯片封装：
天津杰普智能卡有限公司（厂商代码 G）：网通（WT）。

  2006 年 3 月发行，有效期到 2008 年 12 月 31 日止。

中国网通 IC 特种电话卡（CNC-IC-20××-T）

CNC-IC-2006-T2 天津新伟祥工业有限公司广告

本套卡为企事业委制卡，限定使用范围为天津市，一套一枚，卡上标有"2006纪念版"字样。

CNCT008　　　　　　　　(1-1)

目前发现本套卡芯片封装：
天津杰普智能卡有限公司（厂商代码G）：天津（TJ）。

2006年11月发行，有效期到2009年11月30日止。

CNC-IC-2006-T3 宽视界—守护平安 构建和谐

中国网通发行的在中国境内漫游使用的IC电话卡，双面印有"北京2008年奥运会合作伙伴"的Logo，一套一枚。

中国网通宽视界实现多点、多方、实时视频监控，让你轻松掌握全局，运筹帷幄。主画面图案螭吻：龙之子，好望，常装饰于屋檐之上，守护平安。

CNCT009　　　　　　　　(1-1)

目前发现本套卡芯片封装：
天津杰普智能卡有限公司（厂商代码G）：网通（WT）。

2006年12月发行，有效期到2008年12月31日止。

中国网通 IC 特种电话卡 （CNC-IC-20××-T）

CNC-IC-2007-T1 农历丁亥年——生肖猪年（透明版）

中国网通发行的在中国境内漫游使用的 IC 电话卡，一套一枚，图案和 CNC-IC-2007-S2 相同。

目前发现本套卡芯片封装：
天津杰普智能卡有限公司（厂商代码 G）：网通(WT)。

2007 年 1 月发行，有效期到 2010 年 1 月 31 日止。

CNC-IC-2007-T2 庆祝江苏恒宝股份有限公司成功上市

中国网通发行的在中国境内漫游使用的 IC 电话卡，江苏恒宝股份有限公司委托制作，一套一枚。

目前发现本套卡芯片封装：
江苏恒宝股份有限公司（厂商代码 B）：网通(WT)。

2007 年 4 月发行，有效期到 2010 年 4 月 30 日止。

中国网通 IC 特种电话卡 （CNC-IC-20××-T）

CNC-IC-2007-T3 首届全国电话卡收藏展

中国网通发行的在中国境内漫游使用的 IC 电话卡，一套一枚。同时发行了同题材密码卡。

目前发现本套卡芯片封装：

天津杰普智能卡有限公司(厂商代码 G)：网通(WT)。

CNCT012　　　　　　　　　(1-1)

2007 年 8 月发行，有效期到 2008 年 12 月 31 日止。

CNC-IC-2007-T4 唐山市丰南区恒鑫塑料包装有限公司

中国网通发行的在中国境内漫游使用的 IC 电话卡，一套一枚，企业委制卡。

目前发现本套卡芯片封装：

天津杰普智能卡有限公司
(厂商代码 G)：河北(HJ)。

CNCT013　　　　　　　　　(1-1)

2007 年 9 月发行，有效期到 2010 年 9 月 30 日止。

CNC-IC-2008-T1 农历戊子年——生肖鼠年（透明版）

中国网通发行的在中国境内漫游使用的 IC 电话卡，一套一枚。图案和 CNC-IC-2008-S1 相同。

目前发现本套卡芯片封装：

江西捷德智能卡系统有限公司(厂商代码 J)：网通(WT)。

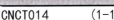

CNCT014　　　(1-1)

2008 年 1 月发行，有效期到 2011 年 1 月 31 日止。

中国网通 IC 特种电话卡 （CNC-IC-20××-T）

CNC-IC-2008-T2 神舟飞船 搭载芯片 （样卡）

本套卡集卡界未见到实卡，下图为样卡，已完成芯片封装，有样本流水码。

CNCT015　　　　（1-1）

目前发现本套卡芯片封装：
江西捷德智能卡系统有限公司(厂商代码 J)：山东(SD)。

　　　　理论发行日期及有效期：2008 年 7 月发行，有效期到 2010 年 7 月 31 日止。

CNC-IC-2008-T3 中国·唐山 抗震纪念碑

中国网通发行的在中国境内漫游使用的 IC 电话卡，一套一枚。

 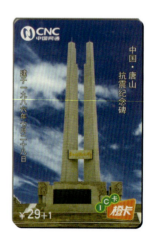

CNCT016　　　　（1-1）

目前发现本套卡芯片封装：
天津杰普智能卡有限公司(厂商代码 G)：河北(HJ)。

　　　　2008 年 5 月发行，有效期到 2011 年 4 月 30 日止。

5. 中国网通IC北方十省漫游电话卡（CNC-IC-20××-N）

中国网通IC北方十省漫游电话卡只在2005年发行了一套四枚，该系列IC电话卡编号方式为CNC-IC-20××-N。该系列IC电话卡在中国网通集团总公司发行的所有系列中具有以下几个特点：发行时间最短，使用范围与其他系列交叉。该系列IC电话卡发行量不少，但经过市场消耗，流入收藏市场的很少。

本章IC卡图例凡8幅。

IC北方十省漫游电话卡芯片封装式样：

厂商	代码	芯片封装式样
江西捷德智能卡系统有限公司	J	

中国网通IC北方十省漫游电话卡（CNC-IC-20××-N）

CNC-IC-2005-N1 紫惠青兰

　　本套卡为中国网通2005年首次发行的N系列，也是唯一一套该系列的卡，一套四枚。卡的芯片面标明本卡可以在中国网通业务所辖的北方十省范围内漫游使用。2005年7月中国网通与中国电信签约发行全国漫游使用的IC卡，所以不再发行本系列卡。

　　青兰，是唇形科，多年生草本。茎数个自根茎生出，四棱形，被倒向柔毛。叶片线形或披针状线形，先端钝，基部狭楔形，两面中脉疏被柔毛或后变无毛。

CNCN001　　　　　　（4-1）

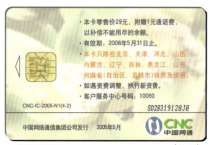
CNCN002　　　　　　（4-2）

CNCN003　　　　　　（4-3）

CNCN004　　　　　　（4-4）

目前发现本套卡芯片封装：
江西捷德智能卡系统有限公司(厂商代码J)：吉林(JL)、山东(SD)。

2005年5月发行，有效期到2008年5月31日止。

6. 中国网通IC奥运特种电话卡（CNC-AYT）

　　中国网通IC奥运特种电话卡只在2005年发行了一套五枚，该系列编号方式为CNC-AYT。该系列是一个各种卡种混合使用的系列，由IC卡和各种不同接入码的密码卡组成，一共发行了29套347枚，但只有编号为CNC-AYT16的一套IC卡。

　　本章IC卡图例凡10幅。

IC奥运特种电话卡芯片封装式样：

厂商	代码	芯片封装式样
天津杰普智能卡有限公司	G	

中国网通IC奥运特种电话卡（CNC-AYT）

CNC-AYT16 北京2008年奥运会吉祥物——福娃

　　本套卡为中国网通2006年首次在AYT系列中发行的IC卡，也是唯一一套该系列的IC卡，一套五枚。卡的芯片面标明"可以在除香港、澳门、台湾以外的中国境内漫游使用"。本套卡山东省发行第一枚，内蒙古自治区发行第二枚，辽宁省发行第三枚，黑龙江省发行第四枚，吉林省发行第五枚，这种一套卡的各枚分散发行的形式在中国网通仅限本套卡，另外还发行了网通版。

　　本套卡五个图案分别为鲤鱼"贝贝"、熊猫"晶晶"、圣火"欢欢"、藏羚羊"迎迎"和雨燕"妮妮"五个福娃，构成"北京欢迎你"的奥运会人文理念。

CNCA001　　　　　　　　　　(5-1)

CNCA002　　　　　　　　　　(5-2)

CNCA003　　　　　　　(5-3)

CNCA004　　　　　　　(5-4)

CNCA005　　　　　　　(5-5)

　　本套卡芯片面未印中国网通Logo，而是印上了"IC卡橙卡"Logo。

目前发现本套卡芯片封装：

天津杰普智能卡有限公司（厂商代码G）：辽宁(LN)、吉林(JL)、黑龙江(HL)、内蒙古(NM)、山东(SD)、网通(WT)。

2006年12月发行，有效期到2008年12月31日止。

7. 中国网通IC测试电话卡（CNC-IC-20××-C）

中国网通于 2002 年 5 月 16 日成立后，自 2003 年开始发行一系列的芯片测试卡，该系列 IC 测试电话卡的编号方式为 CNC-IC-20××-C，集中在 2003 年、2004 年和 2005 年三年，共发行了 C 编号 IC 卡 9 套 10 枚。该系列 IC 测试电话卡在中国网通集团总公司内部和各省区市中国网通公司内部进行测试，具有测试时间短、发卡数量少、测试后回收或销毁和管理严格等特点，故流入收藏领域的极少，收藏难度极大，具有很高的收藏和研究价值。

本章 IC 卡图例凡 20 幅。

IC 测试电话卡芯片封装式样：

厂商	代码	芯片封装式样	
天津杰普智能卡有限公司	G		
上海索立克智能卡有限公司	A		
江西捷德智能卡系统有限公司	J		
江苏恒宝股份有限公司	B		
珠海东信和平智能卡股份有限公司	Z（网通专用）		
湖南斯伦贝谢通信设备有限公司	H		

中国网通 IC 测试电话卡 （CNC-IC-20××-C）

CNC-IC-2003-C1 江苏恒宝股份有限公司芯片测试卡

　　本套卡为中国网通2003年第一套测试卡，也是该系列的第一套测试卡，一套一枚。本套卡投入中国网通业务范围的省区市进行测试。

CNCC001　　　　　　（1-1）

目前发现本套卡芯片封装：
江苏恒宝股份有限公司(厂商代码B)：北京(BJ)、辽宁(LN)、天津(TJ)。

　　　　　2003年6月发行，有效期到2003年12月31日止。

CNC-IC-2003-C2 珠海东信和平智能卡股份有限公司测试卡

　　本套卡为中国网通2003年第二套测试卡，一套一枚。本套卡投入中国网通业务范围的省区市进行测试。

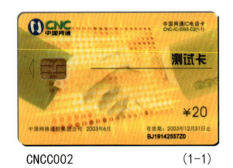
CNCC002　　　　　　（1-1）

目前发现本套卡芯片封装：
珠海东信和平智能卡股份有限公司(厂商代码Z)：辽宁(LN)、北京(BJ)。

　　　　　2003年6月发行，有效期到2003年12月31日止。

中国网通 IC 测试电话卡 （CNC-IC-20××-C）

CNC-IC-2004-C1 STF1001 芯片测试卡

　　本套卡为中国网通 2004 年第一套测试卡，也是该系列的第三套测试卡，一套一枚。本套卡投入中国网通业务范围的省区市进行测试。

CNCC003　　　　　　　（1-1）

目前发现本套卡芯片封装：
江西捷德智能卡系统有限公司（厂商代码 J）：山东(SD)、黑龙江(HL)、辽宁(LN)、河南(HY)。

2004 年 3 月发行，有效期到 2004 年 5 月 31 日止。

CNC-IC-2004-C2 "8660" 芯片测试卡

　　本套卡为中国网通 2004 年第二套测试卡，也是该系列的第四套测试卡，一套一枚。本套卡投入中国网通业务范围的省区市进行测试，内储话费 20 元。

CNCC004　　　　　　　（1-1）

目前发现本套卡芯片封装：
湖南斯伦贝谢通信设备有限公司(厂商代码 H)：河南(HY)、黑龙江(HL)、内蒙古(NM)、吉林(JL)、北京(BJ)。

2004 年 7 月发行，有效期到 2004 年 10 月 31 日止。

中国网通 IC 测试电话卡（CNC-IC-20××-C）

CNC-IC-2004-C3 STF1001 芯片测试卡

本套卡为中国网通 2004 年第三套测试卡，也是该系列的第五套测试卡，一套一枚。本套卡投入中国网通业务范围的省区市进行测试。

CNCC005 (1-1)

目前发现本套卡芯片封装：
上海索立克智能卡有限公司（厂商代码 A）：山东（SD）。

2004 年 7 月发行，有效期到 2004 年 10 月 31 日止。

CNC-IC-2004-C4 北方十省漫游测试卡

本套卡为中国网通 2004 年第四套测试卡，也是该系列的第六套测试卡，一套一枚。本套卡与其他测试卡不同的是它的系列号开头字母为 DZ，中国电信和中国网通南北分家后，DZ 是中国电信集团的系列码，中国网通的集团总部系列号为 WT。本套卡内储话费 20 元，十分稀少，收藏难度极大。

CNCC006 (1-1)

本套卡发行之初，由于设计和审核人员的粗心大意，竟然将系列号编为 CNT-IC-2004-C4，众所周知"CNT"是中国电信的简称，"CNC"才是中国网通正确的简称，发现错误时，已经有部分卡发放到中国网通下属的个别省区市，后来有幸流入收藏界。

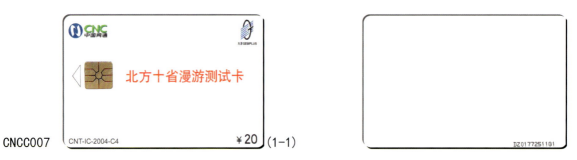
CNCC007 (1-1)

目前发现本套卡芯片封装：
天津杰普智能卡有限公司（厂商代码 G）：网通（WT）。

未标注发行时间，有效期到 2004 年 10 月 31 日止。

中国网通 IC 测试电话卡（CNC-IC-20××-C）

CNC-IC-2004-C5 中国网通本地 IC 测试卡

本套卡为中国网通 2004 年第五套测试卡，也是该系列的第七套测试卡，一套一枚。本套卡是专门为中国网通本地编号系列（B 系列）发行的测试卡。辽宁 14 个地级市全部发行，其余部分省区市部分地区发行。

CNCC008　　　　　　　　（1-1）

目前发现本套卡芯片封装：

天津杰普智能卡有限公司（厂商代码 G）：辽宁（LN）、内蒙古（NM）、山东（SD）、山西（SX）、黑龙江（HL）、河南（HY）。

2004 年 9 月发行，有效期到 2004 年 12 月 31 日止。

CNC-IC-2005-C1 上海贝岭 BL7430EC 芯片测试卡

本套卡为中国网通 2005 年第一套测试卡，也是该系列的第八套测试卡，一套一枚。本套卡专门对使用 BL7430EC 芯片制作的 IC 卡进行测试，内储话费 20 元。

CNCC009　　　　　　　　（1-1）

目前发现本套卡芯片封装：

上海索立克智能卡有限公司（厂商代码 A）：北京（BJ）、黑龙江（HL）、山西（SX）。

2005 年 2 月发行，有效期到 2005 年 4 月 30 日止。

中国网通 IC 测试电话卡（CNC-IC-20××-C）

CNC-IC-2005-C2 天津杰普智能卡有限公司芯片测试卡

本套卡为中国网通 2005 年第二套测试卡，也是该系列的第九套测试卡，一套一枚。本套卡目前仅发现了天津版和北京版。芯片封装与之前发行的测试卡正反面正好相反，面值为 10 元。

CNCC010　　　　　　　　　(1-1)

目前发现本套卡芯片封装：
天津杰普智能卡有限公司(厂商代码 G)：北京(BJ)、天津(TJ)。

2005 年 4 月发行，有效期到 2005 年 6 月 30 日止。

第三部分

中国联通 IC 电话卡

1. 中国联通IC省版电话卡（CU-IC-20××-S）

中国联合网络通信集团有限公司（简称"中国联通"）由原中国网通和原中国联通合并重组而成，中国联通在国内31个省（自治区、直辖市）和境外多个国家和地区设有分支机构，以及有130多个境外业务接入点，拥有覆盖全国、通达世界的现代通信网络和全球客户服务体系，主要经营固定通信业务，移动通信业务，国内、国际通信设施服务业务，数据通信业务，网络接入业务，各类电信增值业务，与通信信息业务相关的系统集成业务等。

中国联通的IC卡编号沿用中国网通的编号方式，IC省版电话卡的编号为CU-IC-20××-S，可以在卡面说明文字中规定的省区市使用。从中国联通成立到2014年中国联通结束发行IC卡，理论上共发行了本系列IC卡12套27枚。

本章IC卡图例凡54幅。

IC省版电话卡芯片封装式样：

厂商	代码	芯片封装式样	
天津杰普智能卡有限公司	G		
江西捷德智能卡系统有限公司	J		
江苏恒宝股份有限公司	B		

中国联通 IC 省版电话卡 (CU-IC-20××-S)

CU-IC-2009-S1　农历己丑年——生肖牛年

中国联通值牛年来临之际特发行牛年生肖 IC 电话卡一套一枚。

农历 2009 年，岁次己丑年，丑属牛，是为生肖牛年。

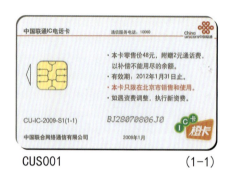

CUS001　　　　　　　　　　　　　　(1-1)

目前发现本套卡芯片封装：

1. 江西捷德智能卡系统有限公司(厂商代码 J)：北京(BJ)、辽宁(LN)、山东(SD)。
2. 江苏恒宝股份有限公司(厂商代码 B)：黑龙江(HL)。

2009 年 1 月发行，有效期到 2012 年 1 月 31 日止。

中国联通IC省版电话卡（CU-IC-20××-S）

CU-IC-2009-S2 中国民居

　　本套卡一共四枚，选取"湘西吊脚楼""陕西窑洞""江南民居"和"福建围屋"为主画面，反映了我国传统建筑之美。

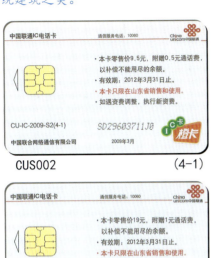

CUS002　　　　　　　　　（4-1）

CUS003　　　　　　　　　（4-2）

CUS004　　　　　　　　　（4-3）

CUS005　　　　　　　　　（4-4）

目前发现本套卡芯片封装：

1. 天津杰普智能卡有限公司（厂商代码G）：北京（BJ）、天津（TJ）、河北（HJ）、吉林（JL）。
2. 江西捷德智能卡系统有限公司（厂商代码J）：北京（BJ）、河北（HJ）、吉林（JL）、黑龙江（HL）、山东（SD）、山西（SX）。
3. 江苏恒宝股份有限公司（厂商代码B）：北京（BJ）。

　　2009年3月发行，有效期到2012年3月31日止；2009年3月发行，有效期到2014年12月31日止。

中国联通 IC 省版电话卡 (CU-IC-20××-S)

CU-IC-2009-S3 北京公用电话亭

　　中国联通业务宣传题材，一套两枚，北京单市发行。选用天安门和北京长话大楼前面的公用电话亭作为主画面。从本套卡开始通信服务电话从 10060 变更为 10010。

CUS006　　　　　　　　　　(2-1)

CUS007　　　　　　　　　　(2-2)

目前发现本套卡芯片封装：
天津杰普智能卡有限公司(厂商代码 G)：北京(BJ)。

2009 年 5 月发行，有效期到 2012 年 6 月 30 日止。

CU-IC-2009-S4 北京夜景

选用与中国网通 CNC-IC-2004-S19(4-4) 和 CNC-IC-2007-S9 同样的图案，一套一枚。

CUS008　　　　　　　　　　(1-1)

目前发现本套卡芯片封装：
天津杰普智能卡有限公司(厂商代码 G)：北京(BJ)、吉林(JL)。

2009 年 5 月发行，有效期到 2012 年 12 月 31 日止。

中国联通IC省版电话卡 (CU-IC-20××-S)

CU-IC-2009-S5 2009世界电信和信息社会日—保护未成年人网络安全

世界电信日题材，一套一枚。

2009年是第41届世界电信和信息社会日，主题是"保护未成年人网络安全"。

CUS009　　　　　　　　　(1-1)

目前发现本套卡芯片封装：
江西捷德智能卡系统有限公司(厂商代码J)：辽宁(LN)、山东(SD)。

2009年5月发行，有效期到2012年6月30日止。

CU-IC-2009-S6 北京电话亭

中国联通业务宣传题材，北京单市发行，一套两枚。主画面为北京街头的电话亭。

CUS010　　　　　　　　　(2-1)

CUS011　　　　　　　　　(2-2)

目前发现本套卡芯片封装：
天津杰普智能卡有限公司(厂商代码G)：北京(BJ)。

2009年9月发行，有效期到2012年12月31日止。

中国联通 IC 省版电话卡（CU-IC-20××-S）

CU-IC-2010-S1 农历庚寅年——生肖虎年

中国联通值虎年来临之际特发行虎年生肖透明 IC 电话卡一套一枚，同时发行普通版 IC 电话卡一套一枚。

农历 2010 年，岁次庚寅年，寅属虎，是为生肖虎年。

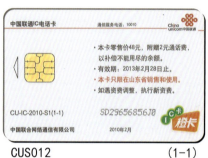

CUS012　　　　　　　（1-1）

CUS013　　　　（1-1）

目前发现本套卡芯片封装：

1. 江西捷德智能卡系统有限公司(厂商代码 J)：山东(SD，普/透)、河南(HY，普/透)。
2. 江苏恒宝股份有限公司(厂商代码 B)：辽宁(LN，普)。

2010 年 2 月发行，有效期到 2013 年 2 月 28 日止。

中国联通IC省版电话卡（CU-IC-20××-S）

CU-IC-2010-S2 江南水乡

本套卡天津市、吉林省和山东省有发行，一套四枚。

CUS014 　　　　　　　　　　(4-1)

CUS015 　　　　　　　　　　(4-2)

CUS016 　　　　　　　　　　(4-3)

CUS017 　　　　　　　　　　(4-4)

目前发现本套卡芯片封装：
1. 天津杰普智能卡有限公司(厂商代码 G)：天津(TJ)。
2. 江西捷德智能卡系统有限公司(厂商代码 J)：吉林(JL)、山东(SD)。
3. 江苏恒宝股份有限公司(厂商代码 B)：吉林(JL)。

2010年3月发行，有效期到2013年6月30日止。

中国联通 IC 省版电话卡（CU-IC-20××-S）

CU-IC-2011-S1 农历辛卯年——生肖兔年

中国联通值兔年来临之际特发行兔年生肖 IC 电话卡一套一枚。

农历 2011 年，岁次辛卯年，卯属兔，是为生肖兔年。

CUS018　　　　　　　　　　　　（1-1）

目前发现本套卡芯片封装：
江苏恒宝股份有限公司（厂商代码 B）：山东（SD）。

2011 年 2 月发行，有效期到 2014 年 2 月 28 日止。

CU-IC-2012-S1 农历壬辰年——生肖龙年

中国联通值龙年来临之际特发行龙年生肖 IC 电话卡一套一枚。

农历 2012 年，岁次壬辰年，辰属龙，是为生肖龙年。

CUS019　　　　　　　　　　　　（1-1）

目前发现本套卡芯片封装：
江苏恒宝股份有限公司（厂商代码 B）：山东（SD）。

2012 年 4 月发行，有效期到 2015 年 4 月 30 日止。

中国联通 IC 省版电话卡（CU-IC-20××-S）

CU-IC-2012-S2 中国民居

    本套卡选用与CU-IC-2009-S2同样的图案，一套四枚，北京单市发行。目前发现江苏恒宝股份有限公司制卡版有全套发行，发现天津杰普智能卡有限公司只发行了第一枚。

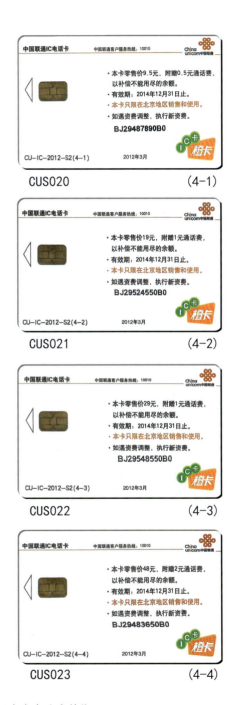

CUS020   (4-1)

CUS021   (4-2)

CUS022   (4-3)

CUS023   (4-4)

目前发现本套卡芯片封装：
1. 天津杰普智能卡有限公司(厂商代码 G)：北京(BJ)。
2. 江苏恒宝股份有限公司(厂商代码 B)：北京(BJ)。

2012年3月发行，有效期到2014年12月31日止

中国联通 IC 省版电话卡（CU-IC-20××-S）
CU-IC-2014-S1 中国民居

本套卡选用与 CU-IC-2009-S2 和 CU-IC-2012-S2 同样的图案，一套四枚，目前只发现了吉林版。

CUS024　　　　　　　　　（4-1）

CUS025　　　　　　　　　（4-2）

CUS026　　　　　　　　　（4-3）

CUS027　　　　　　　　　（4-4）

目前发现本套卡芯片封装：

江苏恒宝股份有限公司(厂商代码B)：吉林(JL)。

2013 年 12 月发行，有效期到 2016 年 12 月 31 日止

2. 中国联通 IC 本地版电话卡（CU-IC-20××-B）

中国联通 IC 本地版电话卡的编号方式为 CU-IC-20××-B，可以在卡面说明文字中规定的省区市下辖的某地级市范围内使用。从中国联通成立到 2014 年中国联通结束发行本地 IC 卡理论上共发行了 8 套 21 枚。

本章 IC 卡图例凡 42 幅。

IC 本地版电话卡芯片封装式样：

厂商	代码	芯片封装式样	
天津杰普智能卡有限公司	G		
江西捷德智能卡系统有限公司	J		
江苏恒宝股份有限公司	B		

中国联通 IC 本地版电话卡（CU-IC-20××-B）

CU-IC-2009-B1　威海刘公岛博览园风光

中国联通和中国网通合并后新中国联通的第一套本地卡，山东威海地区发行使用，一套一枚。

　　刘公岛博览园融刘公岛悠久历史与丰厚文化于一身，通过巨幅彩玉壁雕、大型东阳木雕，集中讲述了刘公岛的根源文化。刘公岛的历史源远流长。由于清政府的腐败无能，从 1898 年开始，英国强租威海卫长达 32 年之久，后又续租刘公岛 10 年，刘公岛被英国租借了 42 年。其后，刘公岛再度被日军占领，直到 1945 年，威海卫解放，刘公岛才真正回到祖国的怀抱。

CUB001　　　　　　　　　　　　　　（1-1）

目前发现本套卡芯片封装：
江西捷德智能卡系统有限公司(厂商代码 J)：山东(SD)。

2009 年 1 月发行，有效期到 2011 年 1 月 31 日止。

中国联通 IC 本地版电话卡 (CU-IC-20××-B)

CU-IC-2009-B2　仰韶文化—彩陶艺术

　　本套卡一套四枚，选取"人面鱼纹彩陶盆""高低耳罐""四球纹瓮"和"双联罐"为主画面，展现我国传统彩陶艺术之美。本套卡在辽宁沈阳、大连、鞍山、丹东，黑龙江哈尔滨、牡丹江和山东威海等地区发行使用。

　　彩陶是中华先民在新石器时期创造的闪烁着人类智慧的重要器物，它大量出现在黄河流域，最著名的是距今5 000~7 000年的河南渑池县仰韶村遗址出土的彩陶，其线条流畅、图案绚丽。彩陶是仰韶文化的主要特征，故仰韶文化又享有"彩陶文化"之盛誉。

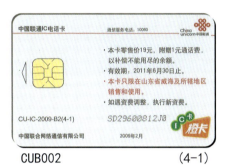
CUB002　　　　　　　(4-1)

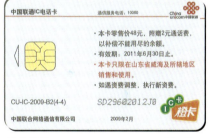

CUB003　　　(4-2)　　　CUB004　　　(4-3)　　　CUB005　　　(4-4)

目前发现本套卡芯片封装：

1. 江西捷德智能卡系统有限公司(厂商代码J)：辽宁(LN)、黑龙江(HL)、山东(SD)。
2. 江苏恒宝股份有限公司(厂商代码B)：辽宁(LN)。

2009年2月发行，有效期到2011年6月30日止。

中国联通IC本地版电话卡（CU-IC-20××-B）

CU-IC-2009-B3 《聊斋志异》

中国联通文学名著题材，委制卡，一套一枚。目前只发现了山东威海地区的发行和使用版本。本系列从本套卡开始通信服务电话从10060变更为10010。

《聊斋志异》简称《聊斋》，是清朝著名小说家蒲松龄创作的文言短篇小说集。故事或揭露封建统治的黑暗，或抨击科举制度的腐朽，或反抗封建礼教的束缚，具有丰富深刻的思想内容。描写爱情主题的作品在全书中数量最多，它们表现了强烈的反封建礼教的精神。

CUB006　　　　　　　　　（1-1）

目前发现本套卡芯片封装：
江西捷德智能卡系统有限公司(厂商代码J)：山东(SD)。

2009年2月发行，有效期到2011年12月31日止。

CU-IC-2009-B4 青岛风光

本套卡选取了崂山华严寺和崂山太清宫的景观为主画面。

中国联通城市风光题材，一套两枚。目前只发现了山东青岛地区的发行和使用版本。

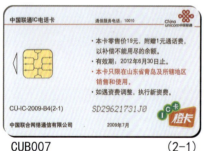
CUB007　　　　　　　　　（2-1）

CUB008　　　　　　　　　（2-2）

目前发现本套卡芯片封装：
江西捷德智能卡系统有限公司(厂商代码J)：山东(SD)。

2009年7月发行，有效期到2012年6月30日止。

中国联通 IC 本地版电话卡（CU-IC-20××-B）

CU-IC-2009-B5 淄博风光

中国联通城市风光题材，一套两枚。目前只发现了山东淄博地区的发行和使用版本。

本套卡选取蒲松龄故居和原山森林公园的景观为主画面，体现了淄博博大精深的自然和人文景观。

CUB009　　　　　　　　　　　（2-1）

CUB010　　　　　　　　　　　（2-2）

目前发现本套卡芯片封装：

江西捷德智能卡系统有限公司(厂商代码 J)：山东(SD)。

2009 年 9 月发行，有效期到 2012 年 9 月 30 日止。

中国联通 IC 本地版电话卡（CU-IC-20××-B）

CU-IC-2009-B6 威海风光

中国联通城市风光题材，一套三枚。目前只发现了山东威海地区的发行和使用版本。

 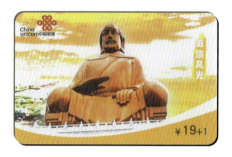

CUB011　　　　　　　　　（3-1）

CUB012　　　　　　　　　（3-2）

CUB013　　　　　　　　　（3-3）

目前发现本套卡芯片封装：

江西捷德智能卡系统有限公司(厂商代码 J)：山东(SD)。

2009 年 11 月发行，有效期到 2012 年 12 月 31 日止。

中国联通 IC 本地版电话卡（CU-IC-20××-B）

CU-IC-2010-B1 金鱼

　　本套卡四枚，分别选取我国金鱼中"包金狮头""丹顶兰寿""水泡金鱼"和"大红猫狮"等四个名贵品种作为主画面，展现了观赏类金鱼灵动、妖艳的美感。目前发现本套卡辽宁、黑龙江和山东等地区有发行和使用。

　　金鱼起源于中国，颜色有红、橙、紫、蓝、墨、银白、五花等。在人类文明史上，中国金鱼已陪伴人类生活了十几个世纪。金鱼身姿奇异、色彩绚丽、形态优美。在一代代金鱼养殖者的努力下，中国金鱼至今仍向世人演绎着动静之间美的传奇。

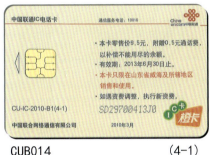

CUB014　　　　　　　　（4-1）

CUB015　　　　　　　　（4-2）

CUB016　　　　　　　　（4-3）

CUB017　　　　　　　　（4-4）

　　本套卡不同生产厂商的主画面图案有互相倒置的现象。

目前发现本套卡芯片封装：

1. 天津杰普智能卡有限公司(厂商代码 G)：辽宁(LN)。
2. 江西捷德智能卡系统有限公司(厂商代码 J)：辽宁(LN)、山东(SD)。
3. 江苏恒宝股份有限公司(厂商代码 B)：辽宁(LN)、黑龙江(HL)。

　　2010 年 3 月发行，有效期到 2013 年 6 月 30 日止。

中国联通 IC 地方版电话卡（CU-IC-20××-B）

CU-IC-2012-B1 金鱼

　　本套卡和 CU-IC-2010-B1 的金鱼图案一样，只是在芯片面替换了志号、发行时间和有效期。理论上发行一套四枚，目前只发现了辽宁沈阳地区的发行和使用版本。

CUB018　　　　　　　　　（4-1）

CUB019　　　　　　　　　（4-2）

CUB020　　　　　　　　　（4-3）

CUB021　　　　　　　　　（4-4）

　　　　本套卡不同生产厂商的主画面图案有互相倒置的现象。

目前发现本套卡芯片封装：

1. 天津杰普智能卡有限公司(厂商代码 G)：辽宁(LN)。
2. 江苏恒宝股份有限公司(厂商代码 B)：辽宁(LN)。

　　　　2012 年 4 月发行，有效期到 2015 年 6 月 30 日止。

3. 中国联通 IC 特种电话卡（CU-IC-20××-T）

中国联通 IC 特种电话卡编号为 CU-IC-20××-T，可以在卡面说明文字中规定的中国境内使用。从 2008 年年底到 2014 年中国联通结束发行 IC 特种电话卡，理论上共发行本系列 IC 卡 3 套 6 枚。

本章 IC 卡图例凡 12 幅。

IC 特种电话卡芯片封装式样：

厂商	代码	芯片封装式样	
江西捷德智能卡系统有限公司	J		

中国联通 IC 特种电话卡（CU-IC-20××-T）

CU-IC-2008-T1 莲花仙子

  一套四枚，委制卡，委托单位不详，有效期为三个月。本套卡是中国联通 IC 卡中唯一一套 2008 年发行的套卡，沿用中国网通的发行风格，双面印有中国联通 Logo。

  荷花是莲属多年生水生草本花卉，花期 6~9 个月，单生于花梗顶端，花瓣多数嵌生在花托穴内，有红、粉红、白、紫等色，或有彩纹、镶边。"接天莲叶无穷碧，映日荷花别样红"就是对荷花之美的真实写照。荷花"出淤泥而不染，濯清涟而不妖，中通外直，不蔓不枝"的高尚品格，历来为古往今来诗人墨客歌咏绘画的题材。

CUT001　　　　　　　　（4-1）

CUT002　　　　　　　　（4-2）

CUT003　　　　　　　　（4-3）

CUT004　　　　　　　　（4-4）

目前发现本套卡芯片封装：
江西捷德智能卡系统有限公司（厂商代码 J）：网通（WT）。
　　　　　　　　　　2008 年 12 月发行，有效期到 2009 年 3 月 31 日止。

中国联通 IC 特种电话卡（CU-IC-20××-T）

CU-IC-2009-T1　农历己丑年——生肖牛年

中国联通值牛年来临之际特发行牛年生肖普通 IC 电话卡一套一枚。本套卡流水码编码的开头字母为"WT"，性质和 CU-IC-2008-T1 一样，图案和 CU-IC-2019-S1 相同。

农历 2009 年，岁次己丑年，丑属牛，是为生肖牛年。

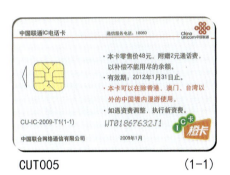

CUT005　　　　　　　　　　（1-1）

目前发现本套卡芯片封装：
江西捷德智能卡系统有限公司(厂商代码 J)：网通(WT)。　

　　　　2009 年 1 月发行，有效期到 2012 年 1 月 31 日止。

中国联通 IC 特种电话卡（CU-IC-20××-T）

CU-IC-2010-T1 农历庚寅年——生肖虎年

中国联通值虎年来临之际特发行虎年生肖透明 IC 电话卡一套一枚，图案和 CU-IC-2010-S1 相同。农历 2010 年，岁次庚寅年，寅属虎，是为生肖虎年。

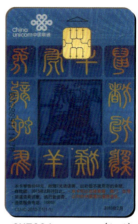

CUT006　　　（1-1）

目前发现本套卡芯片封装：

江西捷德智能卡系统有限公司(厂商代码 J)：北京(BJ)。

2010 年 2 月发行，有效期到 2013 年 2 月 28 日止。

4. 中国联通 IC 特殊省版电话卡（CU-IC-20××-TS）

2014 年中国联通推出了一个全新的编号方式，即 IC 特殊省版电话卡，编号为 CU-IC-20××-TS，可以在卡面说明文字中规定的省区市使用。此系列只发行了 6 套 6 枚，也是中国联通 IC 卡发行的收官之作。

本章 IC 卡图例凡 12 幅。

IC 特殊省版电话卡芯片封装式样：

厂商	代码	芯片封装式样
江苏恒宝股份有限公司	B	

中国联通 IC 特殊省版电话卡（CU-IC-20××-TS）

CU-IC-2014-TS1 公话百年

中国联通百年公话系列第一套，一套一枚，北京单市发行。

  1876 年，美国人贝尔发明了电话。1914 年，电话开始运用在公共通话上，到 2014 年整整 100 年，中国联通发行了"公话百年"IC 系列电话卡六套六枚。

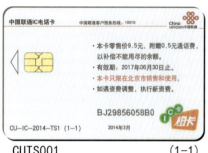
CUTS001　　　　　　　　　（1-1）

目前发现本套卡芯片封装：

江苏恒宝股份有限公司(厂商代码 B)：北京(BJ)。

      2014 年 3 月发行，有效期到 2017 年 6 月 30 日止。

CU-IC-2014-TS2 公话百年

中国联通百年公话系列第二套，一套一枚，北京单市发行。

CUTS002　　　　　　　　　（1-1）

目前发现本套卡芯片封装：

江苏恒宝股份有限公司(厂商代码 B)：北京(BJ)。

      2014 年 3 月发行，有效期到 2017 年 6 月 30 日止。

中国联通 IC 特殊省版电话卡（CU-IC-20××-TS）

CU-IC-2014-TS3 公话百年

中国联通百年公话系列第三套，一套一枚，北京单市发行。

CUTS003　　　　　　　（1-1）

目前发现本套卡芯片封装：

江苏恒宝股份有限公司(厂商代码 B)：北京(BJ)。

2014 年 3 月发行，有效期到 2017 年 6 月 30 日止。

CU-IC-2014-TS4 公话百年

中国联通百年公话系列第四套，一套一枚，北京单市发行。

CUTS004　　　　　　　（1-1）

目前发现本套卡芯片封装：

江苏恒宝股份有限公司(厂商代码 B)：北京(BJ)。

2014 年 3 月发行，有效期到 2017 年 6 月 30 日止。

中国联通 IC 特殊省版电话卡（CU-IC-20××-TS）

CU-IC-2014-TS5 公话百年

中国联通百年公话系列第五套，一套一枚，北京单市发行。

CUTS005　　　　　　　(1-1)

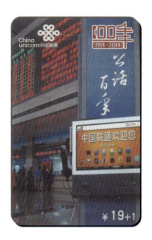

目前发现本套卡芯片封装：

江苏恒宝股份有限公司(厂商代码B)：北京(BJ)。

2014年3月发行，有效期到2017年6月30日止；2015年2月发行，有效期到2017年6月30日止。

CU-IC-2014-TS6 公话百年

中国联通百年公话系列第六套，一套一枚，北京单市发行。

CUTS006　　　　　　　(1-1)

目前发现本套卡芯片封装：

江苏恒宝股份有限公司(厂商代码B)：北京(BJ)。

2014年3月发行，有效期到2017年6月30日止。

第四部分

中国铁通 IC 电话卡

1. 中国铁通 IC 纪念电话卡（CRC-IC-J）

中国铁通集团有限公司（以下简称"中国铁通"）的前身为铁道通信信息有限责任公司，于 2000 年 12 月 20 日成立，共有省级分公司 31 个、地市分公司 321 个，以及员工 4.7 万人，系国有大型基础电信运营企业。2004 年 1 月 20 日，经国务院批准，铁道通信信息有限责任公司由铁道部移交国资委管理，更名为中国铁通集团有限公司，2008 年 5 月 23 日，中国铁通集团有限公司正式并入中国移动通信集团有限公司，成为其全资子公司，保持相对独立运营。

铁道通信信息有限责任公司于 2001 年 8 月发行首套全国通用的 IC 电话卡，编号为 CRC-IC-J，为纪念 IC 电话卡，在铁路沿线和火车站附近的铁通专网电话机上使用，使用量较小。中国铁通 IC 纪念电话卡因发行品种少而不被收藏者重视。

本章 IC 卡图例凡 28 幅。

IC 纪念电话卡芯片封装式样：

厂商	代码	芯片封装式样
天津杰普智能卡有限公司	G	

中国铁通 IC 纪念电话卡（CRC-IC-J）

CRC-IC-J1　铁通 IC 电话卡首发纪念　百年铁路　百年通信

　　本套卡卡面设计独具匠心，芯片面以DB1型蒸汽机车、前进型蒸汽机车、东方红型内燃机车、东风型内燃机车、韶山型电力机车和新时速列车六个车型为主画面，反映了中国百年铁路的历史发展轨迹。非芯片面以指针式电报机、磁石电话机、磁石电话交换机、程控交换机、交通指挥中心和互联网通信等六个通信主图，紧扣百年通信主题，反映了现代化通信的历史进程。

　　本套卡发行的版别不详，发行量为100万套。

CRCJ001　　(6-1)　　　CRCJ002　　(6-2)　　　CRCJ003　　(6-3)

　　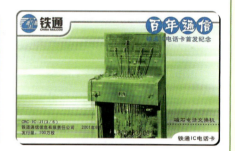

CRCJ004　　(6-4)　　　CRCJ005　　(6-5)　　　CRCJ006　　(6-6)

目前发现本套卡芯片封装：
天津杰普智能卡有限公司(厂商代码G)。　

2001年8月发行，无有效期。

中国铁通IC纪念电话卡（CRC-IC-J）

CRC-IC-J2 梦圆世界杯 2002年韩日世界杯

2002年韩日世界杯是由韩国、日本共同主办的第17届世界杯足球赛，参赛球队共计32支，比赛于2002年5月31日至6月30日在韩国境内10座城市中的10座球场和日本境内10座城市中的10座球场举行。该届世界杯是首次在亚洲举行的世界杯，也是首次由两个国家共同举办的世界杯。

本套卡芯片面以运动员为背景，以足球图案为中心构成四方拼图；非芯片面以参赛国国旗为背景，以大力神杯为中心组成四方拼图。本套卡开始设置使用有效期，发行量不详。

CRCJ007 (4-1)　　CRCJ008 (4-2)
CRCJ009 (4-3)　　CRCJ010 (4-4)

目前发现本套卡芯片封装：
天津杰普智能卡有限公司（厂商代码G）。

2002年5月发行，有效期到2004年12月31日止。

中国铁通 IC 纪念电话卡 (CRC-IC-J)

CRC-IC-J3　金桥飞架　纪念中国共产党第十六次全国代表大会召开

中国共产党第十六次全国代表大会于 2002 年 11 月 8 日至 14 日在北京举行。

党的十六大是中国共产党在新世纪召开的第一次全国代表大会，也是在我国进入全面建设小康社会、加快推进社会主义现代化的新的发展阶段召开的一次十分重要的代表大会。大会的主题是：高举邓小平理论伟大旗帜，全面贯彻"三个代表"重要思想，继往开来，与时俱进，全面建设小康社会，加快推进社会主义现代化，为开创中国特色社会主义事业新局面而奋斗。

本套卡以我国铁路建设中的 8 个代表性铁路桥为主画面，反映了我国铁路建设的巨大成就，一套四枚，发行量不详。

CRCJ011　　　　　（4-1）

CRCJ012　　　　　（4-2）

CRCJ013　　　　　（4-3）

CRCJ014　　　　　（4-4）

目前发现本套卡芯片封装：
天津杰普智能卡有限公司(厂商代码 G)。

2002 年 11 月发行，有效期到 2005 年 10 月 31 日止。

2. 中国铁通IC普通电话卡（CRC-IC-P）

中国铁通集团有限公司（原铁道通信信息有限责任公司）于2002年3月发行首套全国通用的IC普通电话卡，编号为CRC-IC-P，在铁路沿线和火车站附近的中国铁通专网电话机上使用，使用量较小。中国铁通IC普通电话卡因发行品种少而不被收藏者重视。

本章IC卡图例凡18幅。

IC普通电话卡芯片封装式样：

厂商	代码	芯片封装式样	
天津杰普智能卡有限公司	G		

中国铁通 IC 普通电话卡（CRC-IC-P）

CRC-IC-P1 青藏铁路开工纪念

　　2001年6月，青藏铁路开工建设。青藏铁路是世界上海拔最高、最长的高原铁路。第一期工程从青海西宁到格尔木，1958年开工建设，已于1984年建成通车，第二期工程从格尔木到西藏拉萨，于2001年2月经国务院批准正式启动。

　　2002年3月，中国铁通发行了青藏铁路开工纪念IC卡，一套三枚。芯片面图案分别为工程建设、拉萨布达拉宫和雪山中飞驰的列车，非芯片面为青藏铁路二期线路图。发行版别不详，发行量不详。

CRCP001　　　　　　　　(3-1)

CRCP002　　　　　　　　(3-2)

CRCP003　　　　　　　　(3-3)

目前发现本套卡芯片封装：
天津杰普智能卡有限公司(厂商代码G)。

　　　　　2002年3月发行，有效期到2004年12月31日止。

中国铁通 IC 普通电话卡 （CRC-IC-P）

CRC-IC-P2　纪念铁路列车公话在济南铁路局列车上首次开通——泰山风光

泰山为五岳之一，位于山东省中部，隶属于泰安市，绵亘于泰安、济南、淄博三市之间，主峰玉皇顶海拔 1 532.7 米。

泰山承载着丰厚的地理历史文化内涵。1982 年，泰山被列入第一批国家级风景名胜区。1987 年，泰山被联合国教科文组织批准列为中国第一个世界文化与自然双重遗产。

本套卡三枚，收藏界只发现了（3-2）和（3-3）两枚，未见第一枚。本套卡设立了"LC"开头的编码，此编码的卡在列车上专用。发行量不详。

CRCP004　　　（3-2）

CRCP005　　　（3-3）

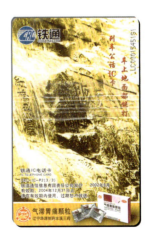

目前发现本套卡芯片封装：

天津杰普智能卡有限公司(厂商代码G)：列车(LC)。　

2002 年 9 月发行，有效期到 2004 年 12 月 31 日止。

中国铁通IC普通电话卡 (CRC-IC-P)

CRC-IC-P3 中国铁路名站

　　本套卡通过非芯片面昔日北京正阳门站、昔日济南站、昔日天津西站和昔日上海南站四个老站的影像和芯片面今日北京西站、济南站、天津站和上海站的影像的鲜明对比，反映了中国铁路建设翻天覆地的变化，以讴歌社会主义的建设成就。

　　本套卡四枚，全国有大中型铁路站点的地区基本都有发行，发行量不详。

CRCP006　　　　　　（4-1）

CRCP007　　　　　　（4-2）

CRCP008　　　　　　（4-3）

CRCP009　　　　　　（4-4）

目前发现本套卡芯片封装：
天津杰普智能卡有限公司(厂商代码G)。　

2003年6月发行，有效期到2005年6月30日止。

232

3. 中国铁通 IC 委制电话卡（CRC-IC-D）

  中国铁通集团有限公司（原铁道通信信息有限责任公司）于 2002 年 6 月发行了首套 IC 委制电话卡，编号为 CRC-IC-D，后于同月发行了第二套 IC 委制电话卡，但第二套 IC 委制电话卡是由中国铁通天津分公司发行的，因占用了中国铁通 IC 委制电话卡的编号，所以该卡是一套冠名中国铁通的分公司发行的 IC 电话卡，此后未见中国铁通发行过任何 IC 委制电话卡。这两套 IC 委制电话卡第一套多见，第二套因发行量稀少，很少见到该卡。

本章 IC 卡图例凡 4 幅。

IC 委制电话卡芯片封装式样：

厂商	代码	芯片封装式样
天津杰普智能卡有限公司	G	

中国铁通IC委制电话卡（CRC-IC-D）

CRC-IC-D1　庆祝天津电话设备厂建厂70周年

　　1932年，天津电话设备厂的前身中天电机厂成立。这么多年风风雨雨走过来，中天电机厂为我国的民族工业立下了汗马功劳，创造了许多新中国第一，如第一部电话机、第一台交换机、第一套纵横制万门交换机、第一部磁卡电话机等，还为原邮电部夺得了第一块产品质量国家奖牌。今天的天津电话设备厂已经与法国合作，建成了国内最大的智能卡生产基地；与三洋公司合作，建成了国内首家CDMA手机生产线。天津电话设备厂为中国通信事业作出了巨大的贡献。

　　2002年，值天津电话设备厂建厂70周年之际，中国铁通发行了IC电话卡一套一枚，发行量不详。

CRCD001　　　　　　　　　（1-1）

目前发现本套卡芯片封装：
天津杰普智能卡有限公司（厂商代码G）：天津（TJ）。

2002年6月发行，有效期到2005年6月30日止。

CRC-IC-D2　中国铁通天津通莎贵宾卡

　　本套卡由中国铁通天津分公司发行，但占用了中国铁通IC卡D系列的编号，编号为CRC-IC-D2，故被收录在本书中，发行量不详。

CRCD002　　　　　　　　　（1-1）

目前发现本套卡芯片封装：
天津杰普智能卡有限公司（厂商代码G）：天津（TJ）。

2002年6月发行，无有效期。

4. 中国铁通列车公话 IC 电话卡（CTT-IC-L）

　　2004 年 1 月 20 日，经国务院批准，铁道通信信息有限责任公司由铁道部移交国资委管理，更名为中国铁通集团有限公司。2005 年 1 月，新组建的中国铁通集团有限公司发行列车公话 IC 卡一套一枚，编号为 CTT-IC-L，"L" 意为列车专用。此电话卡只能在装有通话系统的列车的话机上使用，隐藏使用面窄。到目前为止，集卡界仅发现一套一枚。

　　本章 IC 卡图例凡 2 幅。

列车公话 IC 电话卡芯片封装式样：

厂商	代码	芯片封装式样
天津杰普智能卡有限公司	G	

中国铁通列车公话 IC 电话卡（CTT-IC-L）

CTT-IC-L1　铁通列车公话 IC 卡　济南名泉

　　2005 年 1 月，新组建的中国铁通集团有限公司发行了一套列车公话 IC 卡，一套一枚，在列车铁通专机上使用。芯片面的画面为趵突泉，非芯片面的画面为漱玉泉。这是目前发现的中国铁通集团有限公司唯一一套国版 IC 卡。发行量不详。

　　趵突泉，济南三大名胜之一，位于山东省济南市历下区，东临泉城广场，北望五龙潭。乾隆皇帝南巡时因趵突泉水泡茶味醇甘美，曾册封趵突泉为"天下第一泉"，趵突泉成为最早见于古代文献的济南名泉。趵突泉周边的名胜古迹有泺源堂、观澜亭、尚志堂、李清照纪念堂、李苦禅纪念馆等。

　　漱玉泉位于济南"天下第一泉"之趵突泉公园李清照纪念堂南侧，属"趵突泉泉群"。漱玉泉泉池呈长方形，四周围以汉白玉栏杆，泉水自南面的溢水口汩汩流出，层叠而下，漫石穿隙，淙淙有声，注入螺丝泉池中。相传宋代著名女词人李清照的传世之作《漱玉集》就是以此泉命名的。

CTTL001　　　　　　　　(1-1)

目前发现本套卡芯片封装：
天津杰普智能卡有限公司(厂商代码 G)：列车(LC)。

2005 年 1 月发行，有效期到 2006 年 12 月 31 日止。

5. 中国铁通 IC 电话试用卡

　　中国铁通集团有限公司（以下简称"中国铁通"）于 2000 年 12 月成立后就开始引进 IC 卡公话系统，中国铁通是行业内第二个拿到 IC 卡发行权的通信企业。2001 年，中国铁通委托上海索立克智能卡有限公司制作 IC 电话试用卡一枚，在列车和火车站附近的中国铁通专网通话系统测试取得成功。2001 年 8 月，中国铁通发行了第一套通用 IC 电话卡。但因与中国电信未能实现互联互通，所以中国铁通的 IC 公话始终未能得到发展，中国铁通的 IC 电话卡也就成了电话卡收藏圈中资料最不全面的一个品种。

　　本章 IC 卡图例凡 2 幅。

IC 电话试用卡芯片封装式样：

厂商	代码	芯片封装式样
上海索立克智能卡有限公司	A	

中国铁通 IC 电话试用卡

铁道通信信息有限责任公司 IC 电话（试用）卡

CRCSY001　　　　　　　（1-1）

目前发现本套卡芯片封装：
上海索立克智能卡有限公司(厂商代码 A)：铁道通信信息有限责任公司。

2001 年发行，无使用期限。

附录一

地方通信公司早期（2000年前）IC电话卡

  1993年2月，法国斯伦贝谢公司向上海推广智能IC卡，赠送上海浦东10台智能话机，并随机赠送一批法国斯伦贝谢公司世界通用的九画面智能IC电话卡，中国第一张智能IC卡在上海浦东出现，随后的几年间，英国GPT公司、日本安力公司、比利时阿尔卡特·贝尔公司、瑞士兰吉尔公司等世界电信企业纷纷为抢占中国市场而向中国各地方电信公司推广智能IC技术，由此造就了许多鲜为人知的中国早期地方IC珍稀卡，这些卡有的只是局部试用，有的是随机赠送的，作为卡机的测试卡，有的是国外公司随机带来的样品卡或演示卡。本附录将对这些地方通信公司的早期IC卡逐一进行介绍，但因很多IC卡当时的发行资料缺失，所以肯定还有部分珍卡有待集卡人进一步挖掘。

  本附录介绍中国地方通信公司的早期智能卡，时间基本控制在2000年以前。

  本附录IC卡图例凡111幅。

地方通信公司早期（2000年前）IC电话卡芯片封装式样：

厂商	代码	芯片封装式样	
法国金浦斯公司			
法国斯伦贝谢公司			
英国GPT公司			
比利时阿尔卡特·贝尔（Alcatel Bell）公司			
瑞士兰吉尔（Landis & Gyr）公司			
日本安力公司			
深圳深大（TCL）通讯设备有限公司			
未知芯片封装公司			
江西捷德智能卡系统有限公司	J		

地方通信公司早期（2000年前）IC电话卡

20世纪90年代早中期，改革开放的春风吹遍神州大地。世界电信跨国巨头开始瞄准中国巨大的电信市场，纷纷抢占份额，为推广早期的智能IC公话不遗余力，因而造就了一批中国早期的IC珍卡。

上海市辖地方IC卡

1. 上海浦东法国斯伦贝谢公司试用工程测试卡

法国斯伦贝谢公司在向上海浦东推广试用IC卡时，为展示其产品的优越性，带来了一枚专业的工程测试卡。测试后打孔，此芯片为不常见的斯伦贝谢6号芯片，卡面右下角印有"CHINE-100UT"字样。目前已知存世两枚。

DFIC001

法国斯伦贝谢公司出品（SC 6 02/1993）   芯片封装式样：

2. 上海浦东法国斯伦贝谢公司试用卡

1993年2月法国斯伦贝谢公司在上海浦东推广IC技术，智能IC卡开始登上中国的通信舞台。中国大陆的第一枚智能IC卡随之在上海浦东出现，发行量大约为1000枚。

DFIC002

法国斯伦贝谢公司出品（SC 6 02/1993）   芯片封装式样：

地方通信公司早期（2000年前）IC电话卡

3. 英国GPT公司赠送上海市相关部门领导访问英国示范卡

1994年10月，上海市相关部门领导访问英国，英国GPT公司为开拓中国市场，专门制作了这枚电话卡，赠送代表团人员，并在相关电信发布会上作了演示。尽管英国GPT公司后来未能在上海开展业务，但他致力于推广智能卡技术，在中国大陆的电信发展史上有着重要的地位。

DFIC003

据外国卡商资料记载，此卡印制量为100枚

英国GPT公司出品（10/1994）　芯片封装式样：

4. 上海7909型（阿尔卡特·贝尔）IC卡电话机试用卡

1995年，比利时阿尔卡特·贝尔公司向上海推广其智能IC技术，使用了两张试用卡，无面值。A卡内储话费15个计费单位，B卡内储话费100/150个计费单位。本套卡存世量A卡较多，B卡较少。芯片面图案一样，非芯片面右下角标有A、B字样。

在陈华棣老师和杨晓东先生编著的《中国电话卡图谱——IC卡大全》一书中称本套卡为"上海7909型IC卡电话机试用卡"。法国斯伦贝谢公司曾在上海浦东推荐试用阿尔卡特·贝尔公司的话机，同时赠送一枚被集卡界称为中国大陆IC第一卡的智能试用卡，此种情况说明当时在上海最起码有两种不同型号的智能话机在使用，而使用此种IC卡通话的话机被称为7909型IC卡电话机。

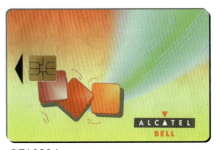

DFIC004

DFIC005

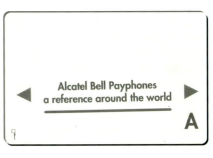

比利时阿尔卡特·贝尔公司出品（1995）　芯片封装式样：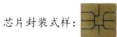

地方通信公司早期（2000年前）IC电话卡

北京市辖地方IC卡

1. 英国GPT公司赠送北京IC卡公用电话试用纪念

1994年10月，英国GPT公司赠送北京电信IC卡话机，附带两张试用纪念卡，以扩大英国GPT公司在中国的影响。

8 000 枚

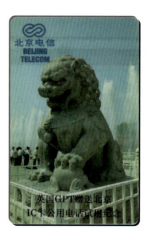

8 000 枚

DFIC006

DFIC007

英国GPT公司出品（10/1994）　芯片封装式样：

DFIC008

未封装芯片的卡样，早期的国外公司卡样不多见。

地方通信公司早期（2000年前）IC电话卡

2. 北京"黑话机"示范卡

1994年10月，北京电信局与邮电工业总公司在北京试验智能卡技术，采用英国GPT公司的技术，同时发行了一枚话机图试机卡。该卡在当时的智能卡中面值最低，仅为3元。该卡是北京电信首次发行的智能电话卡，是北京电信与英国GPT公司在当时电信博览会上合作的产物。因该卡画面主要为黑色，所以俗称"黑话机"示范卡。

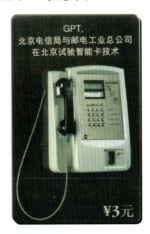

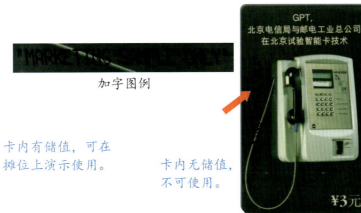

加字图例

卡内有储值，可在摊位上演示使用。

卡内无储值，不可使用。

DFIC009

DFIC010

英国GPT公司出品（10/1994）　芯片封装式样：

3. GPT北京示范卡（男人打电话）

英国GPT公司为打开中国的智能卡市场，在广州和北京设立了代表处，同时赠送北京电信一枚名为"GPT率先将IC卡技术引入中国"的智能IC卡。其非芯片面图案为一个中国男人在使用GPT公话，芯片面图案为英国GPT公司的广告和业务宣传。

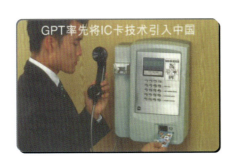

DFIC011

图例编号：1MKTAACHINA00000441。MKT为市场推广的意思，CHINA表示中国使用。

英国GPT公司出品（1995）　芯片封装式样：

地方通信公司早期（2000年前）IC电话卡

4. GPT 北京示范卡（男女打电话）

英国 GPT 公司在北京推广 IC 公话技术可谓不遗余力，20 世纪 90 年代中期电信市场份额的竞争是相当激烈的，众多的世界电信运营巨头云集中国市场，公话测试在不断的实践中，下图就是英国 GPT 公司在北京的另一张 IC 示范卡，内储话费 20 000 个计费单位。

DFIC012

英国 GPT 公司出品（1995）　芯片封装式样：

5. GPT 北京示范卡（女子体操）

英国 GPT 公司在中国大陆的最后一张赠送示范卡。

DFIC013

英国 GPT 公司出品（1996）　芯片封装式样：

6. 北京瑞士兰吉尔公司 IC 工程测试卡

1995 年 8 月，北京引进了瑞士兰吉尔公司的 IC 技术，与英国 GPT 公司的技术在北京同时试用。卡机安装在北京世界妇女代表大会的举办地怀柔。本套卡使用杰普 1/2 号芯片。

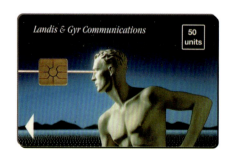

DFIC014

瑞士兰吉尔公司的本套卡在世界上多个国家运用过，因此从卡面的数据无法判断它在中国地区的使用数量。

瑞士兰吉尔公司出品（08/1995）　芯片封装式样：

地方通信公司早期（2000年前）IC电话卡

7. 世界妇女代表大会

1995年5月，世界妇女代表大会在北京召开，北京电信发行了兰吉尔制式的"世界妇女代表大会"智能卡一套三枚。本套卡是瑞士兰吉尔公司的技术在北京测试成功的标志，在应用瑞士兰吉尔公司技术的智能卡上开始印有"北京电信"字样。

DFIC015　　　　　　　　　　　5 000 枚

DFIC016　　　　　　　　　　　5 000 枚

DFIC017　　　　　　　　　　　5 000 枚

瑞士兰吉尔公司出品（08/1995）　芯片封装式样：

地方通信公司早期（2000年前）IC电话卡

8. 北京长城四季

1996年2月北京地区的最后一套地方版IC卡发行，GPT制式，可在北京范围内的GPT智能话机上使用。

DFIC018

60 000 枚

DFIC019

60 000 枚

DFIC020

60 000 枚

DFIC021

60 000 枚

英国GPT公司出品（02/1996） 芯片封装式样：

地方通信公司早期（2000年前）IC电话卡

江西省辖地方IC卡

1995年2月，江西开通智能IC公话，发行了一套两枚的IC卡"江西省智能电话机试验局开通纪念"，使用比利时阿尔卡特·贝尔公司的技术。此卡第二枚有加字卡。

3 200 枚

DFIC022

DFIC023

6 800 枚

法国金浦斯公司出品（02/1995）　芯片封装式样：

湖南省辖地方IC卡

湖南斯伦贝谢通信设备有限公司是由邮电部电信总局、湖南省邮电管理局和法国斯伦贝谢公司共同投资创办的、经邮电部首家批准的生产IC卡公用付费电话设备的高新技术企业。1995年年底，湖南斯伦贝谢通信设备有限公司为开拓中国内地的IC智能卡市场，内部测试IC技术，制作了一枚内部测试卡。法国斯伦贝谢公司后来成了中国IC卡生产的主要厂商之一。

DFIC024

法国斯伦贝谢公司出品（12/1995）　芯片封装式样：

地方通信公司早期（2000年前）IC电话卡

江苏省辖地方IC卡

1. 江苏日本安力公司试机赠卡

1995年，江苏省邮电管理局将研发IC电话机的任务交给省邮电设备厂，该厂随即与世界著名的多个智能话机生产厂商就合作开发进行洽谈。日本安力公司为这次洽谈专门印制了本套电话卡，经江苏省邮电管理局同意后在正面印上了"江苏省邮电管理局"字样，从而确定了本套卡的权威性。本套卡又称"四大天王"卡。

在几次演示之后，江苏省邮电管理局认为本套卡在安全性、实用性和抗破坏性等方面与中国的国情尚有差距，故与日本安力公司的合作暂时搁浅。

当时在南京鼓楼区电信大厅装有两台日本安力公司的话机，本套卡中的第四枚（熊猫）已经分发到江苏省邮电管理局领导、专家和工程技术人员的手中，公话接入码也已经调试好了。

本套卡由省局科技处负责测试并获得成功，可在话机上正常使用本套卡。

本套卡前三枚发行量各为100枚，第四枚发行量为6 800枚。本套卡存世量不足10套，第四枚存世量较多。

日本安力公司出品（1995）　　芯片封装式样：

地方通信公司早期（2000年前）IC电话卡

2. 江苏日本安力公司白版测试赠卡

在省局科技处对公话技术进行调试并结束以后，日本安力公司又赠送给省公话处白版测试卡一枚，省公话处将其下发给南京市公话系统试用。本套测试赠卡虽和"四大天王"系处同门，但"四大天王"卡出自省邮电管理局科技处，本套白版测试赠卡出自省公话处，因此，本套卡和"四大天王"卡应该属于两套不同的卡。

DFIC029

日本安力公司出品（1995）　　芯片封装式样：

从卡的图案可以看出两套卡的不同：
① "四大天王"卡芯片面有典型的中国元素图案，白版测试赠卡芯片面无任何图案；
② "四大天王"卡非芯片面印有发行单位"江苏省邮电管理局"字样，白版测试赠卡无任何发行单位标记；
③ "四大天王"卡的序列编号为C56××××××，白版测试赠卡的序列编号为C51××××××。

3. 江苏法国金浦斯公司白版测试卡

在与日本安力公司的合作搁浅之后，江苏省邮电管理局又与美国大同公司进行了合作洽谈。1995年12月，江苏省电信设备厂、扬州电子仪器总厂和美国大同公司共同组建了南京大同公司。在此次的合作中诞生了另一套白版测试卡，本套卡无面值，无图案，无任何能说明问题的发行标记，仅从芯片的封装和专利标识可以判断这是一套法国金浦斯公司生产的卡片。

DFIC030

法国金浦斯公司出品（12/1995）　　芯片封装式样：

地方通信公司早期（2000年前）IC电话卡

广东省辖地方IC卡

1. 广东省通用IC试用卡

1995年8月，广东省开始试验智能公话，采用英国GPT公司的技术，发行试用卡一套一枚，发行量为10万枚。本套卡从芯片面的流水码判断有两种版式。

DFIC031

DFIC032

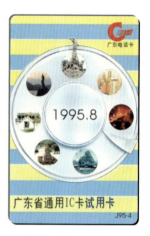
100 000 枚

英国GPT公司出品（08/1995）　芯片封装式样：

2. 深圳IC卡公用电话开通纪念

1995年12月，深圳引进英国GPT公司的技术，发行了一套两枚的开通纪念卡。本套卡两枚非芯片面图案各异，但芯片面的编号一样，两枚编号都为GDIC(1-2)。

DFIC033

100 000 枚

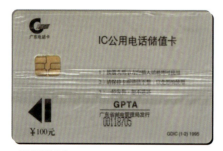
DFIC034

200 000 枚

英国GPT公司出品（12/1995）　芯片封装式样：

地方通信公司早期（2000年前）IC电话卡

3. 深圳深大（TCL）通讯设备有限公司IC卡付费公用电话机演示报告会纪念卡

深圳是我国改革开放的前沿阵地，中国大陆首套电话卡"绿箭卡"即诞生在深圳。深圳深大（TCL）通讯设备有限公司在较早就注重开发智能IC卡技术。下面这枚卡即深圳深大(TCL)通讯设备有限公司在推广IC卡付费公用电话机演示报告会上使用的一枚演示卡，从一定程度上侧面反映了中国大陆电子信息技术的探索过程。

DFIC035

深圳深大（TCL）通讯设备有限公司出品　　芯片封装式样：

4. 深珠客船试验智慧电话样卡

随着公话技术的不断进步，深珠客船的相关管理部门计划引用智能IC技术。1995年8月值中国抗日战争暨世界反法西斯战争胜利50周年，深珠客船出了一张样卡，卡面标明面值50，实际无储值，发行量为1000枚，后不知何故未能如愿。

DFIC036　　　　　　　　　　　　　　　　　　　　　　　　1 000枚

未知芯片封装公司（08/1995）　　芯片封装式样：

地方通信公司早期（2000年前）IC电话卡

5. 广东四大名园

1996年3月，广东发行了四大名园IC卡一套，GPT制式，这是电信总局统一发行IC卡后地方电信局发行的最后一套IC卡。

DFIC037

12 000枚

DFIC038

12 000枚

DFIC039

12 000枚

DFIC040

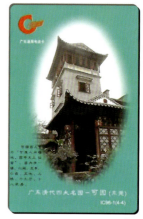

12 000枚

英国GPT公司出品（03/1996）　芯片封装式样：

252

地方通信公司早期（2000年前）IC电话卡

四川省辖地方IC卡

1. 中国联通四川分公司试机卡：雪山风光

中国联通四川分公司PSTN（本地网）于1999年1月15日完成了与成都电信互联互通，中国联通四川分公司IC卡公用付费电话系统投入运营，首期在成都地区设置300个电话亭，最终在成都地区建成1000个电话亭，提供4 000部IC卡话机，同时还在绵阳、乐山、宜宾等省内数十个城市和峨眉山、九寨沟等旅游景区设置了IC卡公话系统。

为确保成都地区IC卡公用付费电话系统的正常运营，1999年1月特发行本套试机卡，画面分别是四姑娘山和巴朗山。

DFIC041

500枚

DFIC042

500枚

DFIC043

500枚

DFIC044

500枚

本套卡芯片封装：
江西捷德智能卡系统有限公司(厂商代码J)。

（01/1999）

地方通信公司早期(2000年前)IC电话卡

2. 中国联通四川分公司　CU-SC-IC 1-1 "三国演义"

　　1999年4月，中国联通四川分公司正式发行第一套有面值的IC电话卡"三国演义"，本套一共四枚，面值共200元。芯片面分别表现《三国演义》中四个经典故事：桃园三结义、怒鞭督邮、温酒斩华雄和三英战吕布。非芯片面为纯白色，无任何图案。

　　本套卡基本上没有对外发行，市面上很难见到，仅为数不多的几套卡是由本套卡的设计师戴宏海送给其朋友的，卡册上有设计师的签名。

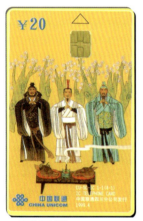
DFIC045

DFIC046

DFIC047

DFIC048

本套卡芯片封装：

江西捷德智能卡系统有限公司(厂商代码J)。

(04/1999)

地方通信公司早期（2000年前）IC电话卡

3. 中国联通四川分公司　CNU-IC-SCTN-001　"三国演义"（再版）

1999年7月19日，中国联通四川分公司再次发行了"三国演义"这套卡。

本套卡面值与1999年4月发行的完全一样，编号从CU-SC-IC 1-1变为CNU-IC-SCTN-001。令人惊讶的是，本套卡四枚有三枚编号印错，四枚编号全部为CNU-IC-SCTN-001(4-4)。本套再版卡芯片面图案和1999年4月发行的一样，非芯片面分别以黄、绿、粉、蓝为底色印上了中国联通的Logo。

 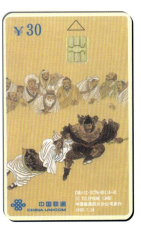  

DFIC049　　50 000枚　　DFIC050　　50 000枚　　DFIC051　　50 000枚　　DFIC052　　50 000枚

本套卡芯片封装：

江西捷德智能卡系统有限公司(厂商代码J)。

（19/07/1999）

地方通信公司早期(2000年前)IC电话卡

重庆市辖地方IC卡

　　1999年7月，中国联通重庆分公司发行了一套四枚IC电话卡：先秦思想家。芯片面图案分别为庄子和《华南真经》、老子和《道德经》、孟子和《孟子》以及孔子和《论语》，反映了秦代以前哲学和儒学的主要代表人物和著作。

　　本套卡编号和"三国演义"再版IC卡一样，本套卡的编号也印错了，全部为CNU-IC-CQTN-002(4-4)，非芯片面图案为北京地杰通信设备有限公司的广告。

DFIC053

5 000 枚

DFIC054

5 000 枚

DFIC055

5 000 枚

DFIC056

5 000 枚

本套卡芯片封装：
江西捷德智能卡系统有限公司(厂商代码J)。

(19/07/1999)

附录二

样卡（卡样）鉴赏

中国电信IC普通电话卡（CNT-IC-P）样卡（卡样）

CNT-IC-P25 哪吒闹海（样卡）

湖南斯伦贝谢通信设备有限公司样卡，已经完成芯片封装，有激光蚀刻的"SAMPLE"字样。

ICYK001　　　　　　　　　　（1-1）

目前发现本套样卡芯片封装：
湖南斯伦贝谢通信设备有限公司(厂商代码H)。

CNT-IC-P42 齐天大圣—美猴王（样卡）

安徽版样卡，已完成芯片封装，有油墨喷的"样卡"字样，无流水码，有封套。

ICYK002　　（4-1）　　　　　　　　ICYK003　　（4-2）

ICYK004　　（4-3）　　　　　　　　ICYK005　　（4-4）

目前发现本套样卡芯片封装：
上海索立克智能卡有限公司(厂商代码A)：安徽(AH)。

258

中国电信 IC 普通电话卡（CNT-IC-P）样卡（卡样）

CNT-IC-P43　客家土楼（卡样一）

　　本套卡样为智能卡生产厂商在正式产品生产之前和客户沟通产品设计细节的样本，包括图案、颜色、发行标记、Logo、志号、使用说明的字体及位置等信息的确认。从不同特征的卡样上可以分析智能卡芯片封装的生产原理。

　　本套卡样为江西捷德智能卡系统有限公司的卡样，卡基已经黏合，芯片左侧有插卡箭头标志，未经开槽，未完成芯片封装，无流水码，为江西捷德智能卡系统有限公司典型的卡样形式。

ICYK006　　　　　　　　(4-1)

ICYK007　　　　　　　　(4-2)

ICYK008　　　　　　　　(4-3)

ICYK009　　　　　　　　(4-4)

江西捷德智能卡系统有限公司"样卡确认"。

中国电信 IC 普通电话卡（CNT-IC-P）样卡（卡样）

CNT-IC-P43　客家土楼（卡样二）

　　在所有的 IC 卡中目前发现的样卡或卡样有以下几种：未封装芯片卡样和已封装芯片样卡。未封装芯片卡样又分为未开槽卡样和已开槽卡样（即 HSTE 卡样，也称卡基卡样、版卡）；已封装芯片样卡分为未打码样卡和已打样本流水码样卡。

　　从收藏的意义看，已经过芯片封装且打印样本流水码的样卡最具收藏价值。这种卡已和成品卡在外观上没有多少区别，数量十分稀少，研究价值远远大于成品卡，其价值近年在电话卡的集藏圈被严重低估。

　　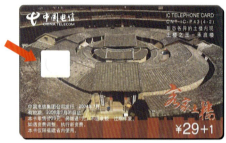

ICYK010　　　　　（4-1）　　　　ICYK011　　　　　（4-2）

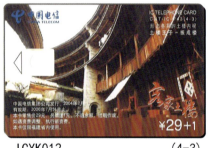　　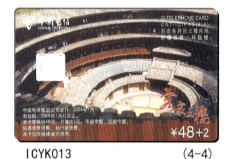

ICYK012　　　　　（4-3）　　　　ICYK013　　　　　（4-4）

　　本套卡样为天津杰普智能卡有限公司的卡样，卡基已经黏合，芯片左侧有插卡箭头标志，已经开槽，未完成芯片封装，无流水码，为天津杰普智能卡有限公司典型的卡样形式。

　　通过对这些不同卡样和样卡的研究，可以粗略了解 IC 卡的设计、制作、封装的一些生产流程。大部分的卡样用于制卡公司和委托单位沟通图案、版面等。

　　天津杰普智能卡有限公司"智能卡图案确认书"。

中国电信IC普通电话卡（CNT-IC-P）样卡（卡样）

CNT-IC-P48 乙酉年—生肖鸡年（样卡）

珠海东信和平智能卡股份有限公司陕西版样卡，已完成芯片封装，印有油墨流水码，有"东信和平样卡"字样，近似于成品卡。

目前发现本套样卡芯片封装：
珠海东信和平智能卡股份有限公司(厂商代码E)：陕西(SN)。

ICYK014　　(1-1)

CNT-IC-P55 齐白石绘画作品选（样卡）

本套样卡为天津杰普智能卡有限公司样卡，使用天津杰普智能卡有限公司2#芯片，封装已完成，类似于成品，但芯片面有"样卡"字样，无流水码。

ICYK015　　¥19+1 (4-1)　　ICYK016　　¥29+1 (4-2)

ICYK017　　¥29+1 (4-3)　　ICYK018　　¥48+2 (4-4)

目前发现本套样卡芯片封装：
天津杰普智能卡有限公司(厂商代码G)：陕西(SN)。

中国电信 IC 普通电话卡（CNT-IC-P）样卡（卡样）

CNT-IC-P56　丙戌年—生肖狗年（样卡）

湖南斯伦贝谢通信设备有限公司样卡，已完成芯片封装和外封装，激光蚀刻样本流水码和"SAMPLE"字样，近似于成品。

目前发现本套样卡芯片封装：
湖南斯伦贝谢通信设备有限公司(厂商代码H)：安徽(AH)。

ICYK019　　　　（1-1）

CNT-IC-P63　梦幻西游（样卡）

本套样卡为珠海东信和平智能卡股份有限公司样卡，封装已完成，类似于成品，但非芯片面印有油墨"东信和平样卡"字样和样本流水码。外观上除了标明样卡字样外与实卡无异。

ICYK020　　　　（3-1）

ICYK021　　　　（3-2）

ICYK022　　　　（3-3）

目前发现本套样卡芯片封装：
珠海东信和平智能卡股份有限公司(厂商代码E)：福建(FJ)。

中国电信 IC 普通电话卡（CNT-IC-P）样卡（卡样）

CNT-IC-P68　IC卡资费下调宣传（卡样）

本套卡样标有"HSTE 卡样"字样，以此表示卡样是未进行芯片封装的卡样。因此可以定义一下卡样和样卡的概念。凡未经过芯片封装，具备卡的形状，但缺少构成卡的关键部件芯片的，无论是已开卡槽和未开卡槽的，都应称为卡样。它所反映的只是直观的卡的样子而已。样卡是指经过芯片封装，外观上形成卡的所有要素齐全，但内在的芯片没有储值，在外形上与实卡无异或只是缺失流水码。

ICYK023　　　　　(2-2)

CNT-IC-P70　第三十九届世界电信日（样卡）

东信和平样卡，已完成芯片封装，有样本流水码，类似于成品。此种封装芯片大多用于银行卡和手机卡，用于IC电话卡芯片的封装非常少见。

ICYK024　　　　　(1-1)

红色油墨喷"楚天龙样卡"字样，已完成芯片封装，无流水码。

ICYK025　　　　　(1-1)

目前发现本套样卡芯片封装：

1. 珠海东信和平智能卡股份有限公司(厂商代码E)：福建(FJ)。
2. 楚天龙智能卡有限公司(厂商代码C)：贵州(GZ)。

中国电信IC特种委制电话卡（CNT-IC-T）样卡（卡样）

CNT-IC-T23　四大IC卡商新年团拜（样卡）

　　本套样卡起初设想四张卡分别由各自拜年的公司自行制作，但在样卡印刷完成后，由于各个公司的芯片不一，影响套卡的整体美观度。经协调，最后由天津杰普智能卡有限公司统一制作。

目前发现本套样卡芯片封装：

湖南斯伦贝谢通信设备有限公司(厂商代码H)。

ICYK026　　　　　　　　　　　　(4-3)

CNT-IC-T28　2002年亚洲电信展中国电信参展纪念（样卡）

　　本套样卡已完成芯片封装，无流水码。

目前发现本套样卡芯片封装：

湖南斯伦贝谢通信设备有限公司

(厂商代码H)：广东(GD)。

ICYK027　　　　　　　　　(1-1)

CNT-IC-T32　西藏那曲电信局成立50周年纪念（样卡）

ICYK028　　(3-1)　　　ICYK029　　(3-2)　　　ICYK030　　(3-3)

　　本套样卡芯片已封装，无流水码。

目前发现本套样卡芯片封装：

湖南斯伦贝谢通信设备有限公司(厂商代码H)：西藏(XZ)。

中国网通 IC 省版电话卡（CNC-IC-20××-S）样卡（卡样）

CNC-IC-2003-S16 辽宁铁岭风光（龙泉山庄）（样卡）

已完成芯片封装，由江西捷德智能卡有限公司进行芯片封装，无流水码，油墨印"样卡"字样。

ICYK031　　　　　　　　（4-1）

ICYK032　　　　　　　　（4-2）

ICYK033　　　　　　　　（4-3）

ICYK034　　　　　　　　（4-4）

目前发现本套样卡芯片封装：

江西捷德智能卡系统有限公司（厂商代码 J）：辽宁（LN）。

中国网通 IC 省版电话卡（CNC-IC-20××-S）样卡（卡样）

CNC-IC-2005-S3 新春纳福（样卡）

  本套样卡已完成芯片封装，无流水码，芯片面右下中国网通 Logo 上方有"样卡"字样，实卡和样卡均少见。

ICYK035　　　　　　　　（1-1）

目前发现本套样卡芯片封装：

江西捷德智能卡系统有限公司(厂商代码 J)：辽宁(LN)。

CNC-IC-2005-S9 网络人生（样卡）

  本套样卡已完成芯片封装，无流水码，芯片面中国网通 Logo 上方有"样卡"字样，实卡和样卡均少见。

ICYK036　　　　　　　　（2-1）

ICYK037　　　　　　　　（2-2）

目前发现本套样卡芯片封装：

江西捷德智能卡系统有限公司(厂商代码 J)：河北(HJ)。

中国网通 IC 本地版电话卡（CNC-IC-20××-B）样卡（卡样）
CNC-IC-2004-B3 非洲象（样卡）

已完成芯片封装，芯片面左上角有"样卡"字样，无流水码，其他和实卡无异。

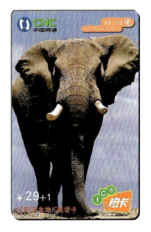

ICYK038　　　　　　　　（4-1）

ICYK039　　　　　　　　（4-2）

ICYK040　　　　　　　　（4-3）

ICYK041　　　　　　　　（4-4）

目前发现本套样卡芯片封装：
天津杰普智能卡有限公司(厂商代码 G)：辽宁(LN)。

中国网通 IC 本地版电话卡（CNC-IC-20××-B）样卡（卡样）

CNC-IC-2005-B1 吕品昌雕塑——阿福系列（样卡）

本套样卡涉及山东烟台、潍坊、济南和辽宁营口，已完成芯片封装，无流水码，有"样卡"字样。

ICYK042　　　　　　　　　(4-1)

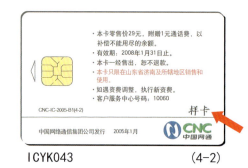

ICYK043　　　　　　　　　(4-2)

ICYK044　　　　　　　　　(4-3)

ICYK045　　　　　　　　　(4-4)

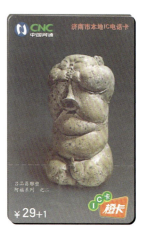

目前发现本套样卡芯片封装：

江西捷德智能卡系统有限公司(厂商代码J)：山东(SD)、辽宁(LN)。

中国网通 IC 本地版电话卡（CNC-IC-20××-B）样卡（卡样）

CNC-IC-2005-B11 美丽的极光（样卡）

　　此套样卡已完成芯片封装，无流水码，有"样卡"字样。非芯片面未印上使用地区范围，但在芯片面的使用说明上注明了。

ICYK046　　　　　　（4-1）

ICYK047　　　　　　（4-2）

ICYK048　　　　　　（4-3）

ICYK049　　　　　　（4-4）

目前发现本套样卡芯片封装：
江西捷德智能卡系统有限公司(厂商代码 J)：黑龙江(HL)、河北(HJ)、内蒙古(NM)。

中国网通IC本地版电话卡（CNC-IC-20××-B）样卡（卡样）

CNC-IC-2008-B9 美丽的鸡西风光（样卡）

中国网通江西捷德智能卡系统有限公司样卡，一套四枚，非芯片面有"捷德样卡"字样，有样本流水码，其他和实卡在外观上无异。

ICYK050　　　　　　　　（4-1）

ICYK051　　　　　　　　（4-2）

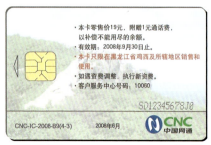
ICYK052　　　　　　　　（4-3）

ICYK053　　　　　　　　（4-4）

目前发现本套样卡芯片封装：
江西捷德智能卡系统有限公司(厂商代码J)：黑龙江(HL)。

中国网通 IC 编号电话卡（CNC-IC-20××-××）样卡（卡样）

CNC-IC-2008-2 中华瓷器（样卡）

　　本套样卡已完成芯片封装，非芯片面用塑料贴纸贴有"捷德样卡"字样，有样本流水码，其他与实卡无异。

ICYK054　　　　　　　（4-1）　　　　　ICYK055　　　　　　　（4-2）

ICYK056　　　　　　　（4-3）　　　　　ICYK057　　　　　　　（4-4）

目前发现本套样卡芯片封装：

江西捷德智能卡系统有限公司(厂商代码 J)：山东(SD)。

中国网通 IC 编号电话卡（CNC-IC-20××-××）样卡（卡样）

CNC-IC-2008-3 和美玉（样卡）

已封装芯片，有红色"样卡"字样，无流水码，其他和实卡无异。

ICYK058　　　　　　　　（4-1）

ICYK059　　　　　　　　（4-2）

ICYK060　　　　　　　　（4-3）

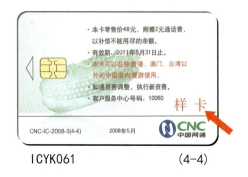
ICYK061　　　　　　　　（4-4）

目前发现本套样卡芯片封装：

江苏恒宝股份有限公司(厂商代码B)。

中国联通IC地方版电话卡（CU-IC-20××-B）样卡（卡样）

CU-IC-2012-B1 金鱼（样卡）

本套样卡有红色"样卡"字样，发行日期标注为"××××年×月"，已完成芯片封装，无流水码。

ICYK062　　　　　　　　　　（4-1）

ICYK063　　　　　　　　　　（4-2）

ICYK064　　　　　　　　　　（4-3）

ICYK065　　　　　　　　　　（4-4）

目前发现本套样卡芯片封装：
江苏恒宝股份有限公司(厂商代码B)。

中国网通、中国联通、中国铁通IC电话卡目录索引

第二部分

中国网通IC电话卡

1. 中国网通IC省版电话卡（CNC-IC-20××-S）

CNC-IC-2002-S1 开通纪念：中国网通企业理念诠释
CNCS001	(4-1)	CNCS002	(4-2)	
CNCS003	(4-3)	CNCS004	(4-4)	4

CNC-IC-2002-S1 开通纪念：中国网通企业理念诠释——加"热烈庆祝中国网通集团辽宁省通信公司成立"字样
CNCS005	(4-1)	CNCS006	(4-2)	
CNCS007	(4-3)	CNCS008	(4-4)	5

CNC-IC-2002-S2 美丽的海滨城市——大连风光
CNCS009	(4-1)	CNCS010	(4-2)	
CNCS011	(4-3)	CNCS012	(4-4)	6

CNC-IC-2002-S3 乒乓球世界冠军——王楠
CNCS013	(5-1)	CNCS014	(5-2)	
CNCS015	(5-3)	CNCS016	(5-4)	
CNCS017	(5-5)			7

CNC-IC-2002-S4 秦皇岛风光
CNCS018	(4-1)	CNCS019	(4-2)	
CNCS020	(4-3)	CNCS021	(4-4)	8

CNC-IC-2003-S1 农历癸未年——羊年
CNCS022（普通版）	(1-1)	CNCS023（透明版）	(1-1)	9

CNC-IC-2003-S2 民间艺术——唐山皮影
CNCS024	(5-1)	CNCS025	(5-2)	
CNCS026	(5-3)	CNCS027	(5-4)	
CNCS028	(5-5)			10

CNC-IC-2003-S3 辽宁葫芦岛风光
CNCS029	(4-1)	CNCS030	(4-2)	
CNCS031	(4-3)	CNCS032	(4-4)	11

CNC-IC-2003-S4 辽宁丹东风光
CNCS033	(4-1)	CNCS034	(4-2)	
CNCS035	(4-3)	CNCS036	(4-4)	12

CNC-IC-2003-S5 辽宁通信百年历史
CNCS037	(1-1)		12

CNC-IC-2003-S6 北京工艺美术博物馆藏品——景泰蓝
CNCS038	(4-1)	CNCS039	(4-2)	
CNCS040	(4-3)	CNCS041	(4-4)	13

CNC-IC-2003-S7 辽宁鞍山风光
CNCS042	(4-1)	CNCS043	(4-2)	
CNCS044	(4-3)	CNCS045	(4-4)	14

CNC-IC-2003-S8 辽宁本溪风光
CNCS046	(4-1)	CNCS047	(4-2)	
CNCS048	(4-3)	CNCS049	(4-4)	15

CNC-IC-2003-S9 第35届世界电信日
CNCS050	(1-1)		15

CNC-IC-2003-S10 童话世界——水晶鞋与玫瑰花
CNCS051	(4-1)	CNCS052	(4-2)	
CNCS053	(4-3)	CNCS054	(4-4)	16

CNC-IC-2003-S11 众志成城 抗击非典
CNCS055	(2-1)	CNCS056	(2-2) 17

CNC-IC-2003-S12 古典与民乐
CNCS057	(2-1)	CNCS058	(2-2) 17

CNC-IC-2003-S13 禅悟小语（一）
CNCS059	(4-1)	CNCS060	(4-2)	
CNCS061	(4-3)	CNCS062	(4-4)	18

CNC-IC-2003-S14 辽宁沈阳风光
CNCS063	(4-1)	CNCS064	(4-2)

CNCS065	(4-3)	CNCS066	(4-4)		19

CNC-IC-2003-S15 纪念大连通信（原大连电信）固定电话突破 200 万

CNCS067	(4-1)	CNCS068	(4-2)		
CNCS069	(4-3)	CNCS070	(4-4)		20

CNC-IC-2003-S16 辽宁铁岭风光(龙泉山庄)

CNCS071	(4-1)	CNCS072	(4-2)		
CNCS073	(4-3)	CNCS074	(4-4)		21

CNC-IC-2003-S17 向雷锋同志学习

CNCS075	(4-1)	CNCS076	(4-2)		
CNCS077	(4-3)	CNCS078	(4-4)		22

CNC-IC-2003-S18 宽带中国 世界因你而广阔

CNCS079	(2-1)	CNCS080	(2-2)		23

CNC-IC-2003-S19 中秋节（一）明月寄相思

CNCS081	(2-1)	CNCS082	(2-2)		23

CNC-IC-2003-S20 民间工艺藏品—清代青花

CNCS083	(5-1)	CNCS084	(5-2)		
CNCS085	(5-3)	CNCS086	(5-4)		
CNCS087	(5-5)				24

CNC-IC-2003-S21 香味卡—水果

CNCS088	(4-1)	CNCS089	(4-2)		
CNCS090	(4-3)	CNCS091	(4-4)		25

CNC-IC-2003-S22 立体卡—白雪公主

CNCS092	(1-1)				26

CNC-IC-2003-S23 学生卡之开心快乐上学去

CNCS093	(1-1)				26

CNC-IC-2003-S24 动物乐园之可爱表情

CNCS094	(2-1)	CNCS095	(2-2)		26

CNC-IC-2003-S25 立体卡—海洋鱼类

CNCS096	(4-1)	CNCS097	(4-2)		
CNCS098	(4-3)	CNCS099	(4-4)		27

CNC-IC-2003-S26(A)圣诞老人

CNCS100	(4-1)	CNCS101	(4-2)		
CNCS102	(4-3)	CNCS103	(4-4)		28

CNC-IC-2003-S26(B) 立体卡—圣诞老人

CNCS104	(1-1)				29

CNC-IC-2003-S27 辽宁省通信公司成立一周年纪念

CNCS105	(1-1)				29

CNC-IC-2003-S28 清宫乱弹戏画(一)

CNCS106	(4-1)	CNCS107	(4-2)		
CNCS108	(4-3)	CNCS109	(4-4)		30

CNC-IC-2003-S29 珠光卡—丝绸之路·飞天

CNCS110	(2-1)	CNCS111	(2-2)		31

CNC-IC-2004-S1 农历甲申年猴年

CNCS112（普通版）	(1-1)	CNCS113（透明版）	(1-1)		32

CNC-IC-2004-S2 杨柳青木版年画

CNCS114	(4-1)	CNCS115	(4-2)		
CNCS116	(4-3)	CNCS117	(4-4)		33

CNC-IC-2004-S3 夜光艺术之花

CNCS118	(4-1)	CNCS119	(4-2)		
CNCS120	(4-3)	CNCS121	(4-4)		34

CNC-IC-2004-S4 情人节（一）

CNCS122	(2-1)	CNCS123	(2-2)		35

CNC-IC-2004-S5 新年快乐，万事灵通

CNCS124	(1-1)				36

CNC-IC-2004-S6 时尚女性—紫外线变色卡

CNCS125	(2-1)	CNCS126	(2-2)		36

CNC-IC-2004-S7 清华大学张奉杉绘画作品选

CNCS127	(5-1)	CNCS128	(5-2)		
CNCS129	(5-3)	CNCS130	(5-4)		

CNCS131		(5-5)			37

CNC-IC-2004-S8 关爱

CNCS132	(4-1)	CNCS133	(4-2)		
CNCS134	(4-3)	CNCS135	(4-4)		38

CNC-IC-2004-S9 老北京风情

CNCS136	(4-1)	CNCS137	(4-2)		
CNCS138	(4-3)	CNCS139	(4-4)		39

CNC-IC-2004-S10 天津泰达足球队

CNCS140	(4-1)	CNCS141	(4-2)		
CNCS142	(4-3)	CNCS143	(4-4)		40

CNC-IC-2004-S11 天津新十景 A 组

CNCS144	(2-1)	CNCS145	(2-2)		41

CNC-IC-2004-S12 第 36 届世界电信日

CNCS146	(1-1)				41

CNC-IC-2004-S13 母亲节

CNCS147	(4-1)	CNCS148	(4-2)		
CNCS149	(4-3)	CNCS150	(4-4)		42

CNC-IC-2004-S14 童话世界—《拇指姑娘》

CNCS151	(4-1)	CNCS152	(4-2)		
CNCS153	(4-3)	CNCS154	(4-4)		43

CNC-IC-2004-S15 禅悟小语（二）

CNCS155	(4-1)	CNCS156	(4-2)		
CNCS157	(4-3)	CNCS158	(4-4)		44

CNC-IC-2004-S16 中国人民解放军建军 77 周年

CNCS159	(1-1)				45

CNC-IC-2004-S17 海之韵

CNCS160	(4-1)	CNCS161	(4-2)		
CNCS162	(4-3)	CNCS163	(4-4)		46

CNC-IC-2004-S18 蝶恋花

CNCS164	(4-1)	CNCS165	(4-2)		
CNCS166	(4-3)	CNCS167	(4-4)		47

CNC-IC-2004-S19 璀璨北京

CNCS168	(4-1)	CNCS169	(4-2)		
CNCS170	(4-3)	CNCS171	(4-4)		48

CNC-IC-2004-S20 清宫乱弹戏画（二）— 梅兰芳纪念馆藏品

CNCS172	(4-1)	CNCS173	(4-2)		
CNCS174	(4-3)	CNCS175	(4-4)		49

CNC-IC-2004-S21 太空嬉哈族

CNCS176	(4-1)	CNCS177	(4-2)		
CNCS178	(4-3)	CNCS179	(4-4)		50

CNC-IC-2004-S22 2004 年圣诞节

CNCS180	(4-1)	CNCS181	(4-2)		
CNCS182	(4-3)	CNCS183	(4-4)		51

CNC-IC-2004-S23 天津建城 600 周年纪念

CNCS184	(2-1)	CNCS185	(2-2)		52

CNC-IC-2005-S1 农历乙酉年鸡年（透明版）

CNCS186	(1-1)				52

CNC-IC-2005-S2 东北虎

CNCS187	(4-1)	CNCS188	(4-2)		
CNCS189	(4-3)	CNCS190	(4-4)		53

CNC-IC-2005-S3 新春纳福

CNCS191	(1-1)				54

CNC-IC-2005-S4 天津百年老字号

CNCS192	(2-1)	CNCS193	(2-2)		
CNCS194	(2-1)	CNCS195	(2-2)		55

CNC-IC-2005-S5 天津网通 2005 年拜年卡

CNCS196	(2-1)	CNCS197	(2-2)		56

CNC-IC-2005-S6 情人节（二）

CNCS198	(2-1)	CNCS199	(2-2)		56

CNC-IC-2005-S7 雪乡
CNCS200　　　　　(4-1)　　　CNCS201　　　　　(4-2)
CNCS202　　　　　(4-3)　　　CNCS203　　　　　(4-4) 57

CNC-IC-2005-S8 音乐人生
CNCS204　　　　　(4-1)　　　CNCS205　　　　　(4-2)
CNCS206　　　　　(4-3)　　　CNCS207　　　　　(4-4) 58

CNC-IC-2005-S9 网络人生
CNCS208　　　　　(2-1)　　　CNCS209　　　　　(2-2) 59

CNC-IC-2005-S10 中国电影百年
CNCS210　　　　　(3-1)　　　CNCS211　　　　　(3-2)
CNCS212　　　　　(3-3) 60

CNC-IC-2005-S11 第37届世界电信日
CNCS213　　　　　(1-1) 60

CNC-IC-2005-S12 童话世界—《大人国和小人国》
CNCS214　　　　　(4-1)　　　CNCS215　　　　　(4-2)
CNCS216　　　　　(4-3)　　　CNCS217　　　　　(4-4) 61

CNC-IC-2005-S13 莹雪
CNCS218　　　　　(4-1)　　　CNCS219　　　　　(4-2)
CNCS220　　　　　(4-3)　　　CNCS221　　　　　(4-4) 62

CNC-IC-2005-S14 欧风汉韵北安桥
CNCS222　　　　　(1-1) 63

CNC-IC-2005-S15 假日宽带安装大优惠
CNCS223　　　　　(1-1) 63

CNC-IC-2005-S16 清凉一夏
CNCS224　　　　　(1-1) 64

CNC-IC-2005-S17 暑期大促销
CNCS225　　　　　(1-1) 64

CNC-IC-2005-S18 禅悟小语（三）
CNCS226　　　　　(4-1)　　　CNCS227　　　　　(4-2)
CNCS228　　　　　(4-3)　　　CNCS229　　　　　(4-4) 65

CNC-IC-2005-S19 石家大院
CNCS230　　　　　(2-1)　　　CNCS231　　　　　(2-2) 66

CNC-IC-2005-S20 纪念中国人民抗日战争暨世界反法西斯战争胜利六十周年
CNCS232　　　　　(2-1)　　　CNCS233　　　　　(2-2) 66

CNC-IC-2005-S21 宽带绿网　网通真诚伴朋友
CNCS234　　　　　(4-1)　　　CNCS235　　　　　(4-2)
CNCS236　　　　　(4-3)　　　CNCS237　　　　　(4-4) 67

CNC-IC-2005-S22 闪动的青春
CNCS238　　　　　(4-1)　　　CNCS239　　　　　(4-2)
CNCS240　　　　　(4-3)　　　CNCS241　　　　　(4-4) 68

CNC-IC-2005-S23 中国网通河北分公司"快乐积分"首轮回馈专用卡
CNCS242　　　　　(3-1)　　　CNCS243　　　　　(3-2)
CNCS244　　　　　(3-3) 69

CNC-IC-2005-S24 中秋节（二）
CNCS245　　　　　(2-1)　　　CNCS246　　　　　(2-2) 69

CNC-IC-2005-S25 秋色溢彩
CNCS247　　　　　(4-1)　　　CNCS248　　　　　(4-2)
CNCS249　　　　　(4-3)　　　CNCS250　　　　　(4-4) 70

CNC-IC-2005-S26 天津风情
CNCS251　　　　　(2-1)　　　CNCS252　　　　　(2-2) 71

CNC-IC-2005-S27 鸿运当头（普通版）
CNCS253　　　　　(2-1)　　　CNCS254　　　　　(2-2) 71

CNC-IC-2005-S27 鸿运当头（赠送版）
CNCS255　　　　　(2-1)　　　CNCS256　　　　　(2-2) 72

CNC-IC-2005-S28 国外新年习俗—印度
CNCS257　　　　　(4-1)　　　CNCS258　　　　　(4-2)
CNCS259　　　　　(4-3)　　　CNCS260　　　　　(4-4) 73

CNC-IC-2005-S29 圣诞快乐
CNCS261（实卡）　(3-2)　　　CNCS262（实卡）　(3-3)

CNCS263（样卡）	（3-1）	CNCS264（样卡）	（3-2）		
CNCS265（样卡）	（3-3）				74

CNC-IC-2005-S30 第二十二届中国·哈尔滨国际冰雪节

CNCS266（实卡）	（4-3）				
CNCS267（样卡）	（4-1）	CNCS268（样卡）	（4-2）		
CNCS269（样卡）	（4-3）	CNCS270（样卡）	（4-4）		75

CNC-IC-2005-S31 恭贺元旦

CNCS271（实卡）	（4-2）				
CNCS272（样卡）	（4-1）	CNCS273（样卡）	（4-2）		
CNCS274（样卡）	（4-3）	CNCS275（样卡）	（4-4）		76

CNC-IC-2006-S1 农历丙戌年—狗年（透明版）

CNCS276	（1-1）				77

CNC-IC-2006-S2 欢度春节

CNCS277	（4-1）	CNCS278	（4-2）		
CNCS279	（4-3）	CNCS280	（4-4）		77

CNC-IC-2006-S3 闻香识女人

CNCS281	（4-1）	CNCS282	（4-2）		
CNCS283	（4-3）	CNCS284	（4-4）		78

CNC-IC-2006-S4 丹顶鹤

CNCS285	（4-1）	CNCS286	（4-2）		
CNCS287	（4-3）	CNCS288	（4-4）		79

CNC-IC-2006-S5 万里长城

CNCS289	（1-1）				80

CNC-IC-2006-S6 同一个世界，同一个梦想

CNCS290	（4-1）	CNCS291	（4-2）		
CNCS292	（4-3）	CNCS293	（4-4）		80

CNC-IC-2006-S7 第38届世界电信日

CNCS294	（1-1）				81

CNC-IC-2006-S8 童话世界之《绿野仙踪》

CNCS295	（4-1）	CNCS296	（4-2）		
CNCS297	（4-3）	CNCS298	（4-4）		81

CNC-IC-2006-S9 唐山人民抗震30周年纪念

CNCS299	（1-1）				82

CNC-IC-2006-S10 奥运会项目（一）羽毛球

CNCS300	（1-1）				82

CNC-IC-2006-S11 新学期，新期望

CNCS301	（4-1）	CNCS302	（4-2）		
CNCS303	（4-3）	CNCS304	（4-4）		83

CNC-IC-2006-S12 奥运会项目（二）水上运动

CNCS305	（4-1）	CNCS306	（4-2）		
CNCS307	（4-3）	CNCS308	（4-4）		84

CNC-IC-2006-S13 中秋节（三）中秋月

CNCS309	（1-1）				84

CNC-IC-2006-S14 奥运会项目（三）

CNCS310	（5-1）	CNCS311	（5-2）		
CNCS312	（5-3）	CNCS313	（5-4）		
CNCS314	（5-5）				85

CNC-IC-2006-S15 诗词—《秋夜》

CNCS315	（2-1）	CNCS316	（2-2）		86

CNC-IC-2006-S16 奥运会项目（四）自行车运动

CNCS317	（4-1）	CNCS318	（4-2）		
CNCS319	（4-3）	CNCS320	（4-4）		87

CNC-IC-2007-S1 奥运会项目（五）水上竞技

CNCS321	（4-1）	CNCS322	（4-2）		
CNCS323	（4-3）	CNCS324	（4-4）		88

CNC-IC-2007-S2 农历丁亥年—生肖猪年（透明卡）

CNCS325(G版)	（1-1）	CNCS326(J版)	（1-1）		89

CNC-IC-2007-S3 奥运会项目（六）(小)球类运动

CNCS327	（6-1）	CNCS328	（6-2）		

CNCS329	(6-3)	CNCS330	(6-4)		
CNCS331	(6-5)	CNCS332	(6-6)	....	90

CNC-IC-2007-S4 奥运会项目（七）（大）球类运动

CNCS333	(5-1)	CNCS334	(5-2)		
CNCS335	(5-3)	CNCS336	(5-4)		
CNCS337	(5-5)			....	91

CNC-IC-2007-S5 十二生肖

CNCS338	(12-1)	CNCS339	(12-2)		
CNCS340	(12-3)	CNCS341	(12-4)		
CNCS342	(12-5)	CNCS343	(12-6)	....	92
CNCS344	(12-7)	CNCS345	(12-8)		
CNCS346	(12-9)	CNCS347	(12-10)		
CNCS348	(12-11)	CNCS349	(12-12)	....	93

CNC-IC-2007-S6 2007世界电信和信息社会日

CNCS350	(1-1)	....	94

CNC-IC-2007-S7 电话导航

CNCS351	(3-1)	CNCS352	(3-2)		
CNCS353	(3-3)			....	94

CNC-IC-2007-S8 童话世界—《豌豆上的公主》

CNCS354	(4-1)	CNCS355	(4-2)		
CNCS356	(4-3)	CNCS357	(4-4)	....	95

CNC-IC-2007-S9 北京夜景

CNCS358	(1-1)	....	96

CNC-IC-2007-S10 陆军雄风

CNCS359	(2-1)	CNCS360	(2-2)	....	96

CNC-IC-2007-S11 赫兴中绘画选（二）

CNCS361	(4-1)	CNCS362	(4-2)		
CNCS363	(4-3)	CNCS364	(4-4)	....	97

CNC-IC-2007-S12 中国枪械（一）手枪

CNCS365	(4-1)	CNCS366	(4-2)		
CNCS367	(4-3)	CNCS368	(4-4)	....	98

CNC-IC-2007-S13 奥运会篆刻图标（一）

CNCS369	(5-1)	CNCS370	(5-2)		
CNCS371	(5-3)	CNCS372	(5-4)		
CNCS373	(5-5)			....	99

CNC-IC-2007-S14 奥运会篆刻图标（二）

CNCS374	(7-1)	CNCS375	(7-2)		
CNCS376	(7-3)	CNCS377	(7-4)	....	100
CNCS378	(7-5)	CNCS379	(7-6)		
CNCS380	(7-7)			....	101

CNC-IC-2007-S15 福娃迎奥运

CNCS381	(5-1)	CNCS382	(5-2)		
CNCS383	(5-3)	CNCS384	(5-4)		
CNCS385	(5-5)			....	102

CNC-IC-2008-S1 农历戊子年—生肖鼠年（透明卡）

CNCS386	(1-1)	....	103

CNC-IC-2008-S2 贺岁迎春

CNCS387	(2-1)	CNCS388	(2-2)	....	103

CNC-IC-2008-S3 热烈祝贺三晋卡友建站一周年

CNCS389	(3-1)	CNCS390	(3-2)		
CNCS391	(3-3)			....	104

CNC-IC-2008-S4 山东省第三届卡友联谊会纪念

CNCS392	(1-1)	....	104

CNC-IC-2008-S5 中国枪械（二）步枪

CNCS393	(4-1)	CNCS394	(4-2)		
CNCS395	(4-3)	CNCS396	(4-4)	....	105

CNC-IC-2008-S6 奥运会项目（八）—双人竞技

CNCS397	(5-1)	CNCS398	(5-2)
CNCS399	(5-3)	CNCS400	(5-4)

CNCS401		(5-5)			106

CNC-IC-2008-S7 奥运会项目（九）—单人竞技
CNCS402	(5-1)	CNCS403	(5-2)	
CNCS404	(5-3)	CNCS405	(5-4)	
CNCS406	(5-5)			107

CNC-IC-2008-S8 2008世界电信和信息社会日
CNCS407	(1-1)	108

CNC-IC-2008-S9 奥运会篆刻图标（三）
CNCS408	(2-1)	CNCS409	(2-2)	108

CNC-IC-2008-S10 奥运会篆刻图标（四）
CNCS410	(7-1)	CNCS411	(7-2)	
CNCS412	(7-3)	CNCS413	(7-4)	109
CNCS414	(7-5)	CNCS415	(7-6)	
CNCS416	(7-7)			110

CNC-IC-2008-S11 奥运会篆刻图标（五）
CNCS417	(7-1)	CNCS418	(7-2)	
CNCS419	(7-3)	CNCS420	(7-4)	111
CNCS421	(7-5)	CNCS422	(7-6)	
CNCS423	(7-7)			112

CNC-IC-2008-S12 奥运会篆刻图标（六）
CNCS424	(7-1)	CNCS425	(7-2)	
CNCS426	(7-3)	CNCS427	(7-4)	113
CNCS428	(7-5)	CNCS429	(7-6)	
CNCS430	(7-7)			114

2. 中国网通IC本地版电话卡（CNC-IC-20××-B）

CNC-IC-2004-B1 沙漠驼铃
CNCB001	(4-1)	CNCB002	(4-2)	
CNCB003	(4-3)	CNCB004	(4-4)	116

CNC-IC-2004-B2 黄山风光
CNCB005	(4-1)	CNCB006	(4-2)	
CNCB007	(4-3)	CNCB008	(4-4)	117

CNC-IC-2004-B3 非洲象
CNCB009	(4-1)	CNCB010	(4-2)	
CNCB011	(4-3)	CNCB012	(4-4)	118

CNC-IC-2004-B4 丹东天华山风光
CNCB013	(4-1)	CNCB014	(4-2)	
CNCB015	(4-3)	CNCB016	(4-4)	119

CNC-IC-2004-B5 雪上运动
CNCB017	(4-1)	CNCB018	(4-2)	
CNCB019	(4-3)	CNCB020	(4-4)	120

CNC-IC-2005-B1 吕品昌雕塑—阿福系列
CNCB021	(4-1)	CNCB022	(4-2)	
CNCB023	(4-3)	CNCB024	(4-4)	121

CNC-IC-2005-B2 丹东天华山风光
CNCB025	(4-1)	CNCB026	(4-2)	
CNCB027	(4-3)	CNCB028	(4-4)	122

CNC-IC-2005-B3 昙花
CNCB029	(4-1)	CNCB030	(4-2)	
CNCB031	(4-3)	CNCB032	(4-4)	123

CNC-IC-2005-B4 黑龙江IC卡资费优惠宣传
CNCB033	(1-1)	124

CNC-IC-2005-B5 镜泊风光
CNCB034	(4-1)	CNCB035	(4-2)	
CNCB036	(4-3)	CNCB037	(4-4)	124

CNC-IC-2005-B6 沈阳夜景				
CNCB038	(4-1)	CNCB039	(4-2)	
CNCB040	(4-3)	CNCB041	(4-4)	125
CNC-IC-2005-B7 海豚				
CNCB042	(2-1)	CNCB043	(2-2)	126
CNC-IC-2005-B8 水雾朦胧				
CNCB044	(2-1)	CNCB045	(2-2)	126
CNC-IC-2005-B9 丹东风光—辽东仙境				
CNCB046	(2-1)	CNCB047	(2-2)	127
CNC-IC-2005-B10 加入网通之家 体验健康生活				
CNCB048	(1-1)			127
CNC-IC-2005-B11 美丽的极光				
CNCB049	(4-1)	CNCB050	(4-2)	
CNCB051	(4-3)	CNCB052	(4-4)	128
CNC-IC-2005-B12 国之瑰宝				
CNCB053	(4-1)	CNCB054	(4-2)	
CNCB055	(4-3)	CNCB056	(4-4)	129
CNC-IC-2005-B13 诗情画意				
CNCB057	(4-1)	CNCB058	(4-2)	
CNCB059	(4-3)	CNCB060	(4-4)	130
CNC-IC-2005-B14 神奇的心理测试				
CNCB061	(4-1)	CNCB062	(4-2)	
CNCB063	(4-3)	CNCB064	(4-4)	131
CNC-IC-2005-B15 郝友友烙画艺术欣赏				
CNCB065	(4-1)	CNCB066	(4-2)	
CNCB067	(4-3)	CNCB068	(4-4)	132
CNC-IC-2005-B16 生活小品				
CNCB069	(4-1)	CNCB070	(4-2)	
CNCB071	(4-3)	CNCB072	(4-4)	133
CNC-IC-2005-B17 元阳梯田				
卡样	(4-1)	CNCB073	(4-2)	
CNCB074	(4-3)	CNCB075	(4-4)	134
CNC-IC-2005-B18 圣诞快乐				
CNCB076	(3-1)	CNCB077	(3-2)	
CNCB078	(3-3)			135
CNC-IC-2005-B19 第二十二届中国·哈尔滨国际冰雪节				
CNCB079	(4-1)	CNCB080	(4-2)	
CNCB081	(4-3)	CNCB082	(4-4)	136
CNC-IC-2005-B20 恭贺元旦				
CNCB083	(4-1)	CNCB084	(4-2)	
CNCB085	(4-3)	CNCB086	(4-4)	137
CNC-IC-2006-B1 欢度春节				
CNCB087	(4-1)	CNCB088	(4-2)	
CNCB089	(4-3)	CNCB090	(4-4)	138
CNC-IC-2006-B2 植树造林 美化祖国				
CNCB091	(4-1)	CNCB092	(4-2)	
CNCB093	(4-3)	CNCB094	(4-4)	139
CNC-IC-2006-B3 江西婺源风光				
CNCB095	(4-1)	CNCB096	(4-2)	
CNCB097	(4-3)	CNCB098	(4-4)	140
CNC-IC-2006-B4 徽派建筑艺术				
CNCB099	(3-1)	CNCB100	(3-2)	
CNCB101	(3-3)			141
CNC-IC-2006-B5 赫兴中绘画选（一）				
CNCB102	(4-1)	CNCB103	(4-2)	
CNCB104	(4-3)	CNCB105	(4-4)	142
CNC-IC-2007-B1 清明节的传说				
CNCB106	(4-1)	CNCB107	(4-2)	
CNCB108	(4-3)	CNCB109	(4-4)	143

CNC-IC-2007-B2 青花瓷
CNCB110　　　　　　　　　(4-1)　　　CNCB111　　　　　　　　　(4-2)
CNCB112　　　　　　　　　(4-3)　　　CNCB113　　　　　　　　　(4-4) 144
CNC-IC-2007-B3 本溪风光
CNCB114　　　　　　　　　(4-1)　　　CNCB115　　　　　　　　　(4-2)
CNCB116　　　　　　　　　(4-3)　　　CNCB117　　　　　　　　　(4-4) 145
CNC-IC-2007-B4 四季花卉
CNCB118　　　　　　　　　(4-1)　　　CNCB119　　　　　　　　　(4-2)
CNCB120　　　　　　　　　(4-3)　　　CNCB121　　　　　　　　　(4-4) 146
CNC-IC-2007-B5 本溪水洞
CNCB122　　　　　　　　　(1-1) 147
CNC-IC-2007-B6 廊坊市电信资费调整
CNCB123　　　　　　　　　(2-1)　　　CNCB124　　　　　　　　　(2-2) 147
CNC-IC-2007-B7 歙砚
CNCB125　　　　　　　　　(4-1)　　　CNCB126　　　　　　　　　(4-2)
CNCB127　　　　　　　　　(4-3)　　　CNCB128　　　　　　　　　(4-4) 148
CNC-IC-2008-B1 雪韵鹤乡
CNCB129　　　　　　　　　(4-1)　　　CNCB130　　　　　　　　　(4-2)
CNCB131　　　　　　　　　(4-3)　　　CNCB132　　　　　　　　　(4-4) 149
CNC-IC-2008-B2 青岛城市雕塑
CNCB133　　　　　　　　　(3-1)　　　CNCB134　　　　　　　　　(3-2)
CNCB135　　　　　　　　　(3-3) 150
CNC-IC-2008-B3 辽阳网通西关营业厅
CNCB136　　　　　　　　　(1-1) 151
CNC-IC-2008-B4 新华人寿保险—青松部
CNCB137　　　　　　　　　(3-1)　　　CNCB138　　　　　　　　　(3-2)
CNCB139　　　　　　　　　(3-3) 151
CNC-IC-2008-B5 中国银行—赤峰分行
CNCB140　　　　　　　　　(2-1)　　　CNCB141　　　　　　　　　(2-2) 152
CNC-IC-2008-B6 茶文化
CNCB142　　　　　　　　　(4-1)　　　CNCB143　　　　　　　　　(4-2)
CNCB144　　　　　　　　　(4-3)　　　CNCB145　　　　　　　　　(4-4) 153
CNC-IC-2008-B7 红松故乡
CNCB146　　　　　　　　　(2-1)　　　CNCB147　　　　　　　　　(2-2) 154
CNC-IC-2008-B8 靠近你 温暖我
CNCB148　　　　　　　　　(4-1)　　　CNCB149　　　　　　　　　(4-2)
CNCB150　　　　　　　　　(4-3)　　　CNCB151　　　　　　　　　(4-4) 155
CNC-IC-2008-B9 美丽的鸡西风光
CNCB152　　　　　　　　　(4-1)　　　CNCB153　　　　　　　　　(4-2)
CNCB154　　　　　　　　　(4-3)　　　CNCB155　　　　　　　　　(4-4) 156
CNC-IC-2008-B10 愿你们的每一天都如画一样的美丽
CNCB156　　　　　　　　　(4-1)　　　CNCB157　　　　　　　　　(4-2)
CNCB158　　　　　　　　　(4-3)　　　CNCB159　　　　　　　　　(4-4) 157
CNC-IC-2008-B11 崂山风光
CNCB160　　　　　　　　　(1-1) 158

3. 中国网通IC编号电话卡（CNC-IC-20××-××）

CNC-IC-2002-1 精铸中国网通品牌
CNC001　　　　　　　　　(2-1)　　　CNC002　　　　　　　　　(2-2) 160
CNC-IC-2005-1 全国漫游IC卡
CNC003　　　　　　　　　(2-1)　　　CNC004　　　　　　　　　(2-2)
CNC005（首发纪念）　　　　(2-1)　　　CNC006（首发纪念）　　　　(2-2) 161
CNC-IC-2005-2 图腾·百家姓 寻根问祖
CNC007　　　　　　　　　(4-1)　　　CNC008　　　　　　　　　(4-2)
CNC009　　　　　　　　　(4-3)　　　CNC010　　　　　　　　　(4-4) 162
CNC-IC-2005-3 圣诞快乐
CNC011　　　　　　　　　(3-1)　　　CNC012　　　　　　　　　(3-2)

CNC013	(3-3)			163

CNC-IC-2006-1 福娃—同一个世界 同一个梦想

CNC014	(5-1)	CNC015	(5-2)	
CNC016	(5-3)	CNC017	(5-4)	
CNC018	(5-5)			164

CNC-IC-2006-2 2006 中国沈阳世界园艺博览会

CNC019	(2-1)	CNC020	(2-2)	165

CNC-IC-2006-3 沈阳故宫

CNC021	(1-1)		165

CNC-IC-2006-4 阳光小子

CNC022	(1-1)		166

CNC-IC-2006-5 水墨华山

CNC023	(2-1)	CNC024	(2-2)	166

CNC-IC-2006-6 百家争鸣

CNC025	(4-1)	CNC026	(4-2)	
CNC027	(4-3)	CNC028	(4-4)	167

CNC-IC-2007-1 国兰—暗香

CNC029	(4-1)	CNC030	(4-2)	
CNC031	(4-3)	CNC032	(4-4)	168

CNC-IC-2007-2 沈阳故宫之冬

CNC033	(3-1)	CNC034	(3-2)	
CNC035	(3-3)			169

CNC-IC-2007-3 中国网通集团宽带在线有限公司成立一周年纪念

CNC036	(1-1)		170

CNC-IC-2007-4 庆祝五一国际劳动节

CNC037	(1-1)		170

CNC-IC-2007-5 琉璃艺术

CNC038	(4-1)	CNC039	(4-2)	
CNC040	(4-3)	CNC041	(4-4)	171

CNC-IC-2007-6 夏日风情

CNC042	(1-1)		172

CNC-IC-2008-1 青岛 2008 年奥运会帆船赛

CNC043	(10-1)	CNC044	(10-2)	
CNC045	(10-3)	CNC046	(10-4)	
CNC047	(10-5)	CNC048	(10-6)	
CNC049	(10-7)	CNC050	(10-8)	
CNC051	(10-9)	CNC052	(10-10)	173

CNC-IC-2008-2 中华瓷器

CNC053	(4-1)	CNC054	(4-2)	
CNC055	(4-3)	CNC056	(4-4)	174

CNC-IC-2008-3 和美玉

CNC057	(4-1)	CNC058	(4-2)	
CNC059	(4-3)	CNC060	(4-4)	175

CNC-IC-2008-4 鸟巢—国家体育场

CNC061	(1-1)		176

4. 中国网通 IC 特种电话卡（CNC-IC-20××-T）

CNC-IC-2002-T1 纪念中国乒乓球队建队五十周年

CNCT001	(1-1)		178

CNC-IC-2004-T1 中国建设银行辽宁省分行 95533 客户服务中心成立纪念

CNCT002	(1-1)		178

CNC-IC-2004-T2 天津杰普生产 4 亿枚智能卡纪念

CNCT003	(1-1)		179

CNC-IC-2005-T1 农历乙酉年—生肖鸡年（透明版）

CNCT004	(1-1)		179

CNC-IC-2005-T2 庆祝辽宁省两会召开

CNCT005	(2-1)	CNCT006	(2-2)	180

CNC-IC-2006-T1 热烈祝贺十届全国人大四次会议召开		
CNCT007　　　　　　　(1-1)		180
CNC-IC-2006-T2 天津新伟祥工业有限公司广告		
CNCT008　　　　　　　(1-1)		181
CNC-IC-2006-T3 宽视界—守护平安 构建和谐		
CNCT009　　　　　　　(1-1)		181
CNC-IC-2007-T1 农历丁亥年—生肖猪年(透明版)		
CNCT010　　　　　　　(1-1)		182
CNC-IC-2007-T2 庆祝江苏恒宝股份有限公司成功上市		
CNCT011　　　　　　　(1-1)		182
CNC-IC-2007-T3 首届全国电话卡收藏展		
CNCT012　　　　　　　(1-1)		183
CNC-IC-2007-T4 唐山市丰南区恒鑫塑料包装有限公司		
CNCT013　　　　　　　(1-1)		183
CNC-IC-2008-T1 农历戊子年—生肖鼠年（透明版）		
CNCT014　　　　　　　(1-1)		183
CNC-IC-2008-T2 神舟飞船 搭载芯片（二）（样卡）		
CNCT015　　　　　　　(1-1)		184
CNC-IC-2008-T3 中国·唐山 抗震纪念碑		
CNCT016　　　　　　　(1-1)		184

5. 中国网通IC北方十省漫游电话卡（CNC-IC-20××-N）

CNC-IC-2005-N1 紫惠青兰
CNCN001　　　　　(4-1)　　　CNCN002　　　　　(4-2)
CNCN003　　　　　(4-3)　　　CNCN004　　　　　(4-4) 186

6. 中国网通IC奥运特种电话卡（CNC-AYT）

CNC-AYT16 北京2008年奥运会吉祥物—福娃
CNCA001　　　　　(5-1)　　　CNCA002　　　　　(5-2)
CNCA003　　　　　(5-3)　　　CNCA004　　　　　(5-4)
CNCA005　　　　　(5-5) 188

7. 中国网通IC测试电话卡（CNC-IC-20××-C）

CNC-IC-2003-C1 江苏恒宝股份有限公司芯片测试卡		
CNCC001　　　　　　　(1-1)		190
CNC-IC-2003-C2 珠海东信和平智能卡股份有限公司测试卡		
CNCC002　　　　　　　(1-1)		190
CNC-IC-2004-C1 STF1001芯片测试卡		
CNCC003　　　　　　　(1-1)		191
CNC-IC-2004-C2 "8660"芯片测试卡		
CNCC004　　　　　　　(1-1)		191
CNC-IC-2004-C3 STF1001芯片测试卡		
CNCC005　　　　　　　(1-1)		192
CNC-IC-2004-C4 北方十省漫游测试卡		
CNCC006　　　　　　　(1-1)　　　CNCC007　　　　　(1-1)		192
CNC-IC-2004-C5 中国网通本地IC测试卡		
CNCC008　　　　　　　(1-1)		193
CNC-IC-2005-C1 上海贝岭BL7430EC芯片测试卡		
CNCC009　　　　　　　(1-1)		193
CNC-IC-2005-C2 天津杰普智能卡有限公司芯片测试卡		
CNCC010　　　　　　　(1-1)		194

第三部分
中国联通 IC 电话卡

1. 中国联通 IC 省版电话卡（CU-IC-20××-S）

CU-IC-2009-S1 农历己丑年—生肖牛年
CUS001　　　　　　　(1-1) 198
CU-IC-2009-S2 中国民居
CUS002　　　　　　　(4-1)　　　CUS003　　　　　　　(4-2)
CUS004　　　　　　　(4-3)　　　CUS005　　　　　　　(4-4) 199
CU-IC-2009-S3 北京公用电话亭
CUS006　　　　　　　(2-1)　　　CUS007　　　　　　　(2-2) 200
CU-IC-2009-S4 北京夜景
CUS008　　　　　　　(1-1) 200
CU-IC-2009-S5 2009世界电信和信息社会日—保护未成年人网络安全
CUS009　　　　　　　(1-1) 201
CU-IC-2009-S6 北京电话亭
CUS010　　　　　　　(2-1)　　　CUS011　　　　　　　(2-2) 201
CU-IC-2010-S1 农历庚寅年—生肖虎年
CUS012　　　　　　　(1-1)　　　CUS013(透明版)　　　(1-1) 202
CU-IC-2010-S2 江南水乡
CUS014　　　　　　　(4-1)　　　CUS015　　　　　　　(4-2)
CUS016　　　　　　　(4-3)　　　CUS017　　　　　　　(4-4) 203
CU-IC-2011-S1 农历辛卯年—生肖兔年
CUS018　　　　　　　(1-1) 204
CU-IC-2012-S1 农历壬辰年—生肖龙年
CUS019　　　　　　　(1-1) 204
CU-IC-2012-S2 中国民居
CUS020　　　　　　　(4-1)　　　CUS021　　　　　　　(4-2)
CUS022　　　　　　　(4-3)　　　CUS023　　　　　　　(4-4) 205
CU-IC-2014-S1 中国民居
CUS024　　　　　　　(4-1)　　　CUS025　　　　　　　(4-2)
CUS026　　　　　　　(4-3)　　　CUS027　　　　　　　(4-4) 206

2. 中国联通 IC 本地版电话卡（CU-IC-20××-B）

CU-IC-2009-B1 威海刘公岛博览园风光
CUB001　　　　　　　(1-1) 208
CU-IC-2009-B2 仰韶文化—彩陶艺术
CUB002　　　　　　　(4-1)　　　CUB003　　　　　　　(4-2)
CUB004　　　　　　　(4-3)　　　CUB005　　　　　　　(4-4) 209
CU-IC-2009-B3 《聊斋志异》
CUB006　　　　　　　(1-1) 210
CU-IC-2009-B4 青岛风光
CUB007　　　　　　　(2-1)　　　CUB008　　　　　　　(2-2) 210
CU-IC-2009-B5 淄博风光
CUB009　　　　　　　(2-1)　　　CUB010　　　　　　　(2-2) 211
CU-IC-2009-B6 威海风光
CUB011　　　　　　　(3-1)　　　CUB012　　　　　　　(3-2)
CUB013　　　　　　　(3-3) 212
CU-IC-2010-B1 金鱼
CUB014　　　　　　　(4-1)　　　CUB015　　　　　　　(4-2)
CUB016　　　　　　　(4-3)　　　CUB017　　　　　　　(4-4) 213

CU-IC-2012-B1 金鱼
CUB018 (4-1)　　　CUB019 (4-2)
CUB020 (4-3)　　　CUB021 (4-4) 214

3. 中国联通IC特种电话卡（CU-IC-20××-T）

CU-IC-2008-T1 莲花仙子
CUT001 (4-1)　　　CUT002 (4-2)
CUT003 (4-3)　　　CUT004 (4-4) 216
CU-IC-2009-T1 农历己丑年——生肖牛年
CUT005 (1-1) 217
CU-IC-2010-T1 农历庚寅年——生肖虎年
CUT006 (1-1) 218

4. 中国联通IC特殊省版电话卡（CU-IC-20××-TS）

CU-IC-2014-TS1 公话百年
CUTS001 (1-1) 220
CU-IC-2014-TS2 公话百年
CUTS002 (1-1) 220
CU-IC-2014-TS3 公话百年
CUTS003 (1-1) 221
CU-IC-2014-TS4 公话百年
CUTS004 (1-1) 221
CU-IC-2014-TS5 公话百年
CUTS005 (1-1) 222
CU-IC-2014-TS6 公话百年
CUTS006 (1-1) 222

第四部分

中国铁通IC电话卡

1. 中国铁通IC纪念电话卡（CRC-IC-J）

CRC-IC-J1　铁通IC电话卡首发纪念　百年铁路　百年通信
CRCJ001 (6-1)　　　CRCJ002 (6-2)
CRCJ003 (6-3)　　　CRCJ004 (6-4)
CRCJ005 (6-5)　　　CRCJ006 (6-6) 226
CRC-IC-J2　梦圆世界杯 2002年韩日世界杯
CRCJ007 (4-1)　　　CRCJ008 (4-2)
CRCJ009 (4-3)　　　CRCJ010 (4-4) 227
CRC-IC-J3　金桥飞架 纪念中国共产党第十六次全国代表大会召开
CRCJ011 (4-1)　　　CRCJ012 (4-2)
CRCJ013 (4-3)　　　CRCJ014 (4-4) 228

2. 中国铁通IC普通电话卡（CRC-IC-P）

CRC-IC-P1　青藏铁路开工纪念
CRCP001 (3-1)　　　CRCP002 (3-2)
CRCP003 (3-3) 230

CRC-IC-P2　纪念铁路列车公话在济南铁路局列车上首次开通—泰山风光
CRCP004　　　　　　　(3-2)　　　CRCP005　　　　　　　(3-3) 231
CRC-IC-P3　中国铁路名站
CRCP006　　　　　　　(4-1)　　　CRCP007　　　　　　　(4-2)
CRCP008　　　　　　　(4-3)　　　CRCP009　　　　　　　(4-4) 232

3. 中国铁通IC委制电话卡（CRC-IC-D）

CRC-IC-D1　庆祝天津电话设备厂建厂70周年
CRCD001　　　　　　　(1-1) 234
CRC-IC-D2　中国铁通天津通莎贵宾卡
CRCD002　　　　　　　(1-1) 234

4. 中国铁通列车公话IC电话卡（CTT-IC-L）

CTT-IC-L1　铁通列车公话IC卡　济南名泉
CTTL001　　　　　　　(1-1) 236

5. 中国铁通IC电话试用卡

铁道通信信息有限责任公司IC电话（试用）卡
CRCSY001　　　　　　　(1-1) 238

附录一

地方通信公司早期（2000年前）IC电话卡

上海市辖地方IC卡
1. 上海浦东法国斯伦贝谢公司试用工程测试卡
DFIC001 240
2. 上海浦东法国斯伦贝谢公司试用卡
DFIC002 240
3. 英国GPT公司赠送上海市相关部门领导访问英国示范卡
DFIC003 241
4. 上海7909型（阿尔卡特·贝尔）IC卡电话机试用卡
DFIC004(A)　　DFIC005(B) 241
北京市辖地方IC卡
1. 英国GPT公司赠送北京IC卡公用电话试用纪念
DFIC006　　DFIC007　　DFIC008 242
2. 北京"黑话机"示范卡
DFIC009　　DFIC010 243
3. GPT北京示范卡（男人打电话）
DFIC011 243
4. GPT北京示范卡（男女打电话）
DFIC012 244
5. GPT北京示范卡（女子体操）
DFIC013 244
6. 北京瑞士兰吉尔公司IC工程测试卡
DFIC014 244
7. 世界妇女代表大会
DFIC015　　DFIC016　　DFIC017 245

8. 北京长城四季
DFIC018　　DFIC019　　DFIC020　　DFIC021 246

江西省辖地方IC卡
DFIC022　　DFIC023 247

湖南省辖地方IC卡
DFIC024 247

江苏省辖地方IC卡
1. 江苏日本安力公司试机赠卡
DFIC025　　DFIC026　　DFIC027　　DFIC028 248
2. 江苏日本安力公司白版测试赠卡
DFIC029 249
3. 江苏法国金浦斯公司白版测试卡
DFIC030 249

广东省辖地方IC卡
1. 广东省通用IC试用卡
DFIC031　　DFIC032 250
2. 深圳IC卡公用电话开通纪念
DFIC033　　DFIC034 250
3. 深圳深大（TCL）通讯设备有限公司IC卡付费公用电话机演示报告会纪念卡
DFIC035 251
4. 深珠客船试验智慧电话样卡
DFIC036 251
5. 广东四大名园
DFIC037　　DFIC038　　DFIC039　　DFIC040 252

四川省辖地方IC卡
1. 中国联通四川分公司试机卡：雪山风光
DFIC041　　DFIC042　　DFIC043　　DFIC044 253
2. 中国联通四川分公司 CU-SC-IC 1-1 "三国演义"
DFIC045　　DFIC046　　DFIC047　　DFIC048 254
3. 中国联通四川分公司 CNU-IC-SCTN-001 "三国演义"（再版）
DFIC049　　DFIC050　　DFIC051　　DFIC052 255

重庆市辖地方IC卡
DFIC053　　DFIC054　　DFIC055　　DFIC056 256

附录二

样卡（卡样）鉴赏

CNT-IC-P25　哪吒闹海（样卡）
ICYK001　　　　（1-1） 258

CNT-IC-P42　齐天大圣—美猴王（样卡）
ICYK002　　　　（4-1）　　ICYK003　　　　（4-2）
ICYK004　　　　（4-3）　　ICYK005　　　　（4-4） 258

CNT-IC-P43　客家土楼（卡样一）
ICYK006　　　　（4-1）　　ICYK007　　　　（4-2）
ICYK008　　　　（4-3）　　ICYK009　　　　（4-4） 259

CNT-IC-P43　客家土楼（卡样二）
ICYK010　　　　（4-1）　　ICYK011　　　　（4-2）
ICYK012　　　　（4-3）　　ICYK013　　　　（4-4） 260

CNT-IC-P48　乙酉年—生肖鸡年（样卡）
ICYK014　　　　（1-1） 261

CNT-IC-P55　齐白石绘画作品选（样卡）
ICYK015　　　　（4-1）　　ICYK016　　　　（4-2）
ICYK017　　　　（4-3）　　ICYK018　　　　（4-4） 261

CNT-IC-P56 丙戌年—生肖狗年（样卡）				
ICYK019	(1-1)			262
CNT-IC-P63 梦幻西游（样卡）				
ICYK020	(3-1)	ICYK021	(3-2)	
ICYK022	(3-3)			262
CNT-IC-P68 IC卡资费下调宣传（卡样）				
ICYK023	(2-2)			263
CNT-IC-P70 第三十九届世界电信日（样卡）				
ICYK024（东信和平）	(1-1)	ICYK025（楚天龙）	(1-1)	263
CNT-IC-T23 四大IC卡商新年团拜（样卡）				
ICYK026	(4-2)			264
CNT-IC-T28 2002年亚洲电信展中国电信参展纪念（样卡）				
ICYK027	(1-1)			264
CNT-IC-T32 西藏那曲电信局成立50周年纪念（样卡）				
ICYK028	(3-1)	ICYK029	(3-2)	
ICYK030	(3-3)			264
CNC-IC-2003-S16 辽宁铁岭风光（龙泉山庄）（样卡）				
ICYK031	(4-1)	ICYK032	(4-2)	
ICYK033	(4-3)	ICYK034	(4-4)	265
CNC-IC-2005-S3 新春纳福（样卡）				
ICYK035	(1-1)			266
CNC-IC-2005-S9 网络人生（样卡）				
ICYK036	(2-1)	ICYK037	(2-2)	266
CNC-IC-2004-B3 非洲象（样卡）				
ICYK038	(4-1)	ICYK039	(4-2)	
ICYK040	(4-3)	ICYK041	(4-4)	267
CNC-IC-2005-B1 吕品昌雕塑—阿福系列（样卡）				
ICYK042	(4-1)	ICYK043	(4-2)	
ICYK044	(4-3)	ICYK045	(4-4)	268
CNC-IC-2005-B11 美丽的极光（样卡）				
ICYK046	(4-1)	ICYK047	(4-2)	
ICYK048	(4-3)	ICYK049	(4-4)	269
CNC-IC-2008-B9 美丽的鸡西风光（样卡）				
ICYK050	(4-1)	ICYK051	(4-2)	
ICYK052	(4-3)	ICYK053	(4-4)	270
CNC-IC-2008-2 中华瓷器（样卡）				
ICYK054	(4-1)	ICYK055	(4-2)	
ICYK056	(4-3)	ICYK057	(4-4)	271
CNC-IC-2008-3 和美玉（样卡）				
ICYK058	(4-1)	ICYK059	(4-2)	
ICYK060	(4-3)	ICYK061	(4-4)	272
CU-IC-2012-B1 金鱼（样卡）				
ICYK062	(4-1)	ICYK063	(4-2)	
ICYK064	(4-3)	ICYK065	(4-4)	273

跋

《IC电话卡图鉴（通用版）》（下称《图鉴》）的出版是卡坛的一件大事，是作者呈献给广大卡友的一份礼品，可喜可贺。黄红锦先生和陈杨凯、李壮、刘涵辉先生合作，凭借对IC电话卡的扎实研究基础，历时二十余年的收集探索，爬梳剔抉，百般艰辛，终于写成这本佳作。

自1993年2月，法国斯伦贝谢公司进入中国，在上海浦东出现第一枚智能IC卡，我国采用第二代先进技术的公用电话IC卡时代开启了。1995年12月，中国电信发行了第一套全国通用黄河IC电话卡。此后，中国网通、中国联通、中国铁通也相继发行了IC电话卡，并推出了纪念、普通、特种、广告、委制等系列卡，这些卡大都使用天津杰普智能卡有限公司、湖南斯伦贝谢通信设备有限公司、上海索立克智能卡有限公司及江西捷德智能卡系统有限公司等多家通信公司的芯片。其间，电信体制发生变动，中国电信和中国网通拆分，中国联通与中国网通合并，由于发行单位变动、卡基供应商较多、生产厂家以及芯片封装多样化、系列品种多等情况，对集卡爱好者来说，中国IC电话卡成为收集难度最大的一个卡种。《图鉴》运用图文形式，详细地介绍了中国电话卡发行的来龙去脉，可为广大集卡爱好者带来方便，通过《图鉴》广大集卡爱好者能系统地了解中国IC电话卡的发展历史。

首先，《图鉴》填补了我国缺乏一本完善的IC电话卡图鉴的空白。

我国发行的各类电信卡在卡种、数量上可以说是世界上最多的。2000年人民邮电出版社收集了中国电信各级主管单位正式发行的电话磁卡3 795枚（其中全国通用卡542枚，地方卡3 253枚），出版了《中国电话卡图录(上、下)》；2001年陈华棣、林凌先生出版了《中国电话卡图谱：手机卡大全》；2003年陈华棣、杨晓东先生出版了《中国电话卡图谱：IC卡大全》和《中国电话卡图谱：太科卡大全》。《图鉴》正是在《中国电话卡图谱：IC卡大全》的基础上，补充了许多珍稀、鲜为人知的卡图，增加了电话卡发行背景资料，更主要的是以较大篇幅对不同通信公司所使用的芯片图例作了详细介绍，使IC电话卡资料更加完整，基本囊括了我国各通信公司发行的IC卡（包括未曾公开发行的测试卡、试用卡、演示卡、赠卡及芯片图例等），是迄今为止很完善的一本IC卡图谱，为广大集卡爱好者提供了线索，使广大集卡爱好者在收集IC电话卡时可按图索骥地进行查寻和研究。

其次，《图鉴》记载了我国IC电话卡发展的一段历史。

自1987年深圳发行第一枚电话磁卡开始，我国电话卡经历了磁卡电话卡、IC电话卡、密码电话卡及支付功能卡等阶段，至今已有几十年的历史，其他卡种电话卡发展历史脉络比较清楚，唯IC电话卡发展过程较曲折，有些历史脉络走向尚未厘清。《图鉴》由作者经多年调查研究撰写而成，对我国 IC 电话卡发展历史作了比较清晰的记载描述，集遗补缺，图文皆全，对读者了解研究我国电话卡通信发展历史大有裨益。

  今天，我们捧在手上的这本装帧设计精美、大开本的《图鉴》是作者长期探寻、艰辛努力的结果。他们坚持多年寻索调研，当获悉某一套他们需要的卡的线索时，马上会寻踪追找，这一时间有时甚至长达数年。作者有时会凭借敏锐的眼光去发现一些珍卡，CNT-IC-P100 "青春物语（二）"是陈杨凯在一次卡展交流会上，无意中发现的两枚重庆版有条形码的卡，这在 IC 卡中是绝无仅有的，他慧眼识宝，当即收入囊中，使《图鉴》又多了一份珍卡资料。上海浦东斯伦贝谢试用卡（九图画面）是我国最早使用的 IC 卡，此已成卡界共识。当时黄红锦先生得到广东一位资深卡友提供的一条信息，在澳大利亚一位卡商手里，有一枚上海浦东斯伦贝谢试用工程测试卡，且早于九图画面的试用卡，在国内从未有人见过。黄红锦先生意识到这枚卡非常重要，是我国 IC 卡发展历史的重要资料，一定要拿到手，于是通过多渠道联系，找到了那位澳大利亚卡商，对方要价很高，经过多次洽谈，最后黄红锦先生无奈以两千欧元高价买进。黄红锦认为要使我国 IC 卡发展历史资料更加完整，这枚卡应该留在国内，不能流失国外，价格虽高，但物有所值。

《图鉴》作者为了编辑一本完整的中国 IC 电话卡资料，花费了大量时间，并高价购卡。为了节约成本，作者自己动手进行卡片扫描、排版设计。《图鉴》作者这种为记录我国 IC 电话卡历史，数年如一日，不弃不馁的精神，值得我们给他们点一个大大的赞。《图鉴》能够成功出版，不仅是因为作者的努力，还因为作者得到了各地许多卡友的帮助，他们提供了很多信息、实卡及卡图。

作者简介

黄红锦，男，1969年7月生，江苏南通海门人。1993年6月毕业于扬州大学商学院，同年7月参加工作。1985年开始集邮，1994年年底开始收集电话卡，主要收集智能IC电话卡。

多部邮集参加上海、江苏、广州等地的展览并获奖。

多部电话卡集参加上海、广州、北京、福建等地的展览并获奖。

多篇集邮及集卡研究性文章在专业刊物上发表。

多次积极组织或参加上海、广州、北京、江苏等地的集邮、集卡大型活动。

现任南通市海门区收藏家协会理事，极限集邮研究会财务，中国收藏家协会集卡委员会副秘书长、评审部副主任。

陈杨凯，男，1986年10月生，福建厦门人。2008年6月毕业于福州大学，同年7月参加工作。1999年开始集卡，擅长编著专题卡集，主要收集智能IC电话卡和福建本地题材的各种电话卡。

多部电话卡集参加上海、广州、福建等地的展览并获奖。

2017年金砖五国会议在厦门举行期间应邀举办个人卡展。

2017—2019年任福建省收藏家协会卡品委员会理事，目前是中国收藏家协会集卡委员会委员、评审部评审员。

李壮，男，1982年7月生，黑龙江哈尔滨人，2005年7月获北京邮电大学通信工程学士学位，2008年获北京邮电大学通信与信息系统硕士学位，同年获北京大学经济学双学士学位。参加工作以来一直从事通信领域相关工作。

1993年开始集邮，通过小小的方寸了解了这个大千世界。2001年到北京读书，那时开始收集电话卡，主要以收集北京密码卡为主。参加工作之后，陆续开始收集田村卡、太科卡及IC电话卡。由于所学专业及研究方向，经常需要研究各种不同规模的集成电路，所以对IC电话卡情有独钟，它体积小、容量大、加密和鉴权的能力强，可应用于通信、医疗、交通、金融等各个领域。

集卡是个性，是爱好，是情怀，同时电话卡的发展也是改革开放40多年来中国通信飞速发展历程的真实写照。

刘涵辉，男，1978年6月生，天津北辰人。

1998年开始收藏电话卡，密码卡、手机卡、IC卡均有涉及，对IC卡情有独钟，收藏有中国电信、中国网通、中国联通等运营公司的不同种类IC卡一万余种，对IC卡的芯片封装有很深入的研究。

从2015年开始，对中国电信、中国网通和中国联通的一千多种卡品芯片封装的资料按生产厂商和芯片外形种类加以整理。到2024年3月底，历经近10年的努力基本形成了系统的资料，不断地在为卡友提供服务。